CONVÊNIOS ADMINISTRATIVOS

A BOA-FÉ ENTRE ENTES PÚBLICOS

RAFAEL COSTA

Hamilton Bonatto
Prefácio

CONVÊNIOS ADMINISTRATIVOS

A BOA-FÉ ENTRE ENTES PÚBLICOS

Belo Horizonte

2023

© 2023 Editora Fórum Ltda.

É proibida a reprodução total ou parcial desta obra, por qualquer meio eletrônico, inclusive por processos xerográficos, sem autorização expressa do Editor.

Conselho Editorial

Adilson Abreu Dallari	Floriano de Azevedo Marques Neto
Alécia Paolucci Nogueira Bicalho	Gustavo Justino de Oliveira
Alexandre Coutinho Pagliarini	Inês Virgínia Prado Soares
André Ramos Tavares	Jorge Ulisses Jacoby Fernandes
Carlos Ayres Britto	Juarez Freitas
Carlos Mário da Silva Velloso	Luciano Ferraz
Cármen Lúcia Antunes Rocha	Lúcio Delfino
Cesar Augusto Guimarães Pereira	Marcia Carla Pereira Ribeiro
Clovis Beznos	Márcio Cammarosano
Cristiana Fortini	Marcos Ehrhardt Jr.
Dinorá Adelaide Musetti Grotti	Maria Sylvia Zanella Di Pietro
Diogo de Figueiredo Moreira Neto (*in memoriam*)	Ney José de Freitas
Egon Bockmann Moreira	Oswaldo Othon de Pontes Saraiva Filho
Emerson Gabardo	Paulo Modesto
Fabrício Motta	Romeu Felipe Bacellar Filho
Fernando Rossi	Sérgio Guerra
Flávio Henrique Unes Pereira	Walber de Moura Agra

FÓRUM
CONHECIMENTO JURÍDICO

Luís Cláudio Rodrigues Ferreira
Presidente e Editor

Coordenação editorial: Leonardo Eustáquio Siqueira Araújo
Aline Sobreira de Oliveira

Rua Paulo Ribeiro Bastos, 211 – Jardim Atlântico – CEP 31710-430
Belo Horizonte – Minas Gerais – Tel.: (31) 99412.0131
www.editoraforum.com.br – editoraforum@editoraforum.com.br

Técnica. Empenho. Zelo. Esses foram alguns dos cuidados aplicados na edição desta obra. No entanto, podem ocorrer erros de impressão, digitação ou mesmo restar alguma dúvida conceitual. Caso se constate algo assim, solicitamos a gentileza de nos comunicar através do *e-mail* editorial@editoraforum.com.br para que possamos esclarecer, no que couber. A sua contribuição é muito importante para mantermos a excelência editorial. A Editora Fórum agradece a sua contribuição.

Dados Internacionais de Catalogação na Publicação (CIP) de acordo com ISBD

C837c	Costa, Rafael

	Convênios administrativos: a boa-fé entre entes públicos / Rafael Costa. - Belo Horizonte : Fórum, 2023.
	    342p. ; 14,5cm x 21,5cm.
	    ISBN: 978-65-5518-503-4

	1. Direito. 2. Direito administrativo. 3. Convênio administrativo. 4. Convênio. 5. Parcerias. 6. Boa-fé. 7. Desvio de objeto. 8. Denúncia. 9. Precariedade. 10. Contrato. I. Título.
	CDD 341.3
2023-2	CDU 342.9

Elaborado por Vagner Rodolfo da Silva - CRB-8/9410

Informação bibliográfica deste livro, conforme a NBR 6023:2018 da Associação Brasileira de Normas Técnicas (ABNT):

COSTA, Rafael. *Convênios administrativos*: a boa-fé entre entes públicos. Belo Horizonte: Fórum, 2023. 342p. ISBN 978-65-5518-503-4.

Dedico primeiramente aos meus pais que, à sua maneira, sempre me apoiaram e fizeram da nossa casa um verdadeiro lar.

Às minhas irmãs que, apesar das distâncias físicas, sempre apoiaram a família.

E a minha cúmplice, que a cada dia me faz ver mais propósito, e isso é tudo, nessa caminhada, Gabriela Loss.

Agradeço os Professores Hamilton Bonatto e Angela Costaldello, cujas generosas contribuições permitiram o engrandecimento deste trabalho.

SUMÁRIO

PREFÁCIO
Hamilton Bonatto..14

APRESENTAÇÃO..17

CAPÍTULO 1
INTRODUÇÃO..17

CAPÍTULO 2
PRINCÍPIO DA BOA-FÉ NO DIREITO PRIVADO...........................23
2.1   Aspectos gerais da boa-fé objetiva..23
2.2   Aspectos históricos a respeito da boa-fé....................................26
2.2.1   Boa-fé romana..26
2.2.2   A boa-fé canônica..30
2.2.3   A boa-fé no código civil francês..30
2.2.4   A boa-fé no código civil alemão..31
2.3   A constitucionalização do Direito e o princípio da boa-fé......33
2.4   Cláusula geral da boa-fé..37
2.4.1   Princípio ou cláusula geral...38
2.5   O princípio da boa-fé privada no ordenamento jurídico brasileiro...40

CAPÍTULO 3
A BOA-FÉ OBJETIVA E O REGIME JURÍDICO PÚBLICO..............43
3.1   A boa-fé: um princípio geral do Direito aplicável no âmbito público...43
3.2   A boa-fé e o princípio da legalidade...48
3.3   A boa-fé e a persecução do interesse público............................52
3.4   A boa-fé e o princípio da segurança jurídica.............................56
3.5   Fundamento da boa-fé administrativa no ordenamento jurídico brasileiro..63
3.6   A boa-fé nas relações entre entes públicos e o aproveitamento do seu desenvolvimento no direito privado.......................67

CAPÍTULO 4
ASPECTOS GERAIS DOS CONVÊNIOS ADMINISTRATIVOS 71

4.1	O federalismo de cooperação 71
4.2	Diversos tipos de atos consensuais com o Poder Público 76
4.3	Conceituação de convênio administrativo 77
4.4	Nomenclatura: convênio e congêneres 79
4.5	A natureza contratual dos convênios 82
4.6	Objeto do convênio 89
4.7	Partícipes 92
4.7.1	Partícipe ente privado 95
4.7.2	Ente privado com fins lucrativos como partícipe 96

CAPÍTULO 5
O REGIME JURÍDICO DOS CONVÊNIOS ADMINISTRATIVOS ... 101

5.1	Princípios aplicáveis aos convênios...104
5.1.1	Princípios gerais 104
	a) Princípio da autonomia 104
	b) Princípio da força obrigatória dos negócios jurídicos 105
	c) Princípio da relatividade dos efeitos dos ajustes 106
	d) Princípio da função social dos negócios jurídicos 107
	e) Princípio da boa-fé 108
5.1.2	Princípios públicos..108
	a) Princípios da supremacia do interesse público e sua indisponibilidade 109
	b) Princípio da legalidade/juridicidade 111
	c) Princípio da impessoalidade 113
	d) Princípios da publicidade e da transparência 114
	e) Princípio da eficiência, economicidade e eficácia 116
	f) Princípio da celeridade..117
	g) Princípio do planejamento 117
	g.1) O planejamento dos convênios e os programas governamentais 119
	h) Princípio da probidade administrativa/moralidade....................127
	i) Princípio da vinculação ao instrumento convocatório..................127
	j) Princípio do julgamento objetivo..128
	k) Princípio da igualdade..128
	l) Princípio das segregações de funções 128

	m) Princípio da motivação	129
	n) Princípio da razoabilidade e proporcionalidade	131
	o) Princípio do desenvolvimento nacional sustentável	131
	p) Princípio da segurança jurídica	133
5.2	Aplicação da Lei Geral de Licitações aos convênios	133
5.3	Não-aplicação das cláusulas exorbitantes aos convênios firmados entre entes públicos	135
5.4	Desnecessidade de licitação, em regra	137
5.5	Licitação e contratação feita no âmbito do convênio	139
5.6	Convênios e o registro de preços	142

CAPÍTULO 6
CONVÊNIOS ADMINISTRATIVOS E A TRANSFERÊNCIA DE RECURSOS 145

6.1	Transferências voluntárias	146
6.2	Requisitos para se efetuar transferências voluntárias	150
6.3	Contrapartida como condição para recebimento das transferências voluntárias	152
6.4	Suspensão das transferências voluntárias	155
6.5	Transferências de recursos em período eleitoral e em final de mandato	157

CAPÍTULO 7
AS FUNÇÕES DA BOA-FÉ OBJETIVA E OS CONVÊNIOS ADMINISTRATIVOS 163

7.1	A função hermenêutica da boa-fé	164
7.1.1	Critério hermenêutico da intenção consubstanciada na declaração e a totalidade e coerência do convênio	166
7.1.2	Critério hermenêutico da finalidade do convênio	170
7.1.3	Critério hermenêutico do comportamento dos partícipes	171
7.1.4	Critério hermenêutico para atenuar o rigor da redação do termo convenial	172
7.1.5	Critério hermenêutico da interpretação a favor do aderente	173
7.2	A função integrativa da boa-fé	175
7.2.1	Deveres de cooperação e lealdade negocial	177
7.2.2	Deveres informativos	179
7.2.3	Deveres de proteção	182
7.3	A função corretora da boa-fé	183

7.3.1	A boa-fé e o abuso de direito	184
7.3.2	O *venire contra factum proprium*	184
7.3.3	*Supressio*	186
7.3.4	*Nemo auditur propriam turpitudinem allegans*	188
7.3.5	*Tu quoque*	189

CAPÍTULO 8
A FASE PRÉ-CONVENIAL 191

8.1	Tratativas e o protocolo de intenção	194
8.2	Planejamento prévio	199
8.3	Plano de trabalho	202
8.3.1	Termo de Referência (identificação do objeto)	205
8.3.2	Projeto básico (identificação do objeto)	207
8.3.3	Comprovação de plenos poderes	211
8.3.4	Propriedade dos bens remanescentes	212
8.3.5	Metas e etapas de execução	213
8.3.6	Plano de aplicação dos recursos	214
8.3.7	Cronograma de desembolso	214
8.4	Prazo de vigência	215
8.5	Dotação orçamentária	218
8.6	Minuta do convênio	219
8.7	Ato de constituição e representação dos partícipes	219
8.8	Apreciação da procuradoria jurídica e publicação	220
8.9	Inexigência de autorização legislativa para celebração de convênio	224
8.10	A obrigatoriedade de utilização de procedimentos impostos pelo concedente para recebimento de repasse de recursos	225

CAPÍTULO 9
A FASE DE EXECUÇÃO CONVENIAL 233

9.1	Execução/fiscalização do convênio	234
9.1.1	Vínculo entre o fiscal do convênio e a Administração Pública	236
9.2	Liberação dos recursos	239
9.2.1	Necessidade de observância dos requisitos do art. 25 da Lei de Responsabilidade Fiscal no momento da transferência de recurso financeiro	241
9.2.2	Aplicação do art. 25 da Lei de Responsabilidade Fiscal nas hipóteses de repasse de recursos não financeiros	244

9.2.3	Princípio da intranscendência subjetiva das sanções	246
9.3	Alteração do convênio	247
9.3.1	Inaplicabilidade dos limites percentuais para aditivos das Leis Gerais de Licitações aos convênios administrativos	251
9.3.2	Aditamento do prazo de vigência	253
9.3.3	Alterações contratuais não impactam automaticamente nos convênios	254
9.4	Prestação de contas	257
9.5	Desvios de objeto e de finalidade	261

CAPÍTULO 10
A EXTINÇÃO E A FASE PÓS-CONVENIAL 267

10.1	Extinção do convênio por decurso do prazo ou adimplemento nos casos de prestação de escopo	267
10.2	Rescisão por inadimplemento	269
10.3	O adimplemento substancial	271
10.4	O inadimplemento antecipado	273
10.5	A denúncia: repensando a precariedade nos convênios administrativos	275
10.6	A fase pós-convenial	279

CAPÍTULO 11
CONSIDERAÇÕES FINAIS 281

REFERÊNCIAS 289

APÊNDICE
REGRAMENTO ESPECÍFICO DOS CONVÊNIOS FINANCEIROS FEDERAIS 297

1.1	Regulação	297
1.2	Não-Aplicação da Portaria 424/16	297
1.3	Tipos de ajuste	298
1.4	Regras gerais	299
1.5	Níveis para celebração dos ajustes	301
1.6	SICONV	302
1.7	Chamamento público	303
1.7.1	Obrigatoriedade	304
1.7.2	Critérios objetivos	305

1.7.3	Dispensa e inexigibilidade	306
1.7.4	Publicidade	306
1.8	Vedações à celebração de instrumentos cooperacionais com repasses de recursos	307
1.9	Cadin	310
1.10	Plurianualidade	310
1.11	Formalização dos instrumentos de cooperação financeiros	310
1.11.1	Cadastramento (art. 14, Portaria nº 424/16)	310
1.11.2	Proposta de Trabalho (Portaria nº 424/16, arts. 15 – 17)	311
1.11.3	Contrapartida (Portaria nº 424/16, art. 18)	312
1.11.4	Plano de Trabalho (Portaria nº 424/16, arts. 19 e 20)	314
1.11.5	Projeto Básico e do Termo de Referência (art. 21 da Portaria nº 424/16)	315
1.11.6	Condições para celebração de instrumento (arts. 22 a 25, Portaria nº 424/16)	316
1.11.7	Celebração de instrumentos com pendências (art. 24, Portaria nº 424/16)	323
1.11.8	Cláusulas obrigatórias para formalização do instrumento (arts. 26 – 27, Portaria nº 424/16)	323
1.11.9	Aprovação da minuta (art. 30, Portaria nº 424/16)	326
1.11.10	Competência (art. 31, da Portaria nº 424 /16)	327
1.11.11	Publicidade (arts. 32 – 35, da Portaria nº 424 /16)	327
1.11.12	Alterações (arts. 36 – 37, Portaria nº 424/16)	328
1.11.13	Execução (art. 38 – 39, Portaria nº 424/16)	328
1.11.14	Acompanhamento (arts. 53 – 58, Portaria nº 424/16)	331
1.11.15	Liberação de recursos (art. 41, Portaria nº 424/16)	333
1.11.16	Contratação de terceiros (arts. 43 – 44, Portaria nº 424/16)	334
	a) Contratação realizada por entidade sem fins lucrativos (arts. 45 – 48, Portaria nº 424/16)	334
	b) Contratação realizada por órgãos e entidades da administração pública (art. 49 da Portaria nº 424/16)	336
1.11.17	Denúncia (arts. 68 – 69, Portaria nº 424/16)	337
1.11.18	Prestação de contas (arts. 59 – 63, Portaria nº 424/16)	338
1.11.19	Tomada de contas (arts. 71 – 72, Portaria nº 424/16)	339

PREFÁCIO

A doutrina administrativista muito discute a respeito de contratos firmados pelos entes públicos e, no entanto, carece de trabalhos que desenvolvam com maiores detalhes as questões relativas aos convênios administrativos.

Este trabalho do Professor e Procurador do Estado do Paraná, Rafael Costa Santos, vem cobrir um vácuo deixado pelos doutrinadores e trazer um conteúdo que perpassa com rara profundidade as questões teóricas sobre o tema e vai além, trazendo ao leitor a praticidade do instituto tratado, desde a elaboração dos primeiros documentos da demanda até a prestação de contas.

A importância dos convênios para a Administração Pública brasileira é evidente ao se verificar que só a União, no ano de 2022, repassou aos estados aproximadamente 193 bilhões de reais e aos municípios um total de 295 bilhões de reais, perfazendo um total aproximado de 488 bilhões de reais transferidos aos entes federativos. Ainda deve ser considerado que corriqueiramente os estados também fazem transferências voluntárias aos seus municípios, movimentando expressivos recursos orçamentários.

Mesmo com essa realidade, há ainda bastantes dificuldades para elaborar o planejamento dos convênios, bem como existem questões a serem resolvidas sobre a forma de celebração e, mais que tudo, são enfrentadas nítidas dificuldades para a execução e prestação de contas.

Os problemas que surgem em cada uma dessas fases são muito diversificados e, pior, as soluções nem sempre estão à disposição nos manuais e mesmo nas parcas legislações sobre a temática.

Tenho acompanhado par e passo o trabalho desenvolvido pelo Dr. Rafael Costa Santos. É inspiradora sua garimpagem por teorias que possam subsidiar soluções que não se encontram na doutrina tradicional. A busca por novas fronteiras se materializa neste trabalho sem, evidentemente, ultrapassar a intransponível linha imaginária do Direito Constitucional.

O autor teve, assim diriam os profissionais da arquitetura, como seu "ponto de fuga" a boa-fé objetiva, no sentido de fazer prevalecer uma gestão pública de boa governança e que vise o atendimento aos anseios da sociedade.

Neste trabalho, o autor não se limitou a buscar conceitos de boa-fé na doutrina administrativista brasileira, foi além: partindo da análise do princípio da boa-fé objetiva no direito privado, debruçou-se nos aspectos históricos sobre o tema e conseguiu, de forma cirúrgica, interligar a constitucionalização do Direito ao princípio da boa-fé para desenvolver pormenorizadamente o tema e adentrar nos aspectos gerais dos convênios administrativos. Tudo sempre em conexão com o anteriormente explanado. Detalhes que qualificam ainda mais seu trabalho.

Somente após esse substrato doutrinário e histórico, o autor parte para o detalhamento do regime jurídico dos convênios administrativos, esmiuçando as transferências voluntárias para, assim, poder discutir de forma primorosa a função hermenêutica da boa-fé e cada um de seus critérios.

O trabalho atinge uma completude ímpar quando o autor, fundado em sua experiência como Procurador do Estado do Paraná, transporta com maestria aos olhos do leitor questões práticas de cada uma das fases de execução de um convênio administrativo. Ainda ilustra a leitura com o regramento específico dos convênios financeiros federais.

Na leitura das primeiras páginas, o leitor perceberá estar diante de um trabalho diferenciado, de forma que poderá elegê-lo como seu livro de trabalho para atuar com assertividade no planejamento e execução de um convênio administrativo.

Não restam dúvidas de que se trata de uma obra singular e completa em virtude do esmero metodológico, do apego à pesquisa, da lucidez hermenêutica e do geminar das experiências cotidianas.

Hamilton Bonatto

Procurador-Chefe da Coordenadoria do Consultivo da Procuradoria-Geral do Estado do Paraná. Mestre em Planejamento e Governança pela UTFPR. Graduado em Engenharia Civil e Matemática Plena. Especialista e Direito Constitucional; em Advocacia Pública; em Construção de Obras Públicas. É autor dos livros *Licitações e Contratos de Obras e Serviços de Engenharia* e *Governança e Gestão de Obras Públicas: do Planejamento à Pós-Ocupação*, ambos pela Editora Fórum, entre outros.

APRESENTAÇÃO

O presente trabalho visa contribuir com a doutrina das parcerias da Administração Pública. Aborda, sistematicamente, todo o desenvolvimento acerca da celebração dos convênios administrativos, abarcando desde as tratativas, passando pela sua celebração, execução, prestação de contas, e, também, eventuais efeitos remanescentes após a extinção convenial.

Utiliza-se abundantemente de exemplos, bem como analisa centenas de acórdãos do Tribunal de Contas da União, conferindo o caráter prático, que não foi menosprezado nesta obra.

Foi exatamente diante das complicações da realidade prática que se percebeu que há muitos desafios que não encontram solução na teoria administrativa tradicionalmente utilizada para analisar a figura jurídica do convênio administrativo.

O objetivo deste trabalho é efetuar uma reanálise da teoria administrativista sobre convênios administrativos, pelo prisma da boa-fé objetiva, e, consequentemente, apresentar suporte teórico para o enfrentamento de adversidades que envolvem o tema, bem como elaborar uma descrição jurídica coerente sobre os ajustes firmados entre entes públicos. A partir da experiência doutrinária e jurisprudencial acerca do conceito de boa-fé civilista, foram analisadas situações reais e hipotéticas que envolvem as relações conveniais, o que viabilizou o desenvolvimento de soluções para problemas eventualmente enfrentados.

Para se atingir objetivo proposto, este estudo foi dividido em 3 partes. Nos capítulos 2 e 3, traça-se um panorama geral acerca da boa-fé e sua aplicabilidade ao direito público. Visa-se analisar a compatibilidade da boa-fé ao regime jurídico público, e, especialmente, traçar as vantagens que o princípio da boa-fé pode trazer para a melhoria instrumental do ambiente público, especialmente no que diz respeito às relações conveniais entre entes públicos.

Os capítulos, 4, 5, e 6 contêm a descrição da figura do convênio, quanto a sua natureza, características principais, partícipes e legislação aplicável. É necessária uma compreensão do objeto, o qual se analisa sob o prisma da boa-fé objetiva. Somente com uma compreensão adequada dos convênios, das peculiaridades das relações envolvidas nesses ajustes e das regras jurídicas que os vinculam, será possível relacionar as normas de conduta relacionadas aos convênios administrativos que podem ser retiradas da boa-fé.

Em seguida, nos capítulos 7, 8, 9 e 10, utiliza-se o prisma da boa-fé objetiva para a análise da teoria a respeito dos convênios, desde o momento das negociações até a pós-execução. Por meio de exemplos concretos e hipotéticos das relações conveniais, visa-se retirar normas de conduta consubstanciadas no princípio da boa-fé, a serem seguidas por partícipes e por terceiros. Pretende-se demonstrar como o filtro da boa-fé é fundamental para sistematizar de forma coerente as regras de conduta a serem seguidas em relação à complexidade dos ajustes firmados pelo Poder Público.

Nesses últimos capítulos, opta-se por trazer toda a sistematização legal e doutrinária a respeito da formação, execução e término dos convênios, mesmo que em relação a algum tópico a incidência da boa-fé não seja tão relevante. Essa predileção se justifica no objetivo do respectivo trabalho, que é reanalisar o arcabouço doutrinário convenial à luz da boa-fé objetiva. Caso fossem trazidos apenas os exemplos mais relevantes, a teoria convenial ficaria incompleta.

De toda forma, é possível evidenciar que a boa-fé, como princípio que é, possui um caráter elástico, pode ter uma incidência mais drástica ou menos, sobre um tema ou caso específico. Portanto, a incidência da boa-fé no tema dos ajustes administrativos é perene, variando, apenas, a sua potência, o grau de sua aplicabilidade.

No apêndice, ainda, é feita uma análise sobre os aspectos relevantes dos regulamentos federais (Decreto nº 6.170, de 25 de julho de 2007 e Portaria Interministerial nº 424, de 30 de dezembro de 2016) acerca dos convênios administrativos.

CAPÍTULO 1

INTRODUÇÃO

O convênio administrativo é um instrumento para a concretização de interesse comum, em regime de mútua cooperação, entre entes estatais ou entre esses e entes privados. Constata-se, no entanto, que a doutrina administrativa tradicional, muitas vezes, não é suficiente para explicar a realidade dos ajustes cooperativos firmados pelo poder público e é inapta quando se trata da solução de problemas complexos relacionados aos acordos cooperacionais.

O objetivo deste trabalho é efetuar uma reanálise da teoria administrativista sobre convênios administrativos, pelo prisma da boa-fé objetiva, e, consequentemente, apresentar suporte teórico para o enfrentamento de adversidades que envolvem o tema, bem como elaborar uma descrição jurídica coerente sobre os ajustes firmados entre entes públicos. A partir da experiência doutrinária e jurisprudencial acerca do conceito de boa-fé civilista, foram analisadas situações reais e hipotéticas que envolvem as relações conveniais, o que viabilizou o desenvolvimento de soluções para problemas eventualmente enfrentados.

Identificou-se que a teoria administrativa convenial sob a perspectiva do princípio da boa-fé objetiva é apta a explicar juridicamente situações fáticas não abordadas pela doutrina jurídico-administrativa tradicional, como as hipóteses de quebra da confiança legítima, a demarcação de responsabilidade dos partícipes quando há desvio de objeto, o abuso do poder de barganha, os limites do direito de denúncia e o reconhecimento de relação jurídica antes e após a vigência convenial.

A boa-fé objetiva é um princípio caracterizado por uma atuação de acordo com determinados padrões sociais de honestidade e correção, de modo a não frustrar a legítima confiança do outro com o qual se relaciona. Este padrão normativo opera como um prisma ético que possui o condão de ressifignicar ou alinhar a interpretação de uma infinidade de institutos e regras jurídicas.

Devido à sua origem relacionada à *fides* romana, o princípio da boa-fé sempre foi intimamente ligado ao direito privado. Inobstante a existência de estudos pretéritos,[1] o aprofundamento da análise acerca da aplicação da boa-fé no âmbito público ocorreu a partir do final do século XVIII, com destaque para o trabalho de Jesus Gonzáles[2] e Manganaro.[3]

Constatada a interseção de conteúdo da boa-fé objetiva com aspectos da segurança jurídica[4] e identificadas as peculiaridades da positivação dos referidos princípios em sociedades distintas, o princípio da boa-fé passa a assumir diferentes funções em distintos sistemas jurídicos, no que tange ao direito público.

Independentemente da confluência com o princípio da proteção da confiança, é possível identificar a relevância ímpar da boa-fé objetiva no âmbito publicista, quando se depara com o aproveitamento da evolução doutrinária e jurisprudencial da boa-fé privatística e das suas ungidas figuras parcelares, pelo direito público.

É certo que ambos os princípios possuem objetivos similares, pois são estados de ideias que vinculam a mesma lógica jurídica no que se refere à garantia da não-surpresa e da estabilidade das relações jurídicas. Entretanto, devido ao meio em que foram desenvolvidos e levando em consideração o distinto tempo de desenvolvimento dos respectivos princípios, destes não se retira o mesmo rol de ferramentas.

O princípio da proteção da confiança, de desenvolvimento mais novo,[5] e conectado com as ideias de autoridade do Poder Público e do Estado de Direito, possui teoria e aplicação relacionadas ao controle

---

[1] Como, por exemplo, o de Adolf Merkl (2004).
[2] GONZÁLEZ, Jesús Pérez. *El principio general de la buena fe en el derecho administrativo*. Monografías de Civitas. Madrid: Editorial Civitas SA, 1983.
[3] MANGANARO, Francesco. *Il Principio di buona fede nell'attività delle amministrazioni pubbliche*. [S.l.]: Edizioni Scientifiche Italiane, 1995.
[4] A segurança jurídica costuma ser ramificada em duas partes: a parcela objetiva do princípio, que se refere aos limites da retroatividade dos atos do Estado, mesmo que legislativo, e englobam, portanto, os conceitos de proteção ao direito adquirido, ao ato jurídico perfeito e à coisa julgada (a segurança jurídica em sentido estrito). A segunda ramificação, de natureza subjetiva, concerne à proteção e à confiança das pessoas aos atos, aos procedimentos e às condutas do Estado, nas mais diferentes esferas de atuação (a proteção da confiança).
[5] Valores que remetem à proteção da não-surpresa podem ser evidenciados desde o direito romano, como as figuras do *ius certumm* e da *pax romana* (ÁVILA, 2011, p. 49). Contudo, o princípio da proteção da confiança, exatamente, tomou relevância a partir de decisões do Superior Tribunal Administrativo de Berlim, em 1956, e do Tribunal Administrativo Federal alemão (BVerwGE, na sigla em alemão), em 1957 (COUTO E SILVA, 2015A, p. 50).

de imposições unilaterais pelo Poder Público. Já o princípio da boa-fé, amadurecido pelo tempo, e na maior parte das vezes relacionado à atividade mercantil e contratual, possui uma sólida construção doutrinária e jurisprudencial envolvendo vínculos concretos e consensuais, relacionados à coibição do comportamento contraditório ou desleal.

O maior aporte de contribuições que a teoria privatística da boa-fé objetiva pode oferecer ao ambiente publicista se refere exatamente aos empréstimos desse rol ferramental dos quais se retiram preceitos que visam à lealdade, sobretudo quando envolve os negócios jurídicos, uma vez que essa é a área de maior desenvolvimento da boa-fé privatística.

Curiosamente, o maior avanço da teoria da boa-fé administrativa reside no controle de atos administrativos.[6] No que tange à teorização desse princípio na disciplina dos contratos administrativos, poucos trabalhos de relevância são encontrados,[7] e quanto à sua aplicação aos convênios administrativos, a teorização é ainda mais parca.

Por outro lado, ao se analisar a teoria administrativa a respeito dos convênios administrativos, é possível identificar uma desconexão com o direito aplicado concretamente. Em outros termos, a doutrina tradicional administrativa a respeito dos convênios é insuficiente para explicar a realidade e a complexidade dos ajustes existentes.

Toma-se como exemplo o ensinamento de Hely Lopes Meireles de que qualquer partícipe possui liberdade para denunciar o respectivo convênio e retirar sua cooperação quando o desejar, responsabilizando-se pelas obrigações e auferindo as vantagens do tempo em que participou voluntariamente do acordo.[8,9]

Todavia, do retromencionado ensinamento seria possível inferir a possibilidade do abandono de uma obra pública de interesse coletivo, tornando-a inacabada com consequente prejuízo ao erário da contraparte? Ou, se entendermos que existe o direito à indenização nesses casos, qual seria o fundamento para esse ressarcimento?

Observa-se que exclusivamente a partir da doutrina tradicional administrativa brasileira, não é possível explicar as consequências do problema proposto, sem cogitar a absurda hipótese da irresponsabilidade das entidades públicas em ajustes conveniais. Se os convênios são de

---

[6] Nesse sentido, em solo brasileiro, destaca-se o pioneirismo do trabalho da professora Angela Costaldello (1998).
[7] Sobre a boa-fé nos contratos administrativos, é possível encontrar, por exemplo, Castro (2018), De Paula (2005) e Martelli (2010).
[8] MEIRELLES, Hely Lopes, et al. *Direito Administrativo brasileiro*. Vol. 3. São Paulo: Revista dos Tribunais, 1966, p. 350.
[9] No mesmo sentido, Di Pietro (1997) e Araújo (1992).

fatos precários e é possível denunciá-los a qualquer momento, o que impediria a desvinculação convenial sem maiores consequências nos casos em que a contraparte já dispôs financeiramente para a concretização do convênio? Como fica a situação da contraparte frustrada com o rompimento repentino e injustificado? O que fazer quanto aos prejuízos financeiros acerca dos recursos já aplicados? Ou, ainda, existe direito de participação da coletividade que ficará afetada em relação à não-prestação dos serviços públicos, devido ao rompimento do ajuste?

Imagine-se, ainda, que seja firmado um convênio do qual conste, exclusivamente, a execução de um edifício público como objeto. Contudo, que das circunstâncias do avençado, se depreenda que a obra é apenas um meio necessário para a prestação de um determinado serviço público, de interesse comum dos convenentes. A despeito de não estar expresso na minuta convenial, seria fundamental que fossem providenciadas a equipagem e a contratação de funcionários para a prestação do respectivo serviço público no referido edifício. Caso o ente titular da competência do respectivo serviço público não providencie os equipamentos e os profissionais para a operacionalização dos serviços, pode-se concluir que esse empreendimento foi um sucesso, uma vez que foi atingido o objetivo disposto no termo convenial (a construção do edifício)? A não-prestação, ou prestação inadequada, do respectivo serviço público, poderia ser considerada quebra de algum dever não expresso no termo convenial? E se sim, qual seria o fundamento jurídico para isso?

Noutra hipótese, a de desvio de objeto, quando os recursos ou equipamentos transferidos são utilizados para finalidade diversa do avençado, se o respectivo termo de convênio não dispusesse de nenhuma cláusula de reversibilidade ou inalienabilidade dos objetos adquiridos com recursos conveniais, seria possível integrar uma previsão de reversibilidade do patrimônio, mesmo que não escrita? Qual seria o fundamento?

Os exemplos são infindáveis, mas o objetivo desses não é demonstrar que há um equívoco na aplicação do direito pelos advogados públicos, órgãos de controle e Judiciário. O essencial é demonstrar a falta de sistematização teórica para fundamentar eventuais decisões para a solução dos problemas como os descritos anteriormente. A teoria administrativa tradicional, no que tange aos convênios administrativos, é insuficiente para proporcionar suporte jurídico e explicar a realidade fática envolvida na complexa utilização dos convênios firmados pelo Poder Público.

Ocorre que não raro estabeleceu-se um abismo entre o direito público e o privado, pois, nesses âmbitos, o direito teria lógicas jurídicas incomunicáveis. Certo, também, que o fenômeno da constitucionalização do direito privado reduziu as rígidas delimitações teóricas entre essas esferas do Direito, pois o privado passou a conceber interesses não meramente individuais e patrimoniais na interpretação e entendimento dos seus institutos jurídicos.

De todo modo, quando se utilizam institutos já consolidados em outro ramo do Direito, como ocorreu com os negócios jurídicos que obtiveram toda uma construção histórica no seio do direito privado, não devem ser ignoradas suas regras e diretrizes básicas. Esses institutos têm características e princípios próprios que, comumente, também são transportados para a aplicação no novo ramo do Direito.

Esclarece-se que não se discute nem se almeja a proposição de privatização do direito público. A afirmação retro, portanto, não retira força do regime publicista. Pelo contrário, reconhecem-se as peculiaridades do regime jurídico público e a necessidade inerente de nova reconfiguração de institutos que tenham sua origem no direito privado, para que seja possível uma aplicação coerente no âmbito publicista.

É certo que princípios, preceitos, institutos jurídicos originalmente desenvolvidos no âmbito privado, quando transportados para o âmbito do direito público, devem ser harmonizados com as peculiaridades, lógica e principiologia jurídica do direito público. Esse direito, para formação da sua teoria, aproveitou-se de institutos já desenvolvidos no civil, mas que sofreram uma adaptação para se conformarem com a lógica publicística do regime jurídico administrativo.

Todavia, muitas vezes, a teoria administrativista não concede a devida atenção aos princípios e características fundamentais desses institutos importados para o direito público. É o que ocorre com a teoria administrativa dos convênios, a qual se afastou em demasia dos fundamentos dos negócios jurídicos, de modo que não pode ser aplicada aos ajustes firmados pelo poder público (e em relação às complexas questões jurídicas que decorrem deles) de forma coerente.

Constata-se, portanto, que a teoria tradicional administrativa, a respeito dos convênios administrativos, é insuficiente para explicar com precisão a realidade dos ajustes firmados pela Administração Pública.

Um reexame e aprofundamento da teoria administrativa convenial sob a perspectiva do princípio da boa-fé objetiva é imprescindível para explicar a realidade dos ajustes firmados pelo Poder Público, bem como conceder substrato jurídico para a solução de problemas complexos que envolvem o tema. Esse princípio auxilia a solucionar incongruências a respeito da teoria tradicional administrativa dos convênios, relacionadas a hipóteses de quebra da confiança legítima, desvio de objeto, direito de denúncia e responsabilidade pré e pós-convenial.

Portanto, o objetivo deste trabalho é, a partir de uma revisão da teoria administrativista sobre convênios administrativos, pelo prisma da boa-fé objetiva, apresentar suporte teórico para o enfrentamento de problemas complexos que envolvem o tema, bem como demonstrar uma explicação mais coerente sobre os ajustes firmados entre entes públicos.

CAPÍTULO 2

PRINCÍPIO DA BOA-FÉ NO DIREITO PRIVADO

O objetivo desse capítulo não é realizar uma investigação profunda e exaustiva acerca da boa-fé objetiva, mas referenciar as características principais e históricas desse princípio, com o fito de subsidiar a análise da aplicação do referido fundamento no âmbito público, e, sobretudo, do incremento de ferramentas decorrentes da boa-fé objetiva (consolidadas no âmbito privado, e não usuais na esfera pública) no direito público, especialmente nos convênios administrativos.

2.1 Aspectos gerais da boa-fé objetiva

A boa-fé objetiva se relaciona com a exigência de um comportamento de probidade, correção, lealdade, consideradas sobretudo a finalidade e a utilidade, da relação com a qual está envolvida.

Contudo, o vocábulo "boa-fé" é utilizado no âmbito da literatura jurídica com sentidos distintos, nem sempre designando o mesmo fenômeno jurídico. A própria legislação civilista brasileira invoca o termo remetendo a significados diferentes, ora em sua acepção objetiva (art. 422 do Código Civil,[10] a boa-fé como regra de conduta), ora considerando a acepção subjetiva (art. 421, a boa-fé como estado psicológico).

A boa-fé subjetiva não é um princípio e sim um estado psicológico decorrente da convicção efetiva do indivíduo acerca da existência do direito visado ou do desconhecimento de impasse jurídico a este relacionado. Trata-se de um estado de consciência caracterizado pela

---

[10] BRASIL. *Lei nº 10.406, de 10 de janeiro de 2002*. Institui o Código Civil. Brasília/DF: Presidência da República, 2002a.

convicção de se estar agindo de modo a não lesar direitos ou interesses alheios.

Noutra via, a boa-fé objetiva é um princípio que compreende um modelo de conduta social, uma regra de comportamento, caracterizado por uma atuação de acordo com determinados padrões sociais de lisura, honestidade e correção, de modo a não frustrar a legítima confiança da outra parte.

A boa-fé é, portanto, um arquétipo ético de como proceder de forma proba, leal e correta. Trata-se de um princípio que insere uma suavização (uma ponderação entre princípios colidentes), com o objetivo de afastar a aplicação estrita do princípio *pacta sunt servanda*, quando se trata das relações negociais.[11] Dessa forma, alguém pode ignorar a irregularidade da sua conduta e, mesmo estando de boa-fé (subjetiva), vir a praticar conduta em desacordo com a boa-fé objetiva.

O princípio abordado encontra as suas premissas no incentivo de que os indivíduos pautem seu agir com cooperação ética nas suas relações; visa a afastar condutas que não estejam alinhadas aos parâmetros de honestidade e lisura. Com isso, a boa-fé objetiva caracteriza-se numa estrutura normativa produtora de cânones prescritivos e, portanto, tem o papel de indicar um modelo de conduta.[12]

Necessário explicitar que a doutrina sintetiza a boa-fé em distintas funções: a interpretativa, a criadora de deveres jurídicos anexos ou de proteção e a delimitadora do exercício de direitos subjetivos.

São inúmeros os modelos de conduta decorrentes da boa-fé, mas há de se evidenciar o dever de não se portar contra ato próprio. O indivíduo não poderá utilizar-se de um ato apenas quando for vantajoso a ele e a partir do momento em que este não importar mais, refutá-lo. Tal conduta pode ser considerada ilegítima, mesmo que aparentemente provida de legalidade ou praticada no exercício regular de direito.[13]

Assentada na concepção do aforismo *venire contra factum proprium nulli conceditur* (ou teoria dos atos próprios), essa ideia compreende que a nenhuma pessoa é legítimo exercer um direito em contraposição com

---

[11] FARIAS, Cristiano Chaves de; ROSENVALD, Nelson. *Contratos: Teoria geral e contratos em espécie*. Salvador: Juspodivm, 2017, p. 179.

[12] MARTINS-COSTA, Judith. *A boa-fé no direito privado*. 2. ed. São Paulo: Editora Saraiva, 2018, p. 282-283.

[13] LÔBO, Paulo. *Boa-fé no Direito Civil*: do princípio jurídico ao dever geral de conduta. In: LÔBO, Paulo (coord.). *Boa-fé e sua aplicação no Direito brasileiro*. Belo Horizonte: Fórum, 2019. p. 27-28.

a sua anterior atuação, quebrando a confiança legítima, mesmo que a conduta esteja de acordo com os ditames legais.[14] Isso se dá pela confiança anteriormente repassada à outra parte por meio de um comportamento dotado de boa-fé. Costumam-se elencar como pressupostos para aplicação do *venire:* um comportamento inicial; a legítima confiança de outrem na preservação do propósito incialmente estabelecido; a conduta contraditória em si; bem como um prejuízo ou até mesmo um potencial de dano que seria possível ocorrer com a contradição.[15]

Da boa-fé também derivam deveres jurídicos gerais, não se referindo à prestação da obrigação negocial em si, mas abarcando obrigações extranegociais. São inúmeras as designações doutrinárias concedidas a esses deveres, como por exemplo: secundários, suplementares ou acessórios.

A boa-fé objetiva, portanto, opera como parâmetro normativo, do qual, devido às circunstâncias do caso concreto, retiram-se deveres, independentemente de estarem expressos na respectiva minuta negocial. Os mais conhecidos são os deveres de lealdade e confiança recíprocas, de assistência, de informação, sigilo ou confidencialidade.

Tais deveres não decorrem da relação jurídica obrigacional nem mesmo do adimplemento, mas do princípio da boa-fé e incidem sobre a relação obrigacional e seus resultados. Esses deveres gerais de condutas podem ser obrigados tanto aos credores quanto aos devedores e podem ser imputados também a terceiros.[16]

Os deveres gerais de conduta carecem de materialização do seu conteúdo, em cada relação, levados em conta o ambiente social e os fatores relacionados ao tempo e espaço de seu cumprimento. Isso porque não são suscetíveis à simples subsunção do fato à norma jurídica, pois é imprescindível sua concretização pela norma de conduta retirada casuisticamente da boa-fé. Desta forma, o caso factual é que suprirá os elementos de sua materialização.[17]

Da boa-fé também se retiram deveres que extrapolam a vigência do respectivo negócio jurídico, não incidindo apenas na fase da execução do respectivo negócio jurídico, mas também nas condutas realizadas antes da sua formalização ou após o término desse.

---

[14] Ibid., p. 28.
[15] SCHREIBER, Anderson. *A proibição do comportamento contraditório*: tutela da confiança e comportamento contraditório. Rio de Janeiro: Renovar, 2012. p. 95.
[16] Ibid., p. 25.
[17] Ibid., p. 25-26.

A boa-fé objetiva, portanto, compreende um princípio, modelo de eticização de conduta social, verdadeiro *standard* jurídico ou regra de comportamento, caracterizado por uma atuação de acordo com determinados padrões sociais de lisura, honestidade e correção, de modo a não frustrar a legítima confiança da outra parte.

2.2 Aspectos históricos a respeito da boa-fé

2.2.1 Boa-fé romana

Existe uma imprecisão acerca do significado da expressão *"fides"*, para alguns significa lealdade, para outros se refere a confiança. No entanto, a análise etimológica compreende o termo como "vínculo" ou "liame".[18] Nesse sentido, ao tentar por diversas vezes traduzir a supracitada expressão, houve uma desarmonia na doutrina romanística.[19]

Essa difícil compreensão acerca do termo *fides* gera a necessidade de cautela. Ao se debruçar sobre o período romanístico, é possível constatar que a *fides* expõe várias concepções semânticas que precisam ser ponderadas de maneira complementar, visto que interagem.[20]

A *fides* religiosa, muito atrelada ao culto da deusa Fides,[21] fortaleceu-se em duas linhas nas relações no âmbito privado, bem como nas de alcance internacional. Entretanto, em ambas, a *fides* se caracterizava como uma relação de poder.[22] A deusa *fides* era invocada no âmbito das negociações e velava para o correto andamento do ajuste, protegendo os cumpridores e castigando os faltosos.[23] Nessa perspectiva, a *fides* se concretizava na proteção aos menos favorecidos, porém, manifestava-se

---

[18] RUBINSTEIN, F. *A bona fides como origem da boa-fé objetiva do direito brasileiro*. Revista da Faculdade de Direito da Universidade de São Paulo. [S. l.], v. 99, p. 573-658, 2004, p. 590. Disponível em: https://www.revistas.usp.br/rfdusp/article/view/67639. Acesso em: 16 ago. 2021.
[19] Ibid., p. 590.
[20] CORDEIRO, Menezes; ROCHA, António Manuel. *Da boa-fé no Direito Civil*. Coimbra: Almedina, 2001, p. 54 *et seq*.
AMARAL, Francisco. *A boa-fé no processo romano*. Revista de Direito Civil, v. 78, 1996, p. 199 *et seq*.
[21] CORDEIRO, Menezes, *op. cit.*, p. 55.
[22] AMARAL, 1996, p. 199.
[23] AMARAL, *loc. cit.*

também em relações de igualdade, ao realizar as promessas que eram feitas, honrando o convencionado.[24]

Por outro lado, a *fides* representa proteção, fidelidade e lealdade entre o mais forte e o mais fraco, implicando numa verdadeira garantia. Ainda, há o prisma da noção de manutenção da palavra dada (a necessidade de respeitar vínculos e promessas), que, para Francisco Amaral, constitui a ideia central do pensamento político-jurídico das relações de direito romano.[25] Dessa forma, poder-se-ia dizer, de forma simplificada, que a *fides* corresponde a um vínculo de garantia, em que se presume a obrigação de manutenção da palavra dada, por meio de preceitos morais e éticos, ligada a questões sacras.[26]

Após um período de evolução paulatina da *fides*, constata-se uma mudança em relação à caracterização da ideia, visto que anteriormente era tida como mística e religiosa e agora trata-se de uma noção laica composta por matéria técnica.[27]

Nesse segundo momento, no que tange às relações jurídicas do plano interno, várias relações jurídicas são tuteladas prioritariamente pela *fides*, a exemplo da clientela, tutela, curatela, adoção e fidúcia. Um ponto comum entre tais institutos é que se refere à renúncia de liberdade, em diferentes intensidades, realizada por homens livres.[28]

Merece destaque a clientela, uma instituição análoga a um tipo de estratificação social que criava uma graduação entre o cidadão livre e o liberto, implicando a existência de deveres de lealdade e obediência perante estes, em troca de proteção.[29] Da clientela, portanto, compreende-se uma nítida situação de desigualdade, ficando o cliente submetido ao *pátrio poder*.[30]

No plano externo, por meio da *deditio in fidem*[31] e da lealdade à palavra (tanto nos tratados internacionais, quanto nos juramentos), a *fides* ocorria por meio de ajustes formais.[32] Ainda de maneira similar ao que acontecia no plano interno, a clientela internacional abarcava

---

[24] Ibid., p. 199-200.
[25] AMARAL, 1996, p. 199.
[26] CORDEIRO, Menezes, 2001, p. 59.
[27] CORDEIRO, Menezes, *loc. cit.*
[28] Ibid., p. 63.
[29] Ibid., p. 59-60.
[30] Ibid., *loc. cit.*
[31] CORDEIRO, Menezes, 2001, p. 65.
[32] RUBINSTEIN, 2004.

deveres de proteção e lealdade do patrono, tida pela denominação *fides patroni*, em uma ligação de recíproca sujeição entre o patrono e o cliente.[33]

Em relação às ligações de dominação impostas aos estrangeiros, percebe-se a *fides* como suporte dos ajustes celebrados de forma consensual.[34] Ressalta-se que ela compreendia características do aspecto da lealdade à palavra, apresentando-se em diversas situações como o cumprimento de tratados internacionais e a formalização de pactos de proteção mútua.[35]

Para os romanos, a *fides* necessitaria ser sempre protegida nas relações públicas, ainda que tivesse contrariedades. Ainda que combatendo um inimigo, deveriam se manter as juras prestadas a este, como se fossem acordos mútuos.[36]

A *fides*, portanto, teve um papel importante na Roma Antiga, com influência dominante nas relações internacionais, bem como nos vínculos privados.[37]

Para a maioria dos romanistas, a *fides* deve ser abrangida como norma jurídica,[38] entendida como princípio jurídico, oportunamente desenvolvido desde a antiguidade, razão de imposição jurídica para todos os homens sem qualquer diferenciação da sua naturalidade.

Noutra senda, Menezes Cordeiro entende que a *fides* não teria caráter jurídico, tratando-se apenas de uma noção cujo objeto seria de natureza ética e moral, não trazendo uma força vinculativa.[39] Ainda, há uma proposição intermediária que se expõe apenas nas relações externas, entendendo a *fides* como natureza de norma jurídica, representada pelo fato de que se infringida, ocasiona punições.[40]

De toda forma, a *fides* pode ser vista como uma das categorias fundamentais para a compreensão do ordenamento jurídico romano, pois retrata a esperança de conduta em conformidade com a norma, podendo ser ética, jurídica ou moral.[41]

---

[33] A expressão *deditio in fidem* correspondia a uma maneira de submissão, por meio de um acordo formal, celebrado livremente pelas partes, correspondendo à rendição pura e simples, que pode ser representada pelo ato pacífico de confiança em uma autoridade superior (RUBINSTEIN, 2004, p. 603).
[34] CORDEIRO, Menezes, 2001, p. 68.
[35] RUBINSTEIN, 2004, p. 606.
[36] Ibid., p. 610.
[37] Ibid., p. 611.
[38] AMARAL, 1996, p. 202.
[39] CORDEIRO, Menezes, 2001, p. 70.
[40] RUBINSTEIN, *op. cit.*, p. 613.
[41] Ibid., p. 614.

Contudo, mesmo que para parte da doutrina não seja possível atribuir à *fides* uma função jurídica, não há dúvida da juridicidade e da semelhança da evolução da *fides*: a *fides bona*, ou *bona fides*, com o atual princípio da boa-fé.

A *bona fides* remete à relação contratual com os *peregrini*,[42] em que foi estimulada a formação de figuras que auxiliem o tráfego universal, como por exemplo a compra e venda.[43] No entanto, o instituto também foi internalizado vinculando as relações entre cidadãos e entre cidadãos e estrangeiros.[44]

A *bona fides* seria representada como uma noção jurídica, que se comportava como método de valoração das situações concretas. Essa figura estabelecia vários deveres às partes de um negócio, acarretando a observância dos vínculos e promessas admitidas, observando-se o padrão de comportamento correspondente aos costumes de confiança, honestidade, correção e lealdade.[45] Referia-se, ainda, à obrigação de se portar com seriedade nas relações jurídicas, podendo se relacionar aos aspectos das *fides* como a manutenção da palavra dada.[46]

Em cada caso, a noção de *bona fides* deveria ser entendida levando em consideração as características e expectativas da sociedade, devendo o juiz analisar a sua extensão e aplicá-la a depender do caso. A *bona fides* pode ser entendida como princípio normativo de equidade contratual, que pretenderia amparar o equilíbrio da relação contratual certificando que as partes teriam igualdade de posições mediante a ação judicial.

A *bona fides* era um critério normativo de comportamento, que moldou um conjunto de relações romanas obrigacionais, concedendo a oportunidade de valorá-las mediante a atuação judicial.[47] Trata-se, portanto, de um dos fundamentos basilares do direito romano em que o casuísmo jurisprudencial atuava por referência a valores fundamentais.[48]

---

[42] CORDEIRO, Menezes, *op. cit.*, p. 200.
[43] Ibid., p. 100.
[44] RUBINSTEIN, 2004, p. 621.
[45] AMARAL, 1996, p. 197-200.
[46] RUBINSTEIN, *op. cit.*, p. 616.
[47] RUBINSTEIN, *op. cit.*, p. 617.
[48] AMARAL, *op. cit.*, p. 198.

2.2.2 A boa-fé canônica

Pela cultura canônica, a boa-fé é marcada pelo caráter subjetivo e ligada de forma estreita à moral cristã, consubstanciada no aspecto moral da boa-fé com as condições práticas do direito.[49]

A ligação entre moral cristã e as obrigações práticas que o Direito regulamenta na vida dos indivíduos descentraliza-se para uma diversidade de significados, sendo necessário valer-se da boa-fé e da misericórdia em contraposição ao pecado, bem como as demais acepções subjetivadas e moralizantes.[50]

A boa-fé canônica assemelha-se à acepção derivada do direito romano em relação à manutenção da palavra dada,[51] no entanto, há a inserção de significados pelo direito canônico, sendo a boa-fé irradiada por valores como a falta de pecados, o contrário da má-fé (boa-fé subjetiva).[52]

O direito canônico, em uma notável colaboração visando à constituição de uma mentalidade jurídica, encontrava-se assentado em uma base de ideologias cuja ideia principal era habitada pelo sujeito como um pecador no aguardo da salvação de seus erros.[53]

2.2.3 A boa-fé no código civil francês

A boa-fé do Código de Napoleão é marcada pela subjetivação da boa-fé e sua apropriação e absorção como elemento técnico pela vontade.[54] Nesse contexto, esse princípio possui a axiologia da regra moral de "amor ao próximo", herança da boa-fé canônica.

Em decorrência da boa-fé como elemento volitivo do contrato, a regra deste princípio no direito francês do século XIX exerceu a função de elemento de interpretação da efetivação da vontade contratual.

---

[49] MARTINS-COSTA, 2018, p. 90.
[50] MARTINS-COSTA, 2018, p. 90.
[51] MARTINS-COSTA, *loc. cit.*
[52] MARTINS-COSTA, *loc. cit.*
[53] Ibid., p. 91.
[54] MARTINS-COSTA, *op. cit.*, p. 114.

Portanto, basicamente, a boa-fé funciona como uma fórmula de garantir a adstrição ao pactuado,[55] resultando em um papel residual para a boa-fé.[56]

A autonomia da vontade, bem como a igualdade, eram os valores supremos do Direito Civil contratual, e juntas faziam parte da Teoria Geral dos Contratos, não podendo nunca se desvincular.[57] A autonomia da vontade foi estabelecida como preceito fundamental, efetivo alicerce do direito contratual e de toda matéria obrigacional, irradiando-se, ainda, para a teoria dos atos jurídicos.[58]

Após certo período, a boa-fé foi um tema retomado na França, mais precisamente no final do século XX, ultrapassando as limitações que a rodeavam naquele paradigma.[59]

A doutrina francesa contemporânea visa a observar as potencialidades da terceira alínea do art. 1.134 do atual código civil francês como um padrão suficiente a balizar a autonomia da vontade, indicando incumbências comportamentais no estágio pré-contratual, estabelecendo-se deveres de informação indispensáveis à formação do consenso contratual, obstando comportamentos contraditórios.[60]

É possível perceber que a origem histórica, ainda que de forma sutil, é vista atualmente por meio da interpretação canônica da boa-fé e pelo cunho moral emprestado ao princípio. Ainda que a dualidade (boa-fé objetiva e subjetiva) em relação à boa-fé tenha sido reconhecida, o significado subjetivo não é totalmente ignorado pelos juristas, descoberto pelas referências ao propósito do agente e percepção moral da boa-fé, apesar de que a função normativa esteja, aos poucos, conquistando destaque em razão do valor concedido aos deveres informativos.[61]

2.2.4 A boa-fé no código civil alemão

A boa-fé obrigacional oriunda da cultura medieval germânica é delimitada pela fórmula *"Treu und Glauben"*. As diversas conotações envolvem o contexto de haver diversos fundamentos como o conceito

---

[55] MARTINS-COSTA, 2018, p. 115.
[56] Ibid., p. 116.
[57] MARTINS-COSTA, *loc. cit.*
[58] Ibid., p. 116-117.
[59] Ibid., p. 118.
[60] Ibid., p. 118-119.
[61] Ibid., p. 120.

de fidelidade ao ajustado, correspondente a uma das noções de *fides* romana, bem como em relação à lealdade (*Treu ou Treue*) e crença (*Glauben ou Glaube*), remetendo-se ao ideal cavalheiresco,[62] que faz parte das tradições medievais.[63]

Essa concepção cultural é significativa para compreender a boa-fé objetiva em matéria obrigacional, visto que remete a boa-fé à adstrição, como norma de comportamento social necessária ao estabelecimento da confiança geral.[64]

A expressão *"treu and glauben"* é uma fórmula que une lealdade à crença. Atribui-se à boa-fé obrigacional o conteúdo exato do cumprimento dos deveres assumidos, em se tratando de um dever de apreço aos interessados da contraparte.[65]

É possível notar que o direito germânico conferiu conceitos diferentes daqueles atribuídos à *bona fides* romana. A contribuição essencial da boa-fé da cultura germânica foi a inserção de um conjunto de novos valores, que viria a permanecer até a codificação alemã e seria ratificada para as outras codificações.[66]

Diferente da cultura germânica medieval, a boa-fé do código alemão tinha uma feição mais assemelhada à boa-fé romana, consubstanciando um encontro entre a cultura medieval germânica e a de Roma.

No primeiro dia do século XX, o código civil alemão (BGB, na sigla em alemão) entrou em vigor. As cláusulas gerais presentes no BGB foram responsáveis pela adaptação da inflexibilidade da lei à mutável realidade.[67] A conexão entre o código alemão e as novas realidades se tornou possível por meio das cláusulas gerais do BGB.

Do disposto no parágrafo 242, é possível moldar regras de conduta que impedem o comportamento contraditório e desleal (como, por exemplo, *o venire contra factum proprium*), destacando a importância da boa-fé objetiva na nova sistemática, principalmente por sua ligação com o princípio da confiança.[68] Efetivam-se, portanto, os regimes da mora,

---

[62] Em relação aos ideais cavalheirescos, este se vincula a um conteúdo ético sobre a garantia da palavra dada, mas que, no entanto, não se vincula a um ponto de vista subjetivista, mas sim objetivo, unido a uma confiança geral, acerca do comportamento coletivo, visto que a atitude cortês resulta em uma reciprocidade de deveres (MARTINS-COSTA, 2018, p. 87).

[63] MARTINS-COSTA, *op. cit.*, p. 86.

[64] CORDEIRO, Menezes; ROCHA, António Manuel. *Da boa-fé no direito civil*. Vol. 1. Coimbra: Almedina, 2001, p. 173-174.

[65] MARTINS-COSTA, 2018, p. 88.

[66] CORDEIRO, Menezes, 2001, p. 175-176.

[67] MARTINS-COSTA, *op. cit.*, p. 128.

[68] MARTINS-COSTA, 2018, p. 129.

o incumprimento definitivo, a *culpa in contrahendo*, a violação positiva do contrato (violação de meros deveres de proteção), além da violação de deveres acessórios e o contrato com eficácia protetiva a terceiro.[69]

Três décadas após vigorar o BGB, foi possível notar um gradativo aumento na jurisprudência de decisões acerca da possibilidade de se impedir o exercício do direito caso este tivesse decorrido de forma maliciosa ou diversa da confiança gerada pela outra parte. A evolução jurisprudencial de *Verwirkung* (*supressio*) pode ser utilizada como exemplo de um dos mais importantes desenvolvimentos que foi concedido ao parágrafo 242 pelos juízes alemães.[70]

2.3 A constitucionalização do Direito e o princípio da boa-fé

Considerando-se os sistemas jurídicos predominantemente continentais, o direito orbitava em torno dos padrões normativos positivados na lei. Entretanto, as constituições, tidas como documentos programáticos que deveriam inspirar a atuação do legislador, não podiam ser invocadas na defesa de direitos perante o Judiciário, pois eram documentos orientativos, mas despidos de uma força normativa.[71]

O direito público não interferia na esfera privada. No ordenamento jurídico brasileiro, o Código Civil assumia um protagonismo que visava a regular todas as relações possíveis que envolvessem interesses jurídicos em que o sujeito privado viesse a ser titular de direitos.[72]

As cartas constitucionais elaboradas pós-segunda guerra mundial, em sua maioria, foram concebidas como documentos repletos de normas impregnadas de elevado teor axiológico, abarcando uma ampla variedade de temas outrora não tratados como os direitos sociais de natureza prestacional. Tal fato impulsionou uma cultura de interpretação extensiva das normas constitucionais pelo Poder Judiciário. Trata-se do fenômeno da constitucionalização da ordem jurídica, que ampliou a influência das constituições sobre todo o ordenamento jurídico,

---

[69] Ibid., p. 130.
[70] Ibid., p. 129.
[71] SARMENTO, Daniel. *O neoconstitucionalismo no Brasil*: riscos e possibilidades. Filosofia e teoria constitucional contemporânea. Rio de Janeiro: Lumen Juris, 2009, p. 113-146.
[72] TEPEDINO, Gustavo. *Premissas metodológicas para a constitucionalização do Direito Civil*. Temas de Direito Civil, v. 3, p. 1-22, 1999, p. 38.

fazendo, com isso, uma releitura de inúmeros institutos jurídicos sob o prisma constitucional.[73]

A ideia de constitucionalização do Direito está associada a um efeito expansivo das normas constitucionais, cujo conteúdo axiológico irradia por todo o sistema jurídico. Os valores e os princípios passam a condicionar a validade e o sentido de todo o ordenamento jurídico.[74]

No que tange ao direito privado, as cartas constitucionais passaram a dispor de temas que outrora se constituíam em monopólio do legislador infraconstitucional. Os textos constitucionais definem princípios relacionados a temas antes reservados exclusivamente aos códigos civis e ao império da vontade, ou seja, matérias típicas do direito privado passam a integrar uma nova ordem pública constitucional.[75]

Não se trata, apenas, de incluir figuras civilistas no texto constitucional, mas da necessidade de que todo o ordenamento jurídico (todos os ramos do Direito) seja interpretado conforme os valores constitucionais. Essa filtragem constitucional consiste em reconhecer que toda a ordem jurídica deve ser compreendida sob a lente da constituição, de modo a realizar os valores nelas consagrados e, sobretudo, efetivar uma reinterpretação dos institutos jurídicos sob uma ótica constitucional.[76]

O Direito Civil sempre desempenhou o papel de prover as categorias, os conceitos e classificações que serviram para a consolidação dos vários ramos do Direito, em virtude de sua evolução mais antiga (o constitucionalismo e os direitos públicos são mais recentes, não alcançando um décimo do tempo histórico do Direito Civil). Contudo, a lógica da interpretação dos institutos se inverte, uma vez que todas as figuras de direito privado e o próprio arcabouço normativo civil se sujeitam aos valores, princípios e normas consagrados na Constituição.[77]

Essas mutações estruturais trazem alterações significativas no âmbito do direito privado e especialmente na relação negociais entre as partes.

Destaca-se, por exemplo, a alteração profunda na técnica legislativa, que passa de uma abordagem descritiva para uma definição de objetivos. O legislador passa a utilizar-se de técnicas como as de cláusulas

---

[73] SARMENTO, 2009, p. 113-146.
[74] BARROSO, Luís Roberto. *Neoconstitucionalismo e constitucionalização do direito*: o triunfo tardio do Direito Constitucional no Brasil. Bol. Fac. Direito U. Coimbra, v. 81, 2005, p. 233.
[75] TEPEDINO, 1999, p. 41.
[76] BARROSO, Luís Roberto. *Fundamentos teóricos e filosóficos do novo direito constitucional brasileiro*. Anuario Iberoamericano de Justicia Constitucional, nº 5, p. 9-44, 2001.
[77] LÔBO, Paulo Luiz Netto. *Constitucionalização do Direito Civil*. Revista de informação legislativa. V. 141, p. 99-109, 1999, p. 2.

gerais e vai abdicando da abordagem regulamentar que define os tipos jurídicos e os efeitos deles decorrentes.

Nesta conjuntura, cabe ao intérprete depreender dessas cláusulas gerais os comandos casuísticos que incidam sobre situações futuras que sequer foram previstas pelo legislador, mas que se sujeitam ao tratamento legislativo pretendido por se inserirem em certas situações-padrão: a tipificação taxativa dá lugar a cláusulas gerais, abrangentes e abertas. Foi o que ocorreu com a consagração da boa-fé objetiva no Direito brasileiro (art. 422 do Código Civil).[78]

É oportuno citar a compreensão da eficácia horizontal dos direitos fundamentais. Ao contrário do entendimento clássico que os percebia como uma garantia dos particulares contra eventual arbitrariedade ou abuso proveniente exclusivamente do poder público, a eficácia horizontal dos direitos fundamentais significa aplicar a teoria dos direitos fundamentais nas relações privadas entre indivíduos.

A compreensão da força normativa constitucional implica em vincular todo o tecido infraconstitucional, inclusive no concernente às relações privadas, às garantias fundamentais. O Supremo Tribunal Federal afirmou a necessidade de preservação das garantias fundamentais constitucionais nas relações privadas.[79] É bem verdade que essa aplicação direta significa a necessária mitigação do princípio da autonomia da vontade (liberdade de contratar). Trata-se de reconhecer que, sob o prisma constitucional, a autonomia privada não pode implicar na violação das garantias fundamentais.[80]

A disciplina das relações patrimoniais deixa de ser tema exclusivo do legislador infraconstitucional, pois a constituição passa a discorrer acerca de inúmeros deveres extrapatrimoniais nas relações privadas, reputada a tutela dos direitos fundamentais. Cada vez mais, a proteção de situações contratuais, disciplinada tradicionalmente sob o prisma exclusivamente patrimonial, confere espaço ao cumprimento de deveres não patrimoniais, com intuito de tutelar direitos fundamentais e irradiar princípios de cooperação e eticidade nas relações privadas.[81]

As influências dos valores constitucionais impulsionam o legislador e os doutrinadores civilistas acerca da preocupação maior com

---

[78] TEPEDINO, 1999, p. 43.
[79] BRASIL., Supremo Tribunal Federal. *Recurso Extraordinário nº 201.819/RJ*. Relator Min. Gilmar Mendes, Brasília, Segunda Turma, DF, 11 out. 2005. Diário de Justiça da União, 27 out. 2006a, p. 64.
[80] ROSENVALD, Nelson; FARIAS, Cristiano Chaves de. *Direito Civil*: teoria geral. Rio de Janeiro: Editora Lúmen Júris, 2011. p. 78.
[81] TEPEDINO, 1999, p. 44.

os valores éticos, limitando o alcance da autonomia privada. É possível constatar tais preocupações no desenvolvimento da função social da propriedade e na doutrina da boa-fé objetiva.

Assim, o princípio da boa-fé remodela as diretrizes básicas das relações negociais, como a autonomia privada e a força vinculante dos contratos.

O princípio da força obrigatória dos contratos (o *pacta sunt servanda*) imperava de forma monopolista no trato do arcabouço valorativo, na interpretação e integração das regras negociais. Esse padrão normativo consiste na regra de que o contrato é lei entre as partes. Celebrado que seja, com observância de todos pressupostos e requisitos necessários à sua validade, deve ser executado pelas partes como se suas cláusulas fossem preceitos legais imperativos. O contrato obriga os contratantes, sejam quais forem as circunstâncias em que deva ser cumprido.[82]

Noutra via, o princípio da boa-fé direciona para que as pessoas pautem seu agir na cooperação ética, afastando as condutas desalinhadas aos parâmetros de honestidade e lisura. Trata-se de atenuar a aplicação do princípio da força obrigatória dos contratos, consequência direta da constitucionalização do Direito Civil, que passou de um caráter puramente patrimonialista para um contexto em que impera a irradiação de valores éticos e de cooperação nas relações privadas.[83]

Contudo, deve-se ressaltar que não ocorreu a superação do *pacta sunt servanda*, mas um amálgama entre a força vinculante do contrato e a boa-fé objetiva, que deverão ser sopesados casuisticamente, uma vez que os princípios são padrões normativos fluidos, que podem se sobrepor e ser aplicados em graus diferentes.

O princípio da boa-fé adapta o seu conteúdo por meio da inferência suportada em juízos valorativos animados pelo tempo, pelo espaço e pelas conjunturas factuais. Com base nessas referências, será possível verificar a compatibilidade entre a atuação humana concreta e a adequação ao respectivo princípio, sem a supressão total da autonomia privada e *do pacta sunt servanda*.[84]

A boa-fé passa ser um modelo norteador da colaboração nas relações jurídicas, devendo o princípio ser articulado de forma coordenada com as outras normas integrantes do ordenamento.

---

[82] GOMES, Orlando. *Contratos*. Revista, atualizada e aumentada de acordo com o Código Civil de 2002. Rio de Janeiro: Forense, 2009, p. 38.
[83] TEPEDINO, *op. cit.*, p. 44.
[84] FARIAS; ROSENVALD, 2017, p. 146.

O equilíbrio entre os interesses meramente privados e os interesses constitucionalmente protegidos devem ser ponderados e dimensionados pela boa-fé.[85]

2.4 Cláusula geral da boa-fé

As cláusulas gerais são dispositivos normativos que podem conduzir a uma variedade de conteúdos, pois ao invés da descrição normativa trazer definições objetivas, traz conceitos vagos e termos irresolutos. Em alguns casos, as expressões sequer relacionam as consequências jurídicas delas decorrentes e, em outros ainda, vêm expressadas de maneira ampla e vaga, utilizando-se de termos abertos (bons costumes, boa-fé, justa causa etc.).[86]

Em virtude dessa escassez de especificidades, as cláusulas gerais refletem uma indeterminação acerca da hipótese legal e da respectiva consequência jurídica, necessárias ao preenchimento da lacuna de sentido aos *standards* e/ou realidades valorativas.

Ressalte-se que as cláusulas gerais não tratam apenas de uma vagueza semântica ou seriam idênticas a um conceito jurídico indeterminado, mas correspondem a uma estrutura normativa incompleta. Os conceitos jurídicos indeterminados podem estar presentes em estruturas normativas completas, em que há hipótese legal (embora se tenham utilizado vocábulos semanticamente vagos) e consequência predeterminada.

Assim, no que diz respeito aos conceitos jurídicos indeterminados, a limitação do juiz pousa na necessidade de reportar o elemento ao fato, ou semanticamente vago, bem como individualizar as hipóteses abstratas, vez que os efeitos foram predeterminados legislativamente. Por outro lado, na cláusula geral, o juiz necessita de uma execução intelectiva mais complexa.[87]

Pode-se dizer que as cláusulas gerais formam estruturas normativas em branco, de modo que têm a capacidade de serem completadas por regras extrajurídicas. Por consequência, para que isso se concretize,

---

[85] Ibid., p. 148.
[86] MARTINS-COSTA, 2018, p. 145.
[87] MARTINS-COSTA, 2018, p. 159.

é necessário que o julgador remeta a normas de condutas que não se encontram delineadas na cláusula geral.[88]

A técnica das cláusulas gerais é abundantemente utilizada pelo legislador contemporâneo, ligando seus enunciados comuns a preceitos de conteúdo absolutamente diferentes daqueles tradicionais reservados às normas fechadas. Como as cláusulas gerais não estabelecem um determinado comportamento, mas indicam critérios hermenêuticos, passam a exercer a função de ponto de referência interpretativo e estabelecem os limites necessários ao cumprimento de outros preceitos normativos.[89]

O Código Civil brasileiro, ao prever que o contrato deve ser executado seguindo os parâmetros de boa-fé, alude, na realidade, a critério para a integração do contrato. O art. 422, como cláusula geral que é, não determina a definição de boa-fé, não tipifica as hipóteses de subsunção, muito menos explicita as consequências em caso de descumprimento.[90]

2.4.1 Princípio ou cláusula geral

Princípios são pautas diretivas de normação jurídica que, em virtude da sua própria força de convicção, podem justificar resoluções jurídicas. Diferentemente das regras, não são concebidos de forma detalhada, e por isso não têm a capacidade de ser simplesmente subsumidos a uma situação factual.[91] Trata-se de padrões normativos fluidos que podem se sobrepor e são flexíveis, podendo ser aplicados em diferentes graus, o que os discriminam das regras, na forma de aplicação e entendimento. Os princípios são mandamentos de otimização que podem ser satisfeitos em graus variados. Os diversos interesses jurídicos colidentes acabam por determinar o âmbito de atuação jurídica de um determinado princípio.[92]

---

[88] Ibid., p. 158.
[89] TEPEDINO, Gustavo. *Introdução: Crise de fontes normativas e técnicas legislativa na parte geral do Código Civil de 2002*. In: TEPEDINO, Gustavo (Coord.) *A parte geral do novo Código Civil*: estudos na perspectiva civil constitucional. 2. ed. rev. Rio de Janeiro: Renovar, 2003, p. 4.
[90] MARTINS-COSTA, op. cit., p. 161.
[91] LARENZ, Karl. *Metodologia da ciência do direito*. 3. ed. Lisboa: Fundação Calouste Gulbenkian, 1997, p. 674.
[92] ALEXY, Robert. *Teoria dos direitos fundamentais*. São Paulo: Malheiros, 2008, p. 90.

Os princípios, portanto, são normas finalísticas, prospectivas, com a finalidade de complementaridade e parcialidade, e sua aplicabilidade necessita de uma avaliação da correlação entre o estado de coisas a ser promovido e os efeitos decorrentes da conduta havida como necessária à sua promoção.[93]

Quando se refere aos princípios, não há a descrição de um objeto (condutas, matérias, fontes, sujeitos, efeitos jurídicos, conteúdos), mas sim o oposto, se constitui um estado ideal de coisas que deve ser promovido e exige uma atividade de correlação e não de correspondência.[94]

As regras descrevem objetos determináveis, enquanto os princípios preveem um estado ideal de coisas a ser desenvolvido.[95] As regras exigem uma atividade de correspondência entre a descrição normativa e os fatos. Já os princípios necessitam de uma correlação entre o efeito da conduta adotada e o estado de coisas que deve ser promovido.

As cláusulas gerais e os princípios possuem similaridades, os dois são finalísticos e não descritivos. Assim, em vez de prever comportamentos ou condutas, ambos proporcionam critérios para posicionamento diante de situações concretas que, *a priori*, são indeterminadas, só adquirindo um significado operativo no momento de sua aplicação a um caso específico.[96]

Os princípios não se distinguem das cláusulas gerais em razão da estrutura, finalidade, linguagem ou até mesmo pelo modo de raciocínio que ensejam, mas porque aqueles são revestidos de elevada carga axiológica. Porém, a cláusula geral nem sempre remete a valores. Quando um dispositivo que configure cláusula geral fizer referência a um princípio, reportando ao valor que este simboliza, como ocorre com o art. 422 do Código Civil brasileiro, haverá superposição entre a cláusula geral e o princípio jurídico.[97]

A boa-fé objetiva é um princípio que, no caso brasileiro (e em diversos ordenamentos influenciados pelo BGB alemão), resta positivado por uma cláusula geral.

---

[93] ÁVILA, Humberto. *Teoria dos princípios*: da definição à aplicação dos princípios jurídicos. 18. ed. Revisada e atual. São Paulo: Malheiros, 2018, p. 102.
[94] ÁVILA, 2018, p. 107.
[95] ÁVILA, *loc. cit.*
[96] MARTINS-COSTA, 2018. p. 166.
[97] MARTINS-COSTA, *op. cit.*, p. 171.

2.5 O princípio da boa-fé privada no ordenamento jurídico brasileiro

O Código Civil de 1916 abordou o vocábulo boa-fé remetendo apenas ao seu aspecto subjetivo. A boa-fé objetiva sobejou minimamente no referido código, sendo notada apenas em hipóteses exclusivas, a exemplo do contrato de seguro exposto no art. 1.443. Contudo, os desdobramentos da boa-fé objetiva foram desenvolvidos e aplicados pela doutrina e jurisprudência para casos específicos.[98]

Posteriormente, com a edição do Código de Defesa do Consumidor (CDC),[99] foi conferido grande destaque à boa-fé objetiva nos contratos de consumo. Por meio do inciso IV do art. 51 do CDC, a boa-fé objetiva passou a servir como uma proteção geral contra cláusulas abusivas para os casos não expressos em lei.

Somente com o advento do Código Civil de 2002 é que a boa-fé foi explicitada como princípio jurídico fundamental para todo o Direito Civil, devendo ser contemplada como: i) parâmetro de interpretação das regras jurídicas e atos negociais; ii) limitação da autonomia privada; e iii) obrigação geral de atuação compulsória, por meio de integração.[100]

O impacto da boa-fé no âmbito do ordenamento brasileiro é tão relevante que do ponto de vista de alguns, passou a ser reconhecida como macroprincípio, abarcando os demais princípios do Direito Civil, em especial no campo das obrigações civis.[101]

O art. 113 do Código Civil de 2002 introduziu taxativamente a boa-fé objetiva como método de interpretação dos negócios privados. Tem-se esse princípio como uma referência hermenêutica para retirar da norma o significado recomendável e socialmente mais adequado. Tal função tem ligação com a norma contida no art. 5º da Lei de Introdução das Normas do Direito Brasileiro – LINDB,[102] segundo a qual, ao empregar a legislação atinente ao caso que analisa, o juiz deve considerar os objetivos sociais aos quais consigna e as imposições do bem comum.

---

[98] LÔBO, 2019, p. 18.
[99] BRASIL. *Lei nº 8.078, de 11 de setembro de 1990*. Dispõe sobre a proteção do consumidor e dá outras providências. Brasília/DF: Presidência da República, 1990.
[100] LÔBO, *op. cit.*, p. 19.
[101] LÔBO, *loc. cit.*
[102] BRASIL. *Decreto-Lei nº 4.657, de 4 de setembro de 1942*. Lei de Introdução às Normas do Direito Brasileiro. Brasília/DF: Presidência da República, 1942. Disponível em: http://www.planalto.gov.br/ccivil_03/decreto-lei/del4657.htm. Acesso em: 15 mar. 2022.

Em outra via, o art. 422 do Código Civil se refere à cláusula geral da boa-fé, aplicável aos contratos comuns e mercantis, a qual serve de fundamento geral para aplicação dos desdobramentos do princípio da boa-fé. Ademais, desse mesmo dispositivo é possível extrair-se a observância da boa-fé, não somente quanto à vigência contratual, mas englobando-se as etapas anteriores e posteriores à execução do contrato.

Na relação consumerista, em hipóteses específicas, o CDC já havia assinalado a observância dos deveres exteriores à vigência contratual (art. 30), ao determinar ao fornecedor a obrigação de garantir ao consumidor cognoscibilidade e clareza, anteriores ao conteúdo contratual (art. 46). Da mesma forma o fez na previsão de os escritos particulares, recibos e pré-contratos se transformarem em vinculantes (art. 48), e ao ordenar a ininterrupção da oferta de itens e peças de reposição, depois do contrato de aquisição do produto (art. 32).

Ao contrário, a redação do Código Civil não foi suficientemente esclarecedora acerca da incidência da boa-fé fora da vigência contratual. Entretanto, quando menciona a conclusão e a execução contratual (art. 422), permite-se a interpretação da incidência da boa-fé nos momentos pré e pós negociais, mesmo que não haja disposição expressa de hipótese de responsabilidade nestes casos. O dever de conduta de resguardar a lealdade, antes e depois da relação obrigacional, portanto, pode ser depreendido do princípio da boa-fé explicitado na cláusula geral do art. 422. Aqueles que provocam prejuízos injustos nas negociações preliminares ou mesmo depois da execução contratual, devem responder por tais danos.

Também se extrai da cláusula geral a obrigação do cumprimento de deveres jurídicos anexos ou de proteção, que não deixam de ser relevantes, como por exemplo os deveres de confiança, confidencialidade.

Noutra esteira, por meio da boa-fé objetiva, o art. 187 do Código Civil obsta o exercício abusivo de direitos ao considerar ilícitos os atos exercidos ultrapassando os limites impostos pelo seu fim econômico ou social, pela boa-fé ou pelos bons costumes.

Por fim, o princípio da conservação do negócio jurídico também está suportado pela boa-fé, uma vez que a transformação do negócio jurídico nulo em válido só é viável se houver boa-fé entre as partes (art. 170, Código Civil).

Concluídas as características gerais acerca do desenvolvimento da boa-fé no âmbito privado, passa-se à análise da compatibilidade do referido princípio no âmbito público. Ainda se explicita de que forma a boa-fé objetiva pode auxiliar o Direito Administrativo a integrar a teoria publicista, que é, muitas vezes, insuficiente para suportar a complexidade das relações jurídicas no tocante aos deveres de lealdade e vedação do comportamento contraditório, especialmente quanto aos convênios administrativos.

CAPÍTULO 3

A BOA-FÉ OBJETIVA E O REGIME JURÍDICO PÚBLICO

3.1 A boa-fé: um princípio geral do Direito aplicável no âmbito público

No paradigma de um direito constitucionalizado, os princípios deixam de ser vistos como meros meios de integração do direito utilizados em eventuais lacunas deixadas pelas regras positivadas, sendo identificados, também, como normas autênticas.[103] A atividade estatal está submetida a valores éticos e morais que condicionam a sua atuação, que deve ser suportada por aqueles princípios que melhor se ajustem, mantenham coerência e também confiram a justificação moral mais adequada daquele sistema jurídico.[104]

O fenômeno da constitucionalização do Direito abalou as rígidas delimitações entre o direito público e o direito privado, pois o reconhecimento da supremacia da Constituição e de sua penetração em todo o ordenamento jurídico contribuiu significativamente para enfraquecer essas fronteiras.[105]

---

[103] BINENBOJM, Gustavo. *Uma teoria do Direito Administrativo*: direitos fundamentais, democracia e constitucionalização. Rio de Janeiro: Renovar, 2008b, p. 64.
[104] BARROSO, Luís Roberto. *A constitucionalização do direito e suas repercussões no âmbito administrativo*. In: ARAGÃO, Alexandre Santos de; MARQUES NETO, Floriano de Azevedo (Coord.). *Direito Administrativo e seus novos paradigmas*. Belo Horizonte: Fórum, 2012, p. 31-63.
[105] BACELLAR FILHO, Romeu Felipe. *Direito Administrativo e o novo Código Civil*. Belo Horizonte: Editora Fórum, 2007, p. 80-81.

Observa-se uma unificação axiológica constitucional de técnicas e institutos nascidos no campo do direito privado tradicional que são utilizados no âmbito do direito público e vice-versa. Há pontos de confluência tão precisos entre o privado e o público que não existe uma relação de contraposição entre esses, na medida em que o Direito Civil e o Direito Administrativo fazem parte de um ordenamento unitário.

Um sistema constitucional implica na construção de vasos comunicantes entre essas searas do Direito, administrativo e civil, que não mais se encontram em isolamento.[106]

Por isso, fica mais nítida a relevância do princípio da boa-fé para o Direito Administrativo, vez que constitui canal de integração de todo o sistema jurídico acerca de valores relacionados à lealdade e à confiança.[107]

Não se deve tentar blindar a zona de contato entre essas esferas, uma vez que o ordenamento jurídico como um todo deve respeito aos preceitos constitucionais e aos princípios gerais de direito. Consequentemente, a separação do direito em público e privado, nos termos em que era posta pela doutrina tradicional, vem sendo abandonada.[108]

Como destaca Gordillo, existem princípios como o da proibição do abuso do direito, da segurança jurídica, da boa-fé e da proibição de atitudes contraditórias, que são valores gerais, adeptos da própria lógica jurídica, incidentes tanto no direito privado, quanto no direito público.[109] Por conseguinte, não é razoável inferir que, nas relações que envolvam a Administração Pública, todos os envolvidos (a Administração e os particulares) ajam sem a observância do dever de lealdade e confiança entre eles.[110]

A boa-fé é um dos princípios gerais do direito, valor material básico do sistema jurídico. É princípio que faz incorporar ao direito o valor ético-social da confiança que envolve qualquer relação jurídica dentro do sistema jurídico vigente.[111]

Tradicionalmente, a boa-fé objetiva é consagrada pelo direito privado, o que não a tornaria incompatível com o Direito Administrativo.

---

[106] Ibid., p. 28.
[107] GONZÁLEZ, 1983, p. 50.
[108] TEPEDINO, Maria Celina BM. *A caminho de um Direito Civil Constitucional*. Revista de Direito Civil, v. 65, p. 21-32, 1993, p. 25.
[109] GORDILLO, Augustín. *Tratado de derecho administrativo y obras selectas*. Tomo 1. Parte general. 1. ed. Buenos Aires: Fundación de Derecho Administrativo, 2017, p. VIII-1-VIII-2.
[110] Ibid., p. X-30.
[111] MORENO, Fernando Sainz. *La buena fe en las relaciones de la administración con los administrados*. Revista de Administración Pública, n. 89, p. 293-314, 1979, p. 310.

É inconteste que o Direito Civil, o mais antigo dos ramos do Direito, acabou traçando várias das premissas e regras básicas do Direito como um todo, não se limitando à aplicação dessas no direito privado.[112]

Oportuno destacar que, quando institutos já consolidados em um ramo do Direito são utilizados em outro, a exemplo dos negócios jurídicos, que detêm toda uma construção histórica no seio do direito privado, não se ignoram suas regras e diretrizes básicas. Esses institutos têm suas características próprias e princípios que, em regra, também devem ser transportados para a aplicação no novo ramo do Direito.

É evidente que o ramo do direito receptor tem seus próprios princípios e diretrizes de funcionamento, que exigem uma adaptação àqueles oriundos do ramo do direito originário. As regras básicas dos negócios jurídicos desenvolvidos no âmbito privado são aplicadas no âmbito do Direito Administrativo, bem como seus princípios basilares: a liberdade negocial, o *pacta sunt servanda* e a própria boa-fé objetiva. Porém, esses preceitos devem ser reanalisados tendo em vista a necessária harmonia com os princípios que imperam no direito público.[113]

São inerentes à própria natureza dos princípios a fluidez e a flexibilidade, pelo que não é incongruente inferir que os deveres de conduta a serem retirados do princípio da boa-fé e aplicados no âmbito público não sejam exatamente os mesmos daqueles apostos do âmbito privado. Não se trata de um afastamento das características básicas desses institutos que tiveram seu reconhecimento original no direito privado, mas a sua adaptação aos princípios do direito público, verificando-se uma verdadeira simbiose.

É certa a aplicação da boa-fé no âmbito do direito público, mas a irradiação do princípio da boa-fé nesse âmbito deve ser feita em harmonia com as peculiaridades e lógica jurídica do direito público e em relação aos princípios próprios do Direito Administrativo.[114]

No atual desenvolvimento do Estado de Direito, a posição de destaque da Administração é uma posição de combate às desigualdades, à intervenção (direta ou não) na ordem econômica, bem como de garantia de serviços públicos essenciais à sociedade. O lugar institucional que a Administração ocupa não só não exclui a aplicação do princípio da boa-fé, mas exige a sua máxima incidência.[115]

---

[112] NOBRE JÚNIOR, Edilson Pereira. *O princípio da boa-fé e sua aplicação no direito administrativo brasileiro*. Porto Alegre: Sergio Antonio Fabis, 2002, p. 138.
[113] BACELLAR FILHO, 2007, p. 176.
[114] MORENO, 1979, p. 294.
[115] Ibid., p. 311.

A função interpretativa da boa-fé exige que o gestor público exerça a movimentação concedida pelo ordenamento jurídico, de forma a obedecer aos padrões aceitáveis de lealdade, sendo vedada a ação que cause imprevisto indevido a qualquer um que se relacione com a Administração Pública. O Estado, portanto, deve agir, mesmo que discricionariamente, observando a honestidade e a lealdade. Ademais, a boa-fé administrativa direciona o emprego da discricionariedade sem incorrer em desvio de finalidade ou abuso de direito.[116]

A incumbência integradora da boa-fé administrativa obriga a observância de encargos acessórios no exercício da discricionariedade, igualmente como acontece no direito privado, onde também há a obrigação de observar deveres da informação, proteção e cooperação, ainda que não previstos textualmente, seja em lei, contratos ou convênios administrativos.[117]

A busca pela concretização do interesse público envolve avaliações não legais das situações de fato, além de ponderações políticas ou técnicas e dos efeitos da decisão tomada pela Administração, a partir da qual se conclui que pode haver soluções diferentes, igualmente legais. Isso é discricionariedade, que, por definição, sempre contém algum elemento insubstituível de ser medido com meros parâmetros legais.[118]

O Estado não pode atuar discricionariamente extrapolando os padrões de lealdade e seriedade, o que causaria frustração da confiança nele depositada pelo administrado ou demais entidades (mesmo que públicas) com as quais este se relacionasse, razão pela qual a boa-fé administrativa tem a função de limitar esses excessos.

Contudo, deve-se esclarecer que a boa-fé não perpassa apenas pela questão da proteção do cidadão como garantia do Estado de Direito, nos casos em que, eventualmente, o Estado se utilize de suas prerrogativas de forma abusiva.

O princípio da boa-fé incide em toda relação jurídica numa via de mão dupla, seja no direito privado ou no ambiente publicista, servindo, também, de proteção para a própria Administração Pública, seja em face de um comportamento contraditório ou desleal de um administrado, ou mesmo de outro ente.[119]

---

[116] CASTRO, Luciano de Araújo de. *A boa-fé objetiva nos contratos administrativos brasileiros*. Rio de Janeiro: Lumen Juris, 2018, p. 133-134.
[117] CASTRO, loc. cit.
[118] SÁNCHEZ MORÓN, Miguel. *Discrecionalidad administrativa y control judicial*. Madrid: Tecnos, 1994. p. 115.
[119] GONZÁLEZ, 1983, p. 54.

O princípio geral da boa-fé tem uma função importante porque integra a ordem jurídica como um todo. Isso o torna de aplicação obrigatória ao Direito Administrativo, principalmente em relação à interpretação e ao preenchimento das relações entres entes públicos e entre esses e os particulares. Isso concretiza normas de conduta já amadurecidas e testadas no desenvolvimento do Direito Civil, relacionadas ao dever de lealdade e confiança, muitas vezes ignoradas pelo legislador e pela doutrina ao cunharem ou interpretarem os mandamentos legais publicistas.

Levando em consideração a sua origem, o princípio da boa-fé sempre foi intimamente ligado ao direito privado, ideia à qual se soma a ausência de previsão constitucional da aplicação do respectivo padrão normativo ao direito público, é comum a indagação acerca da sua aplicação ao regime publicista.

Não obstante, está consolidada a integração da boa-fé ao regime publicista, inclusive com previsão expressa no ordenamento jurídico brasileiro, no inciso IV, do art. 2º, da Lei nº 9.784/99.[120]

A aplicação do princípio da boa-fé no âmbito publicista permite explicitar as funções de interpretação e integração consubstanciadas na lealdade nas relações que envolvem a Administração Pública.

Contudo, a realidade da Administração Pública já foi apresentada como um mundo distinto e rigidamente separado da realidade privada, com regras e lógica próprias. Entre esses dois mundos, haveria um abismo intransponível.

Por muito tempo, a doutrina considerou o princípio da boa-fé como um parâmetro para regular as relações exclusivamente de direito privado. A partir da visão privada desse princípio, uma doutrina respeitável foi induzida a negar a admissibilidade da boa-fé no direito público.

Fernando Sainz Moreno destacou óbices costumeiramente alegados para justificar a não-aplicação da boa-fé objetiva ao Direito Administrativo, que podem ser sintetizados na necessidade de observação da vinculação positiva à lei pela Administração Pública, o que impediria a integração de posturas não expressamente positivadas na lei administrativa. Agregue-se, também, a diferença qualitativa das partes entre as quais se estabelece a relação jurídica administrativa e a

---

[120] Bem como as sistematizações doutrinárias de Couto e Silva (2015, p. 46-47), Costadello (1998), Nobre Júnior (2002, p. 138), Castro (2018), Finger (2005).

natureza diversa dos interesses em conflito, ao se considerar a relação com os particulares.[121]

Na doutrina italiana, como relata Francesco Manganaro, o problema foi posto por Guicciardi, que entendia que a boa-fé no Direito Administrativo seria uma duplicação inútil do conceito de interesse público, pois o interesse público já desempenharia a mesma função no Direito Administrativo que é exercida pela boa-fé no direito privado. No direito privado, a boa-fé teria por objetivo chamar as partes a uma conduta correta para a realização de um interesse público do ordenamento jurídico, que vai além do interesse individual.[122]

Passa-se então a percorrer o caminho já trilhado a respeito da compatibilidade da boa-fé ao regime publicista para identificar a utilidade e a pertinência da aplicação principiológica da boa-fé no âmbito público e, consequentemente, em relação aos convênios administrativos.

3.2 A boa-fé e o princípio da legalidade

Um dos argumentos utilizados para se afastar a boa-fé no ambiente das relações publicistas é a desnecessidade nesta seara, pela sujeição desses vínculos ao princípio da legalidade, implicando em que incertezas nesse âmbito se resolveriam, exclusivamente, pelas regras dispostas nas leis administrativas. O princípio da legalidade – entendido como aquele segundo o qual só é permitido à Administração Pública fazer aquilo que expresso literalmente pelas regras postas – supostamente impediria o uso de boa-fé no âmbito público.[123]

Nessa concepção, a ação da Administração só é legítima se realizada sob a proteção de uma regra e, portanto, supérfluo seria o princípio da boa-fé. Porém, a validade das premissas postas deve ser analisada à luz de uma visão mais atualizada do princípio da legalidade.

É obsoleta a visão liberal oitocentista de que a lei visa a limitar uma atividade administrativa autoritária em prol da liberdade dos indivíduos. Nessa concepção do princípio da legalidade, seria necessário que, para toda a abrangência da atividade administrativa que produzisse efeitos sobre os indivíduos, houvesse uma ordem regulamentada por lei. Este

---

[121] MORENO, 1979, p. 310.
[122] MANGANARO, 1995, p. 41.
[123] MORENO, 1979, p. 310-311.

mesmo Estado deveria fixar e delimitar exatamente os caminhos e limites de sua atividade, bem como a esfera de liberdade de seus cidadãos.[124]

A razão de ser do Estado de Direito é influenciar a relação entre Estado e indivíduo, introduzindo, a favor do sujeito, alguma delimitação jurídica ao poder soberano. A interferência da Administração Pública na liberdade e propriedade só era admissível, nessa versão inicial do Estado de Direito, quando autorizado por lei específica, aprovada pela representação popular. Isso condicionou a atividade administrativa à necessidade de previsão da sua organização e, principalmente, das relações de sujeição especial atribuídas à esfera interna do Estado. A ação administrativa, nessa concepção, deve ser considerada legítima apenas porque está vinculada à execução política dos direitos fundamentais elencados pela representação popular.[125]

A função administrativa, numa concepção liberal abstencionista do direito público, portanto, pode ser simplificada ao seguinte esquema: leis gerais e atos concretos de aplicação das mesmas e a concepção do princípio da legalidade no âmbito do direito público, que exige uma lei prévia que autorize a execução de cada ato singular, para garantir essa igualdade de tratamento aos indivíduos.[126]

Por outro lado, o Estado social do século XX visa, além de proteger os direitos à liberdade e propriedade, a também garantir uma extensão dos direitos políticos, sociais e econômicos que passaram a ser encarados não como direito à liberdade (pela não-opressão estatal), mas como um dever constitucional do Estado.

Em outro aspecto, o Estado passou a atuar no âmbito econômico, antes exclusivo da iniciativa privada. Há um abandono da crença na justiça imanente da ordem econômica, a qual passa também a ser administrada pelo Estado. Essa nova concepção exige da Administração a realização de um leque ampliado de tarefas, comparado ao do dever de manutenção da ordem pública dos estados liberais, uma vez que, somado à garantia das liberdades, segurança e igualdade, há também o encargo da prestação de condições essenciais de vida e o combate à desigualdade econômica.[127]

---

[124] MAYER, Otto. *Derecho administrativo alemán*. Tomo I. Buenos Aires: De Palma, 1954, p. 79.
[125] MAURER, Hartmut. *Derecho administrativo alemán*. México, D.F.: Universidad Nacional Autónoma de México; Instituto de Investigaciones Jurídicas, 2012, p. 16.
[126] DE ENTERRÍA, García. *Revolución Francesa y administración contemporánea*. [S.l.]: Ed. Civitas, [1954] 2005, p. 25.
[127] SUBIRATS, Joan. *Notas acerca del Estado, la administración y las políticas públicas*. Revista de Estudios Políticos, nº 59, p. 173-198, 1988.

A transformação retromencionada repercutiu na execução administrativa, que rompeu com os moldes clássicos e, progressivamente, ampliou a prestação de serviços públicos, o desempenho de todos os tipos de benefícios e, claro, a iniciativa direta na economia.[128]

Assim, as administrações públicas alteraram a forma de exercer as suas atividades. O Estado não mais é concebido como um poder a ser domado, mas como uma instituição responsável pelos serviços a serem prestados à sociedade, sendo cada vez mais admitidos os meios consensuais no exercício das suas funções. Isso, aliás, confirma que nas sociedades modernas e complexas, onde é difícil cristalizar o interesse por uma norma, é necessário e oportuno formular disposições legislativas por meio de cláusulas gerais, que melhor permitem uma adaptação da disposição às necessidades mutantes.[129]

O declínio da postura absoluta de unilateralidade administrativa é um traço marcante da administração contemporânea, que combina técnicas de comando e controle, com técnicas mais flexíveis de regulação (por indução), sobretudo por corresponder melhor ao atual estágio democrático constitucional (buscar consensualidade).[130]

No atual desenvolvimento da atividade administrativa, nem toda atuação estatal está estritamente acobertada por uma autorização de lei. A ação do poder público, adotando um viés regulador, é caracterizada por ampla autonomia em relação à lei no sentido formal, de modo que a legitimidade de sua ação é auferida pelos interesses regulados e não como adequação a um modelo jurídico predeterminado.[131]

A lei em sentido estrito deixa, portanto, de ser a única forma da identificação dos direitos fundamentais a serem zelados pelo poder público. O princípio da legalidade da ação administrativa, portanto, deve ser reconsiderado.

Francesco Manganaro, sob a perspectiva do Estado como agente conciliador de conflitos da sociedade civil, depreende que o interesse público não existe ontologicamente como tal. Entretanto, trata-se do resultado do encontro, e muitas vezes do choque, entre interesses diversos dos quais múltiplos sujeitos públicos e, inclusive, privados, são

---

[128] PAREJO ALFONSO, Luciano José. *El Estado social administrativo: algunas reflexiones sobre la "crisis" de las prestaciones y los servicios públicos*. Revista de Administración Pública, n. 153, p. 217-250, 2000, p. 217.

[129] MANGANARO, 1995, p. 126.

[130] BINENBOJM, Gustavo. *Poder de polícia, ordenação, regulação: transformações político-jurídicas, econômicas e institucionais do Direito Administrativo ordenador*. Belo Horizonte: Editora Fórum, 2016, p. 169.

[131] MANGANARO, *op. cit.*, p. 130.

os titulares.¹³² Dessa forma, não havendo índice de legitimidade preciso da legalidade da ação administrativa, faz-se necessário avaliar a justeza das ações das partes envolvidas fundamentando-se em procedimentos consubstanciados em princípios a serem seguidos. Portanto, cabe sempre ao intérprete avaliar a correção do comportamento.¹³³

A aplicação do princípio da boa-fé implica na avaliação da justeza da conduta e constitui um dos índices possíveis para avaliar a legitimidade da ação administrativa, que não mais funciona sob a tutela de comandos legais simples e claros.¹³⁴

Diante de uma disposição legislativa explícita, nunca se dispensa uma avaliação da conduta da administração no caso individual. Deve, portanto, concluir-se, por crucial, que existe uma diferença entre a obrigação de agir legalmente e a lealdade de conduta. Em outras palavras, em um caso específico, pode ser considerado que a Administração não desrespeitou a lei posta, mas sua conduta, naquele caso, pode ser considerada contraditória ou desleal.

Ademais, com o fenômeno da constitucionalização do Direito Administrativo, a doutrina mais atualizada aponta para um avanço do conceito de legalidade: a juridicidade apresentada como um conceito mais amplo, que extrapola a compreensão tradicional da legalidade estrita, e que vincula a Administração Pública a desempenhar suas competências no ordenamento jurídico como um todo e não apenas quanto à lei.¹³⁵

A Constituição passa, portanto, a ser o vetor fundamental do agir administrativo. A ideia de juridicidade administrativa, elaborada a partir da interpretação dos princípios e regras constitucionais, reconstrói o conteúdo do conceito de legalidade administrativa. Isso significa que a atividade administrativa continua a realizar-se, segundo a lei, quando esta for constitucional, mas também pode encontrar fundamento direto na Constituição, independentemente da lei ou além dela.¹³⁶

---

[132] Uma vez que a norma já não define o conteúdo substancial da atividade administrativa, o modelo tradicional de legalidade-legitimidade seria, portanto, substituído por um princípio de legalidade-justiça. Se é a administração que decide o interesse público a ser implementado ou gerencia os serviços, não é mais possível encontrar na lei a legitimidade de qual interesse coletivo deve ser concretizado (MANGANARO, 1995, p. 131-132).

[133] MANGANARO, 1995, p. 133.

[134] Ibid., p. 135.

[135] OLIVEIRA, Rafael Carvalho Rezende. *Curso de Direito Administrativo*. Versão digital. São Paulo: Grupo Gen – Editora Método Ltda., 2018, p. 81-82.

[136] BINENBOJM, Gustavo. *A constitucionalização do direito administrativo no Brasil: um inventário de avanços e retrocessos*. Revista Eletrônica sobre a Reforma do Estado (RERE), Salvador: Instituto Brasileiro de Direito Público, nº 13, 2008a, p. 15.

A mediação legislativa entre a Administração e a Constituição, por conseguinte, não se faz sempre necessária para que o poder público busque mecanismos de concretização dos direitos fundamentais. Levando em conta os fundamentos axiológicos que passaram a fazer parte preponderante da tomada de decisões pela Administração Pública e a leitura constitucional do Direito Administrativo, constata-se a superação do paradigma da legalidade estrita.

Nessa via, cabe à Administração Pública realizar esforços para a concretização das suas competências constitucionais, mesmo que a conduta a ser executada não esteja expressamente prevista em lei.

Sob essa conjuntura, é possível admitir que o texto legal não seja capaz de disciplinar as condutas a serem tomadas por todos os atores, em todas as situações que envolverem uma relação administrativa. A boa-fé e os demais princípios gerais constituem-se num dos critérios mais preciosos a considerar ao processar ações administrativas, pois o exercício de direitos deve estar alinhado às condutas a serem aferidas a partir da boa-fé, a despeito da normatização, exaustiva ou não, da atividade estatal.[137]

A boa-fé administrativa, portanto, tem uma feição inclusive de reorganização do princípio da legalidade administrativa, de modo a flexibilizá-lo. Tal reorganização ajusta-se à noção de juridicidade administrativa, que deve ser observada pela Administração Pública, principalmente no que diz respeito às normas constitucionais, não somente ao conceito específico de legalidade.[138] No Direito Civil, percebe-se um fenômeno semelhante, no qual a boa-fé, acompanhada dos princípios da função social do contrato e do equilíbrio contratual, cerram por reorganizar a autonomia privada.[139]

A boa-fé não é só compatível com uma visão atualizada do princípio da legalidade, mas também necessária para que as condutas no ambiente público estejam alinhadas ao ordenamento jurídico brasileiro.

3.3 A boa-fé e a persecução do interesse público

No direito privado, colocando-se acima da vontade das partes, a função da boa-fé seria garantir os interesses não privados do ordenamento

---

[137] GONZÁLEZ, 1983, p. 28.
[138] CASTRO, 2018. p. 133.
[139] Ibid., p. 136.

jurídico (como a eticidade, a lealdade e confiança), adiante de uma visão exclusivamente patrimonialista da autonomia privada, realizando os negócios jurídicos em conformação com a visão constitucional do direito privado.

Por outro lado, no Direito Administrativo, a mesma exigência seria garantida ao se perseguir o interesse público; no privado, a boa-fé teria por objetivo chamar as partes a uma conduta correta para a realização de um interesse público do ordenamento jurídico, que vai além do interesse individual. Noutra via, no Direito Administrativo, isso seria inútil porque a concretização do interesse público está inerente ao regime publicista, pelo que a ponderação do interesse público, portanto, absorveria a relevância da boa-fé.[140]

É necessário reconhecer, também, que o conceito de interesse público já foi alvo de infindáveis investigações acerca do seu conteúdo, sobretudo por se tratar de conceito indeterminado.[141]

Para Marçal, quaisquer requisitos únicos que sejam utilizados para a compreensão do que é de interesse público seriam arbitrários. É inaceitável, por exemplo, confundir interesse público e interesse estatal. Tal definição não é compatível com a Constituição, cujo maior indício consiste na presença de interesses públicos não-estatais, compreendendo assim o terceiro setor.[142]

Por outro lado, não se deve considerar interesse público aqueles interesses secundários, meramente patrimoniais da administração pública, por exemplo. Também não seria correto afirmar que o interesse público se confunde com o da maior parte dos sujeitos privados, porque tal concepção levaria à ideia de opressão, haja vista que a democracia se

---

[140] MANGANARO, 1995, p. 45.
[141] MELLO, Celso Antônio Bandeira de. *O conteúdo do regime jurídico-administrativo e seu valor metodológico*. Revista de Direito Público, São Paulo: RT, nº 2, p. 44-61, out./dez. 1967;
JUSTEN FILHO, Marçal. *Conceito de interesse público e a "personalização" do Direito Administrativo*. Revista Trimestral de Direito Público, nº 26, São Paulo: Malheiros, p. 115-136, 1999;
MARQUES NETO, Floriano Peixoto de Azevedo. *Regulação estatal e interesses públicos*. São Paulo: Malheiros, 2002. p. 165;
GABARDO, Emerson. *O princípio da supremacia do interesse público sobre o privado*. In: GABARDO, Emerson. *Interesse público e subsidiariedade*: o Estado e a sociedade civil para além do bem e do mal. Belo Horizonte: Fórum, 2009. p. 251-324;
BARROSO, Luís Roberto. *Prefácio: O Estado contemporâneo, os direitos fundamentais e a redefinição da supremacia do interesse público*. In: Daniel Sarmento (Org.). Interesses públicos versus interesses privados: desconstruindo o princípio de supremacia do interesse público. 3. tir. Rio de Janeiro: Lumen Juris, 2010, p. vii-xviii.
[142] JUSTEN FILHO, Marçal. *Curso de Direito Administrativo*. 8. ed. ver. ampl. e atual. Belo Horizonte: Fórum, 2012b. p. 119.

refere à proteção do interesse das maiorias e das minorias.[143] O interesse público, portanto, não tem um conteúdo específico.[144]

Isso posto, a aplicação de um regime jurídico diferente, que define o Direito Administrativo, não se origina de pressupostos técnicos, mas de exigências éticas.[145] Um interesse não será mais privado quando seu cumprimento não puder ser transigido. Sendo assim, um interesse é tido como público em razão da indisponibilidade, não o contrário.[146] O conceito de interesse público, portanto, remete a um direito fundamental de natureza indisponível.[147]

Ademais, constata-se uma multiplicidade de direitos fundamentais protegida pela ordem jurídica, não podendo ser utilizadas soluções predeterminadas e abstratas para possíveis divergências. Por isso, somente diante de uma concretização (em face de um caso concreto), será possível identificar os interesses a serem preservados, mas sem que a Constituição eleja um interesse público indeterminado e incerto.[148]

Conclui Marçal pela incorreção do conceito de interesse público como método fundamental do Direito Administrativo, o qual deve se voltar para a concepção de procedimento democrático na análise dos direitos fundamentais envolvidos (em choque) na prática administrativa.[149]

A necessidade de se garantir a legitimação democrática da atuação administrativa converge com o atual desenvolvimento do Direito administrativo.[150] A democratização é marcada pelo fomento da participação dos administrados nos processos decisórios da administração.[151] Por meio de uma crescente processualização da atividade

---

[143] JUSTEN FILHO, 2012b, p. 119 -121.
[144] Ibid., p. 122.
[145] Ibid., p. 122-123.
[146] Ibid., p. 123.
[147] JUSTEN FILHO, *loc. cit.*
[148] JUSTEN FILHO, *loc. cit.*
[149] Ibid., p. 124.
[150] Em trabalho denominado "Formação da Teoria do Direito Administrativo no Brasil", Fernando Dias Menezes, na sequência de um raio x de teses e doutrinas do Brasil pós-1988 até 2012, identifica 4 (quatro) modelos teóricos que sintetizam a evolução do Direito Administrativo desse período no Brasil: 1. a validade da ação administrativa fundamenta-se em valores constitucionalmente fixados, e com base neles deve ser controlada; 2. a validade da ação da administração exige respeito à participação democrática dos indivíduos, em parâmetros decorrentes da constituição; 3. a abordagem do fenômeno que certas ações antes desempenhadas pelo Estado, agora sejam realizadas por indivíduos, com regras postas e controladas pelo Estado; 4. a busca da eficiência integra a validade constitucional da ação administrativa (De Almeida, 2015, p. 408-410).
[151] BINENBOJM, 2008b, p. 77.

administrativa, visa-se a respeitar os direitos dos interessados ao contraditório e ampla defesa; incrementar as informações acerca de uma tomada de decisão antes que ela seja efetuada; e alcançar um grau mais elevado de consensualidade e legitimação da decisão da Administração Pública.[152]

Assim, a visão de que o interesse público seria uma concepção tanto quanto metafísica do que seria melhor para a sociedade, não condiz com o desenvolvimento atual da teoria do Direito Administrativo.

Portanto, a função administrativa se apresenta como uma conciliação dos diversos interesses fundamentais envolvidos, e, consequentemente, substitui cada vez mais uma administração autoritária, por uma tentativa de arranjo consensual entre os envolvidos. Com efeito, a função administrativa é mais bem alcançada por meio de atos consensuais, que exigem a aceitação social da decisão administrativa, pressupondo assim a evolução da unilateralidade para a consensualidade, reforçando o caráter democrático de apuração de quais interesses devem ser protegidos pelo Estado.[153]

Enquanto autoridade decisória, a administração é obrigada a conformar a sua conduta sem sacrifício excessivo à esfera jurídica dos cidadãos. Na verdade, quanto mais um poder de autoridade é exercido, maior a necessidade de identificar critérios para limitá-lo. Nesse contexto, a boa-fé objetiva não somente não é supérflua, mas é necessária, para apuração da legitimidade do produto da processualização da atividade administrativa com uma maior participação democrática, em prol da concretização de direitos fundamentais.

Apesar de um crescente movimento em prol da relativização da ideia de supremacia do interesse público sobre o privado,[154,155] não há contradição entre agir conforme a boa-fé e a supremacia do interesse público. As prerrogativas que porventura a lei venha a conceder ao poder público só possuem legitimidade no seu uso se em conformidade com a boa-fé. Conceder prerrogativas para o Poder Público para preservar

---

[152] BINENBOJM, loc. cit.
[153] MANGANARO, 1995, p. 153.
[154] No tocante à rediscussão da ideia de supremacia do interesse público sobre o privado, o interesse público passa a não desfrutar de uma supremacia abstrata em face do interesse particular, uma vez que os direitos fundamentais envolvidos devem ser sopesados. Se ambos entrarem em rota de colisão, caberá ao intérprete proceder à ponderação desses interesses, à vista dos elementos normativos e fáticos relevantes para o caso concreto e nisso aumenta a relevância dos princípios gerais, e especialmente a boa-fé, nessa avaliação de interesses (BARROSO, 2012, p. 31-63).
[155] Ver também em Aragão (2010), Sarmento (2010) e Binenbojm (2010).

os direitos fundamentais da coletividade, e, considerar regular que essas capacidades sejam usadas para lesar direitos fundamentais dos cidadãos não estaria concatenado com os valores constitucionais.

Além do mais, em uma relação jurídica, o fato de as partes estarem em situação de dissimetria não significa o afastamento *sine qua non* da boa-fé objetiva. Ora, no âmbito do direito privado existem relações em que também não existe uma igualdade entre as partes (a exemplo da relação consumerista), e nem por isso é aventada a não-incidência do princípio da boa-fé.

Remetendo-se à origem da boa-fé, no direito romano, a instituição da *fides* dizia respeito justamente às relações desiguais e, exatamente, nesse contexto a boa-fé foi reconhecida como um limite ao exercício de um poder. A boa-fé adquire maior relevância justamente quando se estabelecem relações em que as partes se encontram em situação de desigualdade.

Ademais, a desigualdade jurídica não está presente em todas as relações que envolvem a Administração Pública. Ora, o convênio administrativo entre entes públicos é exemplo de uma relação em que não existe uma dissimetria formal entre os participantes.

A proteção da boa-fé é tão necessária no Direito Administrativo quanto no direito privado, passando a ser uma medida de avaliação da atividade decisória administrativa, que deve ser democraticamente processualizada.

3.4 A boa-fé e o princípio da segurança jurídica

O princípio da segurança jurídica é resultante do Estado Democrático de Direito e se vincula à universalidade, à não-arbitrariedade, bem como à premissa de que o desempenho estatal deve ser atrelado a regras gerais, atuando de forma clara, sendo as regras conhecidas, constantes no tempo, não contraditórias e prospectivas.

Por conseguinte, o Estado de Direito é aquele Estado soberano que, ao se autolimitar, coloca-se como pessoa, como sujeito jurídico, titular de direitos e de obrigações, devendo respeitar tanto o direito objetivo como os direitos dos sujeitos com os quais guardar relação.[156]

---

[156] COSTA, Pietro. *Teoria e crítica do Estado de Direito*. COSTA, Pietro; ZOLO, Danilo (Orgs.). O Estado de Direito. História, teoria, crítica. Tradução de Carlo Alberto Dastoli. São Paulo: Martins Fontes, 2006, p. 128 e 134.

Para Otto Mayer, a ideia de Estado de Direito envolve o entendimento de que em todo lugar e tempo em que sua atividade possa produzir efeitos sobre os indivíduos, deve haver uma ordem regulamentada por lei. Esse mesmo Estado deve fixar e delimitar exatamente os caminhos e limites de sua atividade, bem como a esfera de liberdade de seus cidadãos.[157]

O Estado Democrático de Direito, portanto, é definido por um modelo de proteção de direitos e de responsabilidade de governança, que é possível ser obtido apenas num ordenamento compreensível, confiável e conjecturável. Não há segurança concernente aos poderes e procedimentos caso estes não sejam previstos, estáveis e controláveis, não sendo a atividade estatal fundada e delimitada pelo Direito.[158]

A segurança jurídica é estabelecida por meio da organização formal do Direito e os elementos que compõem o Estado de Direito auxiliam os ideais de segurança jurídica, como "clareza, certeza, precisão, inteligibilidade, generalidade e abstração".[159]

A segurança é prevista no preâmbulo da Constituição da República brasileira, bem como nas previsões do *caput* e do inciso XXXVI do seu art. 5º, resguardada como um direito individual fundamental, devendo ser garantida por meio de regras e procedimentos capazes de concretizar o mandamento constitucional.

O princípio da segurança jurídica indica, para Humberto Ávila, inspirado nas ideias de Max Rumelin,[160] um estado de cognoscibilidade, confiabilidade e de calculabilidade. A concepção de cognoscibilidade deve ser adotada como aptidão, material e intelectual, de percepção das possibilidades interpretativas e dos parâmetros necessários para a sua materialização, em vez da concepção de determinação, como o conhecimento de um único sentido normativo anterior.[161] Já a confiabilidade envolve a garantia da estabilidade e da continuidade das situações reguladas no contexto de alteração das normas.[162] Por fim, a calculabilidade admite a indeterminação linguística do ordenamento jurídico e, com isso, a inexistência de univocidade e previsibilidade de sentido dos seus enunciados normativos, de forma que a concreção de

---

[157] MAYER, 1954, p. 79.
[158] ÁVILA, Humberto. *Teoria da segurança jurídica*. 3. ed. São Paulo: Malheiros Editores, 2014, p. 221.
[159] Ibid., p. 223.
[160] Rumelim (1924, p. 9, 12 e 14 *apud* ÁVILA, 2014, p. 205) se referia aos três eixos da segurança jurídica: inteligibilidade, confiabilidade ou seriedade e calculabilidade do Direito.
[161] ÁVILA, 2014. p. 265.
[162] ÁVILA, *loc. cit.*

sentido de uma determinada norma só pode ser alcançada a partir de interpretação argumentativa.[163]

Aplicada a segurança jurídica ao direito público, é possível concluir que a Administração Pública deve agir de forma séria, leal e justificada, bem como deve respeitar os direitos fundamentais.

Destaca-se, ainda, que a segurança jurídica costuma ser ramificada em duas partes. Uma de natureza objetiva, que se refere aos limites da retroatividade dos atos do Estado, mesmo que legislativo, e englobam, portanto, os conceitos de proteção ao direito adquirido, ao ato jurídico perfeito e à coisa julgada. A segunda ramificação, de natureza subjetiva, concerne à proteção e à confiança das pessoas aos atos, aos procedimentos e às condutas do Estado, nas mais diferentes esferas de atuação.[164]

A doutrina costuma atrelar a esfera objetiva do conceito ao vocábulo "segurança jurídica" e a subjetiva como "proteção da confiança".[165]

O exemplo clássico da aplicação do princípio da proteção confiança é a alteração de atos administrativos que possam influir nas situações dos particulares. A verificação acerca de uma eventual alteração dos atos administrativos deveria avaliar a confiança depositada pelos indivíduos administrados, ponderando inclusive os interesses contraditórios em um caso concreto.

Evidente que o princípio da segurança se assemelha à boa-fé objetiva e para alguns juristas, inclusive revela-se no seu próprio fundamento constitucional.

Menezes Cordeiro ressalta que diante da ausência de uma sistematização ampla da boa-fé objetiva no âmbito público como no direito privado, revelada na falta de elaboração doutrinária acerca de sua natureza, das suas aplicações e das fórmulas de concretização, é previsível que o direito público desenvolva princípios próprios e semelhantes ao da boa-fé, para concretizar os matizes da confiança e lealdade no tráfico jurídico publicista.[166]

Nesse sentido, também, Javier Garcia depreende que boa-fé em sentido objetivo se refere ao princípio da proibição da *venire contra*

---

[163] Ibid., p. 266.
[164] COUTO E SILVA, Almiro do. *O princípio da segurança jurídica no direito público brasileiro e o direito da administração pública de anular os seus próprios atos administrativos*: o prazo decadencial do art. 54 da lei do processo administrativo da União (Lei nº 9.784/99). In: COUTO E SILVA, Almiro do. Conceitos fundamentais do Direito no estado constitucional. São Paulo: Malheiros, 2015a, p. 46-47.
[165] Ibid., p. 47-48.
[166] CORDEIRO, Menezes, 2001, p. 391-392.

factum proprium, que, ao que parece, é similar ao princípio da proteção da confiança.[167]

Devido à nítida semelhança entre os princípios em análise é que se poderia arguir a inutilidade da boa-fé em ambiente publicista e a difícil definição do estabelecimento de distinções conceituais e de aplicação dos princípios em voga.

É possível afirmar que existe uma controvérsia na doutrina relativa a qual princípio norteia as relações jurídico-administrativas, com o objetivo de salvaguardar a confiança dos indivíduos em relação às expectativas geradas pela Administração, apontando as principais correntes: a primeira, que argumenta pela utilização da boa-fé objetiva; e a segunda, que conclui que o princípio mais adequado seria o da proteção à confiança legítima.[168]

Os autores portugueses entendem, predominantemente, pela aplicabilidade da boa-fé objetiva à Administração. Apontam a boa-fé como princípio geral, de maneira que seus efeitos refletem nos demais ramos jurídicos, sendo desnecessária a recondução aos demais princípios constitucionais, tais como o da solidariedade social e o da dignidade da pessoa humana.[169]

A inexistência de norma na Constituição portuguesa que impossibilite os efeitos retroativos da lei a respeito do direito adquirido, do ato jurídico perfeito e da coisa julgada (como há no caso brasileiro, no inciso XXXVI do art. 5º da CF/88), bem como a norma constante do art. 10 do Código de Processo Administrativo português, que prevê a observância da boa-fé visando a salvaguardar a confiança dos indivíduos em seu relacionamento com a Administração, provocaram, naquele sistema jurídico, uma boa-fé objetiva com contornos próprios, mitigando a possibilidade de invalidação e revogação de atos administrativos de efeitos concretos.[170]

Por seu turno, a utilização do princípio da proteção à confiança visa a compor a falta de norma constitucional, impedindo que o direito

---

[167] GARCÍA LUENGO, Javier. *El principio de protección de la confianza en el derecho administrativo*. Madrid: Civitas, 2002, p. 128-129.

[168] Destacam-se entre os que aplicam a boa-fé no âmbito público: Menezes Cordeiro (2001, p. 384), Schreiber (2012, p. 95), Dantas Júnior (2007, p. 148) e Nobre Júnior (2002, p. 156-157). De outro lado, aqueles para quem o princípio da confiança exclusivamente deveria reger a não-surpresa em âmbito público: Couto e Silva (2015, p. 81) e Martins-Costa (2005, p. 120-148).

[169] CORDEIRO, Menezes, *op. cit.*, p. 384.

[170] LOBO, Fabíola Albuquerque; EHRHARDT JÚNIOR, Marcos; PAMPLONA FILHO, Rodolfo (Coord.). *Boa-fé e sua aplicação no Direito brasileiro*. 2. ed. rev. e atual. Belo Horizonte: Fórum, 2019, p. 387.

adquirido, o ato jurídico perfeito e a coisa julgada sofram prejuízos em razão da retroatividade da lei. Do mesmo modo, ainda, visa a preservar o devido processo legal e impedir modificações legais de regimes jurídicos sem regras de alterações apropriadas.[171]

A observância do princípio da boa-fé pelo Direito Administrativo, no caso do sistema jurídico português, alcança a função do aspecto subjetivo da segurança jurídica. No aspecto objetivo, a segurança jurídica é assumida pelo princípio da proteção da confiança.

Como destaca Hartmut Maurer,[172] para a escola alemã, o princípio da proteção à confiança legítima é apontado como decorrente do Estado de Direito, e é utilizado para proteger situações concretas dos administrados, uma vez que se relaciona com o aspecto subjetivo da segurança jurídica.[173]

Nesse cenário, a adoção de alguns desses conceitos no Brasil passou por significativas adaptações, visto que aqui há norma constitucional acerca da irretroatividade das leis, do direito adquirido, do ato jurídico perfeito e da coisa julgada, fundamentada no princípio da segurança jurídica em sua perspectiva objetiva.[174] Por outro lado, por falta de norma expressa, o princípio da proteção à confiança legítima nas outras circunstâncias em que as expectativas efetivas dos administrados se encontravam frustradas (segurança jurídica em seu aspecto subjetivo) vem conquistando espaço.[175]

Os conteúdos dos princípios aqui analisados, por conseguinte, derivam do desenvolvimento legislativo e jurídico, peculiar de cada sociedade em que se encontra. A investigação, por conseguinte, passa necessariamente por argumentos utilitaristas, no sentido da suficiência ou não dos preceitos utilizados em cada sociedade para a segurança em termos gerais e em um maior número de situações possíveis.

Para Anderson Schreiber,[176] Aldemiro Dantas[177] e Edilson Pereira Nobre,[178] a aplicação do princípio da boa-fé objetiva bastaria para

---

[171] Ibid., *loc. cit.*
[172] MAURER, Hartmut. *Elementos de direito administrativo alemão*. Porto Alegre: Sergio Antonio Fabris Editor, 2001, p. 84.
[173] COUTO E SILVA, 2015a. p. 48.
[174] Inciso XXXVI do art. 5º da Constituição Federal de 1988 (BRASIL, [2022b]).
[175] COUTO E SILVA, *op. cit.*, p. 47.
[176] SCHREIBER, 2012, p. 95.
[177] DANTAS JÚNIOR, Aldemiro Rezende. *Teoria dos atos próprios no princípio da boa-fé*. Curitiba: Juruá, 2007, p. 148.
[178] NOBRE JÚNIOR, 2002, p. 156-157.

amparar as expectativas reais dos indivíduos em relação à Administração Pública.

De maneira diversa a essa opinião, alguns autores como Gerson Branco[179] e Judith Martins-Costa[180] entendem que o princípio da proteção da confiança não se exaure apenas na utilização da boa-fé, pois detém um alcance mais abrangente.

Esse segundo posicionamento entende que o princípio da proteção da confiança possuiria um campo de ocorrência mais amplo, uma vez que boa-fé objetiva pleiteia vínculos individualizados, concretos, não havendo essa mesma limitação no que diz respeito à proteção da confiança, que tem aplicabilidade tanto em relações concretas como em abstratas.[181] Ademais, a segurança jurídica resguarda a confiança do indivíduo, sem que tenha havido, necessariamente, uma atuação contraditória ou desleal por parte da Administração, que age por meio de normas e regulamentos, como por exemplo a hipótese de anulação de atos que concederam benefícios ilegais.[182]

Não seria irrazoável a simplificação no âmbito público da utilização simples e frequente do princípio da confiança, já que este seria suficiente para a maioria dos casos. Sendo mais extensa a atuação do princípio da proteção da confiança, pode-se dizer que existem circunstâncias em que seu suporte fático não se distingue do da boa-fé objetiva.

Todavia, o princípio da proteção à confiança legítima é de possível aplicação somente em benefício dos administrados, sendo inviável quando em prol da Administração Pública, pois visa à proteção do particular contra excessos do Poder Público.[183] Em contrapartida, a boa-fé objetiva, como princípio que determina um peso moral de fidelidade, pode ser reivindicada pelo particular ou até mesmo pelo Poder Público,[184] como uma via de mão dupla. A vista disso, se o

---

[179] BRANCO, Gerson Luiz Carlos. *A proteção das expectativas legítimas derivadas das situações de confiança*: elementos formadores do princípio da confiança e seus efeitos. Revista de Direito Privado. V. 12. p. 169-225, out./dez. 2002, DRT/2002/459.

[180] MARTINS-COSTA, Judith. *Almiro do Couto e Silva e a ressignificação do princípio da segurança jurídica na relação entre o estado e os cidadãos*. In: ÁVILA, Humberto. (Org.). Fundamentos do estado de direito: estudos em homenagem ao Professor Almiro do Couto e Silva. São Paulo: Malheiros, 2005. p. 142.

[181] ARAÚJO, Valter Shuenquener de. *O princípio da proteção da confiança*: uma nova forma de tutela do cidadão diante do Estado. 2. ed. Rio de Janeiro: Impetus, 2016, p. 35-36.

[182] LOBO; EHRHARDT JÚNIOR; PAMPLONA FILHO, 2019, p. 389-390.

[183] No mesmo sentido, Ávila (2014, p. 169-170), Maurer (2001. p. 68) e Araújo (2016. p. 35-36).

[184] MAFFINI, Rafael de Cás. *Princípio da proteção substancial da confiança no direito administrativo brasileiro*. 2005. Tese (Doutorado em Direito) – Universidade Federal do Rio Grande do Sul, Porto Alegre, 2005, p. 54-55.

administrado procedeu com desvio de conduta ou abuso de direito relativamente ao Poder Público, este precisará apelar ao princípio da boa-fé objetiva e não ao da proteção à confiança.[185]

Outrossim, não é possível ignorar o maduro avanço doutrinário casuístico das normas de condutas que podem ser tiradas da boa-fé, como as figuras parcelares (o *venire*, o *tu quoque*), por exemplo. Sobretudo no que tange à relação negocial da Administração Pública, o princípio da confiança não oferece o mesmo rol instrumental no âmbito publicista.

Por outro ângulo, existem situações que envolvem a administração pública em que a aplicação da boa-fé seria incongruente, a exemplo dos casos de estabilidade de atos gerais e abstratos, de regras de transição legislativa ou, ainda, nas hipóteses de não-anulação de ato ilícito, uma vez que nesses casos não ocorreria quebra da confiança legítima.[186]

Já nas situações acerca da revogação de atos administrativos, onde é executado um juízo de conveniência e oportunidade visando a atender o interesse público, ficamos na presença de dois atos administrativos lícitos. Nesta situação, a boa-fé objetiva deve atuar, uma vez que ocorreu a quebra da expectativa, sem que se tratasse de ação, *a priori* (quando observado o ato de forma isolada), ilícita, da Administração.

Outro exemplo afeto à boa-fé seria nas circunstâncias de responsabilidade pré-negocial ou culpa *in contrahendo*. Couto e Silva indica que o Poder Público pode aplicar a boa-fé objetiva pela revogação do procedimento licitatório ou decorrente da anulação causada por vícios formais atribuídos a Administração Pública.[187]

Isto posto, é possível afirmar que se deve privilegiar o princípio da proteção à confiança legítima nos cenários individuais e concretos, quando o ato for classificado inicialmente como ilegal, nos atos gerais, a exemplo das hipóteses de anulação dos atos administrativos e da retroatividade dos atos normativos.[188]

Noutro ponto, a boa-fé deve ser aplicada às situações que envolvam uma relação particular, própria e concreta e em que o ato inicial ou aquele que o contrapõe, sejam lícitos, como no caso de revogação dos atos administrativos; práticas, promessas e informações sérias e concretas, realizadas pelo Poder Público; e responsabilidade

---

[185] LOBO; EHRHARDT JÚNIOR; PAMPLONA FILHO, 2019, p. 392.
[186] MAFFINI, *op. cit.*, p. 56.
[187] COUTO E SILVA, Almiro do. *Responsabilidade pré-negocial e culpa* in contrahendo *no Direito Administrativo brasileiro*. In: COUTO E SILVA, Almiro do. *Conceitos fundamentais do Direito no estado constitucional*. São Paulo: Malheiros, 2015b, p. 344.
[188] LOBO; EHRHARDT JÚNIOR; PAMPLONA FILHO, 2019, p. 396.

pré e pós-negocial, deveres anexos e figuras parcelares, no que tange aos negócios jurídicos.[189]

É possível concluir que existe uma interseção entre o princípio da segurança jurídica e da boa-fé. Existem situações em que o princípio da segurança jurídica é insuficiente para tutelar as situações concretas, sobretudo no que se refere ao desenvolvimento jurídico privado acerca das normas de condutas que podem ser retiradas da boa-fé, o que torna essencial a utilização desse princípio no âmbito público para explicar determinadas conclusões jurídicas.

3.5 Fundamento da boa-fé administrativa no ordenamento jurídico brasileiro

O reconhecimento do assento constitucional da boa-fé também faz aumentar a influência do respectivo princípio em outras áreas do Direito.[190]

Existe doutrina que indica o princípio da solidariedade como fundamento constitucional da boa-fé no campo do Direito Administrativo[191] e há quem o associe à proteção da dignidade humana.[192]

Por outro lado, já se retirou a boa-fé, não de grandes premissas do ordenamento como a dignidade da pessoa humana, mas de preceitos concretos como o princípio constitucional da imparcialidade administrativa, presente na constituição espanhola.[193] Se a última decisão cabe à autoridade pública, esta deve decidir de modo que haja cooperação entre as partes interessadas, com base no princípio da confiança.[194] Há, ainda, corrente que determina uma ligação entre o princípio da boa-fé e a segurança jurídica, pois estas seriam faces distintas de uma mesma lógica jurídica.[195]

Pontue-se que a fundamentação da boa-fé tem variado em relação a cada sociedade, tendo em vista as peculiaridades do desenvolvimento

---

[189] Ibid., p. 395-396.
[190] DANTAS JÚNIOR, 2007. p. 123.
[191] MANGANARO, 1995, p. 126.
[192] GARCÍA LUENGO, 2002, p. 145.
[193] Ibid., p. 147.
[194] GARCÍA LUENGO, *loc. cit.*
[195] Ibid., p. 149.

jurídico, e, também, devido à diferença dos preceitos positivados em cada constituição nacional.

Em relação ao ordenamento jurídico nacional, é possível identificar posicionamento que indica que o fundamento constitucional da boa-fé objetiva estaria no princípio da solidariedade (artigo 3º, I, CF) e da dignidade da pessoa humana (artigo 1º, III, CF).[196]

Uma grande parte da doutrina aponta o princípio da proteção da confiança como fundamento constitucional do princípio da boa-fé em sede nacional.[197,198] Quando se busca atrelar a aplicabilidade da boa-fé objetiva ao princípio da confiança, o mais relevante é identificar que, para haver segurança jurídica nas ações da Administração Pública, é necessário que o Estado assuma condutas fundamentadas e justificadas e que respeitem a confiança e as expectativas legítimas dos cidadãos.[199] A segurança jurídica está atrelada a um Estado comprometido com suas próprias ações, de modo a conferir aos cidadãos a necessária confiança em relação a essas medidas, possibilitando aos mesmos o exercício de suas liberdades.

Também é possível retirar do princípio da moralidade administrativa a boa-fé nas relações jurídicas publicistas.[200] Em suma, o Estado tem o comprometimento de atuar eticamente em suas relações jurídico-administrativas, sob parâmetros de transparência, respeito, lealdade e, assim, inserido na noção de moralidade administrativa, atuar segundo a boa-fé.

Esclarece Giacomuzzi[201] que, com a positivação da moralidade administrativa como princípio jurídico na Constituição brasileira, é

---

[196] Nesse sentido, Schreiber (2012. p. 107) e Dantas Júnior (2007. p. 148).
Já Luciano Araujo fundamenta exclusivamente na soliedariedade, por entender que boa-fé possui uma direcionalidade dupla (vincula o Estado e os administrados), e não faria sentido evocar a dignidade da pessoa humana para proteger o Estado em face do particular (CASTRO, 2018. p. 95-76).

[197] Quem entende a boa-fé como decorrente do princípio da confiança (um aspecto da segurança jurídica): Miragem (2010, p. 197-198 e 208), González (1983) e Martins-Costa (2005).

[198] A exposição de motivos da lei espanhola 4/1999, que alterou o regime jurídico das administrações públicas e do procedimento administrativo comum (Lei 30/1992), ao tratar da inclusão da boa-fé como princípio regente das administrações públicas, o situou como derivação da segurança jurídica (Espanha, 2021).

[199] ÁVILA, Humberto. *Segurança Jurídica*: entre permanência, mudança e realização no Direito Tributário. São Paulo: Malheiros, 2011. p. 229.

[200] Nesse mesmo sentido: Mello (2009, p. 120), Gasparini (2011, p. 10), Pietro (2014, p. 88-90), Borges (2004, p. 187-192), Furtado (2007, p. 103-104), Rocha (1994. p. 193), Giacomuzzi (2002, p. 236).

[201] A concepção subjetiva da moralidade teve sua potencialidade direcionada para o signo do desvio de finalidade, e está representado no direito pátrio sobre a ideia de controle de legalidade interna do ato administrativo. Como bem destaca Guilherme Giacomuzzi,

necessário conferir um conteúdo autônomo ao respectivo princípio, tarefa que, muitas vezes, conduziu à busca de um conteúdo de princípios já consolidados como o interesse público e a proporcionalidade.[202] É salutar a tentativa de preencher o conteúdo com o princípio da boa-fé, uma vez que o direito público não desenvolveu instituto capaz de abarcar as consequências jurídicas advindas do desenvolvimento da boa-fé (como fez o Direito Civil), ainda mais quando na sua origem se identifica uma ligação entre os dois conceitos: a boa-fé e princípio da moralidade.[203]

Em sentido contrário, Luciano Araújo problematiza que o princípio da moralidade positivado na Constituição brasileira seria dirigido exclusivamente à Administração Pública e não ao administrado. Em razão disso, careceria de fundamentos para vincular o particular a também pautar suas ações na boa-fé.[204]

Por fim, há quem afirme que a boa-fé nas relações administrativas é resultado da junção de ambos os princípios, o da moralidade e o da segurança nas relações jurídicas.[205]

---

a primeira acepção digna de nota do princípio da moralidade administrativa refere-se à tentativa de coibir os abusos de poder cometidos pelos administradores referentes ao controle de legalidade do ato administrativo, na França do início do século XX. O cerne da questão era o entendimento que prevalecia acerca da não-possibilidade do controle judicial, acerca dos atos políticos e discricionários. A moralidade administrativa, nasce, portanto, nesse contexto, ligada ao exame do desvio de poder, a fim de delimitar a ação discricionária do administrador. Giacomuzzi buscou, com base em um conceito de moralidade apresentado por Hauriou, um meio segundo o qual se pudesse controlar o ato administrativo aparentemente legal, mas desviado na sua finalidade. Na França, berço da ideia de moralidade administrativa, esta se refere ao controle de todas as hipóteses de ilegalidade interna do ato administrativo. Esse controle do ato pode se dar de duas formas: legalidade externa (incompetência, vício de procedimento e vício de forma), e ilegalidade interna (vício de conteúdo, de motivos e de intenção – aqui a moralidade e o desvio de finalidade). A moralidade administrativa possui a função de impedir que os dirigentes estatais se desviem das finalidades do Estado de Direito, empregando seus poderes públicos no intuito de se afastar das vontades estatais democraticamente legitimadas. Esse aspecto da moralidade administrativa foi encampado no inciso LXIII, do art. 5º, da Constituição Federal (GIACOMUZZI, 2002, p. 42-43).

[202] GIACOMUZZI, José Guilherme. *A moralidade administrativa e a boa-fé da Administração Pública*: o conteúdo dogmático da moralidade administrativa. Malheiros Editores, 2002, p. 236.

[203] Giacomuzzi ressalta que a origem da ideia de moralidade, portanto, está ligada à de boa administração, relacionada com a boa-fé do tráfico jurídico privado do direito alemão. Naquela oportunidade, não fazia distinção alguma entre o caráter objetivo e subjetivo da boa-fé, uma vez que somente no decorrer do século XX, e de forma paulatina, ocorre o desenvolvimento do *Treu and Glauben* (a boa-fé objetiva) alemão (GIACOMUZZI, 2002, p. 236)

[204] CASTRO, 2018, p. 95.

[205] No mesmo sentido: Ávila (2011, p. 229-230, 461), Aragão (2013, p. 69-70), Nobre Júnior (2002, p. 156-157), Marrara (2012, p. 226), Freitas (2013, p. 80-81); Rubinstein (2010, p. 77-79).

Sabe-se que, na esfera constitucional, a boa-fé não vem expressa de forma taxativa, ainda que se caracterize como desdobramento dos princípios da solidariedade, da dignidade da pessoa humana, da moralidade e da segurança jurídica. Sem embargo, a Lei nº 9.784/99 (art. 2º, parágrafo único, inciso IV) exige do Poder Público, nos processos administrativos, a atuação segundo a boa-fé.

Há que se questionar se a Lei nº 9.784/99 seria suficiente como fundamento legal para submeter a incidência da boa-fé objetiva a todo o Direito Administrativo brasileiro, já que o processo administrativo disciplinado pelo respectivo diploma normativo é aquele para ser desenvolvido apenas no âmbito da Administração Federal (art. 1º, §1º).

De fato, a Lei nº 9.784/99 visa a disciplinar os procedimentos administrativos em âmbito federal. Porém, boa parte do regramento se refere a princípios gerais e constitucionais que necessariamente devem ser obedecidos pelas administrações estaduais e municipais, como as referências ao princípio da legalidade e do Estado de Direito (art. 2º, parágrafo único, inciso I), da impessoalidade e da moralidade (art. 2º, parágrafo único, inciso II).

Além disso, na atual teoria do Direito Administrativo, a consubstanciação da ação da Administração Pública só é legítima se processualizada, porque os agentes públicos exercem atribuições de interesse da coletividade ainda que atuem sem adentrar na esfera jurídica dos administrados. O processo proporciona maior legitimidade da vontade estatal e contribui para o desempenho eficiente e democrático desses atos, dando legitimidade à imperatividade de que se revestem. Sendo assim, o agir administrativo não cabe sem processualização e sem observância dos princípios inerentes a esta, como o princípio da boa-fé.[206]

Não é por outro motivo que o Superior Tribunal de Justiça estabeleceu o entendimento no sentido de que até que haja norma local para disciplinar a matéria nas administrações públicas dos estados

---

O enunciado 414 da V Jornada de Direito Civil do Conselho da Justiça Federal explicita de forma semelhante ao que reputa que a cláusula geral do art. 187 do Código Civil tem fundamento constitucional nos princípios da solidariedade, devido processo legal e proteção da confiança e se aplica a todos os ramos do Direito.

[206] SUNFELD, Carlos Ari. *Fundamentos de direito público*. São Paulo: Malheiros, 2009. p. 91-93; MELLO, Celso Antônio Bandeira de. *Curso de Direito Administrativo*. 26. ed. São Paulo: Malheiros, 2009. p. 484.

e municípios, estes devem observar as prescrições da Lei Federal nº 9.784/99, nos respectivos procedimentos administrativos.[207]

Independente da discussão de qual preceito constitucional deriva a boa-fé, é inconteste que, em um Estado de Direito, é incabível o afastamento de preceitos que garantam a lealdade e a coibição do comportamento desleal, em qualquer relação jurídica, seja entre particulares ou com o Poder Público. Ademais, em relação aos negócios jurídicos, objeto do presente trabalho, a cláusula da boa-fé presente no Código Civil aplica-se no âmbito público, também por força do art. 54 da Lei nº 8.666/93 e do art. 89 da Lei nº 14.133/21.

3.6 A boa-fé nas relações entre entes públicos e o aproveitamento do seu desenvolvimento no direito privado

Fica claro concluir que a boa-fé como um princípio geral do Direito interfere na interpretação de toda relação jurídica. A Administração deve agir conforme a boa-fé em relação aos particulares e a outros entes com quem porventura venham a firmar um vínculo jurídico. Cabe, também, aos particulares que se relacionam com a Administração o respeito às normas de conduta oriundas da boa-fé.

Não importa a natureza das pessoas envolvidas, sempre que alguém (pessoa física ou jurídica, de direito privado ou público) dentro de um pacto firmado, desperta uma confiança mútua nos participantes, surge o dever de não frustrar, injustamente, a confiança depositada.[208] Não se refere ao comportamento geral da pessoa, mas à sua posição em uma relação jurídica específica.[209] A implementação da boa-fé incide nas relações da Administração com os administrados, ou mesmo com outras entidades públicas.[210]

Como se percebe, a construção da boa-fé, no que tange ao regime jurídico público, sempre teve em vista a relação com os particulares,

---

[207] BRASIL. Superior Tribunal de Justiça. *Súmula 633*. A Lei n° 9.784/1999, especialmente no que diz respeito ao prazo decadencial para a revisão de atos administrativos no âmbito da Administração Pública federal, pode ser aplicada, de forma subsidiária, aos estados e municípios, se inexistente norma local e específica que regule a matéria. Brasília/DF: 12 jun. 2019b.

[208] GONZÁLEZ, 1983, p. 40.

[209] Ibid., p. 41.

[210] Ibid., p. 31.

ficando as relações conveniais entre entes públicos em segundo plano. Isso porque os mecanismos consagrados do Direito Administrativo colocam o particular em desprivilégio de armas e instrumentos, sob o argumento da supremacia do interesse público sob o interesse privado.

Apesar de historicamente a *fides* ter surgido, especialmente, para tutelar relações desiguais, é incontestável a aplicação da boa-fé nas relações pautadas por uma igualdade jurídica, como a que se refere à relação convenial. Uma vez que um dos objetivos de todos os envolvidos nas relações conveniais é a concretização dos interesses coletivos constitucionais por meio da mútua cooperação, o dever de agir de forma leal entre os participantes é inconteste.

O STF perpassou pelo mesmo raciocínio aqui posto:

> É certo que convênio e contrato administrativo não se confundem. A distinção entre ambos está assentada na doutrina especializada sobre o tema (DI PIETRO, Maria Sylvia Zanella. *Direito Administrativo*. São Paulo: Atlas, 2001. p. 284). Porém, ao contrário do que alega a União, talvez justamente por isso **que o princípio da boa-fé incida com maior força no âmbito dos convênios administrativos, pois nestes, ao contrário dos contratos, existem interesses paralelos e comuns. Nos convênios, a cooperação é o elemento fundamental, o que ressalta ainda mais a necessidade de que as partes atuem com lealdade no cumprimento de todos os seus termos** (grifos nossos).[211]

É preponderante destacar que apesar de uma igualdade formal, os convênios nem sempre estão em um contexto de igualdade material. Isso porque quando transferências voluntárias são envolvidas, evidentemente, o poder de persuasão e de estipulação cogente das premissas do respectivo acordo, o ente financiado fica nas mãos do financiador. O princípio da boa-fé é ainda mais importante para reequilibrar eventuais abusos entre os partícipes.

Entretanto, a doutrina administrativa que trata a respeito dos convênios não tem se debruçado de maneira a sistematizar os impactos da incidência do princípio em tela nessas relações entre entes públicos. Inobstante, a teoria administrativa convenial, analisada sob a perspectiva do princípio da boa-fé objetiva, é capaz de explicar situações relacionadas a hipóteses de quebra da confiança legítima, demarcação da

---

[211] BRASIL. Supremo Tribunal Federal. *Ação Cível Originária 970-1*. Tutela Antecipada em Ação Cível Ordinária 970-1 Pará. Relator: Min. Gilmar Mendes, 17 mai. 2007. Diário de Justiça, Brasília/DF, 19 dez. 2007b.

responsabilização pelo desvio de objeto, uso abusivo do poder de barganha e os limites do direito de denúncia e responsabilidade pré e pós convenial.

Não há dúvida de que há uma incidência abrangente do princípio doa boa-fé (com as devidas harmonizações necessárias acercas das peculiaridades do direito público) nos convênios. Os seus signatários estão objetivamente conectados a um dever de lealdade que pode implicar em se comprometer em questões pré ou pós-conveniais, independentemente de cobertura formal ou previsão expressa no termo do respectivo negócio jurídico.

Ademais, a maior contribuição que o princípio da boa-fé pode oferecer para as relações sob o contexto do regime jurídico público, especialmente dos negócios jurídicos, é o aproveitamento do emprego, da utilização da teoria da boa-fé no ambiente privatista. A viabilidade dessa utilização não decorre da inexistência de diferenças substanciais entre o Direito Administrativo e o Civil. São duas esferas jurídicas distintas, com autonomia própria e particularidades, mas que se movimentam num caminho de aproximação, sob o contexto da constitucionalização do Direito Civil.

Apesar da possibilidade do aproveitamento do desenvolvimento da boa-fé, construído em âmbito privado, é necessário compreender que a lógica publicista é distinta da seara original, onde ocorreu o desenvolvimento dessa teorização. A aplicação da boa-fé no Direito Administrativo carece de adaptação, de modo que os efeitos causados não necessariamente podem ser iguais àqueles obtidos no Direito Privado.[212]

Os resultados possíveis e o grau de aplicabilidade das normas de condutas oriundas da boa-fé objetiva só poderão ser constatados a partir da realidade concreta. Em suma, somente se poderá ter ideia de qual forma a boa-fé será aplicada quando houver a análise das peculiaridades de cada caso concreto, que este trabalho se propõe a colacionar mediante hipóteses exemplificativas.

Passa-se a analisar os aspectos gerais dos convênios administrativos (conceito, natureza, partícipes, regramento jurídico aplicável, relação com as transferências voluntárias) nos capítulos 4, 5 e 6 e em seguida, serão abordados os possíveis efeitos da incidência da boa-fé nas relações conveniais.

---

[212] CASTRO, 2018. p. 108.

CAPÍTULO 4

ASPECTOS GERAIS DOS CONVÊNIOS ADMINISTRATIVOS

4.1 O federalismo de cooperação

O incentivo para a cooperação entre os entes parte da própria característica do federalismo brasileiro, delineado na Constituição Federal, que, de forma coordenada, intenta a concretização de objetivos comuns, mas preservando o poder de autoadministração dos entes federais. Ou seja, os acordos cooperativos entre entidades públicas são inerentes e integram o próprio federalismo.

O federalismo cooperativo se identifica pelo auxílio contínuo ente os entes federados com o intuito de alcançar objetivos comuns, traçados constitucionalmente, notadamente acerca dos direitos fundamentais e sociais dos cidadãos e do desenvolvimento econômico da nação.[213]

Diante do teor do art. 23 da Constituição Federal, infere-se o incentivo ao esforço cooperado e integrado entre os entes federativos, com vistas à consecução de finalidades ínsitas ao Estado, que atendam às necessidades comuns percebidas em todas as esferas políticas.

Os valores a serem perseguidos se coadunam com os fundamentos e objetivos da República Federativa do Brasil, elencados nos artigos 1º e 3º da carta constitucional, servindo à implementação de direitos fundamentais como saúde, educação, meio ambiente, moradia.

---

[213] DALLAVERDE, Alexsandra Katia. *As transferências voluntárias no modelo constitucional brasileiro*. São Paulo: Editora Blucher, 2012, p. 43.

O caráter colaborativo também pode ser extraído de outros dispositivos constitucionais, destacando-se aqueles voltadas às áreas da saúde e educação (artigo 30, incisos VI e VII, da Constituição Federal).[214]

Uma federação cooperativa pressupõe a compreensão de que o governo central e os entes federados não são estranhos entre si, devendo todos mover-se, em campos separados, mas por meio de acordos, num constante esforço conjunto para o alcance de interesses comuns.[215]

Apesar de os entes federados estarem vinculados ao bem comum, o que motiva o auxílio cooperativo entre eles, é necessário reconhecer que são pessoas jurídicas autônomas, que possuem metas e objetivos próprios. E para que a constituição seja estritamente respeitada, não se pode ignorar os interesses de qualquer das entidades públicas integrantes.[216]

A cooperação intergovernamental, portanto, não pode ser feita em detrimento da autonomia e da capacidade de negociação dos entes. O desafio de instituir um federalismo cooperativo consiste em fortalecer os incentivos à parceria e ao entrelaçamento, mantendo um jogo intergovernamental que conceda a capacidade de negociação a todas as entidades federadas.[217]

No estado federal, os entes são dotados de autonomia, que pode ser simplificada de maneira sistemática como assentimento para que os entes possuam a sua própria organização administrativa, competências para prestações de serviços aos jurisdicionados do seu território, recursos que garantam essas prestações e poder político para a determinação das suas próprias leis e planos governamentais.

A existência de distintos polos dotados de poder é uma característica do federalismo. Trata-se de organização do Estado baseado no equilíbrio da autonomia e interpendência. A federação é, em essência, um arranjo federal (uma parceria, um pacto) que reflete uma divisão de poder entre os parceiros, baseada no reconhecimento mútuo da integridade de cada entidade federada no esforço de se alinharem

---

[214] Ibid., p. 110-112.
[215] OLIVEIRA, Ricardo Victalino de. *Federalismo assimétrico brasileiro*. Belo Horizonte: Arraes, 2012, p. 51.
[216] MAGALHÃES, Gustavo Alexandre. *Convênios administrativos*: aspectos polêmicos e análise crítica de seu regime jurídico. São Paulo: Editora Atlas, 2012, p. 321.
[217] ABRUCIO, Fernando Luiz; FRANZESE, Cibele; SANO, Hironobu. *Trajetória recente da cooperação e coordenação no federalismo brasileiro*: avanços e desafios. In: CARDOSO JÚNIOR, José Celso; BERGOVICI, Gilberto (Orgs.). *República, democracia e desenvolvimento*: contribuições ao Estado brasileiro contemporâneo. V. 10. Brasília/DF: Instituto de Pesquisa Econômica Aplicada, 2013.

em uma unidade em prol de interesses comuns. O sucesso de uma organização federativa com distintos entes dotados de autonomia é suportado pela construção de relações entre os governos, de maneira a facilitar formas de cooperação federativa.[218]

O próprio contexto federalista pressupõe a existência de desigualdades sociais, culturais e econômicas entre as diversas esferas geográficas, contudo permeia a intenção de manutenção de uma unidade nacional e a integridade territorial, sem que sejam ignoradas, ou se pretenda alijar desse processo as especificidades regionais ou a autodeterminação desses polos descentralizados. O principal objetivo de uma federação é compatibilizar o princípio da autonomia com a interpendência entre as entidades políticas e isso parte da ideia de coordenação.

A federação visa à preservação do respeito à heterogeneidade regional do conjunto de entes que o abarcam, o que se identifica de forma clara na garantia de autodireção aos entes federados. Contudo, a figura da autonomia não acarreta uma atuação isolada sem diálogo por parte dos federados. Busca-se a atuação coordenada entre os entes exatamente para que, sem violar a sua identidade e liberdade regional, possam ser direcionados a agir de forma orquestrada, tendo como maestro os objetivos traçados na Constituição da República.

Em torno das premissas constitucionais, encontram-se os pontos de unidade e integração para que esse conjunto de territórios possa ser entendido como um verdadeiro estado nacional. A atuação coordenada entre os entes é essencial para garantir a necessária interpendência entre os entes federados, os quais são autônomos, o que envolve a forma como se darão as conjugações de esforços intergovernamentais no campo das políticas públicas, uma vez que na federação brasileira há mais de um nível governamental atuando com as mesmas competências. Essa situação em si já demanda instrumentos de coordenação.[219]

Ainda que as relações intergovernamentais revelem um atributo comum e rotineiro nas federações, as interlocuções federativas não ocorrem de modo consensual em todo caso. Ao avaliar o caso do federalismo canadense, Meekison constatou que os conflitos nessas relações são frequentes.[220]

---

[218] CUNHA, Rosani Evangelista da. *Federalismo e relações intergovernamentais*: os consórcios públicos como instrumento de cooperação federativa. Revista do Serviço Público, 55(3), p. 5-36, 2004.

[219] CUNHA, 2004.

[220] Meekison (2003, p. 6), ao analisar o federalismo canadense, diagnosticou diversas classes de disputas (como de competências, arrecadação de receitas, o destino do gasto federal,

O modelo cooperacional depende de uma relação de equilíbrio entre a autonomia e a interdependência entre as entidades pactuantes. As federações são marcadas pela diversidade, por um lado, e pela necessidade de compatibilizar os propósitos locais com os nacionais, por outro. O objetivo, portanto, é estabelecer um relacionamento intergovernamental que evite a descoordenação e a competição selvagem entre os entes, a partir de um ambiente que favoreça a cooperação sob um marco pluralista.[221]

Constata-se que a natureza da lógica federativa *é* fomentar pactos entre seus componentes.[222]

O federalismo então necessita que o ordenamento jurídico conceba instrumentos coordenadores para que esses entes federados sejam guiados a agir em harmonia. Nesse curso, deve-se respeitar o poder de autoadministração dessas entidades. A cooperação possui um papel fundamental no modelo federal brasileiro, uma vez que as entidades federadas autônomas poderão criar os arranjos cooperacionais com intuito de concretizar os direitos fundamentais constitucionais.

Com a promulgação da Constituição Federal de 1988, foi traçado o ideal de um federalismo cooperativo, mas inicialmente não se haviam criado os instrumentos hábeis a gerar o implemento robusto de uma colaboração vertical e horizontal. Pode-se compreender que simplesmente descentralizar as competências, garantindo autonomia administrativa e tributária aos entes federados, não garante que se obtenha uma melhor coordenação federativa.

Independentemente da distribuição de competências (nos movimentos de centralização e descentralização de competências e recursos financeiros),[223] a eficiência no atingimento dos objetivos constitucionais é diretamente influenciada pelo modo como a execução local e os instrumentos de regulação federal estão combinados em cada política específica.[224,225]

---

meio ambiente, relacionadas pelas diferenças culturais, linguísticas, religiosas e ideológicas, bem como o confronto de personalidades).

[221] ABRUCIO, Fernando Luiz; SOARES, Márcia Miranda. *Redes federativas no Brasil*: cooperação intermunicipal no Grande ABC. Série Pesquisas nº 24. São Paulo: CEDEC, 2001, p. 35.

[222] ABRUCIO; FRANZESE; SANO, 2013, p. 139.

[223] Entende-se que é mais benéfico, de todo modo, que as relações intergovernamentais sejam conduzidas por meio de redes de cooperação, ao invés de dicotomizar entre centralizar e descentralizar poderes (ABRUCIO, 2001. p. 35).

[224] ARRETCHE, Marta. *Democracia, federalismo e centralização no Brasil*. Rio de Janeiro: Editora Fiocruz, 2012. p. 171.

[225] Por exemplo, em relação ao objetivo de reduzir a desigualdade regional, constata-se que os estados federativos que combinam regulação centralizada e autonomia política dos

Por meio da Emenda Constitucional nº 19, de 1998, foi editado o art. 241[226] da Constituição Federal brasileira que, com o escopo de criar um ambiente favorável à cooperação federativa brasileira, consignou a possibilidade de entes autônomos se unirem, em um regime de gestão associada de serviços comuns, com o fim de obter o interesse público e o bem-estar das coletividades, por meio de consórcios públicos e convênios de cooperação.[227]

Instituíram-se assim, mecanismos de coordenação, cooperação e pactuação que facilitam a articulação entre os entes federativos, complementando o federalismo implementado com a Constituição de 1988.[228,229]

A partir do dispositivo em análise, criou-se o suporte jurídico para a implementação de ação conjunta na gestão associada de serviços públicos, entre os entes da federação, por meio de consórcios públicos e convênios administrativos.

O consórcio é pessoa jurídica formada exclusivamente por entes da federação, visando a definir relações de cooperação federativa, para a gestão associada e abrangente de serviços públicos comuns, constituindo assim personalidade jurídica de direito público e natureza autárquica, ou pessoa jurídica de direito privado sem fins econômicos.

Já os convênios, alvo da nossa investigação, são pactos (negócios jurídicos) celebrados pela Administração, em parceria com a iniciativa privada ou com outros entes estatais, no intuito de buscar o atendimento de finalidades públicas de interesse mútuo, para projetos específicos e bem definidos, sem a criação de personalidade jurídica para tanto.

---

governos locais tendem a restringir os patamares da desigualdade territorial. O governo central opera no sentido da uniformidade, ao passo que a autonomia dos governos locais opera no sentido da divergência de políticas (ARRETCHE, 2010).

[226] CF/88, art. 241. A União, os Estados, o Distrito Federal e os Municípios disciplinarão por meio de lei os consórcios públicos e os convênios de cooperação entre os entes federados, autorizando a gestão associada de serviços públicos, bem como a transferência total ou parcial de encargos, serviços, pessoal e bens essenciais à continuidade dos serviços transferidos (Redação dada pela Emenda Constitucional nº 19, de 1998) (BRASIL, [2022b]).

[227] CARVALHO FILHO, José dos Santos. *Consórcios públicos*: Lei nº 11.107, de 06/04/2005, e Decreto nº 6.017, de 17/01/2007. 2. ed. São Paulo: Atlas, 2013, p. 6.

[228] CUNHA, 2004.

[229] Ao implementar o ecossistema dos elementos coordenadores, é imprescindível mencionar a Lei Complementar nº 140, de 8 de dezembro de 2011 (Brasil, 2011a), que fixa normas para atuação conjunta entre os entes federados no combate à poluição e na proteção ao meio ambiente; e a Lei nº 13.089, de 12 de janeiro de 2015 (Brasil, 2015a), que estabelece diretrizes para a execução de funções públicas de interesse comum em regiões metropolitanas e em aglomerações urbanas instituídas pelos Estados.

4.2 Diversos tipos de atos consensuais com o Poder Público

Desde a promulgação da Constituição de 1988, ocorreram inúmeras alterações normativas no que se refere às relações pactuais do Estado com o terceiro setor. Num primeiro momento, percebe-se que não existiam muitos instrumentos especiais para a instrumentalização de ajustes de cooperação entre entes públicos e privados. O convênio era visto em uma situação monopolista. Ao se perceber distinções nas relações entre entes públicos e entre ente públicos e privados, passou-se para um ambiente em que habitam diversos tipos de instrumentos especiais direcionados a ajustes, com o propósito de mútua cooperação, envolvendo o Poder Público e entidades privadas.

Nesse contexto, destacam-se os contratos de gestão (EC 19/98,[230] Lei nº 9.637/98[231]), os Termos de Parceria (Lei nº 9.790/99)[232] e os Termos de Fomento e de Colaboração (Lei nº 13.019/14).[233]

É fácil perceber, com a vigência da Lei nº 13.019/14, a limitação contundente na possibilidade de celebração de convênios entre o Poder Público e as entidades do terceiro setor, "porque, finalmente, o legislador brasileiro reconheceu um equívoco histórico, consistente na normatização equivalente entre ajustes celebrados entre duas entidades estatais (...) e ajustes celebrados entre uma entidade estatal e uma entidade privada".

---

[230] BRASIL. *Emenda Constitucional nº 19, de 4 de junho de 1998*. Modifica o regime e dispõe sobre princípios e normas da Administração Pública, servidores e agentes políticos, controle de despesas e finanças públicas e custeio de atividades a cargo do Distrito Federal, e dá outras providências. Brasília/DF: Presidência da República, 1998b.

[231] BRASIL. *Lei nº 9.637, de 15 de maio de 1998*. Dispõe sobre a qualificação de entidades como organizações sociais, a criação do Programa Nacional de Publicização, a extinção dos órgãos e entidades que menciona e a absorção de suas atividades por organizações sociais, e dá outras providências. Brasília/DF: Presidência da República, 1998c.

[232] BRASIL. *Lei nº 9.790, de 23 de março de 1999*. Dispõe sobre a qualificação de pessoas jurídicas de direito privado, sem fins lucrativos, como Organizações da Sociedade Civil de Interesse Público, institui e disciplina o Termo de Parceria, e dá outras providências. Brasília/DF: Presidência da República, 1999a.

[233] BRASIL. *Lei nº 13.019, de 31 de julho de 2014*. Estabelece o regime jurídico das parcerias entre a administração pública e as organizações da sociedade civil, em regime de mútua cooperação, para a consecução de finalidades de interesse público e recíproco, mediante a execução de atividades ou de projetos previamente estabelecidos em planos de trabalho inseridos em termos de colaboração, em termos de fomento ou em acordos de cooperação; define diretrizes para a política de fomento, de colaboração e de cooperação com organizações da sociedade civil; e altera as Leis nºs 8.429, de 2 de junho de 1992, e 9.790, de 23 de março de 1999. Brasília/DF: Presidência da República, 2014a.

Estabeleceu-se, como regra, regime jurídicos distintos para as parcerias entre entes públicos e para as parcerias entre entes públicos e privados.[234]

A regra geral passa pelo seguinte preceito: os convênios se referem aos ajustes entre os entes públicos e os Termos de Fomento e de Cooperação (em relação à Lei nº 13.019/14) utilizados nos ajustes entre Poder Público e particulares.

A afirmação merece algumas ponderações. Primeiramente, é preciso que seja levada em conta a possível existência de outras leis que tenham um tratamento mais específico do que a Lei nº 13.019/14, como, por exemplo, os termos de compromisso cultural,[235] e, desta forma, prevalece a aplicação do regramento mais específico.

Caso não exista nenhuma lei especial que abarque a pretensa parceria, o regime jurídico utilizado deve ser o dos convênios administrativos. Tal silogismo é importante, pois, eventualmente, se a parceria público-privada pretendida não estivesse abarcada por nenhuma lei especial, e, ao mesmo tempo, se afirmasse que os convênios só se referem às parcerias entre órgãos ou entidades públicas (público e público), incorrer-se-ia em um vácuo de regramento jurídico.

A Lei nº 13.019/14 elencou expressamente uma exceção à regra geral retromencionada: o art. 3º, inciso IV e o art. 84, inciso II, preveem a regência da Lei nº 8.666/93 aos convênios celebrados nos termos do artigo 199, §1º, da Constituição Federal, que trata da atuação complementar privada no SUS (Sistema Único de Saúde).

O que se depreende é que no ordenamento jurídico brasileiro, a Lei nº 13.019/14 passa a ser o diploma geral disciplinador das parcerias público-privadas. É possível, entretanto, que existam parcerias delineadas em lei específica, como os termos de compromisso cultural da Lei nº 13.018/2014. Ao se referir às parcerias que envolvem o Sistema Único de Saúde, o instrumento jurídico a ser utilizado é o convênio.

4.3 Conceituação de convênio administrativo

O convênio é um instrumento destinado a concretizar os esforços entre entes estatais ou entre esses entes e entes privados, visando

---

[234] MÂNICA, Fernando Borges. *Revendo os convênios com o terceiro setor*: o que mudou a partir da Lei nº 13.019/14. Revista Jurídica da Escola Superior de Advocacia da OAB/PR, nº 2, 2017, p. 28.
[235] BRASIL, 2014a.

a execução de programa de governo, ou a realização de projeto, de interesse comum, em regime de mútua cooperação.

A Constituição da República de 1988, na divisão de atribuições entre os entes federados, definiu várias competências comuns e concorrentes que os entes federados estariam preordenados a estabelecer esforços de forma conjunta para concretizá-las.

As sobreposições de competência são uma marca do federalismo de cooperação.

Nessa esteira, o convênio é um negócio jurídico oriundo de um ajuste de vontades que um ente público faz com outro ente público, ou privado, com o objetivo de realizarem um interesse coincidente, não contraprestacional.[236] Logo, é um instrumento fundamental para a efetivação de forma coordenada das competências comuns dos entes federados.

Destaca-se, também, que para identificar um negócio jurídico como um convênio administrativo, é imprescindível que em pelo menos um dos polos figure um ente público, visando a persecução dos interesses constitucionais, o que, evidentemente, atrai o regime jurídico de direito público.[237]

A doutrina majoritária entende que convênio e contrato administrativo não se confundem. Ambos nascem a partir da manifestação de vontade das partes. Todavia, nos contratos administrativos os interesses são contrapostos, o que não ocorre nos convênios, onde os interesses são colaborativos e correspondem a esforços mútuos que visam o mesmo interesse.

Os contratos administrativos contrapõem os interesses das partes quanto ao objeto. Uma das partes desejando obter maior pagamento pela menor prestação que lhe seja exigível, e a outra almejando pagar a menor importância possível pelo maior e melhor objeto que possa extrair da outra parte. Já nos convênios, os interesses das partes se convergem absoluta e inteiramente para um só objetivo. Inexiste nesses casos qualquer oposição de interesses, mas apenas a junção de esforços, repartição de atribuições, agregação de contribuições, apontados para um único fim de recíproco interesse.[238]

---

[236] MEIRELLES, 1966, p. 358.
[237] BITTENCOURT, Sidney. *Convênios administrativos e outros instrumentos de transferências de recursos*. São Paulo: Letras Jurídicas, 2019, p. 27.
[238] RIGOLIN, Ivan Barbosa. *Desmitificando os convênios*. Fórum de Contratação e Gestão Pública. Belo Horizonte, ano 5, nº 55, jul., 2006.

Nos contratos administrativos, uma parte quer o objeto do ajuste e a outra a contraprestação correspondente. Nos convênios, as posições jurídicas são idênticas, todos visando ao mesmo interesse, mas, ainda assim, é possível que haja diversificação das tarefas para concretização do objetivo comum.[239,240]

Nas relações conveniais, prepondera a horizontalidade e, por conseguinte, o vínculo entre os partícipes será sustentado na vontade institucional, centrada na persecução dos interesses coletivos, não havendo que se falar em prerrogativas de um em relação a outro.[241]

Já se defendeu que a diferença entre contrato administrativo e convênio se referiria aos partícipes dos respectivos negócios jurídicos. Nesta perspectiva, convênio seria um negócio jurídico exclusivamente entre entes públicos e o contrato entre particulares ou entre ente público e particular.[242] Não obstante, prevalece que é possível celebrar convênios com entidades privadas[243,244] A grande diferenciação entre os institutos é realmente em relação à existência de interesses comuns e à ausência de obrigações contraprestacionais nos convênios.

Ainda, em sendo o convênio um negócio jurídico, não há a criação de outra pessoa jurídica distinta daquelas dos partícipes antes do ajuste, como ocorre nos consórcios públicos. Dito de outra forma, os convênios não possuem personalidade jurídica própria.

4.4 Nomenclatura: convênio e congêneres

Conforme o art. 116 da Lei nº 8.666/93 e o art. 184 da Lei nº 14.133/21, com exceção de distinções previstas em nível regulamentar,

---

[239] GARCIA, Flávio Amaral. *Licitações e contratos administrativos*: casos e polêmicas. Lúmen Juris, 2016, p. 445.

[240] No mesmo sentido, o Tribunal de Contas da União no Acórdão nº 1.470/04 – Plenário (Brasil, 2004).

[241] A distinção dos convênios é em relação aos contratos administrativos. Isso não afasta a natureza contratual dos convênios, a qual é abordada no item 4.5.

[242] Trata-se de posicionamento de Amílcar Motta, conforme relatado por Sidney Bittencourt (2019, p. 31)

[243] As entidades privadas que podem fazer convênios com o Poder Público são delineadas de forma mais detalhada no subitem 4.7.1.

[244] Com a Lei nº 13.019/14 (Brasil, 2014a), diminuiu-se a possibilidade de convênio com entes privados, pois os ajustes entre a organização da sociedade civil e entes públicos, após a respectiva legislação, passaram a ser instrumentalizados por ferramentas específicas, previstas no respectivo diploma.

outorga-se o mesmo tratamento jurídico aos convênios, acordos, ajustes e outros instrumentos congêneres celebrados por órgãos e entidades da Administração. A lei não diferencia o que seria um convênio ou termo de cooperação, nem concede tratamento distinto para nenhuma das variações linguísticas retromencionadas.

O tratamento jurídico de qualquer negócio a ser firmado pela Administração Pública depende da sua natureza e não da nomenclatura que é lhe é concedida em seu preâmbulo. Essa afirmação leva a duas conclusões: convênios não são negócios jurídicos que possuem natureza de contrato contraprestacional ou terceirização de serviço público, pelo fato de lhe terem fornecido a alcunha de convênio. E, caso não haja tratamento distinto concebido pelo ordenamento jurídico, são desprovidas de efeitos jurídicos as distinções acerca das nomenclaturas "termo de cooperação", "ajuste", "acordo de cooperação" e "convênio".

Destaca Alexandre Aragão:

> Muitas vezes, os convênios são formalmente denominados por outros termos. A expressão "termo de cooperação", por exemplo, não corresponde a uma natureza jurídica própria, a um instituto específico do Direito Administrativo. Trata-se de mais uma expressão entre as muitas análogas que têm sido adotadas na práxis administrativa ("Termo de Cooperação Técnica", "Termo de Cooperação Institucional", "Acordo de Programa", "Protocolo de Intenções", "Ajuste de Desenvolvimento de Projetos" etc.), que vai corresponder a uma das duas modalidades de negócios jurídicos travados pela Administração Pública: o contrato administrativo ou o convênio administrativo.[245]

O Decreto Federal nº 6.170/07 delimita diferentes categorias de ajustes, classificando essas variedades de ajustes pelo conteúdo do acordo a ser feito, elencando as regras especiais para cada um dos respectivos acordos de cooperação regulamentados.

No âmbito federal, o ajuste que envolve repasse de recursos financeiros deveria ser chamado de "convênio". Já o ajuste que envolve obras e serviços de engenharia, por meio de instituição financeira pública federal se denomina "contrato de repasse". Noutra via, o "termo de execução descentralizada"[246] se refere a instrumento que formaliza a

---

[245] ARAGÃO, Alexandre Santos de. *Curso de Direito Administrativo*. São Paulo: Grupo Gen-Editora Forense, 2012, p. 336.
[246] BRASIL. Decreto nº 10.426, de 16 de julho de 2020. Dispõe sobre a descentralização de créditos entre órgãos e entidades da administração pública federal integrantes dos

descentralização de crédito entre órgãos e/ou entidades integrantes dos orçamentos fiscal e da seguridade social da União.

Contudo, deve-se ressaltar que, via norma infralegal, não podem ser dispensados requisitos previstos em lei para firmação dos convênios, apesar da discriminação dessas subcategorias.

O que os decretos regulamentares fazem, em regra, não é exatamente a criação de novas figuras jurídicas, com a inovação de requisitos dessemelhantes para a formalização de cada uma dessas categorias. O papel do regulamento, nesses casos, é compilar as exigências (até então espalhadas em leis esparsas) para situações específicas, com o objetivo de viabilizar o firmamento dos convênios e de facilitar o manuseio dessas exigências especiais, direcionar o usuário para nomenclaturas que classificam esses ajustes em subcategorias, destacando as peculiaridades relacionadas à exigência *legal*, para hipóteses específicas de parceria.

Veja, por exemplo, o art. 25 da Lei de Responsabilidade Fiscal, que faz exigências específicas para as transferências voluntárias: o cumprimento das condições previstas no dispositivo mencionado apenas será exigido quando se tratar de um ajuste que envolva a transferência de recursos. Sendo assim, é costumeiro que os regulamentos "criem" a figura do "termo de cooperação" ou "acordo de cooperação" – referindo-se a convênios que não envolvem a transferência de recursos – e, por consequência, dispensem as certidões que comprovam a regularidade quanto ao pagamento de tributos, empréstimos e financiamentos. Ora, a exigência das certidões é feita por meio da LRF, e é exclusiva para transferências voluntárias. Não se trata de um requisito ontologicamente ligado aos convênios.

Não é o regulamento que dispensa as exigências de certidões. A lei só exige essas certidões quando há transferência de recursos. O regulamento apenas compila essa exigência em subcategoria distinta para facilitar o entendimento do operador do decreto.

O regulamento pode ainda dispor sobre especificidades de rito, ou de peculiaridades do *design* desses ajustes, como no caso do decreto federal, que prevê a subcategoria do "contrato de repasse" que, por uma questão de especificidade da organização federal, exige a participação de uma instituição financeira estatal federal nos ajustes que tratam de repasse de recursos para execução de obras. Entretanto, frisa-se, não podem esses atos infralegais dispensarem requisitos previstos em lei.

---

orçamentos fiscal e da seguridade social da União, por meio da celebração de termo de execução descentralizada. Brasília/DF: Presidência da República, 2020a.

Muitos estados e municípios não normatizaram a figura do convênio. O Decreto nº 6.170/07 regulamenta lei federal, inaplicável aos outros entes federados. Não se realiza, portanto, discriminação entre "termo de cooperação", "ajuste", "acordo de cooperação" e "convênio" quando não existir regulamento na entidade federativa demarcando tais distinções.

Inexistindo no âmbito da entidade política legislação que especifique as consequências jurídicas dos tipos de ajustes cooperativos singularizados, deverá ser concedido aos ajustes de cooperações de qualquer tipo, o mesmo tratamento legal, mesmo que, por influência do decreto federal, a praxe administrativa utilize as distintas alcunhas previstas naquele ato normativo.

As nomenclaturas previstas no respectivo decreto só são cogentes no âmbito federal. No âmbito dos estados e municípios, é necessário observar as legislações regionais ou locais, e, caso não existam, juridicamente torna-se sem efeitos jurídicos qualquer diferenciação da terminologia concedida a esses ajustes, devendo o seu o regime jurídico ser analisado pelo conteúdo, independentemente da nomenclatura estampada no documento que o formaliza.

Sintetizando, é adequada a utilização de convênio quando entes públicos, ou entes públicos e privados, estabelecem esforços para atingir objetivo comum, independentemente da nomenclatura concedida ao instrumento que formaliza o acordo cooperativo, ressalvada a hipótese de regramento próprio na respectiva entidade federativa, prevendo consequências jurídicas próprias para tipos específicos de acordos cooperativos.

4.5 A natureza contratual dos convênios

É muito comum na doutrina administrativa o posicionamento de não reconhecer a natureza contratual dos convênios sob o argumento de que os contratos contrapõem os interesses das partes quanto ao objeto. E, por outro lado, os convênios envolveriam interesses convergentes.[247]

Nessa linha de raciocínio, Hely Lopes, com o intuito de conceder natureza singular aos convênios, afirma que convênio é acordo, mas não é contrato. Para esse autor, os convênios seriam acordos firmados por

---
[247] RIGOLIN, 2006.

entes públicos, ou entre estes e entidades particulares, para a realização de objetivos de interesse comum dos partícipes.[248,249]

Nessa perspectiva, do ponto de vista estrutural, no contrato, cada parte pretende um resultado diverso; enquanto no acordo, todas se voltam ao mesmo resultado. Já do ponto de vista funcional, no contrato, as partes têm interesses contrapostos e os compõem mediante concessões recíprocas; já no acordo, as partes têm interesses comuns, e com isso, integram suas vontades e meios por meio de prestações convergentes.[250]

Outro posicionamento é o de Diogo de Figueiredo Moreira Neto, que entende que os convênios são atos administrativos complexos, ou seja, referentes a uma fusão de vontades de entidades, com unidade de conteúdo e de fim. Por esse ponto de vista, o contrato seria uma junção de vontades contrapostas, enquanto o ato complexo seria a união de vontades homogêneas, com idênticos interesses, que se convergem para formação de um ato jurídico.[251] No contrato, as vontades se compõem, não se adicionam, mas no ato complexo elas se somam, atuando paralelamente.[252]

Tanto para a teoria do "acordo", do "ato complexo", bem como eventual alegação de que o convênio seria um instituto singular, partem da premissa que a principal característica que diferenciaria um convênio de um contrato seria que nos contratos se identifica a presença de obrigações contrapostas enquanto nos convênios os interesses são comuns e paralelos. E dada essa característica, nos contratos haveria remuneração, nos convênios não.[253]

Todavia é pertinente questionar se a presença de vontades contrapostas seria um requisito exigível para que um negócio jurídico pudesse ser considerado um contrato.

A doutrina civilista brasileira predominante considera fato jurídico todo evento capaz de produzir efeitos jurídicos, ou seja, todo evento que tenha alguma repercussão para o Direito.[254] Portanto, o fato jurídico é o acontecimento capaz de gerar consequências para o âmbito

---

[248] MEIRELLES, 1996, p. 350.
[249] No mesmo sentido: Oliveira (2008, p. 248-252).
[250] MOREIRA NETO, Diogo de Figueiredo. *Coordenação gerencial na administração pública*. Revista de Direito Administrativo. v. 214, p. 35-53, 1998.
[251] MELLO, 1969, p. 531-532
[252] MOREIRA NETO, *op. cit.*
[253] FURTADO, Lucas Rocha. *Curso de licitações e contratos administrativos*. Belo Horizonte: Fórum, 2007, p. 410-411.
[254] Encontram-se por exemplo esse posicionamento em Bevilaqua (1976, p. 210), Reale (2012, p. 203) e Amaral (2003, p. 379).

jurídico, ou seja, os fenômenos capazes de criar, modificar, substituir ou extinguir situações jurídicas concretas.[255]

Noutra via, os atos jurídicos, espécie de fato jurídico, seriam aqueles que derivados da atuação de um ser humano, tendo em vista a exteriorização de vontade, se dirigem à obtenção de um resultado concreto. O ato jurídico é aquele fato jurídico (fenômeno capaz de criar efeitos na órbita jurídica) que seja oriundo da externalização da vontade humana.

Os atos jurídicos são divisíveis em atos jurídicos em sentido estrito e negócios jurídicos, ambos resultantes da vontade humana. Os primeiros possuem os seus efeitos predefinidos pelo ordenamento jurídico, e os segundos podem causar efeitos definidos pelo autor. Denomina-se negócio jurídico o regulamento de interesses estipulado pela autonomia privada.[256]

Assim, o negócio jurídico é um acordo de vontades organizado pela participação humana, com intuito de moldar os efeitos pretendidos e criados pelos envolvidos. Os atos jurídicos também são decorrentes da vontade humana, porém, o ato volitivo se limita a dar eficácia a interesses jurídicos previamente regulados por lei ou por negócio jurídico anterior.[257] Os seus efeitos já estão "tabelados" pelo ordenamento jurídico, não permitindo aos envolvidos a determinação de quais efeitos (aquisição, modificação, transferência ou extinção de direitos) serão gerados.[258]

O negócio jurídico é situação jurídica derivada do elemento volitivo (vontade humana), cujo resultado não só é pretendido e desejado pelas partes, mas modulados por elas, desde que respeitadas as balizas

---

[255] Há doutrina que ressalva que todo fato social interessa ao Direito, uma vez que ao menos potencialmente interfere na convivência social. É por isso um equívoco conceber o fato social como puro fato, despido de quaisquer qualificações jurídicas. Trata-se de alerta feito por Edson Fachin: "não há fato indiferente ao Direito, pois é o próprio Direito, através da norma positiva que, não regulando uma conduta ou uma circunstância, chancela tal conduta ou tal circunstância de irrelevante ou sem juridicidade" (1988, p. 1). Além disso, ressalva-se também que qualquer fato social é compreendido levando em conta a compreensão cultural da sociedade em determinado momento histórico, e assim também é valorado pelo Direito (TEPEDINO, 2014).

[256] TEPEDINO, Gustavo. *Esboço de uma classificação funcional dos atos jurídicos*. Revista Brasileira de Direito Civil, v. 1, nº 1, 2014.

[257] TEPEDINO, 2014.

[258] FARIAS; ROSENVALD, 2017, p. 603.

legais.[259] Logo, a exteriorização da vontade é a nota característica que representa o negócio jurídico.[260]

A doutrina civilista, sistematicamente, divide o negócio jurídico em duas subespécies: negócio jurídico unilateral ou plurilateral (que inclui o negócio bilateral). Sendo unilateral, o negócio jurídico que se aperfeiçoa pela manifestação de uma parte. Já o negócio jurídico plurilateral exige um encontro de vontades. Sempre, pois, que o negócio jurídico resultar de mútuo consenso, da junção de duas (ou mais) vontades, o instrumento do ajuste é um contrato.[261]

O contrato é uma espécie de negócio jurídico que se distingue na formação, por exigir a presença de pelo menos duas partes. Contrato é, portanto, negócio jurídico bilateral ou plurilateral. Sempre, pois, que o negócio jurídico resultar de um encontro de vontades, estaremos diante de um contrato.[262]

Tendo em vista as premissas delineadas, é pertinente definir o convênio como contrato, uma vez que ele nasce do acordo de vontades de duas ou mais partes. Nessa direção, Odete Medauar, para quem, "indubitavelmente", nos convênios ocorre bilateralidade ou multilateralidade, pois existem duas ou mais declarações de vontade.[263]

Ademais, para a definição de um negócio jurídico como contrato, exige-se o acordo de vontades dos signatários, visando a atingir os resultados ajustados, e os interesses das partes não caracterizam sua natureza. A própria divisão clássica de contratos onerosos e gratuitos

---

[259] Ibid., p. 64.
[260] A noção de negócio jurídico já foi alvo de disputas acirradas. Pode-se simplificar nas vertentes subjetivista e objetivista. Pela primeira, o negócio jurídico é definido como ato de vontade dirigido à produção de efeitos jurídicos. A partir de tal formulação, cumpre ao intérprete buscar a intenção do agente para aferir a legitimidade do negócio. Em contrapartida, para a teoria objetivista, a essência do negócio jurídico não é o ato volitivo, mas a declaração como tal percebida. Irrelevante, nessa concepção, perquirir a intenção do agente emissor da vontade. Buscando alinhar os elementos necessários para concepção do negócio jurídico reconhece-se que vontade, em si mesma considerada, não é elemento do negócio jurídico, senão a declaração de vontade, conforme é manifestada e percebida no mundo social (AZEVEDO, 2002, p. 19).
[261] GONÇALVES, Carlos Roberto. *Direito Civil brasileiro 3*. Contratos e atos unilaterais. São Paulo: Editora Saraiva, 2017, p. 22.
[262] FARIAS; ROSENVALD, *op. cit.*, p. 66-67.
[263] MEDAUAR, Odete. *Convênios e consórcios administrativos*. Revista Jurídica da Procuradoria Geral do Município de São Paulo, 2, p. 69-89, 1996.
Fato esse que já permite afastar a tese que compreende o convênio como um ato. Ora, os convênios, como os contratos, envolvem um acordo de vontades de uma ou mais partes para modular efeitos jurídicos determinados pelos participantes.

remonta a uma relação não contraprestacional, abrangida pela figura do contrato.[264]

Essa é a posição de Marçal Justen Filho, que reconhece a existência tanto de contratos "cooperativos" que são meio de aproveitamento conjunto e simultâneo dos bens e recursos humanos, como de contratos "comutativos", em que os interesses das partes são contrapostos: a vantagem de uma parte corresponde à desvantagem de outra. Nos contratos "cooperativos", não se configura essa contraposição de interesse, pois todos os partícipes do negócio estão voltados à consecução de objetivo comum.[265]

Assim, a ausência de contraposição de interesses não serve, portanto, para questionar a natureza contratual dos convênios, pois a definição gira em torno da reciprocidade de obrigações, e não do caráter contraprestacional ou colaborativo dessas obrigações exigidas no pacto.

Odete Medaur bem retrata a existência de obrigações recíprocas nos convênios, exemplificando que quando, por exemplo, um estado federado e a prefeitura firmam um convênio para fazer uma obra, cabendo a um ente oferecer o terreno e ao outro a execução da obra, há encargos recíprocos para o bom resultado do convênio.[266]

Os critérios doutrinários apresentados para afastar a natureza contratual não seriam decisivos para desfigurar tal natureza dos convênios. Havendo estipulação de obrigações recíprocas, o convênio possuirá natureza jurídica contratual.[267]

Em que pesem as posições doutrinárias que diferenciam os contratos administrativos de outros negócios jurídicos como o acordo, é necessário explicitar que com a evolução do conceito de contrato, este corresponderia a qualquer espécie de negócio jurídico bilateral. Nesse contexto, as outras espécies de negócios jurídicos bilaterais, como o acordo, estariam abrangidas pelo próprio instituto do contrato.

O contrato, tendo em vista a tradição jurídica romana, era entendido como uma figura em que as partes, necessariamente, estavam em conflito de interesses e o ajuste contratual possuía a função de buscar o consenso nessa relação litigiosa. Em contrapartida, o acordo era figura

---

[264] Gratuito é o negócio que importe a obtenção de vantagem por apenas uma das partes; já o oneroso é aquele em que ambas as partes buscam obter vantagens patrimoniais (TEPEDINO, 2014).
[265] JUSTEN FILHO, 2012a, p. 1.086.
[266] MEDAUAR, 1996.
[267] NOGUEIRA, Erico Ferrari. *Convênio administrativo*: espécie de contrato? Revista de Direito Administrativo 258, p. 81-113, 2011.

autônoma, caracterizadora dos negócios jurídicos em que as partes agiam em verdadeira parceria para a realização de objetivo comum.[268]

No entanto, para a doutrina civilista atual, a perspectiva científica autônoma do instituto "acordo" teria perdido a importância, uma vez que com a evolução do instituto contratual, a figura do acordo romano teria sido incorporada pela atual concepção de contrato.

Levando em consideração a constitucionalização do Direito Civil e do direito privado, destaca-se a necessidade de que o contrato tenha uma utilidade social, além da mera questão patrimonial individual a ser ajustada. Imprescindível reconhecer o caráter de colaboração nos contratos, que se verifica quando os contratantes, mesmo quando diante de interesses divergentes, atuam de modo colaborativo para que tais interesses sejam concretizados.[269]

A teoria geral civilista tem utilizado o verbete "acordo" sem atribuir sentido jurídico, como sinônimo de concordância, de consentimento. Isso fica claro tendo em vista a inexistência de requisitos, legais ou doutrinários, necessários à configuração do "instituto" acordo, e a sua distinção do contrato.[270]

Na visão atual do Direito Civil, portanto, o acordo teria sido abrangido pela figura do contrato, com a própria evolução e alargamento da figura do contrato ao longo da história.[271]

De todo modo, a contraposição ou colaboração de interesses não é característica definidora da natureza contratual. Não se sustenta a justificativa para a divergência entre os institutos (acordo e contrato) diante da teoria geral do contrato, uma vez que nem todo contrato demanda remuneração por serviço prestado, sendo admissível a existência de ajustes formais de natureza contratual sem contraprestação financeira entre os pactuantes.

Ademais, a conexão entre o instituto convenial e o acordo parece ter sido transplantada do art. 15 da lei italiana nº 241/90, que positivou os ajustes interadministrativos (denominando-os "acordos") relacionados ao desenvolvimento de atividades de interesse comum. Esses "acordos"

---

[268] BETTI, Emilio. *Teoria Geral do Negócio Jurídico* – Tomo II – Anotações de acordo com o novo Código Civil. Campinas: LZN, 2003, p. 146-147.

[269] BETTI, *op. cit.*, p. 146-147.

[270] MAGALHÃES, Gustavo Alexandre. *Convênios administrativos*: uma proposta de releitura do seu regime jurídico à luz de sua natureza contratual. 2011. Tese (Doutorado em Direito) – Universidade Federal de Minas Gerais, Belo Horizonte, 2011.

[271] TODERO, Domingos Roberto. *Dos convênios da administração pública*. 2006. Dissertação (Mestrado em Direito) – Pontifícia Universidade Católica do Rio Grande do Sul, Porto Alegre, 2006, p. 128.

têm sido encarados como instrumentos de cooperação das entidades públicas, similares aos convênios e aos consórcios brasileiros.[272]

Inclusive a discussão da natureza do acordo interadministrativo, na Itália, é possivelmente mais pertinente do que no caso brasileiro. Isso porque essa figura jurídica não se enquadra no conceito de ato administrativo, pois explicita uma conjunção de vontades autônomas, mas também não se amolda no conceito italiano de contrato que, nos termos do código civil italiano, é um ajuste que tenha por objeto uma relação jurídica exclusivamente patrimonial (art. 1.321). Daí a razão de a doutrina italiana divergir sobre a natureza de tais ajustes, se atos complexos, contratos, ou uma categoria autônoma.[273]

No que se refere à noção de contrato, os ordenamentos italiano e brasileiro possuem distinções significativas. No Direito brasileiro, uma ampla compreensão da figura contratual é reconhecida, na medida em que não são encontrados requisitos essenciais da contraposição de vontades e da natureza patrimonial do acordo, diferentemente, do direito italiano. Por isso, não cabe, simplesmente, transplantar a figura do "acordo" para o Direito brasileiro, que possui um conceito de contrato mais alargado.

Necessita-se um importante adendo: ao se defender a natureza jurídica contratual dos convênios, poder-se-ia querer conceder aos convênios o mesmo tratamento dos tradicionais contratos administrativos contraprestacionais, posição que não merece guarida.

Ora, mesmo que se considere o convênio uma espécie de contrato, o regime jurídico que se aplica a eles continua sendo não exatamente o mesmo conferido aos contratos administrativos contraprestacionais, uma vez que as Leis Gerais de Licitações (Lei nº 8.666/93 e Lei nº 14.133/21) são expressas ao exigirem que se apliquem aos convênios "no que couber" o regime jurídico dos tradicionais contratos administrativos. Logo, as normas cabíveis aos convênios nem sempre são as mesmas aplicáveis aos contratos administrativos contraprestacionais, independentemente se existe ou não distinção de natureza jurídica entre os referidos ajustes.

Isso implica em afirmar que, mesmo considerando um convênio como contrato, aos convênios aplica-se um regramento especial delimitado em artigos específicos, e todos os outros dispositivos (aplicáveis aos tradicionais contatos administrativos) só serão aplicados

---

[272] NETO, Eurico B. *Concertação administrativa interorgânica*: Direito Administrativo e organização no século XXI. São Paulo: Almedina, 2017, p. 402-404.
[273] NETO, *loc. cit.*

aos convênios se compatíveis com as peculiaridades desse tipo de ajuste (cooperativo).

Exatamente por compreender o convênio como contrato, o ordenamento dispõe de uma exceção legal, expressa no art. 116 da Lei nº 8.666/93 e no art. 184 da Lei nº 14.133/21, para que os convênios não sejam atingidos automaticamente por todas as normas contidas nos regramentos gerais acerca dos contratos administrativos. O ordenamento jurídico, portanto, supõe que os convênios são parte do gênero contrato administrativo, mas abre espaço para normas próprias que sejam mais adequadas ao seu objeto.[274]

Não é possível afastar a natureza contratual dos convênios da Administração Pública, a despeito da inegável existência de um regime jurídico próprio.[275]

4.6 Objeto do convênio

O objeto do convênio é a execução de programa de governo envolvendo a realização de projeto de interesse recíproco, em regime de mútua cooperação.

Deve-se destacar que o objeto do ajuste não pode estar desconectado das competências atribuídas às entidades envolvidas por norma constitucional ou infralegal, sob consequência de violar os princípios da Administração Pública.[276,277]

Pelo fato de o interesse público envolvido ser o objetivo de todos os participantes do ajuste cooperativo, justifica-se a proibição dos convênios com caráter contraprestacional ou a simples terceirização de serviço público, bem como dos convênios que convergem em verdadeiras doações.

Percebe-se, ainda, em razão do regramento mais flexível dos atos consensuais no que tange pelo menos os convênios entre entes públicos e da desnecessidade de certame licitatório, que pode haver

---

[274] MARRARA, Thiago. *Identificação de convênios administrativos no Direito brasileiro*. Revista da Faculdade de Direito, Universidade de São Paulo, 100, p. 551-571, 2005.
[275] TODERO, 2006, p. 122-124.
[276] DURÃO, Pedro. *Convênios e consórcios administrativos*: gestão, teoria e prática. Curitiba: Juruá, 2018, p. 136.
[277] No mesmo sentido, já dispôs o TCU que é irregular a celebração de convênio por entidade do Sistema S para consecução de objeto que não possua nexo com a sua finalidade institucional. TCU: Acórdão nº 1.927/2021 – Plenário (Brasil, 2021f).

predileção do administrador público pela utilização do convênio ao contrato administrativo.

Todavia, a utilização de contrato ou convênio não depende de um juízo de oportunidade. Não é, portanto, um ato volitivo do gestor público, mas sim um ato de identificação do instituto jurídico adequado à natureza do ajuste. Deve-se utilizar o contrato nas relações contraprestacionais os convênios nas relações colaborativas. Não existe espaço para escolha livre do gestor.

O Tribunal de Contas da União (TCU), por exemplo, reiteradamente, entende que a utilização da figura do convênio em situação que demanda contrato antecedido de licitação, configura dispensa indevida de licitação.[278] A *contrário sensu*, a mesma corte de contas recomendou que não se use contrato, mas o instrumento do convênio, em situações em que os interesses das partes forem convergentes.[279]

Além do mais, uma vez que o objetivo é a concretização de programa ou política pública específica, desvirtua-se o convênio utilizado para repasse de recursos para pagamento de pessoal que executa serviços ordinários na entidade descentralizada, mesmo se os repasses forem utilizados para pagamento de terceirização de mão de obra para exercício de atividades finalísticas do órgão, em substituição ao servidor público. O inciso X do art. 167 da Constituição da República de 1988, combinado com os arts. 18, §1º, e 25, §1º, III, da Lei Complementar nº 101/2000, vedam a utilização de recursos de transferência voluntária para o custeio de contratação de pessoal.

O TCU já firmou o entendimento de que descaracterizaria a mútua cooperação a utilização de recursos aportados para o objeto convenial, para arcar com o pagamento de vencimentos de servidores que integram o quadro permanente de pessoal de alguma das entidades envolvidas. Contudo, aquela corte de contas também já entendeu ser razoável a aplicação de recursos conveniais na contratação de serviços realizados por mão de obra terceirizada, limitada à duração da parceria, desde que a mão de obra contratada esteja efetivamente direcionada à

---

[278] É possível identificar esse posicionamento nos seguintes acórdãos do TCU: Acórdão nº 759/2011 – Plenário (Brasil, 2011p), Acórdão nº 1.934/09 – Plenário (2009h), Acórdão nº 1.663/2006 – Plenário (Brasil, 2006b), Acórdão nº 875/2007 – Segunda Câmara (Brasil, 2007n), Acórdão nº 179/2011 – Plenário (Brasil, 2011d), Acórdão nº 2.595/2011 – Segunda Câmara (Brasil, 2011h), Acórdão nº 1.369/2008 – Plenário (Brasil, 2008e), e Acórdão nº 775/2012 – Plenário (Brasil, 2012p).

[279] TCU: Acórdão nº 558/2005 – Primeira Câmara (Brasil, 2005e).

realização do objeto convenial e não se refira à substituição do trabalho dos servidores públicos permanentes.[280]

É comum se entender os convênios como instrumentos exclusivamente para repasse de recursos financeiros, contudo, essa afirmação não é verdadeira.

A Constituição Federal prevê as hipóteses de transferências voluntárias entre os entes, a título de auxílio financeiro, uma vez que há um estímulo para a atuação cooperada entre os entes políticos. É natural, então, que se busquem alternativas para operacionalizar essas transferências de recursos financeiros entre as respectivas entidades federadas, mas os convênios não são instrumentos destinados exclusivamente a esses intuitos. Eles até podem, como meio de atingir os seus propósitos, prever a transferência de recursos financeiros entre os participantes. Entretanto, também são utilizados para outros ajustes de cooperação que não envolvam o repasse de recursos, como compartilhamento de dados, cessão de imóveis e empréstimo de equipamentos, igualmente com o objetivo de atingir uma finalidade comum entre os signatários.

O que caracteriza o convênio é a soma de esforços em torno de um interesse comum (que deve necessariamente compreender um objetivo constitucional), portanto, existem acordos cooperativos que não possuem na sua configuração a transmissão de recursos financeiros. Também forçoso lembrar que o fato de o ajuste ter como premissa a transferência de recursos não faz dele um convênio, caso não estabelecida a colaboração mútua em torno de um propósito constitucional.[281]

No momento de se formatar o desenho do ajuste convenial, é muito importante que se vislumbrem e que se criem formas de constatação, acerca da real execução da política pública ou projeto pretendido, e não somente da execução de obra, repasse de recursos, aquisições de equipamentos que, muitas vezes, são apenas meios de se concretizar o interesse coletivo fundamental.

Se o objeto do convênio é a construção de uma escola, por exemplo, esse ajuste só poderia ser considerado de sucesso caso o

---

[280] TCU: Acórdão nº 2.588/2017 – Plenário (Brasil, 2017e).
[281] Tem o mesmo posicionamento Sidney Bittencourt: "Por tudo que expusemos, afirmamos com segurança que não era convincente a conceituação dada pela Secretaria do Tesouro Nacional (STN na vetusta instrução normativa) sobre o assunto, em que define o convênio como qualquer instrumento que discipline transferência de recursos e tenha como participante órgão da administração pública federal direta, autárquica e fundacional (...), uma vez que também há convênios celebrados sem que haja qualquer tipo de transferência de recursos públicos. Ficamos, no entanto, com a lógica de que a conceituação se produziu para fins de atendimento aos objetivos da instrução, que buscava definir caminhos para os chamados convênios de natureza financeira (BITTENCOURT, 2005, p. 31).

edifício construído estivesse em pleno funcionamento, com corpo discente ministrando aulas e a comunidade usufruindo da escola. Isso porque só assim a política de educação estaria sendo executada de forma suficiente.

Na mesma sintonia, o TCU entende que, mesmo tendo sido empregada a totalidade dos valores do convênio em obra pública, encontra-se irregular a situação, se houver a completa frustração dos objetivos do convênio (que consistem na prestação de serviços à coletividade e não no simples repasse e aplicação dos recursos). A comprovação de aquisição de bens ou execução de serviços-meio não configuram razão suficiente para que seja atestada a boa e regular aplicação dos recursos, fazendo-se necessário demonstrar a correta e efetiva utilização dos bens adquiridos ou a execução dos serviços para as finalidades estabelecidas no convênio.[282] O atingimento da finalidade do convênio não se confunde com a mera conclusão da obra ou entrega do bem, sendo necessário que a sociedade usufrua do investimento público realizado.

4.7 Partícipes

Para determinado negócio jurídico ser considerado um convênio, deve haver participação do Poder Público em algum dos polos do ajuste e, somado a isso, a presença de interesse mútuo de caráter cooperativo, não contraprestacional, entre os parceiros.[283]

Não há, portanto, a necessidade de que todas as pessoas participantes do ajuste tenham personalidade jurídica de direito público, embora, dada a presença do regime de direito público, fique evidente que no mínimo um dos partícipes seja pessoa de direito público,[284] ou pessoa incumbida de competência com finalidade pública.[285]

---

[282] Acórdão nº 8.793/2012 – Segunda Câmara (Brasil, 2012q), Acórdão nº 549/2018 – Primeira Câmara (Brasil, 2018g), Acórdão nº 1.188/2007 – Plenário (Brasil, 2007c), Acórdão nº 1.540/2014 – Plenário (Brasil, 2014d).

[283] Ressalte-se que já dispôs o TCU que a celebração de convênios tem caráter personalíssimo, não se admitindo, portanto, a transferência integral de seu objeto a terceiros. TCU: Acórdão nº 2.295/2021 – Plenário (Brasil, 2021g).

[284] GASPARINI, Diógenes. *Direito Administrativo*. São Paulo: Editora Saraiva, 2011, p. 3.014.

[285] O que pode levar a se autorizar o firmamento de convênios por entidades com personalidade de direito privado, como empresas estatais, ou entidades do terceiro setor.

Registre-se, ainda, que é comum o posicionamento de que não é possível a realização de negócio jurídico cooperativo entre órgãos públicos, por não gozarem de personalidade jurídica e, portanto, estarem despidos de titularidade de direitos próprios. Sendo assim, só são partícipes pessoas dotadas de personalidade jurídica.[286]

De acordo com esse ponto de vista, qualquer pessoa jurídica a quem se reconheça aptidão legal para ser sujeito de direitos, ou seja, que tenha personalidade jurídica e capacidade de se firmar negócios jurídicos, poderá realizar o convênio. Assim, seriam juridicamente impossíveis ajustes entre órgãos, uma vez que esses não possuem autonomia, são centros de competência situados em repartições internas, como parcelas integrantes da própria entidade, não possuindo vontades dissonantes do ente público de que fazem parte.

Porém, a realidade da Administração contemporânea, que precisa sopesar o confronto de interesses variados, não se satisfaz mais com os modos tradicionais de atuação concentrada e atomizada. Os ajustes entre órgãos não apenas têm se amplificado paulatinamente, como podem ser considerados um dos meios de atuação ordinária da Administração Pública.[287]

A prática administrativa, portanto, demonstra que são firmados verdadeiros negócios jurídicos bilaterais, com o estabelecimento de metas e confecção de planos de trabalhos, que são ajustados entre os órgãos de um mesmo ente. Cita-se por exemplo o "termo de execução descentralizada" (TED) do Decreto Federal nº 10.426/20,[288] que dispõe sobre a descentralização de créditos entre órgãos e entidades da Administração Pública federal.[289]

É possível destacar, também, o art. 37, §8º, da Constituição de 1988, que institui fundamento para que se firmem contratos interorgânicos, para a estipulação de metas de desempenho em contrapartida à ampliação de autonomias, de modo que não é totalmente estranho aceitar o ajuste entre órgãos no ordenamento jurídico brasileiro.

Destaca-se posicionamento relevante que, sem se afastar da teoria do órgão,[290] reconhece (adequando o Direito à realidade fática) a

---

[286] MELLO, Celso Antônio Bandeira de. *Curso de Direito Administrativo*. São Paulo: Malheiros. 2010, p. 673.
[287] NETO, 2017, p. 432.
[288] BRASIL, 2020a.
[289] Veja que o art. 8º prevê a necessidade de plano de trabalho, com metas e etapas, muito semelhante ao disposto nas regulamentações acerca dos convênios.
[290] Órgão público é uma organização criada por lei, composta por uma ou mais pessoas físicas, investida de competência para formar e exteriorizar a vontade de uma pessoa

possibilidade de que sejam firmados convênios entre órgãos públicos, apesar da ausência de personalidade jurídica. Para essa corrente, resta elevar a produção de ajustes ao patamar de meio ordinário de coordenação administrativa, incidindo, além dos pactos com particulares e outras entidades, sobre relações interorgânicas.[291]

A doutrina de Hely Lopes já relatava que "embora despersonalizados, os órgãos mantêm relações entre si e com terceiros, das quais resultam efeitos jurídicos internos e externos".[292] A despeito de não terem personalidade jurídica, os órgãos podem ter prerrogativas funcionais próprias. Na defesa dessas prerrogativas, quando infringida entre órgãos, já foi admitida a defesa por mandado de segurança.[293] Marçal esclarece haver a possibilidade de que, em certos casos, o órgão público receba tratamento equivalente ao de uma pessoa jurídica. Os órgãos públicos, muitas vezes, seriam investidos de competências e poderes os quais depreendem uma autonomia assegurada normativamente,

---

jurídica de direito público. O órgão, portanto, exterioriza a vontade da pessoa jurídica. Nessa concepção, não existe relação de representação entre o órgão e a pessoa jurídica. A pessoa jurídica não dispõe de vontade autônoma distinta da manifestação dos agentes, ou conjuntos de agentes, que atuam como seu órgão (JUSTEN, 2012b. p. 228-229).

[291] Pertinente transcrever Eurico Neto: "Se ultrapassados alguns dogmas clássicos do Direito Administrativo, como: a) uma concepção antropomórfica da personalidade jurídica do Estado, considerando-se a sua complexidade e a compreensão dos órgãos como plexos de competências, dotados de capacidade jurídica parcial, no âmbito das relações internas; b) uma visão radical da unidade material interna da Administração, admitindo-se que os órgãos públicos possuem distintos graus de autonomia e, muitas vezes, titularizam interesses públicos diversos e conflitantes; c) uma perspectiva absolutista da hierarquia administrativa, compreendendo que, em muitos casos, mesmo que se possa ordenar, o acordo entre órgãos é o modo mais eficaz de se alcançarem melhores resultados e, por consequência, de se prosseguir o interesse público; se superados tais dogmas, pode-se considerar que a concertação administrativa interorgânica se constitui em modo normal de atuação interna" (NETO, 2017. p. 431-432).

Ainda, o supracitado autor estabelece os requisitos para que seja possível o ajuste entre órgãos: "A licitude da concertação administrativa interorgânica tem como requisitos decorrentes da legalidade estrita: a) quanto a um sentido ampliado de competência, a existência de habilitação legal para concertar competências administrativas e a exigência de que o acordo se dê nos limites das atribuições da entidade pública e do âmbito das competências dos órgãos participantes; b) quanto à forma: a impossibilidade do uso de formas de Direito Privado, de atuar ao largo das formas legalmente instituídas e de atuar na ausência de formas legalmente instituídas, ressalvados os casos de acordos informais lícitos; c) quanto aos fins: sujeição aos fins relativos aos interesses públicos parciais titularizados pelos órgãos e ao fim específico da forma de concertação utilizada" (NETO, 2017, p. 436).

[292] MEIRELLES, Hely Lopes. *Direito Administrativo brasileiro*. 25. ed. São Paulo: Malheiros, 2000. p. 63.

[293] BRASIL. Supremo Tribunal Federal. *Ag. Reg. em Mandado de Segurança 30.717*. Relator Min. Ricardo Lewandowski. Segunda Turma, DF, 27 set. 2011. Diário de Justiça, 11 out. 2011b.

por isso, seria admitido, em certos casos, que estes participassem de contratos e convênios em nome próprio.[294]

Admitir os ajustes entre órgãos públicos concatena-se não apenas com a notória capacidade de órgãos com competências traçadas constitucionalmente poderem firmar convênios sem a participação ou anuência de outros poderes, mas também para explicar a latente necessidade de pactuar tais ajustes entre órgãos da mesma pessoa jurídica.

4.7.1 Partícipe ente privado

Já houve quem defendesse que os convênios só podem ser celebrados entre entes públicos.[295] Da redação do art. 241 da Constituição Federal, que trata dos convênios, é possível inferir que seriam exclusivos para negócios entre entes federados.

Entretanto, na prática administrativa, é comum e rotineiro que se efetivem convênios também com entidades privadas sem fins lucrativos.

Hely Lopes Meirelles dispõe que apesar de a redação do texto constitucional possibilitar a impressão de que os convênios *só são admissíveis entre entidades estatais*, é certa a possibilidade de se firmar ajustes entre entidades públicas e particulares.[296]

Em relação à superveniência da Lei nº 13.019/14, que acabou limitando de forma drástica a parceria por meio de convênio com entidades privadas, é primordial relembrar que caso a entidade parceira não esteja eventualmente normatizada por ela, seria lícita a celebração de parceria por meio convenial. A Lei nº 13.019/14 é lei especial e a Lei Geral de Licitações (Lei nº 8.666/93 e Lei nº 14.133/21) possuem aplicação subsidiária. Não se poderia deixar de considerar, de todo modo, a previsão expressa da possibilidade de parcerias, por meio de convênio, com ente privados, quando se tratar de atividade complementar no âmbito do SUS (art. 3º, inciso IV, e art. 84, inciso II, da Lei nº 13.019/13).

---

[294] JUSTEN FILHO, 2012b, p. 230.
[295] Trata-se de posicionamento de Amílcar Motta, conforme relatado por Bittencourt (2019).
[296] MEIRELLES, 1966, p. 344.

4.7.2 Ente privado com fins lucrativos como partícipe

O convênio administrativo, no âmbito do direito público brasileiro, sempre foi entendido como instituto destinado às relações jurídicas entre entes públicos ou entre a Administração Pública e entidades sem fins lucrativos. No campo doutrinário, é apontado como requisito intransponível para a celebração de convênios administrativos que a entidade interessada não possua fins lucrativos.

Celso Antônio Bandeira de Mello é taxativo ao mencionar que a natureza lucrativa da pessoa jurídica empresarial faria com que a entidade comercial sempre identificasse o ajuste como meio de obter contraprestação, e, dessa forma, só poderiam celebrar convênios com a Administração pessoa jurídicas que não visassem lucro na sua atividade:

> Segundo entendemos, **só podem ser firmados convênios com entidades privadas se estas forem pessoas sem fins lucrativos**. Com efeito, se a contraparte tivesse objetivos lucrativos, sua presença na relação jurídica não teria as mesmas finalidades do sujeito público. Pelo contrário, seriam reconhecidos objetos contrapostos, pois independentemente da caracterização de seus fins sociais, seu objetivo no vínculo seria a obtenção de um pagamento.[297]

Para a doutrina majoritária, os ajustes cooperativos são possíveis somente entre entes federados ou com as entidades privadas sem fins lucrativos. Todavia, identifica-se posicionamento bastante pertinente, de Gustavo Magalhães,[298] que defende, sob a ótica do interesse a ser alcançado, que não importa se o partícipe do convênio atua em todas as suas outras relações jurídicas com intuito de auferir lucro. É relevante para o Estado se o ente colaborador atua desinteressadamente naquele convênio específico, sem exigir qualquer contrapartida para a realização da atividade de interesse coletivo.

O Poder Público deve atentar para o quanto seu parceiro privado está inclinado a atuar sem contraprestação pela execução da política pública em questão, mesmo que isso implique em ganhos indiretos relacionados a uma boa publicidade àquela entidade empresarial.

É indiferente a intenção do efeito "extra ajuste" a que aquela entidade visa se no negócio jurídico específico sua intenção é concretizar

---

[297] MELLO, Celso Antônio Bandeira de. *Curso de Direito Administrativo*. São Paulo: Malheiros. 2010, p. 673, grifo nosso.
[298] MAGALHÃES, 2012, p. 73.

o interesse público da Administração Pública e não o lucro em relação àquele empreendimento. Pouco importa a intenção de se beneficiar da opinião pública como uma empresa que apoia causas sociais ou instituições filantrópicas, o chamado de *marketing* social.[299]

Muitas vezes, as pessoas jurídicas privadas que possuem a finalidade de lucro criam fundações e associações com intuito de participar de parcerias com o Poder Público. Sendo, assim, essas entidades, muitas vezes, já fazem ajustes colaborativos com o Poder Público, por pessoa jurídica interposta.

O que interessa para o Poder Público é a busca do interesse fundamental coletivo sem a necessidade de remunerar o partícipe privado, não havendo óbice para a celebração de ajuste com pessoa jurídica que tenha, institucionalmente, finalidade lucrativa.[300]

Destarte, mesmo para esse posicionamento, não cabe a celebração de convênios que pretendem à realização de projeto conduzido pelo setor privado com finalidade lucrativa, uma vez que o instituto do convênio se destina única e exclusivamente ao atendimento de interesses coletivos constitucionalmente previstos, e não ao atendimento de interesse estritamente privado lucrativo.

Evidentemente, nessa linha de raciocínio, firmar verdadeiro contrato com pessoa jurídica empresarial, sob a forma de convênio, seria burla à Lei Geral de Licitações. Por outro prisma, o impedimento peremptório e irrevogável de se firmar acordo cooperativo com pessoa jurídica com fins lucrativos pode ser medida que não se coaduna com a persecução da promoção dos interesses fundamentais da população, sobretudo quando em algumas situações estas sociedades empresariais queiram de alguma forma cooperar com política pública em prol de se alcançar um melhor funcionamento dos serviços públicos.

Não parece nem um pouco razoável, e potencialmente prejudicial ao interesse coletivo, que sejam proibidos os convênios entre o Poder Público e entidades privadas com fins lucrativos, mesmo quando essas vão contribuir monetariamente com o ajuste. A proibição genérica de ajuste entre entes estatais e empresas nem sempre configura o melhor ambiente para a persecução dos interesses fundamentais da população.

---

[299] Ibid., p. 71.
[300] Ibid., p. 73.

Ademais, existe doutrina que afasta a possibilidade recebimento de transferência voluntária por entidade privada com fins lucrativos, uma vez que a ideia de lucro é estranha ao convênio.[301]

Como já explicitado, nem sempre os convênios tratam de repasse de recursos financeiros. É instrumento para cooperação com ente público toda vez que o parceiro vise a realizar o mesmo interesse fundamental, uma finalidade pública comum, o que nem sempre implica em repasse de recursos.

Mesmo que se entendesse impossível o repasse de recursos públicos para entidade privada comercial, não existiria uma proibição peremptória para convênios com entidade privada empresarial. Nos casos em que não haja qualquer onerosidade para o órgão ou entidade concedente, desde que aferida a relevância da ação em cotejo com o interesse público envolvido, não nos parece razoável proibir a realização de convênios com entidades comerciais.

Obviamente, quando for possível ao parceiro privado extrair alguma espécie de benefício da parceria, ainda que indireto (como publicidade, por exemplo), recomenda-se a prévia realização de chamamento público (necessário quando configurada a possibilidade de competição), a fim de que outras sociedades empresárias também possam colaborar com o Poder Público.

É necessário ressaltar que as entidades empresariais visam lucro, e qualquer vantagem, mesmo que indireta, implica em desrespeito ao dever de licitar e ao art. 173, II, da Constituição Federal. No que se refere às pessoas jurídicas com fins lucrativos, é necessária, também, a demonstração de que o ajuste não trará vantagens que violem o princípio da concorrência e da impessoalidade.

Ademais, do ponto de vista das normas de direito financeiro, não existe proibição para transferência de recursos para entidade privada comercial, se esses recursos estiverem estritamente vinculados a atividade de interesse coletivo, no âmbito de parceria com o Poder Público.

Essa interpretação é feita, a *contrário sensu*, da vedação trazida pelo art. 21 da Lei 4.320/1964, que versa sobre normas gerais de direito financeiro, em que a Lei Orçamentária não deve consignar auxílio para investimentos que se devam incorporar ao patrimônio das empresas privadas de fins lucrativos.

---

[301] PEREIRA JÚNIOR, Jessé Torres; DOTTI Marinês Restelatto. *Convênios e outros instrumentos de administração consensual na gestão pública do século XXI*: restrições em ano eleitoral. Belo Horizonte: Editora Fórum, 2010, p. 65.

Isso implica que, a não ser que haja prevista vedação no âmbito regulamentar, é lícito o repasse de recursos, por meio de convênio, para entidade com fins lucrativos, desde que o investimento seja plenamente usufruído e permaneça interligado à concretização do benefício coletivo almejado. Assim, esses recursos não devem ser utilizados para incorporação permanente do patrimônio empresarial da parceira.

CAPÍTULO 5

O REGIME JURÍDICO DOS CONVÊNIOS ADMINISTRATIVOS

A presença do Poder Público tutelando direitos fundamentais faz com que os convênios, definitivamente, estejam abarcados no âmbito do regime jurídico-administrativo.

O regime jurídico administrativo é um conjunto de normas especiais, estranhas ao regime privado, que são aplicadas às relações jurídicas cujo conteúdo visa a concretização de direitos fundamentais da coletividade.

Nesse ponto, há o risco do embaraço o qual se previne: o regime jurídico administrativo é classicamente conhecido pela presença de cláusulas exorbitantes que deixam o Poder Público em situação de vantagem quando comparados ao particular pertencente à mesma relação jurídica.

A expressão "regime jurídico administrativo" se refere às peculiaridades que envolvem a atuação jurídica da Administração Pública quando comparada às relações estritamente privadas. Em outras palavras, esse regime se relaciona ao conjunto de normas típicas do direito público, que estabelece tanto prerrogativas quanto deveres. As prerrogativas são no sentido de colocar a Administração em posição privilegiada nas suas relações com os particulares e os deveres e restrições são características que buscam direcionar a atuação administrativa em perseguição dos seus objetivos traçados constitucionalmente.[302]

É rotineiro se sustentar que a principal diferença entre os contratos privados e aqueles atrelados ao regime público seria a presença das

---
[302] MELLO, 2010, p. 23-32.

cláusulas exorbitantes, que conferem à Administração Pública certas prerrogativas na relação jurídica contratual.

A doutrina majoritária entende que a Administração Pública pode figurar em dois tipos distintos de contratos: os regidos pelo regime de direito público e aqueles regulados predominantemente pelas regras de direito privado.[303]

Os convênios, hoje, em regra, são figuras que instrumentalizam a relação entre entes públicos, com o fim de cooperação para a concretização do mesmo interesse constitucional. É totalmente defensável que não exista a presença de cláusulas exorbitantes,[304] ou pelo menos o afastamento de alguma delas, nas relações conveniais. Porém, isso não faz o regime dos convênios ser um regime privado.

O que define o regime jurídico administrativo não é a presença de cláusulas exorbitantes em um ou outro negócio jurídico específico, mas no conjunto de normas especiais, estranhas ao regime privado, que abarca as normas constitucionais, as regras legais (a exemplo da Lei nº 8.666/93, da Lei nº 14.133/21 e da Lei de Responsabilidade Fiscal) e os princípios gerais do direito público.

As cláusulas exorbitantes são apenas uma parcela dessas normas especiais que definem o regime jurídico público. Mesmo se afastadas todas as prerrogativas concedidas aos poderes públicos nos negócios jurídicos administrativos, ainda restaria a obrigatoriedade de atender todas as limitações e observar os princípios da indisponibilidade do interesse público, impessoalidade, finalidade etc.

Sob outra perspectiva, no âmbito dos contratos regidos pelo regime público, o art. 54 da Lei nº 8.666/93, bem como o art. 89 da Lei nº 14.133/21, possibilitam a aplicação supletiva dos "princípios da teoria geral dos contratos e das disposições de direito privado", aos contratos administrativos.

Nessa linha de raciocínio, seria possível afastar a rígida dicotomia entre contratos administrativos e contratos privados da Administração, sob o argumento de que todo contrato celebrado no âmbito da função administrativa deve ser qualificado como administrativo e, por conseguinte, esteja em menor ou maior incidência submetido ao regime de direito público.[305]

---

[303] Ibid., p. 625-626.
[304] O tema será abordado de forma mais detalhada no item 5.3.
[305] NIEBUHR, Joel de Menezes. *Licitação pública e contrato administrativo*. Belo Horizonte: Fórum, 2015, p. 792.

O que diferencia os negócios jurídicos celebrados pela Administração é exatamente a presença do ente público, determinada pela carta constitucional para a perseguição do interesse público. Como os interesses a serem tutelados nesses ajustes transcendem os meramente particulares, o ordenamento jurídico oferece tratamento diferenciado para essas relações derivadas do regime jurídico-administrativo.[306]

Em qualquer negócio jurídico (contratos contraprestacionais ou convênios), o que faz um ajuste ser tutelado por normas especiais oriundas do regime público é se o conteúdo atrelado a esses negócios jurídicos está vinculado a propósitos em benefício de toda a coletividade. Logo, o regime jurídico aplicável aos convênios é o regime público.

Ademais, as discussões acerca da natureza do convênio não possuem uma implicação prática relevante no que se refere ao tratamento jurídico do instituto em tela, pois mesmo considerando o convênio como um contrato, ele teria, por força de lei e devido a certas peculiaridades, um tratamento distinto dos ordinários contratos administrativos firmados pelo Poder Público.

Como ressalvado anteriormente, mesmo reconhecendo a natureza contratual dos convênios, não se sustenta que o regime jurídico dos contratos administrativos e dos convênios sejam idênticos. Ambos possuem a natureza de contratos, mas o ordenamento jurídico estabeleceu regime distinto de tratamento para os convênios administrativos.

O certo é que os convênios apresentam certas peculiaridades quando comparados aos contratos administrativos. É perfeitamente possível que o ordenamento jurídico conceda um tratamento jurídico especial para os convênios, o que de fato foi feito no art. 116 da Lei nº 8.666/93, bem como pela delegação ao regulamento feita no art. 184 da Lei nº 14.133/21.

Os convênios administrativos são abarcados, predominantemente, pelo regime jurídico público, incidindo sobre eles os dispositivos das Leis Gerais de Licitações, quando compatíveis com sua natureza, as regras estabelecidas em regulamentos próprios (aos quais cabe disciplinar a maioria das normas acerca das peculiaridades conveniais), e supletivamente as regras do direito privado harmonizadas pelo regime publicista (por força do art. 54 da Lei nº 8.666/93 e do art. 89 da Lei nº 14.133/21).

É prudente também explicitar as distinções nos requisitos para que se firmem convênios que tratem de transferência de recursos

---

[306] NIEBUHR, *loc. cit.*

financeiros e aqueles que não envolvam tal repasse. Todos os convênios devem respeitar o disposto nas Leis Gerais de Licitações e nos seus respectivos regulamentos. No caso dos convênios que tratem da transferência de recursos financeiros, é necessário, também, cumprir os requisitos previstos na Lei de Responsabilidade Fiscal (LRF), os quais serão analisados no Capítulo 6.[307]

5.1 Princípios aplicáveis aos convênios

5.1.1 Princípios gerais

Aos convênios jurídicos, como negócios jurídicos que são, aplicam-se, com as devidas harmonizações relacionadas ao regime jurídico administrativo, os princípios gerais relativos aos contratos, costumeiramente descritos pela doutrina privatista.

Passa-se a analisar os princípios centrais elencados pela doutrina civil, afinando-os com as peculiaridades dos convênios administrativos e o regime publicista.

a) Princípio da autonomia

O princípio da autonomia da vontade se relaciona no direito contratual privado à liberdade de ajustar. É compreendido como a aptidão das pessoas (físicas ou fictícias), mediante sua declaração de vontade, de ter reconhecidos, pelo ordenamento jurídico, efeitos jurídicos do que foi acordado entre elas.[308]

A autonomia da vontade diz respeito à liberdade de ajustar e reflete o poder atribuído aos indivíduos de autogerir seus interesses. Envolve a capacidade de estipulação das condições negociais, dentro dos limites do ordenamento. Manifesta-se, por conseguinte, sob os aspectos da liberdade de convencionar propriamente dita e da liberdade de determinar o conteúdo da avença, ou seja, o poder conferido às partes signatárias de suscitar os efeitos que pretendem.

---

[307] Ver art. 25 da Lei Complementar nº 101/00 (Brasil, 2000).
[308] Gomes, Orlando Contratos. Rio de Janeiro: Forense, 2009. p. 25-26.

No contexto do direito público, a autonomia da vontade está relacionada com a autonomia concedida aos entes no âmbito do pacto federativo.

No Estado Federal, os entes são dotados de autonomia, que pode ser simplificada de maneira sistemática como assentimento para que os entes possuam a sua própria organização administrativa, competências para prestações de serviços aos jurisdicionados do seu território, recursos que garantam essas prestações e poder político para a determinação das suas próprias leis e planos governamentais.

A autonomia federativa corresponde, no tocante à liberdade de negociação, à autonomia da vontade no âmbito privado. Trata-se da autodeterminação de definir as consequências dos seus negócios jurídicos, mas balizados pelos limites impostos pelo ordenamento jurídico. Contudo, no caso dos negócios publicistas, não só os limites gerais os abarcam (como a proibição de abuso de direito e o respeito à função social, por exemplo), mas também as regras e princípios publicistas (tal como os princípios da finalidade, impessoalidade e transparência).

A autonomia dos entes implica na garantia da liberdade de direção e possibilita que cada entidade federada delimite por quais meios e até mesmo quais interesses fundamentais devem ser prioridades nas suas políticas públicas. No âmbito da atuação cooperada, portanto, prepondera a liberdade negocial, estando os partícipes livres para, por meio do diálogo e negociação, definir quais serão as estratégias e os interesses tutelados por suas relações. Com isso, não há que se falar em obrigação de atuar de forma conjunta, inclusive para se desvencilhar dos acordos assumidos, a qualquer momento. De todo modo, é necessário ressaltar que essa liberdade negocial possui como *standards* as normas constitucionais.

b) Princípio da força obrigatória dos negócios jurídicos

O princípio da força obrigatória se consubstancia na regra de que "o contrato é lei" entre as partes. Definidos validamente (de acordo com o ordenamento jurídico) os direitos e obrigações de cada parte, as respectivas cláusulas têm, para os acordantes, força obrigatória.

Nos primórdios desse princípio (no direito romano), sua irradiação era feita sem maiores interferências, uma vez que tudo aquilo que foi tratado pelos signatários os vincularia. Contudo, esse princípio se mantém, no Direito atual, com diversas atenuações diante, inclusive, da visão constitucional do direito privado. Tempera a força obrigatória dos contratos, portanto, a função social dos contratos, o princípio da boa-fé, a teoria da imprevisão e diversas outras balizas definidas pelo ordenamento jurídico.

O princípio da força obrigatória se aplica, inclusive com os abrandamentos delineados pelo ordenamento jurídico, aos convênios administrativos.

Nenhuma entidade é obrigada a participar de um pacto cooperacional, possuindo liberdade negocial para determinar as premissas do respectivo acordo. Portanto, devem se comprometer com os deveres assumidos no referido pacto, responsabilizando-se pelo que foi ajustado, bem como por seus efeitos, mesmo após findado o pacto cooperativo.

c) Princípio da relatividade dos efeitos dos ajustes

O princípio da relatividade dos ajustes relaciona-se com a ideia de que o negócio jurídico firmado produz efeito exclusivamente entre os signatários. Em regra, não é possível criar, mediante negócio jurídico, direitos e obrigações para terceiros que não aquiescem com o disposto no acordo. O princípio da relatividade dos contratos não é absoluto. Orlando Gomes cita exceções a esse princípio:

> Há contratos que, fugindo à regra geral, estendem efeitos a outras pessoas, quer criando, para estas, direitos, quer impondo obrigações. Tais são, dentre outros, a estipulação em favor de terceiro, o contrato coletivo de trabalho, a locação em certos casos e o fideicomisso *inter vivos*.

Acerca do efeito relativo dos convênios, relata-se relevante discussão feita no Parecer nº 2/2014[309] da Câmara Permanente de Convênios da Advocacia Geral da União, o qual dispõe sobre os limites de atuação da "unidade executora", conceito que constava na Portaria Interministerial MPOG/MF/CGU nº 495, vigente na época, que tratava da possibilidade de execução de determinadas obrigações conveniais

---

[309] Parecer nº 2/2014 – Câmara Permanente Convênios DEPCONSU/PGF/AGU, disponível em https://www.gov.br/agu/pt-br/composicao/procuradoria-geral-federal-1/arquivos/PARECERN022014CAMARAPERMANENTECONVENIOSDEPCONSUPGFAGU.pdf Acessado em 23 ago. 2022.

por entidade da administração pública não signatária, mas vinculada à entidade parte no convênio.

Naquela oportunidade, entendeu-se pela possibilidade de a unidade executora realizar parte do objeto convenial, mas esta deveria apresentar ao partícipe signatário a prestação de contas em relação à parte que lhe foi atribuída do Plano de Trabalho. Contudo, a fiscalização, coordenação e planejamento dos objetos e outras atividades (que não a execução do convenente) deveriam ser atribuídas exclusivamente àqueles que participam formalmente do instrumento convenial. Somente aqueles que manifestam o consentimento de participar do ajuste, por meio de instrumento convenial, assumem obrigações em nome próprio e podem ser cobrados por elas.

d) Princípio da função social dos negócios jurídicos

O princípio da função social do contrato vem expressamente previsto no Código Civil brasileiro, no art. 421: "A liberdade de contratar será exercida em razão e nos limites da função social do contrato". Trata-se da limitação da liberdade de atuação do indivíduo em função de diretrizes do ordenamento jurídico, as quais estão ligadas aos interesses coletivos e sociais. Assim, o particular, no âmbito dos seus negócios, estabelece objetivos individuais a serem atingidos, mas necessita respeitar direitos fundamentais coletivos. Nesse sentido, é expresso o art. 2.035, parágrafo único, do Código Civil brasileiro: "Nenhuma convenção prevalecerá se contrariar preceitos de ordem pública, tais como os estabelecidos por este Código para assegurar a função social da propriedade e dos contratos".

Esse princípio visa a atrair os preceitos de ordem pública para os contratos privatistas, uma vez que as partes desses acordos, em tese, tendem a perseguir apenas objetivos patrimoniais, independentemente de efeitos não desejados pelo ordenamento jurídico.

É evidente que os negócios jurídicos públicos já possuem o objetivo principal de atingir sua finalidade institucionalmente definida: o interesse público. Contudo, não podemos presumir que esse princípio não tem nenhuma relevância para os negócios jurídicos públicos.

Mesmo que, primariamente, os ajustes públicos estejam voltados ao cumprimento de suas finalidades institucionais, eles podem sofrer limitação com base no princípio em tela, por ferirem outros direitos fundamentais coletivos (como o ambiental e o de vizinhança) ou, ainda, quando exercem esses direitos de forma abusiva e excedem manifestamente os limites impostos pelo seu fim econômico ou social (art. 187 do Código Civil).

e) Princípio da boa-fé

O princípio da boa-fé já foi exposto nos capítulos 2, 3 e 7 desta obra, por isso remete-se o leitor àquelas páginas com o fim de evitar meras repetições textuais.

5.1.2 Princípios públicos

Ao convênio, como negócio jurídico que tutela direito fundamental, aplicam-se todos os princípios gerais do direito público.

Destacam-se, portanto, os princípios expressos elencados no art. 37 da Constituição Federal:

> Art. 37. A administração pública direta e indireta de qualquer dos Poderes da União, dos Estados, do Distrito Federal e dos Municípios obedecerá aos princípios de legalidade, impessoalidade, moralidade, publicidade e eficiência (...)

Além disso, há os princípios implícitos, que são os reconhecidos pela doutrina e jurisprudência a partir da interpretação sistemática do ordenamento jurídico, como aqueles basilares do regime público: a supremacia do interesse público e sua indisponibilidade.

Ainda, tendo em vista o disposto no art. 116 da Lei nº 8.666/93 e no art. 184 da Lei nº 14.133/21, também se aplicam aos convênios, no que for compatível, os princípios previstos na Lei Geral de Licitações.

Trazemos aqui o dispositivo na Lei nº 14.133/21, por ser mais abrangente:

> Art. 5º Na aplicação desta Lei, serão observados os princípios da legalidade, da impessoalidade, da moralidade, da publicidade, da eficiência, do interesse público, da probidade administrativa, da igualdade, do planejamento, da transparência, da eficácia, da segregação de funções, da motivação, da vinculação ao edital, do julgamento objetivo, da segurança

jurídica, da razoabilidade, da competitividade, da proporcionalidade, da celeridade, da economicidade e do desenvolvimento nacional sustentável, assim como as disposições do Decreto-Lei nº 4.657, de 4 de setembro de 1942 (Lei de Introdução às Normas do Direito Brasileiro).

Isso posto, passa-se a tecer breves comentários acerca dos princípios mais relevantes para as relações cooperativas.

a) Princípios da supremacia do interesse público e sua indisponibilidade

O princípio da supremacia do interesse público prepondera nas situações em que há um choque entre os interesses privados e os interesses fundamentais tutelados pelo Poder Público. Proclama, portanto, a superioridade do interesse da coletividade, firmando a prevalência desse sobre o particular.

Na lição de Celso Antônio sobre supremacia do interesse público:

> É que a Administração exerce função: a função administrativa. Existe função quando alguém está investido no dever de satisfazer dadas finalidades em prol do interesse de outrem, necessitando, para tanto, manejar poderes requeridos para supri-las. Logo, tais poderes são instrumentais ao alcance das sobreditas finalidades.
> (...)
> Quem exerce "função administrativa" está adscrito a satisfazer interesses públicos, ou seja, interesse de outrem: a coletividade. Por isso, o uso das prerrogativas da Administração é legítimo se, quando e na medida indispensável ao atendimento dos interesses públicos.[310]

O princípio em tela é classicamente usado para justificar a presença de uma condição privilegiada do Poder Público frente ao particular, nos contratos administrativos contraprestacionais. Contudo, no que tange aos convênios, por consubstanciarem a soma de esforços em que todos os participantes visam a concretização do mesmo interesse fundamental, não há que se falar em superioridade de nenhuma das

---

[310] MELLO, Celso Antônio Bandeira de. *Curso de Direito Administrativo*. Malheiros. 2010. p. 673.

partes, pelo menos nos convênios entre entidades públicas, que são a regra.

Sendo assim, o princípio da supremacia do interesse público deve ser entendido como a preocupação de que as atividades administrativas sejam voltadas para o benefício da coletividade, com o intuito de assegurar direitos fundamentais. Com isso, implica-se no desvio de finalidade quando houver o direcionamento de esforços que não pretenda assegurar esses direitos.

Já em relação ao princípio da indisponibilidade, parte-se do pressuposto de que a Administração atua em nome de terceiros e, por isso, não tem a livre disposição dos bens e interesses coletivos que representa. Sendo assim, na gestão dos convênios, é necessário o zelo, por todos os partícipes, para com a preservação dos interesses fundamentais envolvidos e a aplicação adequada dos recursos públicos.

É imprescindível, portanto, que a parte concedente efetive a análise do Plano de Trabalho, por corpo técnico balizado, para averiguar as soluções técnicas conferidas, bem como a correção dos preços dispostos na planilha orçamentária, uma vez que o gasto irresponsável dos recursos públicos seria uma violação direta ao princípio em análise.

Além disso, é necessário que o poder concedente garanta esforços para o acompanhamento do respectivo ajuste cooperativo e se certifique de que os recursos estejam sendo implementados exclusivamente de acordo com o Plano de Trabalho.

Ainda, em relação à necessidade de se assegurar o resguardo do princípio da indisponibilidade, é necessário exigir que todos os partícipes públicos respeitem os ditames da Lei Gerais de Licitações, com o intuito de que não sejam contratados bens e serviços acima dos preços de mercado, com recursos repassados por meio de convênio. O mesmo deve prevalecer para as entidades privadas, sendo necessário estabelecer procedimento simplificado para garantir o não sobrepreço do contratado, uma vez que não são obrigadas a seguir estritamente o procedimento do certame licitatório.

Nesse sentido, entendeu o TCU que, na aquisição de produtos e na contratação de serviços com recursos transferidos pelo Poder Público e pelas entidades privadas sem fins lucrativos, é necessária, no mínimo, a realização de cotação prévia de preços de mercado antes da celebração do contrato.[311]

---

[311] TCU: Acórdão nº 3.227/2012 – Primeira Câmara.

b) Princípio da legalidade/juridicidade

O princípio da legalidade tem como objetivo verificar a conformação do convênio com as normas legais vigentes. É clássica a lição acerca da vinculação positiva da Administração, onde a atuação administrativa dependeria de prévia e expressa previsão legal.

Contudo, a simplificação do brocardo "que somente é possível no Direito Administrativo o que está previsto expressamente em lei" não se coaduna com os princípios gerais do Direito Administrativo, nem mesmo com a constitucionalização desse campo do Direito.[312]

Constata-se, portanto, o rompimento com uma análise literal das regras e passou-se a abarcar uma análise principiológica e valorativa do direito.[313]

Nesse contexto, a doutrina aponta para um avanço do conceito de legalidade: a juridicidade, apresentada com um conceito maior, extrapola a compreensão tradicional da legalidade estrita e vincula a Administração Pública ao ordenamento jurídico como um todo e não apenas à lei.[314]

A Constituição passa a ser o vetor fundamental do agir administrativo. "Talvez o mais importante aspecto dessa constitucionalização do Direito Administrativo seja a ligação direta da Administração aos princípios constitucionais, vistos estes como núcleos de condensação de valores".[315]

Nas palavras de Roberto Barroso:

> Supera-se, aqui, a ideia restrita de vinculação positiva do administrador à lei, na leitura convencional do princípio da legalidade, pela qual sua atuação estava pautada por aquilo que o legislador determinasse ou autorizasse. O administrador pode e deve atuar tendo por fundamento direto a Constituição e independentemente, em muitos casos, de qualquer manifestação do legislador ordinário. O princípio da legalidade

---

[312] Ao abordar acerca da legalidade Hely Lopes afirma que "Na Administração não há liberdade nem vontade pessoal. Enquanto na administração particular é lícito fazer tudo que a lei não proíbe, na Administração Pública só é permitido fazer o que a lei autoriza" (MEIRELLES, 2015, p. 92).

[313] BARROSO, Luís Roberto. *Neoconstitucionalismo e Constitucionalização do Direito* (O triunfo tardio do Direito Constitucional no Brasil). Themis: revista da ESMEC, v. 4, nº 2, p. 13-100, 2016.

[314] OLIVEIRA, Rafael Carvalho Rezende. *Curso de Direito Administrativo*. Grupo Gen-Editora Método Ltda., 2018. p. 81-82.

[315] BINENBOJM, Gustavo. *A constitucionalização do direito administrativo no Brasil:* um inventário de avanços e retrocessos. Revista Eletrônica sobre a Reforma do Estado (RERE), Salvador: Instituto Brasileiro de Direito Público, nº 13, 2008. p. 14.

transmuda-se, assim, em princípio da constitucionalidade ou, talvez mais propriamente, em princípio da juridicidade, compreendendo sua subordinação à Constituição e à lei, nessa ordem.[316]

A ideia de juridicidade administrativa, elaborada a partir da interpretação dos princípios e regras constitucionais, reconstrói o conteúdo do conceito de legalidade administrativa. Isso significa que a atividade administrativa continua a realizar-se, via de regra, segundo a lei, quando essa for constitucional, mas também pode encontrar fundamento direto na Constituição, independentemente da lei ou além dela.[317]

Sintetiza Lucas Rocha Furtado:

> Vê-se que do contexto histórico em que se formou o Direito Administrativo aos dias atuais muito foi feito e construído em relação à teoria do Estado, sobretudo no que diz respeito ao dever de realização dos direitos fundamentais e em relação aos princípios gerais do direito.
> O regime jurídico administrativo não restringe, hoje, ao exame da lei. Sendo ele o ramo do Direito Público que fixa os princípios e as regras que pautam a atuação das atividades administrativas do Estado, e considerando que a função do Estado Democrático é a de "assegurar o exercício dos direitos sociais e individuais, a liberdade, a segurança, o bem-estar, o desenvolvimento, a igualdade e a justiça como valores supremos" conforme consta do Preâmbulo da Constituição Federal de 1988, todas as normas jurídicas e, em especial, as de Direito Administrativo, devem ser interpretadas a partir dessa ótica; o Estado existe para realizar o bem-estar da sociedade, para atender às necessidades da população, enfim, para ser instrumento de realização dos direitos fundamentais.[318]

Dessa forma, a mediação legislativa entre a Administração e a Constituição não se faz sempre necessária para que o Poder Público busque mecanismos para a concretização dos direitos fundamentais. Tendo em vista os fundamentos axiológicos que passaram a fazer parte

---

[316] BARROSO, Luís Roberto. *Neoconstitucionalismo e Constitucionalização do Direito* (O triunfo tardio do direito constitucional no Brasil). Themis: revista da ESMEC, v. 4, nº 2, p. 13-100, 2016. p. 49.

[317] BINENBOJM, Gustavo. *A constitucionalização do direito administrativo no Brasil:* um inventário de avanços e retrocessos. Revista Eletrônica sobre a Reforma do Estado (RERE), Salvador: Instituto Brasileiro de Direito Público, nº 13, 2008. p. 15.

[318] FURTADO, Lucas Rocha. *Princípios gerais de Direito Administrativo.* Fórum, 2016. p. 21-22.

preponderante da tomada de decisões pela Administração Pública, bem como a leitura constitucional do Direito Administrativo, constata-se a superação do paradigma da legalidade estrita.

O rompimento com a vinculação positiva à lei é um movimento preponderante na análise dos convênios administrativos. Ora, a legislação acerca dos acordos cooperativos é parca e, caso se considerasse lícito apenas a execução do que expressamente explicitado em lei, poderia implicar na impossibilidade de celebração de convênios, sem um maior detalhamento e regulação do disposto no art. 116 e parágrafos da Lei nº 8.666/93.

Nessa via, cabe à Administração Pública realizar esforços para a concretização das suas competências constitucionais, mesmo que a conduta a ser executada não esteja expressamente prevista em lei. É necessário, porém, que a via escolhida esteja concatenada com os preceitos da Constituição Federal e seja adequada para a concretização dos direitos fundamentais.

c) Princípio da impessoalidade

Esse princípio possui a função de obstaculizar qualquer tipo de favorecimento na formação dos convênios.

Em um primeiro aspecto, o princípio objetiva a igualdade de tratamento que a Administração deve dispor a todos os particulares. Sendo assim, no que tange ao convênio feito com particulares, deve-se garantir a igualdade de oportunidades e evitar tratamento distinto, tanto para os "amigos do rei" como para seus inimigos.

É por esse motivo que se deve realizar procedimento objetivo de seleção, oportunizando a participação de todos os interessados, apesar de ser considerada inexigível a licitação para se firmar convênio entre entes públicos. Assim, quando o ajuste envolver particular ou várias entidades particulares que se prestem à consecução dessas atividades, deve-se realizar procedimento objetivo de seleção.

Em razão do princípio da isonomia, o TCU recomendou que a seleção de entidades privadas que irão celebrar convênios com o Poder Público deve ser feita mediante o estabelecimento de critérios objetivos nos editais. Isso evita que a escolha implique em interesses políticos ou pessoais que não privilegiem o atendimento do interesse público.[319]

---

[319] TCU: Acórdão nº 591/2015 – Plenário.

Também em preservação ao princípio em análise, o TCU já se manifestou que os partícipes particulares não estão obrigados a realizar concurso público para contratação de seus empregados. No entanto, durante o tempo em que mantiverem parceria com o Poder Público, devem realizar processo objetivo seletivo para designação de colaboradores do projeto.[320]

Por outro ângulo do princípio da impessoalidade, a Administração deve voltar-se exclusivamente para o interesse público e não para o privado, vedando que sejam utilizados critérios pessoais na escolha dos parceiros e das áreas setoriais beneficiadas pelos recursos públicos e da própria política pública em questão.

O que se percebe é que o motivo pelo qual perpassam as decisões acerca da formatação dos convênios entre os entes públicos nem sempre se relaciona com a finalidade de concretizar os objetivos definidos na Constituição Federal. É possível deparar-se com negócios jurídicos que dizem respeito a repasses de recursos públicos, em que os interesses envolvidos são meramente partidários ou privados.

Caso os critérios para a escolha dos entes beneficiados e das áreas afetadas não sejam a persecução dos direitos fundamentais e as necessidades das coletividades abrangidas pela respectiva política pública, então, haverá violação ao princípio da impessoalidade.

Exatamente por isso, é fundamental a motivação a respeito da escolha da área beneficiada, do objetivo imediato a ser atingido e dos critérios técnicos para a seleção dos parceiros pelo poder concedente. O Poder Público deve se preocupar em sinalizar tanto os motivos que geraram as definições da política estabelecida quanto predefinir previamente os parâmetros para que seus signatários sejam beneficiados.

Em resumo, a Administração Pública deverá apresentar os critérios técnicos e objetivos que orientaram a seleção dos convenentes, sob o risco de violar o princípio em análise.

d) Princípios da publicidade e da transparência

Decorrente do republicanismo contido na Constituição Federal, os atos administrativos devem conceder a mais ampla divulgação possível, sendo explicitados (e corretamente motivados) para facilitar

---

[320] TCU: Acórdão nº 3.239/2013 – Plenário.

o controle social. Com isso, é possível a averiguação da legitimidade destes atos pela população.

Por isso, é necessária a publicação dos extratos dos convênios firmados, bem como a possibilidade de consulta do inteiro teor dos respectivos protocolados, para que todos os interessados possam ter conhecimento da formatação das políticas públicas governamentais, e, também, identificar os parceiros da respectiva Administração Pública, as áreas setoriais beneficiadas com recursos públicos, e em que montante.

A Lei nº 8.666/93 exige no dispositivo aplicável aos convênios, que:

> Art. 61 (...)
> Parágrafo único. A publicação resumida do instrumento de contrato ou de seus aditamentos na imprensa oficial, que é condição indispensável para sua eficácia, será providenciada pela Administração até o quinto dia útil do mês seguinte ao de sua assinatura, para ocorrer no prazo de vinte dias daquela data, qualquer que seja o seu valor, ainda que sem ônus, ressalvado o disposto no art. 26 desta Lei.

Ressalte-se que em caso de repasse de recursos federais, deve haver a publicação do edital de abertura de licitação no Diário da respectiva entidade política e também no Diário Oficial da União, conforme exigência do inciso I, art. 21, da Lei nº 8.666/93.[321]

A Lei nº 14.133/21 não traz como obrigatória a publicação na imprensa oficial (art. 91), mas apenas a necessidade de divulgação e manutenção à disposição do público em sítio eletrônico oficial. Por outro lado, também para controle da publicação dos contratos, essa mesma lei cria o Portal Nacional de Contratações Públicas (art. 94), em que a divulgação das minutas contratuais é condição indispensável para a eficácia do contrato e de seus aditamentos. Cabe aos respectivos regulamentos dos entes estabelecer a forma de rigidez e controle acerca da publicação das minutas conveniais.

Imprescindível, ainda, a ampla divulgação dos editais referentes aos chamamentos públicos, com o correto detalhamento dos elementos técnicos instrutores, necessários para a compreensão do pretendido.

A transparência administrativa, por outro lado, deve ser entendida como uma publicidade qualificada, referindo-se com um meio adequado para catalisar a o atingimento de finalidades conectadas à persecução

---

[321] TCU: Acórdão nº 2.099/2011 – Plenário; Acórdão nº 1.987/2012 – Plenário; Acórdão nº 5.578/2018 – Primeira Câmara.

do interesse público.³²² A transparência administrativa não se limita, por isso, ao simples cumprimento do dever de publicidade administrativa, mas deve conferir maior claridade às manifestações feitas pela Administração Pública.

O TCU já dispôs que viola o princípio da transparência, entre outros, a assinatura de convênios com detalhamento insuficiente do Plano de Trabalho, a não-apresentação das prestações de contas, assim como a análise pouco aprofundada dessas.³²³

e) Princípio da eficiência, economicidade e eficácia

O princípio da eficiência foi expressamente inserido no art. 37 da Constituição Federal, por meio da EC 19/1998, com o objetivo de conduzir a Administração Pública burocrática a uma Administração Pública gerencial. Há um enfoque no resultado, e não apenas na forma como será feita a execução administrativa.³²⁴

Veja que o princípio da eficiência e da eficácia são prismas distintos em relação à melhoria de desempenho da Administração Pública. O princípio da eficiência se preocupa com os meios, já o da eficácia se relaciona com a busca de melhores os resultados.

O princípio da economicidade, previsto no art. 70, *caput* da CF, expressa o aspecto financeiro do princípio da eficiência, devendo ser aferido, pela Administração Pública, o custo-benefício entre o retorno da política almejada e o investimento feito.

No âmbito da "Administração de Resultados", a interpretação e a aplicação do Direito não podem se afastar das consequências geradas pelas escolhas efetivadas pelas autoridades estatais. Dessa forma, o Direito passa a se preocupar de maneira preponderante com a efetividade dos direitos fundamentais.³²⁵

---

[322] PEDRA, Anderson. *In* FORTINI Cristiana; OLIVEIRA, Rafael Sérgio Lima de; CAMARÃO, Tatiana (coords.) Comentários à lei de licitações e contratos administrativos: Lei nº 14.133, de 1º de abril de 2021 – vol. I, p. 110-111.

[323] Acórdão nº 775/2017 – Plenário, Relator: José Mucio Monteiro e Acórdão nº 2.256/2017 – Primeira Câmara, Relator: Walton Alencar Rodrigues.

[324] MOREIRA NETO, Diogo de Figueiredo. *Novas mutações juspolíticas*: em memória de Eduardo García de Enterría, jurista de dois mundos. Fórum, 2016. p. 103.

[325] OLIVEIRA, Rafael Carvalho Rezende. *Curso de Direito Administrativo*. Grupo Gen-Editora Método Ltda., 2018, p. 85.

A invocação do interesse público não basta para legitimar uma atuação estatal, torna-se necessário perscrutar a adequação de suas escolhas e a eficiência dos métodos de gestão aplicados.[326] A procura por eficiência[327] decorre dos reclamos da sociedade pela satisfação de carências e escassez (a maioria somente poderia ser atendida pelo Poder Público)

Antes da assinatura de um ajuste cooperativo, por exemplo, faz-se necessário que sejam calculadas as demandas da sociedade, bem como avaliadas as soluções técnicas apontadas, mediante estudos estatísticos e pareceres técnicos, para que se garanta o uso mais eficiente dos recursos e da própria máquina administrativa.

f) Princípio da celeridade

O inc. LXXVIII no art. 5º da Constituição brasileira visa a garantir, inclusive no âmbito administrativo, a razoável duração do processo e os meios que garantam a celeridade de sua tramitação. A tramitação processual relativa aos convênios administrativos deve ter o andamento mais célere possível, com a implementação de ritos que permitam um retorno eficaz das pretensões dirigidas à Administração Pública.

g) Princípio do planejamento

O dever do Estado de atingir resultados que concorram efetivamente para o atendimento dos objetivos e interesses fundamentais esculpidos na Constituição passa por um dever de responsabilidade que implica o cometimento de planejamento e de execução de políticas públicas. A racionalização das atividades governamentais envolve planejamento apropriado do uso dos recursos públicos e passa a ser também critério para avaliar a legitimidade das escolhas feitas pelos gestores públicos, "*afinal, seria irracional admitir-se que aos governos fosse*

---

[326] CHEVALLIER, Jacques. *O Estado pós-moderno*, p. 84.
[327] COSTALDELLO, A. C. *A gestão pública e a complexidade da ação administrativa estatal*: o desafio da contemporaneidade. *In*: COSTALDELLO, A. C.; KÄSSMAYER, K.; ISAGUIRRE-TORRES, K.; GORSDORF, L. F.; HOSHINO, T. (Orgs.). Direito Administrativo, urbanístico e ambiental: fronteiras e interfaces contemporâneas. Curitiba: CRV, 2017. p. 47-63.

juridicamente legítimo malbaratar recursos públicos em políticas irrealistas, infundadas, improvisadas e infrutíferas para a realização do bem público".[328]

O planejamento não visa somente a apontar os alvos a serem colimados pelo administrador público, ele pressupõe também o exame cuidadoso das fórmulas para a sua materialização. O planejamento esboça um rito de compromissos com o aparelho estatal que lhe é afeto, prevendo o processo executório das políticas públicas que devem ser efetivadas a curto, a médio e a longo prazo. Não trata apenas de uma previsão de atos sequenciais – embora isso contribua para o sucesso do empreendimento – mas também levanta as necessidades e destaca setores da sociedade mais carentes de investimento público. O planejamento deve representar a subsunção das escolhas feitas pelo gestor aos ditames constitucionais, servindo como mecanismo para concretizar a transparência e viabilizar o controle social.[329]

Nesse sentido, destaca-se acordão do TCU que, ao analisar caso de parcerias da Administração Pública, consignou que a ausência de estudos e indicadores de medição de resultado torna inviável a avaliação do desempenho das políticas implementadas pela Administração Pública:

> Como bem mencionado pela equipe de auditoria, estados e municípios deveriam realizar estudos específicos para cada unidade de saúde objeto de terceirização, contendo comparação, em termos de custos e produtividade, entre a gestão segundo o regime aplicável ao Poder Público e a gestão segundo o regime aplicável à entidade privada.
> Verificou-se, entretanto, que nenhum dos entes auditados demonstrou ter realizado estudos antes de transferir o gerenciamento das unidades de saúde a entidades privadas. Em todos os casos auditados, a terceirização foi levada a efeito sem elementos que permitissem concluir que traria melhores resultados do que os anteriormente obtidos.
> De tais estudos depende a estimativa de custos de execução do contrato e, por extensão, do valor a ser transferido para as organizações sociais. Também é com base neles que devem ser formuladas as metas e indicadores necessários para avaliação dos resultados alcançados.
> A ausência de estudos é, possivelmente, uma das razões para a fragilidade dos indicadores e metas que vêm sendo utilizados, que não possuem

---

[328] MOREIRA NETO, Diogo Figueiredo. *Novas mutações juspolíticas*: em memória de Eduardo García de Enterría, jurista de dois mundos. Belo Horizonte: Fórum, 2016. p. 81.
[329] COSTALDELLO, A. C. *A gestão pública e a complexidade da ação administrativa estatal*: o desafio da contemporaneidade. In: COSTALDELLO, A. C.; KÄSSMAYER, K.; ISAGUIRRE-TORRES, K.; GORSDORF, L. F.; HOSHINO, T. (Orgs.). *Direito Administrativo, urbanístico e ambiental*: fronteiras e interfaces contemporâneas. Curitiba: CRV, 2017. p. 47-63.

os atributos nem as dimensões necessárias à avaliação do desempenho da organização social contratada.

Foram pontuados casos de metas inatingíveis, irrelevantes, sem parâmetros objetivos, sem prazo, suscetíveis à influência de fatores alheios ao controle da OS e até de metas que se confundem com obrigações legais ou contratuais da entidade (grifos nossos).[330]

A assinatura de convênios com detalhamento insuficiente e análise pouco aprofundada do Plano de Trabalho, viola, portanto, os princípios constitucionais que devem ser observados pela Administração Pública.[331]

g.1) O planejamento dos convênios e os programas governamentais

Sem ignorar o amplo dissenso sobre o assunto, para os fins aqui pretendidos, define-se a discricionariedade como a margem de liberdade da Administração, na hipótese da sua atividade não estar integralmente definida pelo ordenamento jurídico, conforme se depreende de Celso Antônio Bandeira de Mello.[332]

Contudo, existem limites naturais e lógicos à discricionariedade, uma vez que o próprio ordenamento jurídico prevê balizas para as ponderações das interpretações possíveis e lícitas à norma posta.[333]

Para Sérgio Guerra, o desafio acerca dos atos discricionários é que o Administrador, sob o pretexto de escolher discricionariamente, pode cometer abusos e desvios:

> Se, de um lado, a atividade da Administração não pode conformar-se com a generalização da competência vinculada, sendo indispensável adaptar-se constantemente às circunstâncias particulares e mutáveis

---

[330] TCU: Acórdão nº 3.239/2013 – Plenário.
[331] TCU: Acórdão nº 775/2017 – Plenário.
[332] Discricionariedade é a margem de "liberdade" que remanesça ao administrador para eleger, segundo critérios consistentes de razoabilidade, um, dentre pelo menos dois comportamentos, cabíveis perante cada caso concreto, a fim de cumprir o dever de adotar a solução mais adequada à satisfação da finalidade legal, quando, por força da fluidez das expressões da lei ou da liberdade conferida no mandamento, dela não se possa extrair objetivamente uma solução unívoca à situação vertente. MELLO, Celso Antônio Bandeira de. *Curso de Direito Administrativo*. Malheiros. 2010. p. 980-981.
[333] QUEIRÓ, Afonso Rodrigues. *A teoria do desvio de poder em Direito Administrativo*. Revista de Direito Administrativo, v. 7, p. 52-80, 1947. p. 51.

que a norma não pode prever, de outro lado, uma Administração amplamente discricionária não oferece aos cidadãos qualquer segurança, pois se volta, em diversas situações, ao arbítrio despótico por meio de abuso ou desvio de poder.[334]

Nesse cenário, aumenta-se a tentativa de limitação dos poderes discricionários, bem como da ampliação desenfreada do controle judicial do caráter político dos atos administrativos. Movimento evidente, tanto do ponto de vista empírico – a partir do número crescente de decisões judiciais envolvendo políticas públicas – quanto do teórico – onde proliferam as teorias a respeito da possibilidade de análise pelo Poder Judiciário do mérito administrativo.[335]

Contudo, é evidente que a discricionariedade administrativa tem sua função e sua própria justificativa no Estado de Direito, uma vez que diz respeito aos elementos de oportunidade e valorações técnicas que são inerentes a uma grande parte das ações referentes ao Poder Executivo e que não podem ser reduzidas a um simples processo lógico de interpretação ou a uma forma de aplicação automática da lei.[336]

A atual conjuntura do papel do Estado nas democracias modernas indica uma pluralidade de tarefas políticas, econômicas, sociais, ambientais e culturais destoantes com as formatações de Estado dos séculos passados. Além disso, as próprias relações entre entes públicos e privados no "mundo moderno" passaram a ser mais dinâmicas e complexas, sobretudo pelo implemento de novas tecnologias que fazem parte do cotidiano do ser humano do século XXI.

A Constituição e as leis atribuem aos Estados, especialmente ao Poder Executivo, uma função de liderança política e administração que não seria possível sem o gozo de uma margem de discricionariedade. Tampouco a função administrativa conseguiria desempenhar-se corretamente se estivesse predeterminada de maneira absoluta e de

---

[334] Guerra, Sérgio. *Discricionariedade e reflexividade:* uma nova teoria sobre as escolhas administrativas. Fórum, 2008, p. 71.

[335] Sergio Arenhart chega à mesma conclusão no artigo *Decisões estruturais no direito processual civil brasileiro* e exemplifica tal afirmação através das seguintes decisões do Supremo Tribunal Federal: Pleno. SL 47-AgR/PE. Rel. Min. Gilmar Mendes. DJe 29.04.10; 1ª Turma. RE 628.159-AgR/MA. Rel. Min. Rosa Weber, DJe 14.08.13; 1ª Turma. AI 810.410-AgR/GO. Toffoli. DJe 07.08.13; 2ª Turma. RE 700.227-ED/AC. Rel. Min. Carmen Lúcia. DJe 29.05.13; 2ª Turma. RE 563.144-AgR/DF. Rel. Min. Gilmar Mendes. DJe 15.04.13. Arenhart, Sérgio Cruz. Revista de processo. Vol. 225. 2013.

[336] SÁNCHEZ Morón, Miguel. *Discricionalidad administrativa y control judicial.* Madri: Tecnos, 1994. p. 91-92.

forma rígida na lei, tendo em vista o volume de tarefas, com um alto grau de complexidade funcional e técnica, o que implica na necessidade de adaptação diária às demandas de uma sociedade dinâmica. Realça-se, nesse contexto, que a limitação da liberdade dos administradores públicos poderia ocasionar ineficácia do aparelho estatal.[337]

O exercício da discricionariedade administrativa passou, portanto, a ser um pressuposto para que os atuais governos pudessem lidar com a gama de tarefas e expectativas impostas a eles, frente a uma legislação que não consegue acompanhar a dinâmica do mundo.

A busca pela concretização dos direitos fundamentais envolve avaliações não legais das situações de fato, além de ponderações políticas ou técnicas e dos efeitos da decisão tomada pela Administração, a partir da qual se conclui que pode haver soluções diferentes, igualmente legais. Isso é discricionariedade, que, por definição, sempre contém algum elemento insubstituível de ser aferido por parâmetros legais.[338]

Os entes federados são pessoas jurídicas autônomas que possuem metas e objetivos próprios e isso implica necessariamente uma margem de liberdade para a definição das suas políticas públicas (e consequentemente do conteúdo dos seus convênios).

O exercício da margem de conveniência e oportunidade certamente está sujeito a limites legais gerais, no entanto, o que deve ser combatido é o desvio, o abuso, a arbitrariedade, e não deve o Direito estabelecer uma cruzada incessante com o objetivo de reduzir ou eliminar a própria discricionariedade.[339]

O próprio Estado de Direito concede à Administração Pública, exclusivamente, as funções de direção política e administrativa, bem como a prestação de serviços gerais. Obviamente, é necessário conceder também as ferramentas necessárias para a realização dessas tarefas, o que implica no exercício adequado da discricionariedade.[340] Dessa forma, é necessário procurar formas para combater o abuso do poder discricionário, sem que isso signifique a sua limitação desmedida, implicando em uma máquina estatal inoperante.

---

[337] MORÓN, Miguel Sánchez. *Discrecionalidad administrativa y control judicial*. Madri: Tecnos, 1994. p. 13.
[338] MORÓN, Miguel Sánchez. *Discrecionalidad administrativa y control judicial*. Madri: Tecnos, 1994. p. 115.
[339] MORÓN, Miguel Sánchez. *Discrecionalidad administrativa y control judicial*. Madri: Tecnos, 1994. p. 92.
[340] MORÓN, Miguel Sánchez.. *Discrecionalidad administrativa y control judicial*. Madri: Tecnos, 1994. p. 115.

Diversos negócios jurídicos são firmados entre os entes federados com o intuito de efetivar repasse de recursos, tendo em vista o caráter cooperativo previsto constitucionalmente. Contudo, muitas vezes, a motivação é parca e simplista, o que torna invencível a possibilidade de se afirmar quais foram as reais motivações do referido pacto interfederativo.

Mais dificultosa ainda é a situação de não existir um programa de governo formal e devidamente divulgado, e, assim, todo um processo político antecedente ao negócio jurídico fica oculto. Com isso, impede-se que a população tenha acesso a quais premissas balizaram a tomada de decisão acerca do respectivo negócio jurídico. Nesse contexto, é tormentoso também precisar se foram utilizados critérios técnicos e se existem estudos sobre as necessidades que envolvem as áreas e os objetos escolhidos.

A análise de um convênio que envolve o repasse de recursos entre entes federados não pode se limitar a certificar que estejam sendo observadas as questões meramente formais para a realização do ajuste. Entender um pacto interfederativo que trata de transferência voluntária – sem o conhecimento do diálogo multilateral e o caminho percorrido para a tomada de decisão – dificulta a ponderação acerca das motivações que levaram à concretização do respectivo negócio jurídico e a garantia de que os preceitos traçados na Constituição Federal estejam sendo respeitados.

É preponderante que a análise desses negócios jurídicos envolva as políticas públicas externalizadas que os sustentam. Oportunamente, tendo em vista o conceito fluido de políticas públicas, utilizaremos a definição que entende o instituto como *"um programa de governo, processo que visa a coordenação de atores e meios para a realização de objetivos socialmente relevantes"*.[341]

Somente a partir da compreensão das políticas públicas que suportam esses negócios interfederativos, será possível perceber as reais motivações para a efetuação dos referidos pactos intergovernamentais e se existem estudos e pareceres que abarcam as decisões tomadas pelos gestores. Seria razoável aspirar a possibilidade de um eventual controle (mesmo que apenas social) como implemento à prevenção da arbitrariedade pelo Poder Público.

Maria Bucci ressalta a importância da compreensão das políticas públicas pelo Direito:

---

[341] BUCCI, Maria Paula Dallari. *O conceito de política pública em Direito*. Políticas Públicas: reflexões sobre o conceito jurídico. Saraiva, p. 1-49, 2006.

As políticas públicas não são, portanto, categoria definida e instituída pelo direito, mas arranjos complexos, típicos da atividade político-administrativa, que a ciência do direito deve estar apta a descrever, compreender e analisar, do modo a integrar à atividade política os valores e métodos próprio do universo jurídico (...) até porque, nos termos do clássico princípio da legalidade, ao Estado só é facultado agir com base em habitação legal. A realização das políticas deve dar-se dentro dos parâmetros da legalidade e da constitucionalidade, o que implica que passem a ser reconhecidos pelo direito e gerar efeitos jurídicos – os atos e também as omissões que constituem cada política pública.[342]

Frequentemente, verificam-se ajustes financeiros entre entes federados cuja escolha, tanto do objeto quanto dos signatários, é motivada por interesses individuais ou eleitoreiros. Nesses casos, não raramente faltam esclarecimentos por parte do poder concedente dos critérios que pautaram suas decisões.

Tais ajustes, despidos de motivo alinhado ao interesse coletivo, enfraquecem o princípio democrático, uma vez que, apesar de as decisões serem tomadas por representantes eleitos pelo povo, é possível, no âmbito prático, que seus conteúdos estejam desconectados dos objetivos constitucionais.

Apesar dos limites da discricionariedade serem tema de discussão permanente no âmbito acadêmico, não há conclusão uníssona ou eficaz para combater a arbitrariedade. Sobretudo isso ocorre pela dificuldade de se visualizar, no caso concreto, que os limites da discricionariedade foram extrapolados.

Mesmo o administrador que visa a concretização dos interesses fundamentais – ao deliberar acerca de repasse financeiro de forma isolada e não estruturada – corre o risco de ferir a isonomia, seja pela falta de visão sistêmica ou por desconsiderar efeitos colaterais da decisão tomada. Além disso, o foco no curto mandato eleitoral incita medidas imediatistas, nem sempre ideais para sociedade.

Por outro lado, não é possível ignorar que a escolha do conteúdo dos ajustes não se trata de ciência exata, pois tais acordos sempre serão fruto de negociações políticas que envolvem tanto atores estatais como de diversos setores da sociedade. Não se visa a dissociar esses aspectos da análise de legitimidade de uma determinada transferência de valores entre entes federados.

---

[342] BUCCI, Maria Paula Dallari. *O conceito de política pública em Direito*. Políticas Públicas: reflexões sobre o conceito jurídico. Saraiva, p. 1-49, 2006. p. 31 e 37.

Na tentativa de considerar valores econômicos, morais e sociais que antecedem a assinatura de um ajuste, propõe-se que sua análise seja realizada com viés nas políticas públicas que os permeiam.

A partir desses complexos arranjos, deve ser pautado o exame da legitimidade de um ajuste que instrumentaliza uma transferência de valores entre entes políticos. Desconsiderar essa sequência de atos complexos só permite acobertar as verdadeiras motivações e forças que impulsionam determinada opção política pelo Poder Público.

Com isso, constata-se a inexistência de normativo constitucional ou de dispositivo em lei nacional que torna cogente a sistematização racional de repasses públicos por meio de programa de governo bem delineado, com critérios técnicos, justificado e republicanamente publicitado, como condição para se executar as respectivas transferências de recursos, por todos os entes federados.

Partindo dessa realidade, não é difícil detectar convênios esparsos que envolvam transferências de recursos financeiros, ou bens, que tenham sido realizados ou adquiridos sem qualquer estudo das necessidades da população. Nesses casos, quando há algum tipo de justificativa, a motivação é meramente formal, tornando impossível qualquer análise dos reais motivos que substanciaram a decisão.

Não se ignora aqui o fato de que o art. 5º da Portaria Interministerial nº 424/2016, que detalha o Decreto Federal sobre convênios,[343] estabelece que para a seleção de entidades privadas que irão firmar parceria com a União, o chamamento público deve ser sistemizado com base em critérios de elegibilidade e de prioridade, que deverão ser estabelecidos de forma objetiva, com base nas diretrizes e objetivos delineados em programa de governo.

Da mesma forma, a Lei nº 13.019, de julho de 2014 – que estabelece o regime das parcerias com o terceiro setor – estabeleceu que toda parceria deveria respeitar a política pública determinada pelo respectivo setor.[344] Fernando Mânica esclarece que as parcerias com o terceiro setor são voltadas *"ao cumprimento de um programa governamental"*.[345]

---

[343] O Decreto nº 6.170/07 dispõe sobre as normas relativas às transferências de recursos da União mediante convênios e contrato de repasses e a Portaria Interministerial nº 424, de 30 de dezembro de 2016, concede maior detalhamento ao estabelecido no Decreto nº 6.170/07.

[344] Art. 2º da Lei 13.019, de 2014.

[345] MÂNICA, Fernando Borges. *Objeto e natureza das parcerias sociais; limites para a execução privada de tarefas estatais e o novo direito do terceiro setor*. In: MOTTA, Fabrício; MÂNICA, Fernando Borges; OLIVEIRA, Rafael Arruda (Coords.) *Parcerias com o terceiro setor*: as inovações da Lei 13.019/14. Belo Horizonte: Fórum, 2017. p. 109-133.

Contudo, ambas as hipóteses se restringem a parcerias com entidade privadas, não vinculando as relações firmadas entre entes públicos. E mesmo nessas hipóteses, que possuem dispositivo normativo exigindo a vinculação a programa governamental, muitas vezes a exigência legal é atendida de maneira meramente formal. O conteúdo do programa de governo nem sempre é precedido de adequado planejamento balizado por estudos e pareceres.

É imprescindível, portanto, que sejam criadas formas para que esses atos administrativos que concretizam repasse de recursos públicos sejam conectados a políticas públicas bem estruturadas, pois, repita-se: não é adequada a análise dos negócios jurídicos que instrumentalizam as transferências de recursos intergovernamentais sem atentar para as políticas públicas que estabelecem as premissas destes ajustes.

Parece, portanto, pertinente, entender que o negócio jurídico que instrumentalize uma transferência voluntária esteja atrelado a uma política pública que lhe concede forma.

Entretanto, diante desse contexto, seria inócuo que esses programas de governo fossem elaborados sem o devido planejamento prévio e sem fundamento em estudos científicos que alicercem as opções feitas pelo governante. O planejamento adequado passa a ser premissa para uma elaboração satisfatória dos programas de governo, que explicitarão os *standards* definidores do repasse de recursos financeiros.

Pretende-se, portanto, que os rumos do debate acerca da discricionariedade dos referidos negócios jurídicos interfederativos não sejam direcionados com o intuito de limitar a liberdade na tomada de decisão dos administradores. O mote é que sejam trilhados caminhos para: a) maior planejamento, oriundo de estudos estatísticos e pareceres técnicos que avaliem as reais demandas da sociedade; b) estabelecimento da motivação para a escolha da área beneficiada, do objetivo imediato a ser atingido, dos critérios técnicos para escolha dos parceiros; e, ainda c) da devida explicitação do programa de governo em questão.

Portanto, a análise jurídica desses atos administrativos (dos negócios jurídicos que envolvem repasse de recursos públicos) não pode ser efetuada de forma estanque, discriminando os programas governamentais aos quais eles porventura estejam vinculados. Programas de governo bem delineados e parametrizados sob um rigor científico são capazes de sinalizar tanto os motivos que geraram as definições da política estabelecida, bem como, de antemão, predefinir os parâmetros para que seus signatários sejam beneficiados, enrobustecendo o caráter democrático das escolhas feitas em nome de toda a coletividade.

A análise de uma aplicação adequada dos recursos orçamentárias passa necessariamente por uma demonstração objetiva acerca da pertinência das políticas públicas escolhidas em virtude da realidade social sobre a qual incidem, em confronto com os objetivos constitucionais. Imprimem, pois, o controle sobre a concretização dos fins e de toda a atuação do gestor público e, por consequência, da boa administração.[346]

A existência de uma política pública bem estruturada limita a frequente ocasionalidade das escolhas referentes a repasses de recursos, atenuando, neste contexto, a tomada de decisões de cunho imediatista, ou com fins distintos do interesse público. Portanto, estabelecer políticas públicas bem definidas, transparentes, possibilita a configuração de ajustes financeiros consoantes aos anseios da sociedade, além de auxiliar no sentido de frear atos arbitrários por parte do Poder Público.

Ressalte-se, no entanto, que mesmo a partir de políticas públicas estruturadas, é possível que o administrador cometa abusos. De toda forma, caso essas políticas fossem amplamente divulgadas, com critérios predefinidos, possivelmente as arbitrariedades seriam mais notáveis, o que facilitaria o controle social.

Caso se passe a exigir cada vez mais a boa estruturação das políticas públicas, é possível que o controle (mesmo que apenas social) seja mais crível, e com isso inibindo tanto os abusos, como o despreparo técnico. Não porque os administradores passariam a se identificar deliberadamente com os objetivos constitucionais, mas porque o "procedimento" para as decisões governamentais estaria mais explícito e a consciência de quais requisitos necessários para que esses programas de governos são considerados satisfatórios estaria mais difundida.

Portanto, é necessário seguir no caminho de exigir que as transferências discricionárias de recursos pelos entes públicos estejam vinculadas a um programa de governo. Do exposto, sugere-se que em se tratando de ajustes que envolvam repasses de recursos, a Administração Pública deverá apresentar os critérios técnicos e objetivos que orientarão a seleção dos convenentes. Todos os convênios devem ser voltados à concretização de um programa governamental previamente desenvolvido e devidamente publicizado pela respectiva entidade pública.

---

[346] COSTALDELLO, A. C. *A gestão pública e a complexidade da ação administrativa estatal*: o desafio da contemporaneidade. *In*: COSTALDELLO, A. C.; KÄSSMAYER, K.; ISAGUIRRE-TORRES, K.; GORSDORF, *KASSMAYER, Karin; TORRES, Katya Isaguirre; GOSDORF*, Leandro Franklin; HOSHINO, T.; Costaldello, Ângela Cassia (Orgs.). *Direito Administrativo, urbanístico e ambiental*: fronteiras e interfaces contemporâneas. Curitiba: CRV, 2017. p. 47-63.

O programa governamental retromencionado deve conter no mínimo os estudos e pareceres técnicos sobre os quais se basearam a escolha da política pública em desenvolvimento e os critérios técnicos a serem utilizados para a seleção das entidades que poderão fazer parte do acordo de vontades.

h) Princípio da probidade administrativa/moralidade

O princípio da moralidade visa ao cumprimento das formalidades legais pelo administrador e, também, que esse dispense preceitos éticos de probidade que devem pautar toda a atividade administrativa. Um exemplo clássico de aplicação do princípio em tela é a proibição do nepotismo explicitado na Súmula Vinculante 13 do STF.[347]

Nesse sentido, o TCU considerou irregular convênio entre o Poder Público e empresa cujos sócios ou dirigentes eram, simultaneamente, empregados da contratante. Houve ofensa aos princípios da moralidade e da impessoalidade, quando se devia evitar direcionamentos ou favorecimentos não compatíveis com o interesse público.[348]

Aquela corte de contas também considerou ilegal convênio entre a Administração Pública e empresa cuja composição societária incluía servidores públicos do órgão ou entidade concedente.[349]

i) Princípio da vinculação ao instrumento convocatório

Esse princípio, aplicável aos chamamentos públicos por força do silogismo do art. 116 da Lei nº 8.666/93 e do art. 184 da Lei nº 14.133/21, torna cogente o respeito às regras edilícias tornadas públicas.

---

[347] Súmula Vinculante 13: A nomeação de cônjuge, companheiro ou parente em linha reta, colateral ou por afinidade, até o terceiro grau, inclusive, da autoridade nomeante ou de servidor da mesma pessoa jurídica, investido em cargo de direção, chefia ou assessoramento, para o exercício de cargo em comissão ou de confiança, ou, ainda, de função gratificada na Administração Pública direta e indireta, em quaisquer dos Poderes da União, dos Estados, do Distrito Federal e dos municípios, compreendido o ajuste mediante designações recíprocas, viola a Constituição Federal.
[348] TCU: Acórdão nº 2.057/2014 – Plenário; Acórdão nº 889/2018 – Plenário.
[349] TCU: Acórdão nº 2.550/2013 – Plenário.

Portanto, uma alteração das regras dispostas no edital posterior à sua publicação, surpreende tanto os que participaram, como aqueles que não, acarretando potencial prejuízo à competividade e à isonomia. Caso a Administração verifique equívocos no instrumento do chamamento público que possam efetivamente criar embaraço nos projetos apresentados pelos particulares, deverá corrigi-los, republicando-o com a devolução do prazo total para a apresentação dos projetos. Se a incorreção for apenas material, sem potencial para influir nos projetos apresentados pelos partícipes, basta a alteração com nova publicação, dispensando a concessão de novo prazo.

j) Princípio do julgamento objetivo

Em razão desse princípio, que nada mais é que uma faceta do princípio da impessoalidade, em função do seu conteúdo, nos chamamentos públicos os projetos devem ser avaliados de forma objetiva, evitando considerações subjetivas e favorecimentos pessoais.

k) Princípio da igualdade

Conforme destacado acima, não existe hierarquia entre entidades políticas, sendo elas todas autônomas, e disso resulta a sua igualdade de posição jurídica nas relações negociais cooperadas. Veja-se que o rotineiro é que o Poder Público firme relações contratuais numa posição de verticalidade, marcada pela predominância da supremacia dos interesses coletivos sobre os interesses do contratado. Contudo, nas relações cooperadas, deve preponderar a horizontalidade e, por conseguinte, o vínculo entre os partícipes será sustentado na vontade institucional, centrada na persecução dos interesses coletivos, não havendo que se falar em prerrogativas de um em relação a outro.

l) Princípio das segregações de funções

Pelo princípio da segregação de funções relacionado à celebração dos negócios jurídicos públicos, deve a Administração identificar as funções que tomam decisões críticas e segregá-las, de modo que a competência decisória não esteja concentrada nas mãos de apenas um agente público. A concentração de funções não é desejada, na medida em que dificulta a constatação de erros no processo, e facilita o cometimento de fraudes, uma vez que todas as etapas do procedimento estão submetidas ao mesmo servidor. A ideia da segregação de funções é que não se submeta ao mesmo agente público mais de uma função relacionada a etapa decisiva do processo de firmamento e fiscalização de um negócio jurídico.

É interessante ressaltar que o TCU, mesmo antes da vigência da Lei nº 14.133/21, já vinha indicando que, no caso de obras e serviços engenharia, dever-se-ia evitar a concentração na mesma pessoa, as figuras de gestor e do fiscal do convênio:

> (..) implemente mecanismos de controle dos convênios em que seja parte, visando a eliminar a concentração de funções na figura do "gestor do convênio", o qual atualmente atua, de forma indevida, como fiscal, ordenador de despesas e executor físico do Plano de Trabalho aprovado (...)"[350]

Com a vigência da Lei nº 14.133/21 e tendo em vista o disposto no art. 7º do mesmo diploma, caberá ao regulamento da nova Lei de Licitações estabelecer quais agentes poderão exercer determinadas funções relacionadas ao rito de celebração e execução dos convênios, vedada a designação do mesmo agente público para atuação simultânea em funções mais suscetíveis a riscos, de modo a reduzir a possibilidade de ocultação de erros e de ocorrência de fraudes, em observância ao princípio da segregação de funções.

m) Princípio da motivação

O princípio da motivação viabiliza o controle da Administração Pública, uma vez que é mediante o conhecimento dos motivos de fato e de direito que ensejaram a prática do ato administrativo que se poderá chegar à conclusão de que a ação da Administração está (ou não) de acordo com o ordenamento jurídico.

---

[350] Acórdão nº 2.282/2011 – Segunda Câmara.

Veja que não se confundem motivo e motivação do ato. O motivo compreende as razões (a fundamentação) que sustentam a emissão de determinado ato jurídico pela Administração Pública. Já a motivação é a explicitação desses motivos, demonstrando quais foram os fundamentos de fato e direito que justificaram aquele ato.

Qualquer decisão administrativa no *iter* para celebração, execução e extinção convenial deve ser motivada, esclarecendo as circunstâncias factuais, os critérios técnicos, jurídicos e qual objetivo aquela decisão visa a alcançar. Exemplo disso é a necessária justificativa antecedente para que se firme quaisquer aditivos ao convênio original.[351]

A questão prática relevante identificada para a formatação dos convênios é a instrumentalização de verdadeiras aquisições, doações, ou terceirizações de serviços sob a forma de um ajuste convenial. Portanto, a justificativa para a realização da cooperação entre os partícipes que visam a concretizar um serviço ou bem à coletividade é imprescindível para a observação da justeza do instituto escolhido.

Os convênios não possuem uma legislação exauriente que define de forma satisfatória as regras envolvendo os requisitos para a utilização do instituto em estudo. Por outro lado, a discricionariedade para a escolha dos programas realizados, bem como as métricas utilizadas para a escolha dos partícipes, é inerente à autonomia dos entes federados.

Os órgãos de controle e judiciais, portanto, não deveriam se imiscuir em qual política é a mais adequada para atender aos anseios da população. Por outro lado, em respeito à transparência e com o fim de possibilitar o controle social, cabe ao gestor público explicitar as razões de escolha da política pública, dos signatários, e de que forma, naquele caso, a conjugação de esforços é o meio mais eficiente para a concretização dos interesses constitucionais.

Cabe aos partícipes, portanto, demonstrar de forma fundamentada a existência do interesse recíproco entre as partes, bem como aventar como o objeto pretendido ou o resultado almejado pode ser usufruído por ambas as partes.[352]

---

[351] As alterações conveniais devem ser formalizadas por meio de termo aditivo e precedidas de motivação e análise pela Procuradoria Jurídica. Na pretensão, deverão ser demonstradas as justificativas técnicas e factuais suficientes a determinar a alteração pretendida. Já decidiu o TCU, por exemplo, que a instauração de tomada de contas especial não fundamenta a prorrogação automática da vigência de convênios e contratos de repasse regidos por essa norma. A prorrogação do ajuste, nessa situação, deve conter motivação arrimada no interesse público e na real possibilidade de correção das irregularidades. Acórdão nº 2.528/2016 – Primeira Câmara, Relator: Benjamin Zymler.

[352] Acórdão nº 3.241/2013 – Plenário.

Percebe-se que a respectiva justificativa é exigência inerente ao Estado Democrático de Direito e Republicano, e pode ser depreendida do dever geral de motivações dos atos administrativos, a exemplo do que dispõe o art. 50 da Lei Federal nº 9.784/99.

Desta forma, só é considerada regular a celebração de convênios ou instrumentos similares quando se verifique a ocorrência de interesse recíproco dos partícipes na consecução do respectivo objeto, os quais devem estar devidamente justificados no protocolizado a que se refere a celebração do ajuste.[353]

n) Princípio da razoabilidade e proporcionalidade

O "princípio da proporcionalidade" visa ao estabelecimento de uma equação de custo-benefício entre o fim a ser alcançado e o meio empregado, de forma que a escolha feita seja a melhor possível.

O princípio da proporcionalidade costuma ser desdobrado em três aspectos: a) adequação (a relação de adequação entre o fim visado e o meio empregado); b) exigibilidade (se a medida é realmente necessária, avaliando-se a existência de meio alternativo para almejar o mesmo resultado com menos sacrifício); e c) proporcionalidade em sentido estrito (avaliando se o que se ganha com a medida é mais ou menos relevante do que o que se perde com a mesma medida).

Esse princípio, além do disposto no art. 5º, da Lei nº 14.133/21, foi textualmente consagrado, no âmbito administrativo, no art. 20, parágrafo único, da LINDB, ao dispor que, nas decisões administrativas, deverá estar demonstrada "a necessidade e a adequação da medida imposta ou da invalidação de ato, contrato, ajuste, processo ou norma administrativa, inclusive em face das possíveis alternativas"

o) Princípio do desenvolvimento nacional sustentável

O conceito de sustentabilidade não envolve somente soluções ambientalmente corretas. A sustentabilidade decorre de imbricamento de fundamentos constitucionais relativos aos objetivos da república, instrumentalizados pelas normas constitucionais dos arts. 170, 174,

---

[353] Acórdão nº 460/2003 – 2ª Câmara.

215, 219 e 225. Tratando de uma ação estatal, não é possível ignorar custos ambientais, sociais, trabalhistas e econômicos da contratação. E, desta forma, o menor preço não é a única variável a ser observada pela Administração Pública.

A busca pela vantajosidade que retrata a Lei Geral de Licitações implica uma verdadeira ponderação entre os diversos valores constitucionais buscados pelo certame licitatório. E desta forma, somente a análise do caso concreto, consubstanciado pelo princípio da proporcionalidade, refletirá nos critérios que devem ser utilizados para a escolha do objeto e na razoabilidade do suposto aumento de preço que poderá levar à adoção desses critérios.[354]

Tendo em vista o explanado, fica evidente que o desenho de convênio não deve considerar apenas a economicidade diante da completa ausência de critérios de sustentabilidade.

A escolha do objeto convenial é o momento crucial para a verificação das variáveis acerca da sustentabilidade. E neste sentido deve ser observado o ciclo de vida do produto, definido na Política Nacional de Resíduos Sólidos, instituída pela Lei nº 12.305/2010.[355]

Ou seja, para se ter uma análise da relação custo-benefício, tendo em vista o fator custo e o tempo de vida útil do objeto, seria prudente que o setor técnico competente tivesse acesso ao ciclo de vida do referido produto, que envolve o período desde a fabricação até o descarte do produto. A avaliação de ciclo de vida pretende estabelecer uma sistemática confiável, com o intuito de assessorar a tomada de decisão, tendo em vista a escolha daquela que leva em conta os critérios de sustentabilidade.

Não se deve ignorar o caráter de fomento que existe nos negócios públicos. Deve-se ter em mente que o Poder Público é um dos grandes contratantes em diversos ramos da economia no cenário econômico brasileiro. E, nesse contexto, possui o potencial de influenciar o comportamento do mercado a se aliar aos interesses coletivos.

---

[354] Da leitura do Acórdão nº 1.752/201114 do Tribunal de Contas da União, pode-se inferir que a adoção de critérios sustentáveis não decorre de discricionariedade do agente público. E o Acórdão nº 3.241/2013 – TCU – 2ª Câmara explicita que "a não-adoção de critérios de sustentabilidade ambiental na realização de licitações contraria o art. 3º da Lei 8.666/1993 e a Instrução Normativa SLTI 01/2010" BRASIL. Tribunal de Contas da União. TCU, Plenário. Acórdão nº 3.241/2013 – Plenário, Rel. Min. José Jorge, 11.06.2013.

[355] BRASIL. *Lei 12.305 de 2 de agosto de 2010*. Institui a Política Nacional de Resíduos Sólidos; altera a Lei nº 9.605, de 12 de fevereiro de 1998; e dá outras providências. Disponível em www.planalto.gov.br. Acesso em 27 set. 2018.

O incentivo à predefinição de critérios sustentáveis nas contratações públicas não possui o condão de favorecer o meio ambiente somente em relação ao objeto adquirido, mas também de impulsionar tal postura pelos particulares, no âmbito do mercado competitivo.[356]

p) Princípio da segurança jurídica

O princípio da segurança jurídica já foi exposto no subitem 3.4 desta obra, por isso remete-se o autor àquelas páginas com o fim de evitar meras repetições textuais.

5.2 Aplicação da Lei Geral de Licitações aos convênios

Tanto a Lei nº 8.666/93 como a Lei nº 14.133/21 preveem, de forma expressa, que as regras contidas nesses diplomas normativos se aplicam, no que couber, aos convênios. Nesse contexto, surge a questão de quais normas da Lei nº 8.666/93 e da Lei nº 14.133/21 são extensíveis aos convênios.[357]

O que se depreende da legislação pátria é que os dispositivos previstos exclusivamente a respeito dos convênios (art. 116 e parágrafos da Lei nº 8.666/93)[358] vinculam esse tipo de negócio jurídico a uma norma específica. Já os demais dispositivos da Lei Geral de licitações devem ser empregados, subsidiariamente, aos convênios, quando não disposto em contrário no referido regramento especial.

---

[356] Destaca se que o Acórdão nº 6.041/2015 da Segunda Câmara do Tribunal de Contas da União chegou na mesma conclusão aqui defendida: As chamadas licitações sustentáveis constituem importante instrumento a ser adotado pela Administração Pública para, utilizado seu significativo poder de compra, induzir o setor produtivo a adotar processo de produção ambientalmente mais sustentável. BRASIL. Tribunal de Constas da União. TCU, Plenário. Acórdão nº 6.041/2015 – Segunda Câmara, rel. Min. Raimundo Carreiro, 25.08.2015.

[357] Na visão de Sydney Bittencourt, a redação em análise faz crer erroneamente, para alguns, que aos convênios são aplicáveis todas as disposições das Leis Gerais de Licitações (BITTENCOURT, 2019, p. 73).

[358] A Lei nº 14.133/21 não previu normas específicas para os convênios, delegando toda a normatização para o nível regulamentar. Contudo, pela inteligência do art. 184 do diploma supracitado, a regulamentação dos convênios deve respeitar os limites (no que couber) definidos na Lei nº 14.133/21.

Levando em consideração a expressão "no que couber" constante do texto legal, não se aplicam aos convênios os dispositivos que demonstram incompatibilidade com a sua natureza (ajuste cooperativo em que impera a igualdade jurídica dos partícipes e a liberdade negocial). É fundamental, diante da natureza não contraprestacional dos convênios, identificar se a norma em questão é compatível ou não com o ajuste, circunstância que nem sempre é fácil diante do caso concreto.[359]

As hipóteses de aplicação ou não, de dispositivos específicos da Lei nº 8.666/93 e da Lei nº 14.133/21 aos convênios, são dispensadas de apresentação nesse tópico, porque esse delineamento é mais didático se realizado na abordagem dos temas específicos, como se fará nos capítulos seguintes dessa obra.

Sob outro enfoque, percebe-se que algumas disposições específicas para os convênios, dispostas no art. 116 e parágrafos da Lei nº 8.666/93, não se adequam aos ajustes cooperativos que não envolvam repasse de recursos financeiros. Destaca-se a exigência do plano de aplicação dos recursos financeiros e do cronograma de desembolso.

Por insofismável incompatibilidade, nos ajustes que não tratam de transferências voluntárias, estão dispensadas as exigências referentes especificamente do repasse de recursos previstas na Lei nº 8.666/93.[360]

O próprio diploma normativo acabou contribuindo no rotineiro embaraço existente na prática administrativa: a distinção de convênio e transferência voluntária, pois o legislador tratou os convênios como instrumento exclusivo para repasse de recursos financeiros, sem manifestar nenhuma ressalva.

Em síntese: é aplicável aos convênios, como regra especial, o inteiro teor do art. 116 da Lei nº 8.666/93.[361] Não obstante, alguns dispositivos desse regramento só se aplicam aos convênios que tratam de recursos financeiros, e, portanto, o art. 116 só deve ser adotado integralmente quando o convênio a ser celebrado se enquadrar na espécie de natureza financeira. Também, aplicam-se aos convênios, subsidiariamente, as outras regras das Leis de Licitações, mas somente se forem compatíveis com a natureza não contraprestacional dos respectivos acordos cooperativos e não forem de encontro com o disposto no normativo especial.

---

[359] MAGALHÃES, 2012, p. 211-213.
[360] BITTENCOURT, 2019, p. 73-74.
[361] Não é demais relembrar que a Lei nº 14.133/21 não trouxe nenhuma regra específica para os convênios, delegando tudo para os regulamentos a serem elaborados pelos entes da federação.

As hipóteses relevantes acerca da aplicação ou não de dispositivos específicos da Lei Geral de Licitações serão analisadas na abordagem dos conteúdos específicos ao longo desse trabalho.

5.3 Não-aplicação das cláusulas exorbitantes aos convênios firmados entre entes públicos

A principal característica que distingue os convênios dos contratos contraprestacionais firmados pelo Poder Público é a igualdade jurídica entre os conveniados. A equivalência de posição jurídica entre os partícipes, identificada nos convênios, existe porque não é possível graduar em importância e relevância os interesses dos envolvidos.

No convênio, todos os partícipes possuem como propósito primordial a materialização de objetivo público constitucional. Logo, não são aplicáveis aos convênios as cláusulas previstas nas Leis de Licitações e Contratos que concedem tratamento privilegiado ao contratante, como se pode observar nas hipóteses de rescisão e alteração unilateral dos negócios jurídicos. Trata-se de interpretação da expressão "no que couber", mencionada no art.116, da Lei nº 8.666/93, e no art. 184 da Lei nº 14.133/21.

Não se aplicam aos convênios, consequentemente, pelo menos àqueles firmados entre entes públicos, as cláusulas exorbitantes. No mesmo sentido, para Sílvio Luís Ferreira da Rocha, a diferença fundamental entre convênio e contrato administrativo estaria na inexistência de cláusulas exorbitantes nos convênios administrativos.[362]

Não é demais lembrar de que no contexto do regime jurídico-administrativo impera a supremacia do interesse público sobre o privado, sob a qual se estabelece, especialmente em relação aos contratos administrativos, uma relação que traz prerrogativas para o Poder Público em relação ao particular.

Tendo em vista que nas relações contraprestacionais firmadas com o Poder Público, o particular visa ao lucro e a Administração Pública pretende concretizar os direitos fundamentais elencados na Constituição Federal, a essa entidade pública são conferidos instrumentos especiais para que bem possa realizar os fins públicos que lhe foram designados.

---

[362] ROCHA, Sílvio Luís Ferreira da. *Terceiro setor*. São Paulo: Malheiros, 2003. p. 52-54.

No que se relaciona ao princípio da supremacia do interesse público, Celso Bandeira de Mello depreende certas consequências como a posição privilegiada do *órgão* encarregado de zelar pelo interesse público e de exprimi-lo nas relações com os particulares.[363] O Poder Público, conforme Anacleto Abduch, nessas relações, encontra-se em posição de autoridade e de comando em relação aos particulares.[364]

Perceba-se, contudo, que essa relação verticalizada nasce exatamente de uma hierarquização valorativa dos interesses das partes, contrastante dos convênios, em que não estão todos os signatários visando à concretização dos interesses públicos como sua principal meta.

Exatamente porque o interesse a ser tutelado no contrato administrativo relaciona-se com o interesse coletivo de um lado e o interesse comercial do outro, o ordenamento jurídico estabelece cláusulas especiais que acabam por elevar a entidade pública a uma posição superior, e não de igualdade, na relação jurídica contratual.[365]

Essas cláusulas especiais, que estabelecem privilégios e prerrogativas para o Poder Público, previstas no regime jurídico administrativo, são costumeiramente denominadas "cláusulas exorbitantes".

A relação contratual administrativa é marcada por prerrogativas concedidas à Administração Pública que efetivamente a colocam em posição de superioridade perante o contratado privado. Essa relação é estabelecida em desigualdade de posições jurídicas, porque o Poder Público tutela direitos fundamentais da coletividade e o particular busca lucro comercial.

No que tange os convênios, em contrapartida, por consubstanciarem a soma de esforços em que todos os participantes visam a concretização do mesmo interesse fundamental, não há que se falar em superioridade de nenhuma das partes. Exatamente porque os interesses dos partícipes envolvidos são interesses fundamentais, inexiste uma hierarquização dos valores defendidos pelos signatários. Dessa igualdade, é possível afirmar que a posição jurídica entre os partícipes é de mesmo valor e, por isso, destaca-se a ausência das cláusulas exorbitantes no âmbito dos ajustes conveniais, pelo menos no que se refere aos convênios firmados entre entes públicos.

---

[363] MELLO, 2010, p.70.
[364] SANTOS, José Anacleto Abduch. *Contratos Administrativos*. Formação e controle interno da execução. Belo Horizonte: Fórum, 2017, p. 26.
[365] SANTOS, 2017, p. 27.

5.4 Desnecessidade de licitação, em regra

A respeito do tema, é preponderante um alerta para se evitar eventual embaraço. Esse tópico trata da necessidade ou não de licitação para a escolha dos entes partícipes a firmar o ajuste de cooperação com a Administração Pública. Mesmo que se entenda inexigível a licitação para a escolha das parcerias, os entes públicos que contratarem serviços ou adquirirem bens na execução do fim proposto na parceria, devem absolutamente seguir o rigor da Lei Geral de Licitações nessas contratações.

Focando na questão principal: as Leis Gerais de Licitações (Lei nº 8.666/93 e Lei nº 14.133/21) afirmam que seus dispositivos devem ser aplicados aos convênios quando compatíveis com a sua natureza (ajuste cooperativo). A doutrina majoritária entende que a união de esforços, com livre adesão dos partícipes em face de objetivos comuns "deixa evidente que não há possibilidade de coexistência com procedimentos competitivos. A situação singulariza o objeto, afastando a licitação".[366]

Assim, parte relevante da doutrina entende que a licitação é, em regra, incompatível com a figura do convênio, em razão da especificidade do objeto e da finalidade envolvidas nesses acordos.[367]

Por que dizemos "em regra"? Porque, de todo o compêndio doutrinário, tem-se que a ausência da obrigação de se realizar procedimento objetivo para a escolha dos partícipes nos ajustes apenas entre entes públicos é intrínseca à própria relação pretendida.

Em outras palavras, quando se firmam parcerias entre entidades públicas, parte-se da premissa de que há inviabilidade de competição, configurando inexigibilidade de licitação.[368] Em contrapartida, nos casos de ajustes com entes privados, seria necessária a análise do caso concreto para averiguar a configuração ou não da inviabilidade de competição.[369]

---

[366] BITTENCOURT, 2019, p. 34.
[367] MEDAUAR, 1996, p. 83.
[368] A inexigibilidade de licitação se relaciona com a situação fática em que não há viabilidade de competição, como por exemplo aquisição ou contratação de serviços que só possam ser fornecidos por produtor, empresa ou representante comercial exclusivos, o que torna a licitação um instrumento inviável (art. 25 da Lei nº 8.666/93 e art. 74 da Lei nº 14.133/21) (NIEBUHR, 2015. p. 216).
[369] Para fins de elucidar essa construção jurídica, Leon Szlarowsky: "Interessante questão se reporta à necessidade ou não de licitação, para a realização de convênios. Esta poderá ser dispensada ou declarada inexigível, nas mesmas hipóteses previstas para os contratos ou outros ajustes. Assim, não se há de falar em licitação, se se tratar de convênio entre a União e o Estado, por exemplo, para a consecução de determinados objetivos comuns, porque inviável a competição. Suponha-se, entretanto, a realização de convênio entre um

Depreende-se da doutrina que é possível inferir a inviabilidade de competição quando se tratar de convênios entre entidades públicas. Por fim, que na celebração de ajuste cooperativo com entidade privada, existindo vários partícipes interessados em firmá-lo, respeitando o princípio da impessoalidade, que deve pautar todos os atos administrativos, deve-se realizar procedimento objetivo para a escolha do parceiro. Contudo, a doutrina majoritária não exige o procedimento licitatório da Lei de Licitações, mas sim o procedimento simplificado, com critérios objetivos para julgamento das propostas de parcerias com os partícipes privados, assegurando, portanto, a isonomia.[370, 371]

Em posicionamento semelhante, a Advocacia Geral da União tem orientado que se justifique a não-utilização do chamamento[372] nos convênios com entidades privadas, quando não for possível o procedimento seletivo.[373] Igualmente, o Decreto nº 6.170, de 2007, que regula os convênios no âmbito da União, prevê que a "celebração de convênio ou contrato de repasse com entidades privadas sem fins lucrativos será precedida de chamamento (...)". Ademais, o TCU orienta os órgãos e entidades da Administração Pública para que editem

---

órgão ou uma entidade estatal e um ente privado. A licitação poderá ser dispensada ou declarada inexigível, com fundamento nos artigos 24 ou 25. Não obstante, se várias forem as entidades particulares que se prestem para a consecução dessas atividades, inquestionavelmente, deverá realizar-se a licitação. Essa é também a opinião de Odete Medauar. Marcos Juruena Villela Souto, porém, ensina que, por ser uma cooperação de esforços de livre adesão, a licitação não se faz necessária" (ZKLAROWSKY, 1998, p. 1).

[370] DURÃO, 2018, p. 107-108.

[371] Flavio Garcia dispõe: "Pode-se dizer que são processos seletivos semelhantes a uma licitação, mas que não necessariamente se sujeitam estritamente ao conjunto de regras da Lei 8.666/93. Ao invés de escolher livremente seu parceiro, à própria Administração, nas contratações diretas, se impõe o dever de realizar um processo seletivo, com vistas a concretizar os princípios da isonomia, eficiência e competitividade. Com isso, seleciona-se a instituição mais bem aparelhada tecnicamente e que apresente projeto mais bem estruturado. Ao mesmo tempo atendendo-se ao princípio da isonomia, evitando-se uma indesejável escolha orientada por critérios estritamente subjetivos. Se a redução da discricionariedade do administrador não é absoluta como em uma licitação – já que os critérios nem sempre conseguem atingir um grau máximo de objetividade –, ao menos são estabelecidos parâmetros que orientam e limitam o administrador no processo de escolha das entidades que firmam essas parcerias" (GARCIA, 2016, p. 448). Neste mesmo sentido discorre Justen Filho (2012a, p. 1.089).

[372] O chamamento público é um procedimento em que é possível convocar os interessados em contratar com o Poder Público, nas hipóteses em que o ordenamento jurídico não impõe a obrigatoriedade de licitação, como no caso do credenciamento (art. 6º, inciso XLIII, da Lei nº 14.133/21), ou na escolha de entidades sem fins lucrativos para firmar parceria com a Administração Pública, que, em regra não se exige licitação, seja por meio das parcerias de que trata a Lei nº 13.019/14 (art. 2º, inciso XII), ou dos convênios.

[373] Orientação Normativa nº 31, de 15 de abril de 2010: a celebração de convênio com entidade privada sem fins lucrativos poderá ser precedida de chamamento público. Nos casos em que não for realizado tal procedimento, deverá haver a devida fundamentação.

normativos próprios estabelecendo a obrigatoriedade de instituir o chamamento previamente à celebração de convênios com entidades privadas sem fins lucrativos.[374]

Ainda, ponderando acerca do princípio da isonomia, o TCU alertou que a seleção de entidades privadas que celebrarão convênios com o Poder Público deve ser feita mediante o estabelecimento de critérios objetivos nos editais, de modo a evitar a escolha com base em interesses meramente pessoais que não privilegiem o atendimento do interesse público.[375]

É possível afirmar que o balanço final é pela desnecessidade de licitação dos convênios entre entes públicos. No caso de ajustes envolvendo ente privados, se existir competição, ou seja, se houver várias entidades almejando firmar ajuste da mesma natureza com o Poder Público, é necessário que se realize procedimento objetivo e simplificado de seleção (chamamento público).

Isto posto, compete aos diversos entes federados e descentralizados a normatização do procedimento de chamamento público para balizar a escolha das entidades privadas que efetivem parcerias com o Poder Público.

5.5 Licitação e contratação feita no âmbito do convênio

Conforme já alertado, a eventual desnecessidade de procedimento para a escolha dos partícipes não afeta a exigibilidade de licitação destinada à contratação de bens e serviços pelos signatários do ajuste convenial no intuito de concretizar o fim traçado no ajuste – isso, caso as entidades sejam aquelas a que se refere o parágrafo único, do art. 1º da Lei nº 8.666/93 e da Lei nº 14.133/21.

Percebe-se, ainda, que o Tribunal de Contas da União vem recomendando que os partícipes fiscalizem e assegurem a utilização adequada dos procedimentos licitatórios pelos parceiros, no âmbito do pacto convenial.[376] A mesma corte de contas também já se manifestou em relação à fiscalização pelos partícipes acerca da utilização indevida da inexigibilidade pelos parceiros, no âmbito do convênio.[377]

---

[374] TCU: Acórdão nº 1.331/2008 – Plenário (Brasil, 2008d).
[375] TCU: Acórdão nº 591/2015 – Plenário (Brasil, 2015h).
[376] TCU: Acórdão nº 1.934/2009 – Plenário (Brasil, 2009h).
[377] Ibid.

Contudo, é temerário que se conclua dos julgados acima que os partícipes são fiscais dos contratos dos seus parceiros.

Os partícipes devem acompanhar o andamento do objeto do convênio, sobretudo quando o ajuste implicar no repasse de recursos públicos. Cabe à concedente,[378] portanto, fiscalizar a aplicação correta dos recursos, coibindo a utilização dos mesmos em objeto diverso do estabelecido no plano de aplicação, e observar se os custos estimados no Plano de Trabalho[379] se encontram de acordo com os valores de mercado.

Todavia, os contratos realizados pelo parceiro não afetam diretamente os partícipes do convênio, que não fazem parte da relação contratual. A ilicitude dessas contratações não implica automaticamente em responsabilidade dos partícipes que estejam alheios a esses ajustes contratuais.

É importante distinguir a fiscalização do convênio da fiscalização do contrato firmado pelos partícipes na concretização do objetivo convenial. O primeiro implica em conferir se as metas dispostas no Plano de Trabalho estão sendo atingidas e averiguar se os recursos disponibilizados para a concretização do interesse mútuo estão sendo aplicados na forma acordada.

Caso o Plano de Trabalho estabeleça que caiba a um determinado partícipe realizar a licitação para a contratação de determinado bem ou serviço, compete exclusivamente a esse e seu corpo técnico e jurídico realizar o planejamento prévio, explicitar os requisitos necessários para participação do certame, e estabelecer a modalidade de licitação e o regime de empreitada, se houver. A existência de impropriedades nessa contratação não implica automaticamente responsabilidade dos outros partícipes do convênio, que não fizeram parte da relação contratual.

É evidente, também, que pode o parceiro exigir, para que o ajuste seja firmado, certos requisitos a serem observados no procedimento licitatório, como fez o Decreto nº 10.024, de novembro de 2019, da União, ao exigir a utilização do pregão e certas adequações nos procedimentos licitatórios das entidades políticas, para que possam receber recursos

---

[378] Utiliza-se o vocábulo "concedente" em simetria ao utilizado pelo Decreto Federal nº 6.170, de 25 de julho de 2007, referindo-se ao partícipe responsável pela transferência dos recursos financeiros destinados à execução do objeto do convênio.

[379] O plano de trabalho é a representação escrita de um projeto do que será realizado no âmbito do convênio, descrevendo os objetivos e métodos que serão utilizados para a execução do empreendimento comum. O respectivo documento foi analisado de forma detalhada no subitem 7.3.

federais.³⁸⁰ Da mesma forma, o Decreto nº 7.983, de abril de 2013, ao exigir a utilização da tabela Sinapi e outras orientações na elaboração dos orçamentos referentes a obras e serviços de engenharia executados com recursos federais.³⁸¹

O que não se pode aceitar é uma imputação de responsabilidade objetiva a uma entidade política pelos procedimentos licitatórios realizados por outra, tendo em vista a rotineira confusão acerca da fiscalização do convênio e a fiscalização do contrato.

Feitas essas ressalvas, cabe sim ao poder concedente impedir, quando tiver conhecimento, o repasse de novos valores ao partícipe que esteja desrespeitando os ditames legais acerca das contratações públicas.

Quando o poder concedente tiver ciência de que o parceiro do convênio está desrespeitando a Lei de Licitações, direcionando o certame licitatório, efetuando sobrepreços em suas contratações, ou praticando qualquer outro ato que viole os princípios gerais do Direito Administrativo, deve-se automaticamente suspender eventual repasse de recursos e apurar o destino dos recursos investidos na avença, por meio de processo administrativo, que pode desaguar em Tomada de Contas Especial.³⁸²

No caso de os partícipes serem entes privados, não é exigível que esses façam licitações para contratar bens e serviços, uma vez que os regramentos da Lei Geral de Licitações só se aplicam à Administração Pública. Porém, uma vez que os recursos são públicos, é necessário que os princípios da Administração Pública sejam respeitados, de forma que a contratação pelos parceiros privados seja antecedida de procedimento simplificado para a escolha objetiva dos contratados.

A aplicação integral da Lei nº 8.666/93 e da Lei nº 14.133/21 não é exigência para convênios firmados com particulares, porém não desobriga esses convenentes da observância dos princípios constitucionais da legalidade, impessoalidade, moralidade, publicidade e

---

[380] Os limites das exigências feitas como condição de se firmar parceria que envolve repasse de recursos, sob a ótica da boa-fé objetiva, foram abordados no item 9.5 deste trabalho.

[381] Em sentido semelhante, o TCU já dispôs acerca da necessidade de monitoramento da execução convenial, com vistas a coibir eventuais descumprimentos ao ordenamento, notadamente no que diz respeito a indícios de direcionamento das compras para favorecimento de determinado fornecedor. TCU: Acórdão nº 979/2009 – Plenário (Brasil 2009z).

[382] Nesse sentido, correlacionamos os seguintes julgados: Acórdão nº 353/2005 – Plenário (Brasil, 2005d), Acórdão nº 291/2011 – Segunda Câmara (Brasil, 2011i), Acórdão nº 3.390/2007 – Segunda Câmara (Brasil, 2007k), Acórdão nº 3.055/2013 – Plenário (Brasil, 2013j), Acórdão nº 5.460/2011 – Segunda Câmara (Brasil, 2011m), Acórdão nº 1.907/2012 – Plenário (Brasil, 2012f), Acórdão nº 2.922/2013 – Plenário (Brasil, 2013i), Acórdão nº 3.227/2012 – Primeira Câmara (Brasil, 2012h).

eficiência na gestão dos recursos públicos. É necessária a utilização de procedimento análogo à licitação ou a realização de pesquisa de preços de mercado para justificar as aquisições efetuadas.

Destaca-se que o TCU já manifestou que não existe impedimento para que a execução de um convênio se faça mediante o aproveitamento de uma licitação já realizada, com o mesmo objeto, desde que os recursos do convênio não sejam utilizados para cobrir despesas assumidas antes de sua celebração, e desde que sejam possíveis a atualização dos preços, nos limites da Lei nº 8.666/93, e do projeto, sem a descaracterização do objeto licitado, e averiguação que a licitação pretérita respeitou os ditames da Lei Geral de Licitações.[383] Nesses casos, o concedente deve se certificar antecipadamente da adequação dos preços contratados para que seja lícito o aproveitamento do procedimento licitatório.

5.6 Convênios e o registro de preços

O art. 15 da Lei nº 8.666/1993 e o inciso I, do art. 40, da Lei nº 14.133/21, dispõem que as contratações efetuadas pela Administração Pública deverão ser, preferencialmente, processadas por meio do sistema de registro de preços.

Tal instituto constitui uma licitação com o objetivo de se criar uma lista de preços a ser utilizada futura e eventualmente pela Administração nas suas aquisições ou contratações. Assim, listam-se os preços e o Poder Público só contratará quando e se surgir a demanda, evitando desperdícios e facilitando a logística de estoque, para demandas rotineiras, que não se pode precisar com assertividade e quantidade.

O sistema registro de preços não é a contratação dos bens pretendidos, mas sim a licitação com o objetivo de chegar ao melhor preço possível para uma "lista de desejos", para uma futura contratação, se houver necessidade, e na quantidade necessária para suprir a necessidade real da Administração. A utilização do sistema registro

---

[383] TCU: Acórdão nº 583/2005 – Segunda Câmara (Brasil, 2005f), Acórdão nº 163/2015 – Segunda Câmara (Brasil, 2015d), Acórdão nº 1.296/2015 – Plenário (Brasil, 2015c), Acórdão nº 1.151/2014 – Plenário (Brasil, 2014c), Acórdão nº 2.099/2011 – Plenário (Brasil, 2011e), Acórdão nº 872/2016 – Plenário (Brasil, 2016l) Acórdão nº 4.219/2014 – Segunda Câmara (Brasil, 2014j).

de preços evita o desperdício de materiais, bem como as dificuldades em relação a logística e prazo de vencimento.[384]

O registro de preços pode auxiliar de forma bastante benéfica a contratação eventualmente necessária para realização do objeto convenial, feita pelos parceiros do ajuste, principalmente quando o poder concedente[385] firmar ajustes com inúmeros parceiros.

A cotação dos preços feita pelo poder concedente, dependendo do caso concreto, poderá trazer ganhos na economia de escala, uma vez que o ente convenente irá contratar uma quantidade muito inferior em comparação com os números referentes à demanda de todos os parceiros conjuntamente, em caso de múltiplos convênios com o mesmo objeto.

Além do mais, o fornecimento dos preços já registrados pelo concedente pode servir de auxílio para as contratações do convenente (que muitas vezes possui uma estrutura administrativa mais modesta que a do concedente). Isso também facilitaria a fiscalização do ente concedente em relação à observação das regras licitatórias e preservação do princípio da isonomia nas contratações feitas pela entidade convenente.

Como exemplo, tome-se um estado da federação que elabore um programa de governo para firmar convênios padronizados com prefeituras interessadas em busca de benefícios às coletividades locais. Suponha que para a execução do respectivo objeto convenial fosse necessária a aquisição de alguns produtos no âmbito municipal.

Nessa hipótese, com o intuito de auxiliar na logística administrativa dos entes beneficiados, o poder concedente poderia licitar os preços dos produtos e registrá-los em ata de registro de preços. Desta forma, os municípios participantes do referido programa não necessitariam realizar sua própria licitação, pois já teriam os preços registrados com fornecedor específico.

O poder concedente poderia concentrar seus esforços fiscalizatórios na correta execução do objeto convenial, uma vez que não teria de demandar atenção para os diversos procedimentos licitatórios realizados pelas municipalidades se estivessem incumbidas de realizar seus respectivos certames licitatórios.

O TCU já compreendeu lícito que o convênio preveja cláusula que recomende a adesão de entes públicos convenentes a ata de registro

---

[384] JACOBY, Jorge Ulisses Fernandes. *Sistema de registro de preços e pregão presencial e eletrônico.* Belo Horizonte: Fórum, 2013, p. 87-88.
[385] Utiliza-se o vocábulo "concedente" em simetria ao utilizado pelo Decreto Federal nº 6.170, de 25 de julho de 2007, referindo-se ao partícipe responsável pela transferência dos recursos financeiros destinados à execução do objeto do convênio.

de preços vinculada a programa governamental do poder concedente, contudo, deverá ficar resguardada a liberdade do poder convenente de celebrar licitação própria, desde que obtenha condições mais vantajosas que as da ata de registro de preços.[386]

O registro de preços é um instrumento apto a dar eficiência e segurança jurídica às contratações feitas pelos partícipes dos ajustes conveniais, principalmente quando o poder concedente firmar diversos convênios similares com parceiros distintos.

---

[386] TCU: Acórdão nº 1.717/2012 – Plenário (Brasil, 2012e).

CAPÍTULO 6

CONVÊNIOS ADMINISTRATIVOS E A TRANSFERÊNCIA DE RECURSOS

A organização do federalismo brasileiro aponta para uma união de entidades políticas autônomas subordinadas a uma entidade central, que tem soberania.

Uma característica importante que se destaca no estado federal é a distribuição de competências. Este é um fator importante na análise das transferências intergovernamentais, pois a disponibilidade de financiamento é necessária para o exercício dos poderes constitucionais das entidades políticas, e dessa forma instrumento fundamental para o exercício da autonomia.

Para garantir a independência financeira dos entes federados, o pacto federativo brasileiro utiliza técnicas para distribuição da receita recolhida em todo seu território: a) reparte a competência para instituir tributos entre a União, estados, Distrito Federal e municípios; b) assegura a participação desses entes na receita tributária arrecadada pela União e garante o recebimento pelos municípios de parte da receita tributária arrecadada pelos estados.[387]

Desse modelo de repartição de tributos decorre importante característica do federalismo brasileiro, que é o seu caráter cooperativo, pois se identifica pelo auxílio contínuo entre os entes federados, com o intuito de alcançar objetivos comuns, traçados constitucionalmente.[388]

A colaboração entre as esferas políticas remonta a uma visão mais ampla do federalismo e pode ocorrer nos campos administrativo, político e financeiro. Essa característica influencia a distribuição das

---

[387] FURTADO, José de Ribamar Caldas. *Direito financeiro*. Belo Horizonte: Fórum, 2012, p. 204-205.
[388] DALLAVERDE, 2012, p. 43.

competências de cada um dos entes federados, com o fim último de desenvolvimento do todo e concretização dos direitos fundamentais comuns a toda população.

De fato, quando se trata da divisão de competências, não se pode basear na premissa de que cada ente atua de forma distinta e isolada e então, ignorar os objetivos comuns elencados na Constituição Federal. Em vez disso, tarefas e objetivos são atribuídos uniformemente para atingir um único objetivo: o desenvolvimento do Estado brasileiro. Portanto, não pode se ignorar o espírito de cooperação que guia diferentes entes políticos a atuarem conjuntamente.[389]

Com o intuito de se alcançar os objetivos constitucionais, é preciso atenção para o modo como se efetua a colaboração dos entes federados. Ao se atribuir competência a mais de uma entidade política, que possui os mesmos objetivos, deve-se estabelecer os limites e as responsabilidades de cada uma delas. Ainda que possa ser atribuída a mesma competência a todos os entes federados, é necessária a definição da dinâmica colaborativa entre eles para atingir os objetivos comuns, o que necessariamente deve passar pelo estudo das transferências voluntárias.[390]

6.1 Transferências voluntárias

A opção política pelo federalismo, delimitada pela Constituição da República, tem por consequência não só a independência político-administrativa dos membros federados, mas também a sua autonomia financeira. A autonomia financeira implica nas receitas próprias dos entes federados distribuídas sob critérios definidos no texto constitucional, arrecadadas, em regra, de forma direta ou, ainda, por meio das transferências intergovernamentais, isto é, recursos repassados por outra esfera de poder.

Dessa sistemática derivam dois subtipos de transferências: as transferências compulsórias e as transferências voluntárias.

As transferências compulsórias referem-se àqueles repasses de recursos que decorrem das regras previamente delimitadas pelo ordenamento jurídico. Visam a garantir a autonomia financeira de estados, Distrito Federal e municípios. Assim, não são originadas de

---

[389] Ibid., p. 120.
[390] DALLAVERDE, 2012, p. 111.

deliberação do ente repassador, mas sim de determinação imperativa por força de norma heterônoma.

Uma das principais formas de operacionalização das transferências de natureza obrigatória se dá por meio da repartição de receitas tributárias. Portanto, foi expressamente prevista na Constituição da República a participação de um ente federativo na receita tributária de outro. Já as transferências voluntárias estão relacionadas à cooperação entre as entidades federadas na implantação de serviços públicos, e, portanto, decorrem de acordos instrumentalizados pelos representantes das entidades federadas. O que importa para classificar as transferências voluntárias é a decisão política de fazer os repasses, diferente das compulsórias, que nascem de obrigatoriedade decorrente de imposição do próprio ordenamento jurídico

O que importa para classificar as transferências voluntárias é a decisão política de fazer os repasses, diferente das compulsórias, que nascem de obrigatoriedade decorrente de imposição do próprio ordenamento jurídico.

O art. 25 da Lei Complementar nº 101, de 4 de maio de 2000, conceitua como transferência voluntária "a entrega de recursos correntes ou de capital a outro ente da Federação, a título de cooperação, auxílio ou assistência financeira, que não decorra de determinação constitucional, legal ou os destinados ao Sistema Único de Saúde".[391]

A regra é que as transferências obrigatórias não necessitem de instrumento que formalize a cooperação entre os entes, uma vez que o repasse se dá diretamente, ou por meio de fundos, de forma automática, pela obrigação contida na Constituição Federal. Por outro lado, as transferências voluntárias necessitam de instrumento negocial que formalize e estabeleça as condições das referidas transferências, uma vez que suas balizas não foram anteriormente definidas.

Relevante a posição do STF ao entender que, apesar da eventual existência de instrumento normativo que autorize a transferência voluntária por parte do poder concedente, exige-se a celebração de ato negocial entre os partícipes, tendo em vista o caráter voluntário da transferência e a imprescindível anuência da entidade beneficiada:

> (...) quaisquer repasses de recursos, feitos inclusive por força da lei que vincula a União, mas evidentemente por procedimentos formais administrativos, se consideram como feitos mediante instrumento congênere a convênios, acordos ou ajustes, até porque seu recebimento

---

[391] Art. 25 da Lei Complementar nº 101, de 4 de maio de 2000 (Brasil, 2000).

necessita de concordância – e o acordo de vontade é o elemento comum aos convênios, acordos ou ajustes –, ainda que tácita, dos estados, do Distrito Federal ou dos municípios[392] (STF, Plenário ADI 1934-1/DF, Rel. Min Moreira Alves, 01/09/99, DJ 22/10/99).

Atente-se que o convênio é por definição um negócio jurídico com contribuição mútua para a realização de interesse comum. Então, não é possível compreender os convênios como simples forma de transferências de recursos, caso não seja demonstrada a soma de esforços para concretizar direito fundamental de competência comum dos entes.

O alerta é importante porque é rotineira na prática administrativa a intenção da utilização do convênio para instrumentalizar o simples repasse de recursos financeiros, sem a caracterização do interesse comum (que envolve as competências inerentes às respectivas entidades envolvidas), ausente, desse modo, o aspecto colaborativo.

Os convênios não se confundem, por conseguinte, com a mera transferência financeira a título de subvenção social (art. 12, §3º, I, da Lei nº 4.320/64). Na subvenção social, as verbas transferidas destinam-se ao custeio de uma entidade determinada, ou seja, visam a atender a despesa de caráter geral, sem a vinculação a um Plano de Trabalho definido. O convênio, por outro lado, tem que estar, necessariamente, atrelado a um projeto, de modo que os partícipes se associam para cumprir uma meta delineada.

A distinção do convênio de outras modalidades em que se realizam transferências voluntárias, portanto, é o ajuste prévio de atribuições dos partícipes, uma vez que se trata de negócio jurídico bilateral, em que os partícipes se unem para atender a um objetivo comum.[393]

A Lei de Responsabilidade Fiscal prevê requisitos para que se autorize a transferência de recursos entre entes, por conseguinte é indiferente o instrumento que está sendo utilizado para formalizar a transferência específica. Caso haja o repasse de recursos entre entes, devem-se respeitar as regras do normativo fiscal.

É evidente que caso se trate de convênio para repasse de recursos financeiros, é necessário que sejam observados os requisitos para sua implementação, inclusive com a demonstração dos interesses mútuos, bem como esteja adequado à Lei de Responsabilidade Fiscal no que diz respeito às transferências voluntárias.

---

[392] BRASIL. Supremo Tribunal Federal. ADI 1934-1/DF. Relator: Min. Moreira Alves, 1º de setembro de 1999. Diário de Justiça, Brasília, 22 out. 1999d.
[393] MAGALHÃES, 2012, p. 294-295.

A mesma lógica se aplica aos convênios que transfiram recursos oriundos de emenda parlamentar. Emenda parlamentar é uma transferência intergovernamental acrescida à Lei Orçamentária Anual por solicitações de parlamentares. É, portanto, um instrumento constitucional que visa a inserir o Congresso Nacional nas discussões acerca do planejamento do orçamento e descentralizar voluntariamente recursos a instâncias locais com maior proximidade das demandas sociais (artigo 166, parágrafos 2º a 4º da Constituição Federal).[394]

Ainda que decorrentes de inserções parlamentares efetuadas ao orçamento, essas transferências devem seguir o procedimento regular, e, consequentemente, respeitar as exigências legais da Lei nº 8.666/1993 ou da Lei nº 14.133/21 (quando instrumentalizada por convênio) e da Lei de Responsabilidade Fiscal.[395] Nesse sentido, o TCU recomenda que as propostas para a celebração de convênios provenientes de emendas parlamentares devem conter descrição detalhada, objetiva, clara e precisa do que se pretende realizar e submeter-se às etapas previstas nas normas vigentes.[396]

O repasse fundo a fundo entre os entes federados, por outro lado, ocorre de forma automática, regulado por ato normativo, sem necessidade de formalização de negócio jurídico entre eles. Ou seja, trata-se de instrumento de descentralização de recursos que se caracteriza pela remessa direta de recursos provenientes de fundos de uma esfera para outra, dispensando a celebração de negócios jurídicos específicos.

Esse tipo de transferência tem como objetivo proporcionar (ou oportunizar) ao ente repassador maior efetividade e menos obstáculos para transferir altos valores a título de cooperação, sem a definição de um Plano de Trabalho específico, mas atrelado a uma política pública ampla.

É possível que se entenda que o repasse fundo a fundo seja espécie do gênero transferência obrigatória, por decorrer de ato normativo e não de negócio jurídico. Contudo, o que de fato distingue a transferência obrigatória de uma voluntária é o grau de discricionariedade que o ente repassador tem para escolher se, e quando vai transmitir os recursos

---

[394] SODRÉ, Antônio Carlos de Azevedo; ALVES, Maria Fernanda Colaço. *Relação entre emendas parlamentares e corrupção municipal no Brasil*: estudo dos relatórios do programa de fiscalização da Controladoria-Geral da União. Revista de Administração Contemporânea, 14, 3, p. 414-433, 2010.

[395] Mesma conclusão chegou o TCU no Acórdão nº 2.754/2014 – Plenário (Brasil, 2014h).

[396] TCU: Acórdão nº 1.540/2014 – Plenário (Brasil, 2014d), Acórdão nº 2.485/2010 – Plenário (Brasil, 2010c), Acórdão nº 591/2015 – Plenário (Brasil, 2015h).

financeiros. O repasse fundo a fundo é apenas uma técnica de repasse que não define por si só a natureza da transferência.

Dispõe Alexsandra Dallaverde que a utilização da técnica da transferência por fundos não constitui critério de classificação do repasse enquanto transferência voluntária, devendo-se, da mesma forma, verificar não apenas a automaticidade do repasse, mas também a ausência de exigências a serem observadas pelos entes recebedores dos recursos.[397]

Os repasses fundo a fundo, quando decorrem de liberalidade do poder concedente, constituem mera técnica de gestão de descentralização, e, portanto, classificam-se como transferências voluntárias, devendo respeitar os ditames do art. 25 da Lei Complementar nº 101/00, apesar de dispensar a instrumentalização por negócio jurídico, como um convênio, por exemplo.

6.2 Requisitos para se efetuar transferências voluntárias

Na esfera legal, a Lei de Responsabilidade Fiscal representa o mais relevante diploma regulamentador das transferências, uma vez que traça seu conceito e ainda elenca os requisitos condicionantes dos respectivos repasses (art. 25).[398]

---

[397] DALLAVERDE, 2012, p. 232.
[398] Art. 25 da Lei de Responsabilidade Fiscal: Para efeito desta Lei Complementar, entende-se por transferência voluntária a entrega de recursos correntes ou de capital a outro ente da Federação, a título de cooperação, auxílio ou assistência financeira, que não decorra de determinação constitucional, legal ou os destinados ao Sistema Único de Saúde.
§1º São exigências para a realização de transferência voluntária, além das estabelecidas na lei de diretrizes orçamentárias:
I – existência de dotação específica;
III – observância do disposto no inciso X do art. 167 da Constituição;
IV – comprovação, por parte do beneficiário, de:
a) que se acha em dia quanto ao pagamento de tributos, empréstimos e financiamentos devidos ao ente transferidor, bem como quanto à prestação de contas de recursos anteriormente dele recebidos;
b) cumprimento dos limites constitucionais relativos à educação e à saúde;
c) observância dos limites das dívidas consolidada e mobiliária, de operações de crédito, inclusive por antecipação de receita, de inscrição em Restos a Pagar e de despesa total com pessoal;
d) previsão orçamentária de contrapartida.
§2º É vedada a utilização de recursos transferidos em finalidade diversa da pactuada.
§3º Para fins da aplicação das sanções de suspensão de transferências voluntárias constantes desta Lei Complementar, excetuam-se aquelas relativas a ações de educação, saúde e assistência social (Brasil, 2007a).

Além dos requisitos do art. 25, a Lei de Responsabilidade exige a efetiva arrecadação de todos os tributos de competência do ente federado, na forma do parágrafo único de seu artigo 11, como condição para recebimento das transferências voluntárias.

Atendidos tais requisitos, a transferência de recursos entre os entes é possível. Porém, na hipótese de descumprimento dessas exigências, o ente não receberá as transferências voluntárias, com exceção daquelas para as áreas de saúde, educação e assistência social a que se refere o §3º do art. 25 da Lei Complementar nº 101.

A análise da regularidade do ente beneficiado pode ser feita por meio de cadastros de inadimplentes do ente concedente. A consulta pode ser realizada pelo Cadin (cadastro informativo dos créditos não quitados de órgãos e entidades), destinado à inclusão das pendências de pessoas físicas e jurídicas perante órgãos e entidades da administração pública, e, ainda, pelas certidões liberatórias dos tribunais de contas.[399]

É obrigatória a verificação da regularidade fiscal dos proponentes para celebração de convênio. O descumprimento desse controle preventivo, por parte do órgão repassador, é passível de responsabilização.[400]

Conforme se depreende do inciso XIII, do art. 55, da Lei nº 8.666/93 e do inciso XVI, do art. 92, da Lei nº 14.133/21, há obrigação de os partícipes de manterem, durante toda a execução do ajuste, as mesmas condições iniciais que detinham quando o firmaram. Isso significa que, no caso de o convênio envolver a transferência de recursos financeiros, além dos requisitos previstos na Lei Geral de Licitações, os partícipes devem manter, durante o prazo do ajuste, todas as condicionantes previstas no art. 25 da Lei de Responsabilidade Fiscal, sob pena de suspensão do repasse financeiro.

Os dispositivos retromencionados são totalmente compatíveis com a natureza do convênio, o que o torna de aplicação obrigatória, conforme a imperatividade do disposto no art. 116 da Lei nº 8.666/93 e no art. 184 da Lei nº 14.133/21. O TCU já deliberou que o ente federado convenente deve manter atualizadas as condições de regularidade fiscal e cadastral.[401]

---

[399] Lei nº 10.522, de 19 de julho de 2002 (Brasil, 2002b).
[400] O TCU já dispôs de forma semelhante no Acórdão nº 1.933/2007 – Plenário (Brasil, 2007i).
[401] TCU: Acórdão nº 946/2011 – Segunda Câmara (Brasil, 2011s), Acórdão nº 8.679/2011 – Segunda Câmara (Brasil, 2011r).

6.3 Contrapartida como condição para recebimento das transferências voluntárias

Com intuito de tentar coibir a formação de convênio com repasses de recursos que são verdadeiras doações, o ordenamento jurídico brasileiro prevê contrapartida por parte do convenente.[402]

A contrapartida é a contribuição que será feita pelo convenente para a concretização do objeto pretendido. Ora, o convênio serve para instrumentalizar a cooperação entre os entes, e, portanto, a soma de esforços (a contribuição de todas as entidades) para que o objetivo comum seja concretizado, trata-se de silogismo.

Acerca da compulsoriedade de contribuição monetariamente aferível por todos os conveniados, nos ajustes que tratam de transferências de recursos financeiros, a Lei de Responsabilidade Fiscal exige a previsão orçamentária da contrapartida para que o repasse de recursos seja possível, sem fazer nenhum tipo de ressalva quanto à exigência legal.

Da leitura do Decreto nº 6.170/07[403] e da Lei nº 14.116/20[404] (Lei de Diretrizes Orçamentárias – LDO) é possível compreender que a contrapartida para a realização de transferências voluntárias, no âmbito federal, é imprescindível.

A nível regional, há atos normativos que compreendem como facultativa a contribuição de contrapartida por parte do convenente, apesar do disposto na Lei de Responsabilidade Fiscal.[405] A interpretação feita nesses casos, é a de que, caso se exija contrapartida, deve existir previsão orçamentária para a mesma no momento da celebração do ajuste, o que não parece ser a posição mais acertada.

---

[402] A Lei de Responsabilidade Fiscal, no art. 25, §, I, d), prevê entre as exigências para a realização de transferência voluntária, além das estabelecidas na Lei de Diretrizes Orçamentárias, a previsão orçamentária de contrapartida.

[403] Decreto nº 6.170/2007: (...) art. 7º A contrapartida será calculada sobre o valor total do objeto e poderá ser atendida da seguinte forma:
I – por meio de recursos financeiros, pelos órgãos ou entidades públicas, observados os limites e percentuais estabelecidos pela Lei de Diretrizes Orçamentárias vigente;
(...)
II – por meio de recursos financeiros e de bens ou serviços, se economicamente mensuráveis, pelas entidades privadas sem fins lucrativos (Brasil, 2007a).

[404] Lei nº 14.116/20: art. 83. (...) §3º Os Estados, o Distrito Federal e os Municípios deverão comprovar a existência de previsão na lei orçamentária da contrapartida para recebimento de transferência voluntária da União (Brasil, 2020b).

[405] É o que se pode depreender da leitura do art. 13 da Resolução nº 28/2011 do Tribunal de Contas do Estado do Paraná, ao criar regras para contrapartida, "quando prevista" no termo que regulamenta a respectiva transferência voluntária.

É necessário destacar que a redação de atos estaduais e municipais que preveem o dever de demonstrar a contrapartida "quando prevista" parece corresponder à redação elaborada em regulamento (revogado) da União, a Portaria nº 507/2011.

De toda forma, é difícil imaginar um convênio em que se necessite de recursos para a sua concretização e que a parte beneficiada não tenha nenhuma atribuição monetariamente mensurável a ser feita. Há uma forte tendência de que os convênios que não prevejam contrapartida não sejam convênios, mas sim uma doação disfarçada.[406]

Da mesma forma, Gustavo Magalhães esclarece que é da própria essência do convênio, negócio jurídico bilateral cooperativo, a junção de esforços para se atender um objetivo comum. É imprescindível que todos os partícipes efetivamente colaborem com o fim de configurar a cooperação. Sendo assim, no intuito de garantir a mútua colaboração nos convênios, evitando-se que eles se tornem meras doações realizadas entre entes, é prevista a contrapartida como requisito da celebração do convênio.[407]

Veja que a contrapartida não necessita ser em valores financeiros, admite-se que um ente contribua com recursos financeiros e outro apresente como contrapartida bens ou serviços economicamente mensuráveis.[408]

Nos casos em que a contrapartida for oferecida em bens ou serviços, recomenda-se a precificação monetária, com o acompanhamento das justificativas e memórias de cálculos, a fim de ser garantida a compreensão a respeito da proporcionalidade das contribuições a serem oferecidas pelos partícipes.[409]

Nenhuma lei de alcance nacional fixa a proporção entre partida e contrapartida, cabendo às partes no caso concreto sopesar a contribuição de cada partícipe.

Embora da própria ideia de contrapartida se possa inferir a equivalência das prestações, deve-se ter em mente que o convênio (conforme o art. 3º em conjunto com o art. 241 da Constituição Federal) é instrumento de prestação conjunta de serviços públicos, como também um meio de reduzir desigualdades regionais. A existência histórica das

---

[406] Nesse sentido o TCU já manifestou que a contrapartida nada mais é do que a demonstração cabal do convenente de que pretende participar efetivamente da parceria, na busca do interesse comum. TCU: Acórdão nº 1.777/2006 Plenário (Brasil, 2006c).
[407] MAGALHÃES, 2012, p. 295 e 291.
[408] DURÃO, 2018, p. 139.
[409] MAGALHÃES, op. cit., p. 292.

transferências federais no Brasil tem sua origem no objetivo de reduzir desigualdades territoriais.[410]

O ordenamento jurídico deve buscar garantir que os partícipes contribuam efetivamente para o sucesso do pretendido no convênio, em atenção a própria natureza convenial (que exige uma soma de esforços em cooperação), sem que para tanto sejam fixados percentuais que não respeitem a condição financeira e econômica dos entes envolvidos. Assim, conclui-se que todos os partícipes do convênio devem cooperar, o que não significa, entretanto, que a contribuição de cada um deve ser idêntica.[411]

A Lei de Diretrizes Orçamentárias (Lei nº 14.116/20)[412] da União, ano após ano, dispõe de critérios percentuais, com base na população do município que irá receber a respectiva transferência, com o intuito de consubstanciar o valor monetário da contrapartida exigida.

Na hipótese de ausência de dispositivo normativo estabelecendo o valor da contrapartida na respectiva esfera da federação, a proporção entre os aportes deverá ser aferida levando-se em consideração o objeto a ser executado e a realidade financeira dos partícipes. A forma como se deu a estimativa monetária da contrapartida que ocorreu por meio de bens e serviços, bem como a proporção entre partida e contrapartida, deverá constar do Plano de Trabalho, com as devidas justificativas.[413]

Sobre a correlação entre partida e contrapartida, o TCU já se posicionou pela manutenção da proporcionalidade dos aportes, conforme o ajustado originalmente. Isso, em regra, ao longo de toda execução do convênio, mesmo que reste saldo a ser devolvido após concluído o objeto convenial.[414]

Os convênios firmados pela Administração Pública, então, devem ser motivados em relação aos esforços engendrados na consecução do bem comum, com o delineamento da definição da respectiva contrapartida (quando houver repasse de recursos financeiros).

---

[410] ARRETCHE, 2012, p. 201
[411] MAGALHÃES, 2012, p. 293-294.
[412] Ver art. 83 e parágrafos da Lei nº 14.116, de 31 de dezembro de 2020, que dispõe sobre as diretrizes para a elaboração e a execução da Lei Orçamentária de 2021.
[413] Esse, também, é o posicionamento do TCU ao recomendar que na hipótese em que o Plano de Trabalho do convênio fizer previsão de execução de serviços como contrapartida, somente deve ser celebrado o ajuste se esses serviços estiverem discriminados, quantificados e com custos definidos (mensuráveis). TCU: Acórdão nº 980/2009 – Plenário (Brasil, 2009x) e Acórdão nº 2.909/2009 – Plenário (Brasil, 2009o).
[414] TCU: Acórdão nº 186/2007 – Primeira Câmara (Brasil, 2007g), Acórdão nº 364/2007 – Segunda Câmara (Brasil, 2007m), Acórdão nº 1.543/2008 – Segunda Câmara (Brasil, 2008g), Acórdão nº 5.774/2015 – Plenário (Brasil, 2015g).

6.4 Suspensão das transferências voluntárias

A alternativa de suspensão do recebimento de transferências voluntárias decorre da inobservância das regras impostas pela Lei de Responsabilidade Fiscal. Mediante a inadimplência em relação aos requisitos legais já explicitados, os entes federados podem ser inseridos em cadastro de inadimplentes.[415] Merece menção o Cadastro Informativo dos Créditos não Quitados de Órgãos e Entidades Federais (Cadin),[416] regulado pela Lei Federal nº 10.522, de 19 de julho de 2002, cujo artigo 2º [417] prevê as hipóteses de inclusão de inadimplentes.

O artigo 9º, inciso IV, item b), da Portaria Interministerial[418] nº 424/2016, da União, prevê que é vedada a celebração de convênios com entidades que estejam inadimplentes com entidades da Administração Pública Federal.[419]

Além da manutenção dos requisitos dos artigos 25 e 11 da Lei de Responsabilidade Fiscal, há outros dispositivos da lei que visam a efetivar certos objetivos fiscais, que acarretam a suspensão das transferências voluntárias, ao serem descumpridos:

a) A entidade federada que não cumprir os limites de gastos com pessoal e não adotar as ações essenciais, dispostas em lei, para a eliminação do excedente nos dois quadrimestres seguintes, ficará impedida de receber transferências voluntárias, nos termos da Lei de Responsabilidade Fiscal (art. 23).

b) Aplica-se, também, a suspensão ao recebimento de transferências voluntárias aos entes que, não comprovando as

---

[415] É oportuno ressaltar que, na ACO 2159/MT, o STF já entendeu que viola o princípio do devido processo legal a inscrição de unidade federativa em cadastros de inadimplentes antes de iniciada e julgada a tomada de contas especial pelo Tribunal de Contas (Brasil, 2014b).

[416] Nas outras esferas políticas, deve ater-se aos normativos do Cadin local ou regional.

[417] Art. 2º O Cadin conterá relação das pessoas físicas e jurídicas que:
I – sejam responsáveis por obrigações pecuniárias vencidas e não pagas, para com órgãos e entidades da Administração Pública Federal, direta e indireta;
II – estejam com a inscrição nos cadastros indicados, do Ministério da Fazenda, em uma das seguintes situações:
a) cancelada no Cadastro de Pessoas Físicas – CPF; (Redação dada pela Lei nº 11.941, de 2009)
b) declarada inapta perante o Cadastro Geral de Contribuintes – CGC (Brasil, 2002b).

[418] Dos ministérios federais do Estado do Planejamento, Desenvolvimento e Gestão; da Fazenda; e da Transparência, Fiscalização e Controladoria-Geral da União.

[419] A Portaria Interministerial nº 424/2016 estabelece normas para execução do estabelecido no Decreto nº 6.170, de 25 de julho de 2007, que dispõe sobre as normas relativas às transferências de recursos da União mediante convênios e contratos de repasse (Brasil, 2016a).

condições legais para contratação de operação de crédito, fizerem a respectiva operação, enquanto não efetuado o cancelamento, amortização, ou constituída reserva (art. 33).

c) Quando honrarem dívida de outro ente, em razão de garantia prestada, a União e os Estados poderão condicionar as transferências constitucionais ao ressarcimento daquele pagamento (art. 40, *caput* e parágrafos 10 e 9).

d) Buscando conferir efetividade à transparência na gestão dos recursos públicos, a Lei de Responsabilidade Fiscal previu uma série de medidas com o objetivo de conceder publicidade dos dados concernentes às contas públicas. Entre essas, a publicação das contas escrituradas dos entes da federação pelo Poder Executivo da União. Para a consolidação de tais dados, os Estados e Municípios deverão encaminhar suas informações à União, nos prazos fixados pela própria lei.[420] O descumprimento dessa obrigação acarreta ao ente faltoso a suspensão no recebimento de transferências voluntárias, nos termos da Lei de Responsabilidade Fiscal (art. 51).

e) Também visando a efetivação da transparência das contas da Administração Pública, a Lei de Responsabilidade Fiscal prevê que o Relatório Resumido da Execução Orçamentária deve ser publicado no prazo de até trinta dias após o encerramento de cada bimestre. O descumprimento dessa obrigação acarreta a suspensão das transferências voluntárias até que a situação seja regularizada, nos termos da Lei de Responsabilidade Fiscal (art. 52, *caput* e o §2º).

f) Ainda, relacionado ao princípio da publicidade, a referida lei complementar prevê o Relatório de Gestão Fiscal, que deve ser emitido no final de cada quadrimestre pelos titulares de cada um dos Poderes, no prazo de trinta dias após o encerramento do período. O descumprimento dessa obrigação acarreta a suspensão do repasse de recursos voluntários até que a situação seja regularizada, nos termos da Lei de Responsabilidade Fiscal (art. 54 e o §3º do art. 55).

g) Os incisos II e III do art. 48 da Lei de Responsabilidade Fiscal exigem, visando assegurar transparência, a liberação ao pleno conhecimento e acompanhamento da sociedade, em tempo real, de informações pormenorizadas sobre a execução

---

[420] DALLAVERDE, 2012, p. 161.

orçamentária e financeira. Esses dados devem estar disponíveis em tempo real, em meios eletrônicos de acesso público, e a adoção de sistema integrado de administração financeira e controle, com a disponibilização do acesso a informações pormenorizadas referentes às receitas e às despesas. A lei fixa, ainda, prazos a serem observados pelos entes, cujo descumprimento acarreta a suspensão no recebimento de transferências voluntárias.[421]

Entretanto, não é demais relembrar que no tocante às suspensões das transferências voluntárias previstas em lei, o artigo 25, §3º, da Lei de Responsabilidade Fiscal, dispõe que para fins da aplicação das sanções de suspensão de transferências voluntárias, excetuam-se aquelas relativas a ações de educação, saúde e assistência social.

6.5 Transferências de recursos em período eleitoral e em final de mandato

A Lei nº 9.504/97,[422] que normatiza restrições para o período eleitoral estabelece a impossibilidade da realização da transferência voluntária entre entes federativos nos três meses que antecedem o pleito eleitoral (art. 73, VI, *a*). Há ressalva dos recursos destinados a cumprir obrigação formal preexistente para execução de obra ou serviço em andamento e com cronograma prefixado, e dos destinados a atender situações de emergência e calamidade pública. Sendo assim, o mandamento legal visa a impedir que se utilize a transferência de recursos voluntários como forma indevida de campanha eleitoral.

Os candidatos que estão inseridos na máquina pública, no momento do pleito eleitoral, auferem vantagem ilícita ao efetivar transferências de recursos a outras entidades, uma vez que o respectivo repasse de recursos pode resultar em maior apoio político e incremento da popularidade eleitoral para quem estiver no mandato eletivo naquele momento. Em outras palavras, caso se permitisse o repasse de

---

[421] O artigo 73-C da Lei de Responsabilidade Fiscal estabelece que "O não-atendimento, até o encerramento dos prazos previstos no art. 73-B, das determinações contidas nos incisos II e III do parágrafo único do art. 48 e no art. 48-A sujeita o ente à sanção prevista no inciso I do §3º do art. 23" (Brasil, 2000, n.p.).

[422] BRASIL. *Lei nº 9.504, de 30 de setembro de 1997*. Estabelece normas para as eleições. Brasília/DF: Presidência da República, 1997.

recursos no período em análise, correr-se-ia o risco de consentir com o uso abusivo da máquina pública e dos recursos públicos, para fins meramente eleitorais, o que consubstanciaria desvio de poder.

Esse é o entendimento do Tribunal Superior Eleitoral – TSE, de que a mera prática da conduta já faz incorrer no desabono do dispositivo legal, não carecendo de demonstração da efetiva lesividade, uma vez que as condutas vedadas legalmente afetam, por presunção legal, a igualdade de oportunidades entre os candidatos no pleito eleitoral, sendo desnecessário comprovar-lhes a potencialidade lesiva.[423]

O dispositivo se preocupou em manter o andamento de obras e serviços, que já estariam sendo executados, quando do início do período de restrição. Poderia causar danos à sociedade e ao próprio erário a súbita paralisação desses serviços e obras.

A Resolução nº 21.878, de 2004, do Tribunal Superior Eleitoral (TSE), dispõe que é vedada a transferência voluntária de recursos até que ocorra o pleito eleitoral, ainda que resultante de convênio, a não ser que se destine à execução de obras ou serviços já iniciados fisicamente.[424] Isso significa que o simples fato de o convênio ter sido firmado anteriormente ao período de restrição não torna lícito o repasse de recursos para o prosseguimento do empreendimento. É necessário o início da execução das obras e serviços, anteriores ao período ao qual se refere o inciso VI, do art. 73, da Lei nº 9.504/1997, para que seja justificável o repasse de recursos, sob argumento da não-interrupção de serviços e obras públicas.

Nesses casos, os recursos que poderão ser transferidos são aqueles previamente provisionados (de acordo com o projeto inicial) para a execução das obras e serviços. Caso haja ampliação do escopo inicial dessas obras e serviços dentro do período de restrição eleitoral, esses recursos referentes ao alargamento do projeto original só poderão ser transferidos após o fim do período de restrição.

---

[423] BRASIL. Tribunal Superior Eleitoral. Tribunal Pleno. Recurso Especial Eleitoral nº 45.060 Corinto/MG. Relatora: Ministra Laurita Hilário Vaz. Brasília, 26 set. 2013. DJe 203, 22 out. 2013n, p. 55-56.

[424] É oportuno também citar o Acórdão nº 6.111/15 – Tribunal do Pleno, do TCE/PR, no mesmo sentido: O espírito normativo do referido dispositivo reside na manutenção da isonomia entre os candidatos nos pleitos eleitorais, refreando abusos da Administração, praticados pelos seus agentes públicos, quando do período eleitoral, admitindo-se a mitigação dessa regra em casos de emergência e calamidade pública, bem como quando do repasse para obras ou serviços já iniciados derivados de obrigações anteriormente celebradas. (...) Nesse contexto, veja-se que é irrelevante a data em que o convênio tenha sido celebrado, sendo indispensável que o repasse ocorra para atender obras que já estejam em andamento, inclusive, sob pena de responsabilização eleitoral do agente público.

Diferente é a hipótese em que seja comprovada a necessidade de aumento de recursos, não por uma decisão discricionária de ampliação do escopo pretendido incialmente pela Administração Pública, mas pela imprescindibilidade da alteração por motivo técnico, descoberto supervenientemente à execução. Nesse caso, é possível aventar a ampliação do repasse de recursos, mesmo em período de restrição, quando no caso concreto fique demonstrada a insuportabilidade dos danos que possam acarretar a suspensão do serviço (na espera do fim do período de restrição eleitoral). Essa última hipótese pode (dependendo do caso concreto) subsumir-se à exceção legal que permite a transferência voluntária em período de restrição eleitoral, desde que os recursos transferidos sejam "destinados a atender situações de emergência".[425]

É necessário relatar que existe entendimento de que a lei veda o efetivo repasse de recurso e não os atos preparatórios do convênio, como a assinatura do convênio e a realização da licitação. Neste sentido, dispõe o Parecer GQ-158 da Advocacia Geral da União,[426] sob o argumento de que a assinatura do termo de convênio é ato que não se encontra vedado pela lei em análise, cabendo constar do instrumento cláusula que condicione a liberação dos recursos ao término do prazo estabelecido no inciso VI do art. 73 da Lei nº 9.504/97.

Esse posicionamento parte da premissa de que apenas a execução visível da obra ou serviço teria motivação eleitoreira e potencial para causar impacto na população votante. Diante dessa lógica, a assinatura de convênio sem ampla divulgação em palanque e feita de forma discreta no âmbito da partição pública, não teria força de influenciar os eleitores. Ademais, considerando que a lei eleitoral trata de regime de exceção e não a regra geral, deve ser interpretada restritivamente, conforme lição clássica de hermenêutica.[427]

A despeito da corrente que defende a execução de atos preparatórios, inclusive a assinatura do convênio, no período vedado pelo art. 73, VI, *a*, da Lei nº 9.504/97, a melhor interpretação a ser concedida ao dispositivo legal não permite a assinatura deliberada e impensada de convênios financeiros no período de restrição.

---

[425] Conclusões feitas a partir de reflexões feitas junto com o colega Procurador do Estado do Paraná Igor Pires da Costa, no âmbito do XLVIII Congresso Nacional de Procuradores do Distrito Federal, que ocorreu em agosto de 2022 em Gramado.
[426] BRASIL. Advocacia Geral da União. *Parecer AGU Nº GQ-158*, de 6 de julho de 1998. Brasília/DF: 6 jul. 1998a.
[427] SAMPAIO JR., Tercio. *Introdução ao estudo do Direito*: técnica, decisão e dominação. 3. ed. São Paulo: Atlas, 2001, p. 291.

É necessário entender que todas as manifestações acerca da possibilidade de assinatura do ajuste no período eleitoral partem do pressuposto de que somente a execução física da obra, ou do serviço, causa impacto no eleitorado, que pode se sentir impulsionado a apoiar os políticos responsáveis pela realização do empreendimento, ou do respectivo serviço público. Essa influência é que a lei visaria a coibir.

O voto colacionado pelo Ministro Néri da Silveira, do TSE,[428] reforça o exposto, uma vez que absorve a execução de atos preparatórios se feita de forma discreta e sem a utilização do ajuste em nítida campanha eleitoral. Confira-se:

> Se a Administração houvesse, eventualmente, avançado na aplicação desse entendimento, realizado um determinado ato, digamos assim, um ato dentro ou fora do Palácio, celebrando um convênio com todas as pompas próprias da assinatura de um convênio, pela sua importância e magnitude social, haveria aí, sim, então, o fato concreto posto e em condições de ser examinado pela Justiça Eleitoral quanto à sua verdadeira extensão, e enquadramento ou não na Lei. Só podemos decidir o caso concreto. Se houver uma reunião do governo com prefeitos e se celebrar com toda festividade um convênio, pouco importa que este convênio tenha execução; importa saber se foi um simples ato de governo ou se houve a utilização da estrutura de governo para celebração de um ato de evidente propaganda eleitoral para galvanizar a simpatia do eleitorado.

Não obstante, um ponto que não foi abordado no âmbito desse julgado foi o de que apesar de a assinatura do convênio com portas fechadas não ter o condão de impactar com a mesma densidade a opinião popular, a simples assinatura do convênio pode ser usada para a "compra" de apoio político.

A questão relaciona-se à ausência de parâmetros bem delimitados para a realização de transferência voluntária por meio de convênio, que faz com que esse ajuste, que deveria ser instrumento para a concretização de direitos fundamentais contidos na Constituição Federal, sob o vetor axiológico do federalismo de cooperação, transforme-se em uma ferramenta disponível pelo administrador para concretizar e fortalecer alianças políticas que nem sempre estão alinhadas com os interesses coletivos fundamentais constitucionais.[429]

---

[428] BRASIL. Tribunal Superior Eleitoral. *Acórdão nº RRP de 06/08/1998*. Processo nº 54. Plenário. Ministro Néri da Silveira. Brasília/DF: 6 ago. 1998e.
[429] Sobre a utilização das transferências com interesse eleitoral, ver Ferreira e Bugarin (2007) e Gratom, Bonacim e Sakurai (2020).

De todo modo, objetivo da restrição do dispositivo da lei eleitoral aqui discutido é: evitar a realização de transferências de valores com potencial de retorno eleitoreiro no período que antecede as eleições. Com isso, fica expresso o uso abusivo da máquina pública, bem como o aferimento de vantagem eleitoreira não isonômica, de qualquer monta. A assinatura deliberada de convênios, mesmo que seja postergada a execução da obra, pode sim trazer grande vantagem eleitoreira na delimitação de apoios políticos e no sentimento da população. Independentemente da obra e dos serviços serem imediatamente implementados, a promessa de campanha (o convênio firmado que irá repassar recursos para implementar a obra ou serviço público) já terá seu impacto no eleitorado.

Esse é o entendimento esposado no Parecer 15.000 de 2010 da AGE de Minas Gerais, de lavra do Procurador do Estado Érico Andrade:

> d) a vedação de realização de transferência voluntária no período eleitoralmente vedado apanha não só a transferência de recursos ou a execução do convênio em si, já firmado, mas também implica em proibição de assinatura de convênios novos ou aditamento de convênios no período eleitoral, seja com o próprio município, seja com entidades da administração indireta municipal (Nota Jurídica 1.278, de 02.10.06; Nota Jurídica 1.724, de 22.08.08; Nota Jurídica 553, de 23.08.04; Nota Jurídica 1.166, de 07.06.06; Nota Jurídica 1.247, de 24.08.06);[430]

Mesmo sob o paradigma do entendimento acerca da possibilidade de assinatura de convênio nos 3 meses que antecedem o pleito eleitoral, o mesmo deve ser evitado, e só configurado sob circunstâncias extraordinárias e bem justificadas. O posicionamento acerca da possibilidade jurídica de se firmar convênio no período restrito não pode ser utilizado para que se lavrem estes ajustes sem maiores reflexões.

Ademais, em atenção à realização de obrigações que ultrapassam o exercício financeiro e o comprometimento do caixa da gestão seguinte, a Lei de Responsabilidade Fiscal veda que nos últimos dois quadrimestres do mandato eletivo seja contraída obrigação de despesa que venha a repercutir nos exercícios financeiros seguintes, sem a adequada e correspondente disponibilidade de caixa (art. 42).

É imperioso ressaltar que, em regra, para a pactuação de convênio, não há necessidade de recursos financeiros, mas a simples dotação

---

[430] MINAS GERAIS. Advocacia Geral do Estado. *Parecer aprovado pelo Advogado-Geral 15.000*. Procurador: Érico Andrade. Belo Horizonte, MG, 17 mar. 2010.

orçamentária, como se depreende do inciso I, do §2º, do art. 25 da Lei de Responsabilidade Fiscal; do art. 14, inciso II, §2º, do art. 7º, ambos da Lei nº 8.666/93; e dos arts. 105 e 150 da Lei nº 14.133/21.[431]

O art. 42 da Lei de Responsabilidade Fiscal não se refere à existência de dotação orçamentária, mas sim à disponibilidade do próprio recurso financeiro. Aliás, o dispositivo não remete apenas à proibição de empenho, sem a respectiva disponibilidade financeira, mas sim "obrigação de despesa", expressão que não se refere apenas à despesa empenhada, mas também a qualquer compromisso assumido, ainda que a despesa não tenha sido executada.[432]

A Lei de Responsabilidade Fiscal veda, dessa maneira, o firmamento de convênios que contenham obrigações financeiras que ultrapassem o exercício financeiro, sem que haja recursos financeiros disponíveis para fazer frente a tais compromissos, nos dois últimos quadrimestres do mandato eletivo do chefe do respectivo poder.

Já foi analisada a imperiosidade e necessidade do alinhamento da boa-fé objetiva ao regime público, e, também, descritas as características que definem o negócio jurídico convenial. O objetivo dos capítulos seguintes é explicitar as funções da boa-fé aplicada aos convênios públicos (capítulo 7), bem como descrever o *iter* de formação (capítulo 8), execução (capítulo 9) e término dos convênios (capítulo 10) sob esse mesmo filtro. Para tanto, serão trazidos, sempre que pertinentes, exemplos reais ou fictícios que demonstram como a boa-fé objetiva pode auxiliar na inferência de normas de conduta a serem aplicadas aos pactos conveniais.

---

[431] No mesmo sentido, a seguinte decisão do STJ (Recurso Especial 114.1021/SP – 2009/0070033-8, Segunda Turma), que é aplicável analogicamente aos convênios: 4. A Lei nº 8.666/93 exige para a realização da licitação a existência de "previsão de recursos orçamentários que assegurem o pagamento das obrigações decorrentes de obras ou serviços a serem executadas no exercício financeiro em curso, de acordo com o respectivo cronograma", ou seja, a lei não exige a disponibilidade financeira (fato da administração ter o recurso disponível ou liberado), mas, tão somente, que haja previsão destes recursos na Lei orçamentária. 5. Recurso especial provido (Brasil, 2012b).

[432] LEITE, Harrison Ferreira. *Manual de Direito Financeiro*. Salvador: Editora Juspodivm, 2014, p. 220.

CAPÍTULO 7

AS FUNÇÕES DA BOA-FÉ OBJETIVA E OS CONVÊNIOS ADMINISTRATIVOS

A boa-fé se apresenta em três dimensões: as funções interpretativa, integrativa e corretiva. A primeira serviria para aclarar o sentido das estipulações negociais, a segunda tem o propósito de explicitar os deveres de comportamento das partes, ainda que não previstos no respectivo negócio jurídico ou na norma; e a terceira tem o condão de impedir o exercício abusivo de direitos nas relações negociais.[433]

Da função interpretativa, decorre que a compreensão das cláusulas negociais privilegiará o sentido mais consentâneo com o objetivo comum pretendido pelas partes. Isso significa que se deve buscar o compreender o sentido social visado pelas declarações de vontade e pelas expectativas despertadas pelo comportamento alheio.[434]

Por outro lado, da função integrativa decorrem outros deveres que se impõem na relação firmada, completamente desvinculados da vontade de seus participantes, expressa no termo negocial. Há uma intervenção heterônoma que se extrai de parâmetros éticos, que culminam por alargar o conteúdo ajustado: os deveres anexos.

Da função de corretiva ou de controle, é possível depreender os deveres de lealdade e cooperação que proíbem o comportamento abusivo, como a figura prevista no art. 187 do Código Civil, em que aquele que mesmo exercendo direito próprio comete ato ilícito, se exercido de forma abusiva. Torna-se ilícito, ao exercer direito originariamente lícito, se excede manifestamente os limites impostos pelo seu fim econômico ou social, pela boa-fé ou pelos bons costumes.

---

[433] FARIAS; ROSENVALD, 2017, p. 183.
[434] FARIAS; ROSENVALD, *loc. cit.*

Também se depreendem da boa-fé objetiva e do seu caráter de controle todas as proibições de comportamento que violam o dever de lealdade presente nos negócios jurídicos como as figuras do *venire*, *tu quoque*, *supressio*, tão ventiladas no direito civil.[435]

Além disso, há de se destacar que essas funções podem incidir não apenas no momento em que exista o vínculo negocial, mas também nos momentos que antecedem, ou, ainda, em relação a conclusão, após findada a relação jurídica negocial. Depreende-se do art. 422 do Código Civil que os pactuantes são obrigados a guardar, assim na conclusão do contrato, como em sua execução, os princípios de probidade e boa-fé. Mesmo sem previsão expressa, e mesmo sem cobertura da relação negocial, existem deveres de conduta de lealdade e confiança que se extraem logicamente do contexto do avençado.[436]

Todas essas facetas da boa-fé incidem em maior ou menor grau nas relações entre os entes públicos (os convênios administrativos), contudo deve ser analisado à luz das regras próprias do regime administrativo e dos princípios do direito público.

Neste capítulo, será analisada a incidência das funções interpretativa, integrativa e corretora da boa-fé em relação aos convênios.

7.1 A função hermenêutica da boa-fé

Todo e qualquer texto normativo se torna problemático no momento da sua aplicação, mas essa constatação é mais bem percebida quando se trata de compreender, qualificar e aplicar as regras de um negócio jurídico. Isso porque na dinâmica dos negócios jurídicos bilaterais, deve-se sempre lembrar que existe a direção do adimplemento como balizadora dessa interpretação. O intérprete deve encontrar uma solução que busque a concretização do ajustado e, concomitantemente, ser justo com os partícipes, tudo dentro das regras dispostas no ordenamento jurídico.[437]

A boa-fé deve atuar conjuntamente com outros valores, pois dificilmente será o único cânone utilizado para a interpretação, a

---

[435] FARIAS; ROSENVALD, *op. cit.*, p. 195-215.
[436] NERY JUNIOR, Nelson. *Contratos no Código Civil*: apontamentos gerais. In: NETTO, Domingos Franciulli; MENDES, Gilmar Ferreira; MARTINS FILHO, Ives Gandra da Silva (orgs.). *O novo Código Civil* – Estudos em homenagem ao Prof. Miguel Reale. 1. ed. São Paulo: Editora LTR, 2003, p. 433.
[437] MARTINS-COSTA, 2018, p. 488.

exemplo do caso dos negócios administrativos, onde os princípios do direito público serão, também, balizadores. Utilizar-se da boa-fé no plano interpretativo é de fato conjugar *standards* para averiguar como se individualiza, no caso concreto, o comportamento ou uma cláusula convenial, segundo a boa-fé e todos os outros princípios que devem ser imputados diante daquele caso concreto.[438]

Do art. 113 do Código Civil, poder-se-ia inferir que a interpretação, segundo a boa-fé, deveria observar apenas os usos. É incontestável que considerando a liberdade negocial que a autonomia federativa concede às entidades públicas, vincular-se a um negócio jurídico é vincular-se por meio de uma manifestação de vontade (seja ela de uma pessoa física ou jurídica, mesmo que pública), que gera no outro partícipe a legítima confiança de que o ajustado será cumprido.[439]

É indissociável à compreensão do art. 133 do enunciado do art. 112, que busca a intenção consubstanciada na declaração negocial, fórmula que consagra a escolha, pelo legislador, da Teoria da Confiança no que tange à Teoria do Negócio Jurídico. Os princípios da boa-fé, da confiança, da legalidade, da indisponibilidade dos interesses fundamentais e da isonomia (entre outros) auxiliarão a formar a resposta, contextualmente, da intenção consubstanciada na declaração em frente ao respectivo caso concreto.

A boa-fé hermenêutica não se esgota na determinação da intenção consubstanciada na formação da cláusula convenial, mas associada com outros *standards* e cânones interpretativos como os princípios do direito público, a finalidade pretendida no ajuste em específico e o comportamento das partes na tentativa de se executar os objetivos ajustados. Isso porque, ao invocar a boa-fé, o intérprete não tem em vista uma abstração a ser resolvida no plano ideal, mas a necessidade de dar a resposta adequada a problemas em um contexto concreto e singular.[440]

O termo de convênio e as suas circunstâncias são o ponto de partida e de chegada da interpretação segundo a boa-fé. As circunstâncias do caso – os fatos, as condutas, as finalidades, os usos – consistem na moldura que traça os limites e a perspectiva da interpretação.

Em sua função hermenêutica, a boa-fé opera contextualmente atuando com os demais cânones interpretativos conjuntamente. Os arts. 112 e 113 situam os cânones gerais e centrais dos negócios jurídicos

---

[438] MARTINS-COSTA, *loc. cit.*
[439] MARTINS-COSTA, 2018, p. 489.
[440] MARTINS-COSTA, *loc. cit.*

privados, mas possuem influência sobre os negócios jurídicos públicos, necessitando de uma ressignificação.

De todo modo, os dispositivos legais acima mencionados não exaurem as bases de interpretação de um convênio administrativo. Não seria adequado promover a interpretação de um negócio jurídico apenas com base na boa-fé, isoladamente tido como um critério único e polivalente. Ademais há de se conjugarem os cânones gerais e ressignificados dos artigos 112 e 113 do Código Civil a regras atinentes ao tipo de ajuste (sem ou com repasse de recursos, financiamento público ou privado, a qual partícipe é o principal competente para exercer a atividade objeto da parceria), aos riscos que envolvem, às regras dispostas na Lei de Responsabilidade Fiscal e na Lei Geral de Licitações, bem como aos princípios do direito público envolvidos.

7.1.1 Critério hermenêutico da intenção consubstanciada na declaração e a totalidade e coerência do convênio

Nas declarações de vontade, deve-se atender mais à intenção consubstanciada do que ao sentido literal da linguagem, nesse que é expresso no direito privado no disposto no art. 112 do Código Civil. Poder-se-ia alegar que esse artigo seria incompatível com os negócios no meio publicista, primeiro porque a declaração de vontade é da Administração Pública e não pode ser contaminada por atos informais de seus gestores, e, segundo, porque depende de autorizações parlamentares, dependendo da hipótese, bem como muitas vezes de ato complexo, além do respeito às balizas legais de competência.

No entanto, os princípios do Direito Administrativo, bem como a forma de constituição da vontade da Administração Pública não impedem que seja considerada a intenção dos partícipes para a interpretação de um negócio jurídico no âmbito do direito público.

É certo que o Estado, como pessoa jurídica abstrata, não tem manifestação psicológica própria. Tal fato não significa que lhe falte vontade sob a ótica jurídica. Sua vontade é constituída pela ação dos agentes públicos impostos nos cargos e nas funções públicas.[441] O fenômeno da manifestação de vontade estatal por meio dos indivíduos que a apresentam, investidos dos necessários poderes para exprimir-lhe

---

[441] MELLO, Celso Antônio Bandeira de. *Apontamentos sobre a teoria dos órgãos públicos*. Revista de Direito Público. São Paulo, ano IV, v. 16, p. 30-37, 1971.

suas declarações de vontade, supõe a existência de círculos abstratos de poderes (os órgãos e suas atribuições).[442, 443]

Os órgãos do Estado são o próprio Estado compartimentado em centros de competência. A vontade psíquica do agente (pessoa física) expressa a vontade do órgão, que é a vontade do Estado. Não há entre o Estado e seus órgãos relação de representação, mas sim de imputação. Os atos dos agentes públicos incumbidos de atribuição estatal são havidos como da própria entidade que eles compõem.[444]

Inclusive, tal qual no âmbito privado, o sentido da vontade aqui posta não é mero fato psicológico, pois se assim fosse entendida, não seriam só as pessoas jurídicas de direito público incapazes de se atentar para esse fator psicológico, mas qualquer pessoa jurídica ficcional. O objeto da interpretação jurídica é o comportamento exteriormente conhecível, que torne o objeto reconhecível, e que se depreende do próprio conteúdo expressamente ajustado. Em outras palavras, não interessa a intenção como fato psicológico, mas aquela consubstanciada na declaração, expressada por meio de um comportamento socialmente reconhecível e racionalmente controlável, que é a manifestação declarativa (a declaração negocial).[445]

Poder-se-ia dizer que, tendo em vista o princípio da indisponibilidade do interesse público e da legalidade, a única interpretação a ser feita é a literal. Entretanto, depreende-se da própria compreensão linguística a impossibilidade de que se tenha sempre uma interpretação puramente literal. A imprecisão do texto e a complexidade das situações com que se pode deparar trazem a necessidade de que se tome base para que essa interpretação seja feita. A exegese literal, embora não seja desprezada, por ser necessária e relevante, é insuficiente para resolver todas as particularidades que podem surgir na realidade prática.

Não cabe, portanto, fazer uma análise estritamente literal de cláusulas de termos conveniais. De acordo com a concepção moderna da hermenêutica jurídica, a norma é entendida como o resultado do processo de interpretação do hermeneuta, ou seja, não existe norma sem interpretação e, desta forma, denota-se a superação do antigo

---

[442] Os órgãos correspondem aos feixes individuais de funções estatais repartidos no interior da personalidade estatal, expressados por meio dos agentes neles providos. Pode-se conceituar os órgãos como unidades abstratas que correspondem aos círculos de atribuições do Estado. Estes são expressados pelos agentes investidos das correspondentes funções estatais, a fim de exprimir a vontade estatal (MELLO, 1971).
[443] MELLO, *op. cit.*
[444] MEIRELLES, 2000. p. 64.
[445] MARTINS-COSTA, 2018, p. 494.

brocardo *"In claris cessat interpretatio"*. As normas jurídicas não podem ser interpretadas de forma isolada do sistema do qual fazem parte. Inclusive esse olhar sistêmico coaduna com a constitucionalização do Direito.

O direcionamento da manifestação pode ser deduzido por meio de um comportamento a ser compreendido objetivamente, do valor específico atribuído à não-contradição com a própria conduta ou à exclusão de um significado contrário, desde que esses critérios sejam suficientes para constituir um significado declarativo.

Na busca do significado declarativo, a atenção do intérprete deverá estar voltada, primeiramente, à intenção tal qual exteriorizada por palavras ou comportamentos. Contudo, há de se atentar também ao contexto.

O art. 113 do Código Civil indica que os negócios jurídicos devem ser interpretados segundo a boa-fé e os usos do lugar da celebração. O sentido deverá corresponder, então, ao que é usual e corriqueiro na atividade ou setor, que situa aquele negócio jurídico concreto e específico a ser interpretado.[446] Em sentido semelhante, dispõe o §1º do art. 22 da LINDB, ao dispor que em decisão sobre regularidade de negócio jurídico que envolve a Administração Pública, devem ser consideradas as circunstâncias práticas que condicionaram as opções feitas pelo Poder Público.

Na interpretação dos negócios jurídicos, deve-se levar em conta o significado a ser atribuído à declaração de vontade, segundo as práticas correntes, o comportamento das partes e os usos dos negócios, bem como os motivos que levaram à realização do ajuste, vez que os objetivos pretendidos devem ser sempre uma baliza hermenêutica.

A interpretação deve englobar o negócio jurídico como um todo, não buscando o sentido de uma cláusula de forma isolada. Não somente isso, deve-se buscar o sentido daquela relação jurídica e não somente do texto instrumentalizado no termo convenial. Não se interpreta o instrumento; interpreta-se o negócio jurídico que foi instrumentalizado.[447]

No caso dos negócios administrativos, as peculiaridades que envolvem a Administração Pública também deverão ser utilizadas para que se encontre o sentido da realização do ajuste e a intenção da Administração Pública. É critério que evidencia esse sentido o ato que melhor garantir o atendimento do fim público a que se dirige (como

---

[446] MARTINS-COSTA, 2018, p. 493.
[447] MIRANDA, Pontes de. *Tratado de direito privado*. Parte Especial. Tomo XXXVIII. São Paulo, Revista dos Tribunais. 1984, p. 78-79.

dispõe de forma analógica o inciso XIII, do art. 2º, da Lei nº 9.784/99), porque a intenção da Administração Pública deve ser sempre voltada à concretização dos direitos fundamentais e dos objetivos traçados na carta constitucional.

No caso dos convênios administrativos, deve ser levada em conta a competência traçada na Constituição, lei ou regulamento das entidades envolvidas, e, ainda, quem financia o respectivo projeto. O objeto do acordo cooperativo não pode estar desconectado das competências atribuídas às entidades envolvidas por norma constitucional ou infralegal, sob pena de evidenciar grave irregularidade, pela violação dos princípios da Administração Pública.[448] O objeto deve ser entendido sob a premissas delineadas no ordenamento acerca da missão das entidades envolvidas.

Ademais, deve-se atentar para a hipótese de que o ajuste seja complexo, estando relacionado a outros convênios ou contratos, que envolvam, conjuntamente, entidades privadas, financiadoras internacionais, cada uma com seus objetivos específicos, o que torna a atividade de interpretação ainda mais complexa e avilta a necessidade de um olhar sistêmico. Como exemplo do envolvimento de diversas entidades, citam-se os convênios comunicantes e cessões de contratos que envolveram o empreendimento da execução da segunda ponte sobre o Rio Paraná, com participação do Departamento Nacional de Infraestrutura de Transportes (DNIT), do Estado do Paraná e da Itaipu Binacional.[449] Nesses casos, um convênio interpreta pelos outros, assim como, num negócio isolado, uma cláusula interpreta pelas outras.[450]

O sentido literal do termo de convênio é apenas um ponto de partida para a interpretação do respectivo ajuste, e, portanto, esse sentido não se sobrepõe ao sistemático e contextual. É entendimento uniforme no âmbito dos tribunais, que afastam uma compreensão literal de termos isolados em prol de uma interpretação sistemática do negócio jurídico, alinhando-se a vontade das partes à luz da integralidade do contido na declaração negocial, na boa-fé, nos usos efetivados por elas, na conduta das partes, na área econômica pertinente, nas competências

---

[448] DURÃO, 2018, p. 136.
[449] ITAIPU BINACIONAL. Segunda Ponte sobre o Rio Paraná. [2022]. Disponível em: https://www.itaipu.gov.br/responsabilidade-social/segunda-ponte-sobre-o-rio-parana. Acesso em: 16 mar. 2022.
[450] MARTINS-COSTA, 2018, p. 497-498.

previstas no ordenamento para as entidades envolvidas, e, ainda, nas regras e princípios publicistas.[451]

7.1.2 Critério hermenêutico da finalidade do convênio

A interpretação de um negócio jurídico deve sempre levar em conta o seu fim específico, em vista dos qual os participantes juntaram esforços para realizar. A interpretação das cláusulas conveniais deve ser alinhada à finalidade social pretendida. Como não é possível que todas as minúcias do que pode suceder no futuro estejam expressamente na declaração negocial – e ainda que o termo de convênio não se confunde com a relação convenial – impõe à boa-fé conectar os conveniados também com base na finalidade e utilidade que podem legitimamente esperar do negócio.

A característica fundamental de todos os negócios jurídicos consiste em estarem eles direcionados à finalidade de constituir, modificar ou extinguir relações jurídicas mediante a instauração, entre duas ou mais partes, de uma regulamentação de interesses. Os negócios jurídicos, portanto, têm por finalidade possibilitar que os indivíduos configurem criativamente relações jurídicas conforme a sua vontade.[452]

Todavia, essa liberdade não é total. O exercício da margem de conveniência e oportunidade certamente está sujeito a limites legais gerais, relacionados à inibição de violação de direitos fundamentais da coletividade. Cabe ao intérprete descortinar a intenção consubstanciada na declaração, bem como nos interesses instrumentalizados naquele negócio, alinhando-os às balizas conferidas pelo ordenamento jurídico, com o fim de coibir o arbítrio e o desvio de finalidade.[453]

Esse regulamento de interesses instrumentalizado no negócio jurídico deve ser compreendido, portanto, não como uma operação isolada conectada apenas à intenção declarada pelas partes, mas como a expressão de um planejamento em que se aceitam tanto as vantagens a se obter, como os riscos inerentes à própria natureza do projeto

---

[451] O STF, por exemplo, no Recurso Extraordinário nº 78.946/MG, dispôs que viola o ordenamento jurídico brasileiro a interpretação que leva em conta apenas critérios gramaticais, considerando, exclusivamente a letra da cláusula do respectivo negócio jurídico (BRASIL, 1976a).
[452] MARTINS-COSTA, 2018, p. 505-506.
[453] SÁNCHEZ MORÓN, 1994, p. 92.

pretendido. Assim, a finalidade conecta-se à utilidade que seria lícito às partes esperar.[454]

Por isso, a interpretação segundo a boa-fé não deve resultar na subtração dos riscos inerentes a cada negócio, pois esse juízo entre ônus e bônus é intrínseco à relação negocial, pelo que não cabe ao intérprete alterar essa equação caso as partes tenham tido um comportamento leal e aceitado os riscos assumidos.

O objetivo descrito no termo do ajuste convenial é apenas indicativo da sua finalidade, mas não tem o condão de decidir de forma absoluta, pois o conteúdo da política pública pertinente, as regras relacionadas ao objeto e a competência dos partícipes envolvidos, bem como o planejamento delineado no Plano de Trabalho serão fatores relevantes para o entendimento do acordado. Assim, todos os elementos técnicos que subsidiam a instrumentalização da respectiva parceria são parte integrante do respectivo convênio e essenciais para a interpretação da deliberação de vontade dos partícipes.

Esse apontamento é relevante não só para a interpretação do real conteúdo acordado, mas também para se compreender a real categoria do negócio ajustado. Não serão convênios, por exemplo, aqueles ajustes que visam a firmar um verdadeiro contrato contraprestacional. A inexistência de interesse recíproco, em regime de mútua cooperação entre os participantes, torna indevida a formalização de convênio, independentemente da alcunha que venha estampada no documento que instrumentaliza o respectivo negócio jurídico.

7.1.3 Critério hermenêutico do comportamento dos partícipes

Todo negócio jurídico possui o dever de manutenção de uma linha de coerência, que possibilita ao intérprete valorar a conduta das partes no curso da relação negocial e comparar com o modelo de conduta a ser seguido, segundo a boa-fé. É objeto da interpretação, por este princípio, o inteiro comportamento das partes, abrangendo a fase pré-negocial, a de execução, e a pós convenial.

O comportamento dos partícipes anterior às negociações preliminares pode ser relevante, pois, embora destituída de eficácia negocial,

---

[454] MARTINS-COSTA, *op. cit.*, p. 505-507.

a fase das tratativas pode ter eficácia no plano hermenêutico. E-mails trocados, atas de reuniões, protocolo de intenções, podem ser usados como meios interpretativos suplementares para aclarar as declarações feitas no termo do convênio.

Porém, esses documentos devem ser analisados à luz do realmente ajustado, uma vez que o valor hermenêutico das tratativas preliminares, mesmo que registradas, é afastado quando essas forem incongruentes com a declaração negocial posterior realmente firmada. Se um eventual protocolo de intenção contiver cláusula ou medida que acabou sendo afastada propositalmente no termo de ajuste final, vale o que foi firmado, destituindo-se de eficácia hermenêutica o protocolo de intenções.[455]

Também há de se verificar o comportamento posterior das partes, pois essa conduta de conclusão do respectivo convênio pode aclarar o real significado de cláusula ambígua ou lacunosa. Dessa forma, o princípio da boa-fé, além de impedir o comportamento contraditório, importa na manutenção da linha de coerência.

7.1.4 Critério hermenêutico para atenuar o rigor da redação do termo convenial

Judith Martins-Costa expõe sobre a interpretação consubstanciada na boa-fé para fundamentar a atenuação do rigor legal de determinado negócio jurídico. Nessa função interpretativa, busca-se o espírito que está além da letra, sempre considerando os dados linguísticos e a interpretação sistemática. Essas decisões com base na equidade, no entanto, não possuem o condão de sistematizar novamente a equação ajustada, o que levaria a uma demasiada insegurança jurídica. De todo modo, é necessário ressaltar que a utilização da boa-fé para atenuar o rigor do texto negocial é excepcional.[456]

Tome-se como exemplo hipotético a análise da regularidade do pagamento da última parcela efetuada pelo município à empresa contratada para executar determinado empreendimento (objeto do ajuste entre o um estado federado e um município), realizado após expirado o prazo de vigência do convênio. Segundo consta dos autos, o adimplemento desta parcela foi realizado a destempo, pois, no momento

---

[455] MARTINS-COSTA, 2018, p. 505-513.
[456] MARTINS-COSTA, 2018, p. 553-558.

previsto para o efetivo pagamento, a empresa contratada não apresentou a Certidão Negativa de Débitos Relativos a Tributos Previdenciários, cujo documento somente foi entregue à municipalidade quando não mais vigia o Convênio.

No caso em tela, a execução do objeto e o repasse de recursos inerentes à execução deste, foram realizados em sua integralidade na constância da vigência do ajuste. Inobstante o exposto, nota-se que o presente imbróglio administrativo nasce do pagamento a destempo da última parcela do ajuste, pois no termo convenial constava expressa proibição à utilização dos recursos transferidos para arcar com pagamentos feitos em data anterior ou posterior à vigência do trato.

A compreensão da referida cláusula deve ser feita conforme o princípio da boa-fé e, por conseguinte, focar-se nos objetivos visados pelo negócio jurídico. Em síntese, deve-se interpretar o dispositivo considerando o seu intuito, que é impedir que o instrumento convenial seja utilizado para indenizar despesas já realizadas ou fora do planejamento acordado. Portanto, é possível que o intérprete venha a amenizar o rigor do disposto no texto do ajuste, inclusive, sob o risco de agir de forma desleal e contraditória com o parceiro do empreendimento.

Já entendeu o TCU que é falha formal a execução de despesas fora da vigência do convênio, em situações em que restar comprovado que os recursos contribuíram para o atingimento dos objetivos pactuados.[457] [458] A interpretação, segundo a boa-fé, deve sempre visar a finalidade pretendida, numa visão sistemática, com o condão, inclusive, de amenizar o rigor de dispositivo expresso.

7.1.5 Critério hermenêutico da interpretação a favor do aderente

Uma das marcas do convênio é a igualdade entre as partes, principalmente se comparado ao contrato administrativo, em que há

---

[457] Acórdão nº 18.396/2021 – Plenário (Brasil, 2021e), Acórdão nº 8.300/2020 – Segunda Câmara (Brasil, 2020r).

[458] Evidente, de todo modo, que a liberação dos recursos (ao contratante) em data posterior à execução do objeto de convênio não necessariamente configura irregularidade grave caso a transferência ao convenente ocorrer na vigência do ajuste e houver demonstração do nexo causal entre a realização do objeto e a verba transferida, uma vez que a realização das despesas foi realizada no âmbito da vigência convenial. TCU: Acórdão nº 2.844/2019 – Primeira Câmara (Brasil, 2019f).

uma relação mais verticalizada no entorno da ideia de supremacia do interesse público. Contudo, essa igualdade abstrata não é suprema e só pode ser analisada de forma relativizada, uma vez que no contexto fático das relações conveniais, elas poderão, de fato, ser verticalizadas em menor ou maior grau.

Para elucidar o afirmado, basta se cogitar em convênios com particulares (em que há uma maior verticalização) do que aqueles entre entes públicos, ou mesmo convênios entre entes públicos, mas quando os entes de menor poder orçamentário dependem dos recursos do ente de maior poder financeiro. Nesses casos, o maior poder de persuasão se formula na capacidade do ente financiador do projeto em conseguir impor as cláusulas ao seu arbítrio. Ainda, é comum que o ente financiador do projeto já tenha minutas padronizadas, que funcionam como verdadeiros contratos de adesão, e que ao ente desprovido de recursos reste acatar as regras já elaboradas sem sua participação.[459]

Insere-se o critério da interpretação em favor do ente que aderirá, uma vez que quem tem o poder de dispor do conteúdo do convênio tem o ônus de explicitar de forma transparente acerca das regras impostas, e caso haja dúvidas, ambiguidades, obscuridade, a interpretação deve ser pró-aderente, nos limites da razoabilidade.

Evidentemente que esse critério, como todos os outros expostos, não deve ser utilizado de forma isolada, devendo-se aplicar os outros cânones hermenêuticos com visão sistêmica e finalística daquele negócio jurídico.

Diante do princípio da boa-fé, em caso de eventual obscuridade do texto expresso, a celeuma não deve, em regra, ser solvida em favor daquele que redigiu de forma unilateral o convênio, especialmente nos casos em que isto coincida com aquele que detinha maiores poderes de persuasão.

O escopo desse critério é evitar que um partícipe possa tirar vantagem de obscuridade em cláusulas unilateralmente elaboradas. Trata-se da proteção do conveniado que adere a esquemas unilateralmente predispostos sem a eles poder se furtar.[460]

---

[459] Veja, por exemplo, os modelos padrões de convênio elaborados pela AGU, no âmbito da união (BRASIL, [2022b]).
[460] MARTINS-COSTA, 2018, p. 527.

7.2 A função integrativa da boa-fé

Como bem esclarece Judith Martins-Costa, os negócios jurídicos constituem atos de autorregulamentação de interesses e fatos sociais que podem transcender os efeitos daquela relação jurídica bilateral, atingindo terceiros. A extensão de uma intervenção heterônoma por procedimentos integrativos será maior naqueles negócios em que houver interesses transindividuais envolvidos, relativizando a autonomia das partes.[461]

A partir desse raciocínio, a questão posta não é acerca da aplicabilidade ou não da função integrativa da boa-fé aos convênios administrativos, mas a compreensão de que como os convênios envolvem interesses fundamentais constitucionalmente delimitados, a liberalidade sobre esses interesses envolvidos é ínfima. Por isso, abre-se um vasto campo para a integração de cláusulas conveniais, uma vez que a ausência destas, no respectivo termo convenial, poderia acarretar não apenas prejuízos às pretensões das entidades envolvidas, mas também, aos direitos das coletividades envolvidas.

Por mais minucioso que um termo de convênio possa ser, não é possível que esse documento consiga prever todas as situações que possam ocorrer ou solucionar de antemão condutas disfuncionais dos partícipes que eventualmente possam advir do âmbito da relação convenial. Diante dessas hipóteses, a função integrativa da boa-fé tem a finalidade de identificar outros deveres e proibições, que não aqueles explicitamente descritos no termo do convênio.[462]

Não é possível desconsiderar que existe uma sinergia entre a função integrativa e a interpretativa, que podem estar superpostas na prática, pois a integração faz parte da interpretação. Ao se interpretar um convênio, procura-se compreender o conteúdo das regras descritas no sentido que mais se coadune com o princípio da boa-fé. Porém, nesse processo, pode-se entender que a regra escrita seja insuficiente, que não há um sentido correto para o acordado e que este é incompleto, consideradas as pretensões das partes, conforme a boa-fé.

O processo integrativo se inicia pela interpretação. Uma vez esgotadas as possibilidades de interpretação e persista a incompletude, requer-se a regulação para que o próprio negócio jurídico se torne inteligível, tendo como parâmetro seus fins e sua racionalidade social.

---

[461] MARTINS-COSTA, *op. cit.*, p. 562.
[462] MARTINS-COSTA, 2018, p. 563.

A função integrativa da boa-fé visa a completar o que deveria constar em um negócio jurídico, não porque houve uma omissão, mas porque uma incompletude deve ser preenchida segundo a própria lógica dos usos do negócio jurídico em análise.

A distinção entre o convênio como relação negocial e o termo do convênio, documento que instrumentaliza esse vínculo jurídico, é essencial para se compreender o fenômeno integrativo, por meio de imposição de deveres anexos e de proteção aos partícipes, com base na boa-fé. Trata-se de "aclaração" de que nessa relação jurídica se torna imprescindível o uso do princípio da boa-fé como fonte de integração, completando o conteúdo convenial com deveres que compõem essa relação jurídica.[463]

É elementar que surjam indagações sobre a função integrativa da boa-fé com o regime de direito público. A integração não apenas é compatível como essencial, pois os convênios têm por natureza a função de, com auxílio mútuo entre os entes federativos, concretizar objetivos constitucionais de competência comum entre os entes. Caso o termo convenial seja omisso quanto a um dever inerente e essencial para a concretização da política pública relacionada ao objeto do convênio, é natural que a função integradora entre em ação.

Cooperar com os partícipes, em vista de alcançar o sucesso da política pública envolvida; atuar com lealdade exigível de um representante público; informar com a profundidade necessária para possibilitar o consentimento informado dos outros partícipes; proteger os interesses das outras entidades participantes, de modo que o ajuste não seja um fator produtor de danos injustos ao patrimônio público, são deveres que passam a integrar a relação convenial, ainda que não expressamente previstos no instrumento, complementando o seu conteúdo.

A dificuldade é mensurar até que ponto o operador do direito pode avançar na imposição de deveres anexos ou de proteção, interferindo no desenho traçado pelo ato de autonomia dos entes federativos. Judith Martins-Costa estabelece um raciocínio segundo o qual a atividade integrativa será menor naqueles campos em que existe mais espaço para expansão da autonomia privada, sendo mais diminuto no campo da heteronomia, onde há maior interferência do Poder Público. Por

---

[463] Ibid., p. 572.

outro lado, a atividade integrativa será maior nos negócios jurídicos formados por adesão e nas relações entre desiguais.[464]

Nos acordos conveniais, como os interesses tutelados transcendem os meramente particulares, atingindo os interesses fundamentais da coletividade, amplia-se a incidência de atuação integrativa, pois o âmbito de discricionariedade acerca da disponibilidade dos recursos e interesses envolvidos é restringida.

Ressalte-se que a regra é que os convênios são marcados pela igualdade jurídica entre os conveniados. A equivalência de posição jurídica entre os partícipes, identificada nos convênios, existe porque não é possível graduar em importância e relevância os interesses dos envolvidos. Porém, existem situações concretas em que pode ser identificada uma desigualdade factual entre os partícipes, em que a incidência da função da boa-fé integrativa é mais latente. Essas hipóteses são facilmente identificadas nos "convênios por adesão", em que o ente repassador, detentor dos recursos, impõe a configuração do desenho convenial como condição para o recebimento dos recursos pelo ente com menor poder econômico.

7.2.1 Deveres de cooperação e lealdade negocial

O dever de cooperação é tradicionalmente relacionado ao princípio da boa-fé. Trata-se de uma cooperação qualificada pela finalidade que é alcançar os objetivos traçados na política ou programa que os respectivos pactos visam a executar.

A cooperação é pressuposto de toda a ordem jurídica. No que tange às relações contraprestacionais, essa cooperação é nuclear, sendo a colaboração entre os sujeitos uma constante intrínseca, em que o interesse de um é realizado pela conduta de outro. Nos convênios, esse dever de cooperação é ainda mais acentuado, pois se trata de um ajuste mais colaborativo e menos contraprestativo do que ocorre nos contratos administrativos, uma vez que as pretensões dos partícipes convergem para o interesse comum.

A verificação de deveres acessórios nos convênios, quando constatada a ausência de etapas imprescindíveis para a realização do pretendido, decorre diretamente da boa-fé relacionada a sua função

---

[464] MARTINS-COSTA, 2018, p. 568-569.

integrativa, alinhada ao preceito de se garantir de forma satisfatória o cumprimento do programa ou política pública.

Isso ocorre, por exemplo, quando, apesar de o ajuste ser direcionado à concretização de uma determinada política pública, o respectivo termo convenial preveja unicamente obrigações-meio, que isoladamente não garantam a prestação da atividade administrativa ou do serviço público visado.

Imagine, por exemplo, que um determinado estado federado procure apoiar um município na construção de um Centro de Referência de Assistência Social (Cras). Contudo, no respectivo termo de convênio, estão omissas obrigações e metas da municipalidade, constando apenas a concretização da infraestrutura necessária, a ser custeada pelo estado. Por mais que o instrumento preveja como escopo do convênio apenas a construção de um prédio público, esse objeto não poderá ser considerado completo se os partícipes não adquirirem os equipamentos e providenciarem os funcionários necessários para o efetivo atendimento da população vulnerável daquela localidade, mesmo que isso não esteja previsto expressamente no termo convenial.

O Tribunal de Contas da União já entendeu que a mera execução do objeto-meio não é suficiente para comprovar a boa e regular aplicação dos recursos. É imprescindível que se demonstre também a sua funcionalidade em benefício da população-alvo. O atingimento da finalidade do convênio não se confunde com a mera conclusão da obra ou entrega do bem, sendo necessário que a sociedade usufrua do investimento público realizado.[465]

A exemplo do exposto, consta decisão do Tribunal de Contas da União:

> Ressalto, de plano, que as obras foram concluídas há mais de três anos sem que o centro de atendimento à mulher e à família tenha atendido um dia sequer à população local. Ou seja, os recursos públicos destinados àquela obra não resultaram até o momento em nenhum benefício para a sociedade. Com isso, conclui-se que o dinheiro público federal foi integralmente desperdiçado, uma vez não ter sido atendida a finalidade pretendida. Além disso, a julgar pelo estado de abandono em que a obra se encontra, não há sinais de que o governo do estado tenha planos ou esteja tomando medidas efetivas para colocar em funcionamento o Camuf.[466]

---

[465] TCU: Acórdão nº 549/2018 – Primeira Câmara (Brasil, 2018g).
[466] TCU: Acórdão nº 2.581/2014 – Plenário (Brasil, 2014g).

Nesses casos, sob a irradiação do princípio da boa-fé, é factível a integração de cláusulas, por via heterônoma, que garanta a eficácia da política pública pretendida pelo convênio.

Sob o mesmo raciocínio, é possível que, vistas as condições do caso concreto, seja considerado imposto, por via heterônoma, o dever de reversibilidade de bens cedidos a outra entidade, para a concretização de serviço público, para efetivar a política pública ou o projeto pretendido no ajuste em análise.

A reversibilidade de bens adquiridos com recursos públicos no âmbito dos convênios deve ser compreendida como um instituto mais amplo, independente da sua previsão no termo do convênio ou em lei específica. Em face dessa eventual omissão, o princípio da boa-fé impõe que seja construído um regime de proteção do bem vinculado à função pública. A reversibilidade precisa ser abordada não como um simples dever de devolução do bem ao ente público que o cedeu, mas como um dever de se garantir a continuidade de certa função ou utilidade pública dependente do bem.[467]

7.2.2 Deveres informativos

Excetuando-se certos convênios cujo conteúdo é o próprio compartilhamento de dados, ou seja, a prestação principal do ajuste é o fornecimento da informação, é costumeiro que a informação tenha caráter meramente instrumental. O dever de informação pode ser atrelado à necessidade de obter o consentimento esclarecido acerca dos meandros do programa a ser implementado, ou ainda de assegurar a atividade fiscalizadora tanto das entidades que estão executando, como dos órgãos de controle; ou ainda de alertar o modo correto de execução do objeto, permitindo maior eficiência, aumentando as chances de sucesso do pretendido e a efetividade social da prestação de eventual serviço público envolvido; e, ainda, como alerta sobre determinados riscos do empreendimento, de modo que não decorram danos injustos e não assumidos pelo outro partícipe.

O dever de informação vincula os partícipes à satisfação de todos os esclarecimentos necessários a uma conclusão efetiva e leal do

---

[467] MARRARA, Thiago; FERRAZ, Luciano. *Tratado de direito administrativo*: Direito Administrativo dos bens e restrições estatais à propriedade. São Paulo: Revista dos Tribunais, 2019, p. 166.

respectivo negócio jurídico. Esse dever pode ser violado tanto por ação, como por indicações inexatas, ou por omissão acerca de elementos que o outro partícipe teria um interesse objetivo de conhecer. No contexto das tratativas preliminares, a boa-fé exige que os partícipes, ao prestarem as informações fundamentais acerca do negócio jurídico, não assumam atitudes desleais ou contraditórias.[468]

Tome-se como exemplo um convênio em que um estado federado pretende auxiliar financeiramente um município na execução de obra de engenharia. O estado cedeu os projetos e a obra está orçada em 1 milhão de reais, dos quais se comprometeu à contrapartida de 500 mil reais. O estado deixou expresso na minuta que eventuais novos aportes (por eventual aditivo de alteração do projeto) ficariam sempre a encargo do município. Sendo a obra de interesse fundamental do município e possuindo recursos em caixa para a execução da obra, conforme o detalhado nos respectivos projetos, assinou o respectivo ajuste. Todavia, constatou posteriormente que o estado não o informou (e que tinha ciência) que os projetos estavam desatualizados com as atuais normas de engenharia. A omissão estatal implica em implemento de gastos com a elaboração dos novos projetos e, possivelmente, impactando nos valores da obra em si, o que caracterizaria violação no dever de informar devidamente o parceiro, implicando o direito de rescisão ou de ressarcimento.

Em caso análogo a isso, poder-se-ia considerar a rescisão, como o dever de reparação, em favor do município.

O dever de informar está diretamente conectado ao dever de lealdade, que significa contribuir, positivamente, com o interesse alheio, e, diversas vezes, a forma de contribuir é informando corretamente e sendo proativo em alertar sobre riscos que porventura venham a surgir. O dever de agir segundo a boa-fé pressupõe que cada partícipe informe a outra parte sobre os dados que esta ignora e que, por não ter acesso a todas as minúcias do objeto do eventual negócio jurídico, não está em condições de conhecer por si só.

Como bem destaca Judith Martins-Costa, o dever da informação é maior quando os deveres envolvidos transcendem a relação jurídica e ultrapassam questões meramente relacionadas à autonomia do ente interessado.[469]

---
[468] CORDEIRO, Menezes, 2001, p. 583-584.
[469] MARTINS-COSTA, 2018, p. 584

No âmbito dos convênios administrativos, a ausência de informações de caráter instrumental (para atingir determinado resultado), não implica apenas o dever de elucidar todos os detalhes para a entidade parceira, mas a necessidade de se garantir a transparência inerente à prestação da atividade pública. Isso porque a relação jurídica discutida não envolve apenas as personalidades jurídicas que formalmente figuram nos polos do ajuste convenial, mas toda a coletividade envolvida que irá ser beneficiada ou prejudicada caso a ausência de informação venha a prejudicar a execução do programa governamental envolvido.

Apesar de, por economia ao erário, a lei só obrigar a publicação resumida do convênio como condição da sua validade (art. 60, parágrafo único da Lei nº 8.666/93),[470] para compreensão adequada dos partícipes acerca dos pormenores do programa ou projeto, a fase de elaboração do Plano de Trabalho é decisiva.

O Plano de Trabalho, portanto, tem um papel central como instrumento informativo, uma vez que visa às medidas necessárias para conquistar o objetivo ajustado e minimizar a possibilidade de insucesso. Toda a descrição do que será implementado e como será realizado deve estar pormenorizada no Plano de Trabalho. Essas informações garantem que o proponente demonstre que a celebração do convênio é a medida adequada para atingir o objetivo comum colimado pelos futuros pactuantes e que toda a população tenha acesso à total informação acerca do pretendido.

Ressalte-se, de todo modo, que com a vigência da Lei de Transparência (Lei nº 12.527/11), a Administração Pública deve conceder acesso, em regra, aos protocolos que contenham todos os detalhes acerca do ajuste convenial, permitindo a toda população e aos órgãos de controle o acesso facilitado a esses dados (art. 3º).

O dever de informar, conforme o princípio da boa-fé, quando se trata de convênios administrativos, portanto, possui alcance ampliado, vez que é da própria natureza desses ajustes a necessária presença dos interesses fundamentais coletivos e, ordinariamente, o uso dos recursos públicos. A informação acerca dos convênios, portanto, não diz respeito apenas ao interesse das pessoas jurídicas envolvidas, uma vez que trata de direitos da coletividade, e a ausência de informação não só prejudica o sucesso do projeto pretendido, como viola o dever de transparência em relação a toda a coletividade.

---

[470] A Lei nº 14.133/21 não exige mais a publicação resumida dos contratos na imprensa oficial, bastando a juntada ao processo que tiver dado origem à contratação, divulgados e mantidos à disposição do público em sítio eletrônico oficial (art. 91).

7.2.3 Deveres de proteção

Diferente dos deveres anexos que possuem vinculação imediata com a prestação, os deveres de proteção têm vinculação indireta, podendo, inclusive, não ter nenhuma relação, como acontece nos casos de responsabilidade pós-negocial.[471]

Dessa forma, correspondem aos interesses de proteção, os deveres de cuidado com o patrimônio da contraparte, que resultam no dever daquele ente que recebe equipamentos para auxílio em determinada política pública, de tomar os cuidados necessários para a sua não-deterioração e os deveres de manter segredo, quando porventura obtém informação por meio das tratativas preliminares a que tenha dever de sigilo, conforme as exceções de publicidade previstas no ordenamento jurídico.

Há de se ressaltar que os deveres de proteção não se relacionam apenas à proteção da esfera jurídica do outro partícipe. Como bem destaca Judith Martins-Costa, do princípio da boa-fé não surgem obrigações de prestação para com terceiros, estranhos à relação negocial, mas pode haver a imposição de deveres de proteção.[472] Há o dever de proteger direitos da coletividade, uma vez que o efeito da relação jurídica pode ultrapassar a fronteira da relação negocial, como a necessidade de conceber a sustentabilidade ao meio ambiente.

No caso dos convênios, a boa-fé relacionada a direitos transindividuais sempre existirá, pois o conteúdo do objeto sempre deve estar relacionado à concretização de direito coletivo constitucional. Dessa forma, os deveres de proteção não se restringem à proteção da esfera jurídica do outro partícipe, mas também que não sejam violados os direitos das populações envolvidas.

É cabível a intervenção heterônoma para garantir que não haja dano (ou que esse dano seja o menor possível), quando o convênio envolver o meio ambiente, por exemplo.

---

[471] MARTINS-COSTA, 2018, p. 598-599.
[472] MARTINS-COSTA, 2018, p. 605.

7.3 A função corretora da boa-fé

A função corretora da boa-fé ajusta os padrões de licitude e pauta a correção do próprio conteúdo convenial nas hipóteses de abusividade, possuindo uma incidência de maior intensidade nos convênios por adesão, quando um dos polos está em desvantagem de barganha com o outro partícipe. Essa desigualdade se refere a uma assimetria fática e não abstrata, devendo ser analisadas as reais condições orçamentárias, a necessidade de cada ente firmar o acordo, e, ainda, o acesso a informações a respeito do projeto ou programa pretendido.

Nos convênios em que existe uma maior igualdade entre os partícipes, o campo de exercício da autonomia federativa é mais amplo, e, dessa forma, menor a ingerência heterônoma do poder corretivo externo. Nesses casos, a boa-fé age como norma de cooperação, lealdade e probidade. Ademais, há também a incidência dos princípios juspublicistas que atuam de modo a evitar ajustes ineficientes, que geram desperdício de recursos afetos a entidades públicas, ou que geram vantagens indevidas para particulares.

Naqueles convênios em que os partícipes atuam de forma desigual, a autonomia federativa é limitada e há uma maior incidência do poder corretivo, de forma que o reconhecimento na relação de situações de disparidade de poder fático leva a admitir restrições na liberdade negocial, sendo a ausência de exercício da autodeterminação por uma das partes o pressuposto da disciplina limitativa.[473]

Com o intuito de coibir a contrariedade ou abusividade desleal nas relações negociais, a doutrina civilista identificou figuras mais frequentes de exercício jurídico ilícito e as classificou. Essas figuras são marcadas pela contrariedade ou abusividade desleal, ou seja, exercício de direitos em contradição com a sua conduta anterior ou extrapolando os fins econômicos, sociais, ou a própria boa-fé, tornando-se ilícito, apesar de aparentemente lícito.

O maior benefício da utilização do princípio da boa-fé é o aproveitamento do amadurecimento de sua aplicação e de todo o progresso alcançado pela área civilista, o que inclui as figuras parcelares da boa-fé. Imprescindível, portanto, a análise dessas figuras no âmbito dos convênios administrativos.

---

[473] MARTINS-COSTA, 2018, p. 629.

7.3.1 A boa-fé e o abuso de direito

O abuso de direito, explicitado no art. 187 do Código Civil, por meio do princípio da boa-fé, tem aplicabilidade em todas as áreas do Direito, qualificando como ilícito o uso abusivo de um direito, ou seja, o uso que exceda os limites impostos pelo fim econômico ou social daquele negócio jurídico, ou que exceda os limites definidos pela boa-fé e pelos bons costumes. Refere-se, portanto, a uma atuação efetuada estritamente conforme as normas imediatamente impostas pelo ordenamento jurídico, mas, contudo, apresenta ilícito por contrariedade ao sistema na sua globalidade.[474]

Essa ilicitude decorrente do abuso de direito não é detectável *a priori*, pelo que o jurista não pode predefinir o conteúdo do que seja regular, uma vez que a ilicitude se encontra no modo de execução e não na conduta *per se*. As circunstâncias vão configurar a licitude ou não, ou seja, se há conformidade da execução com os fins econômicos sociais, alinhados à boa-fé e aos bons costumes.

7.3.2 O *venire contra factum proprium*

Essa expressão transparece a contrariedade desleal com a própria conduta do agente. Trata-se, portanto, de dois comportamentos executados pelo mesmo partícipe. As condutas, quando analisadas de forma isolada, são lícitas, mas ocorre que a segunda conduta é contraditória em relação à primeira.

Destarte, a mera contradição não é suficiente para a caracterização do *venire*. É necessário que a segunda conduta frustre o legítimo investimento de confiança pela parte que alega a contradição, ou seja, a contradição deve ser injustificada.[475] Trata-se do comportamento contraditório que fira a relação de confiança recíproca essencial para o bom desenvolvimento de qualquer ajuste, sobretudo o dos convênios administrativos.

---

[474] Ibid., p. 669.
[475] MARTINS-COSTA, 2018, p. 674-675.

Deve haver, portanto, uma frustração da expectativa do partícipe lesado. A expectativa protegida, no entanto, é aquela expectativa legitimada por fatores racionalmente apreensíveis e objetiváveis.[476]

Para que seja configurado o *venire*, não basta demonstrar que o comportamento do outro partícipe foi incoerente. É necessária a constatação de certos requisitos: a ação de um agente a qual trará benefício para outro partícipe; a contrariedade dessa ação conexa àquela primeira, em desfavor daquele a quem fora criado o benefício, por meio de uma nova ação do mesmo agente; o investimento de confiança efetuado pelo lesado, explicitado em atos e atividades externadas; um dano gerado em face da confiança gerada; a ausência de motivo justificado para a mudança de comportamento; e a deslealdade, surpreendendo a confiança legitimamente investida.[477]

No âmbito dos convênios administrativos, poder-se-ia vislumbrar a situação em que um partícipe se nega a efetuar suas obrigações, sob alegação de ausência das formalidades legais, como a assinatura conforme a lei local, ou até mesmo a publicação feita de forma irregular, que havia ignorado anteriormente, no momento que o outro partícipe já executara as suas obrigações conveniais.

O STF considerou indevida a suspensão de repasse de recursos em convênio entre a União e a Defensoria Pública do Estado do Pará, por irregularidades no Sistema de Informações sobre Requisitos Fiscais (CAUC) em razão de comportamento contraditório, vez que no momento da celebração do ajuste, já era conhecida a irregularidade pelo ente financiador.[478]

Interessante exemplo é o caso referente ao Acórdão nº 3.515/2019 – Primeira Câmara do TCU, em que um ente federal repassou recursos para uma municipalidade realizar um evento, por meio de convênio. Nas tratativas, foi apresentado o Plano de Trabalho descrevendo os propósitos, data e detalhes do evento, o qual foi aprovado pelo ente financiador. Contudo, passados quatro anos do evento, o órgão federal mudou drasticamente sua compreensão no que tange à realização do interesse público e reprovou o convênio desde a sua celebração. Nessa oportunidade, o TCU entendeu que viola a boa-fé, por tratar de comportamento contraditório (*venire*), ao considerar como de interesse

---

[476] Ibid., p. 676.
[477] Ibid., p. 679-680.
[478] BRASIL. Supremo Tribunal Federal. *Ação Cível Originária 970-1*. Tutela Antecipada em Ação Cível Ordinária 970-1 Pará. Relator: Min. Gilmar Mendes, 17 mai. 2007. Diário de Justiça, Brasília/DF, 19 dez. 2007b.

público o objeto do convênio e constatar sua realização em conformidade com o instrumento pactuado, e após, na análise da prestação de contas, concluir pela inexistência daquele interesse e determinar a restituição dos valores transferidos.

Sobre o exemplo acima, destaca-se o disposto no art. 24 da Lei de Introdução às Normas do Direito Brasileiro,[479] o qual dispõe que a revisão, nas esferas administrativas, quanto à validade de ajuste cuja produção já se houver completado, levará em conta as orientações gerais da época, sendo vedado que, com base em mudança posterior de orientação geral, se declarem inválidas situações plenamente constituídas.

A boa-fé impede a alegação de nulidades formais nas hipóteses em que existe a possibilidade de convalidação, impondo ao intérprete o dever de perseguir, o máximo possível, a conservação do negócio jurídico.

7.3.3 *Supressio*

Em alguns casos, a contraditoriedade desleal pode ser causada de forma indireta pela desconformidade entre a não-utilização de um direito subjetivo ou de um privilégio em uma relação negocial.[480]

A não-utilização do direito pode gerar na contraparte a confiança na estabilidade da situação. O exercício posterior do direito altera a situação que estava estabilizada pelo tempo, ocasionando uma surpresa que afeta a confiança gerada. Tal efeito é chamado *supressio*, expressão ligada à estabilidade e/ou à probabilidade do comportamento, exteriorizada principalmente pela solidificação no tempo de determinadas situações.[481]

A *supressio* (ou *verwirkung*, no direito alemão) compreende a perda do direito subjetivo como resultado de uma inércia, quando aquele que possui o direito cria na contraparte a expectativa legítima de que o direito não será exercido.

A *supressio* é medida de utilização excepcional nos casos concretos e depende de requisitos ou pressupostos, sendo estes a inatividade, a

---

[479] BRASIL. Decreto-Lei nº 4.657, de 4 de setembro de 1942. Lei de Introdução às Normas do Direito Brasileiro. Brasília/DF: Presidência da República, 1942.
[480] MARTINS-COSTA, 2018. p. 710.
[481] MARTINS-COSTA, *loc. cit.*

imputabilidade e a protetividade. A inatividade, como o próprio nome sugere, relaciona-se com o tempo em que o titular de um direito poderia exercê-lo, mas não o fez. É necessário associar a inatividade, por certo tempo, juntamente com os elementos justificadores, no caso concreto, do investimento de confiança pela contraparte, prevendo uma ação de quem detém o direito, visando decorrer a confiança legítima da parte contrária.[482]

A simples inércia no exercício do direito não é o bastante para apelar para a *supressio*, sendo necessária a caracterização de uma omissão circunstancialmente significativa, de maneira que o exercício atrasado caracterize uma forma de deslealdade.

Em relação à imputabilidade, essa se refere à necessidade da violação do dever de exercer o direito ser capaz de ser atribuída ao titular do mesmo. O compromisso em relação ao direito pode ser imputado a quem o detém, sem que a omissão seja causada por outrem.[483]

Por último, a protetividade se refere à indispensabilidade de que o devedor, de modo justificado, acredite na ausência de exercício futuro do direito por quem o detinha. É necessária a caracterização da expectativa legítima gerada pelo comportamento do titular do direito, mediante ações de disposição patrimonial que guardem relação de causalidade com a inércia do titular em relação ao seu direito.[484]

Para que a *supressio* seja utilizada da forma correta, deve-se levar em consideração os elementos e circunstâncias do caso concreto. A figura em análise exige contradição inaceitável em relação a uma inércia duradoura no exercício do direito, quando o direito não seria mais exercido, bem como a atuação de acordo com a boa-fé.[485]

Para elucidar a questão, toma-se como exemplo um convênio entre um estado da Federação e um município que envolva uma obra a ser executada em prol da municipalidade para a execução de política pública de interesse comum. A respectiva minuta convenial não dispôs de cláusula delineando qual o ente responsável financeiramente pelo pagamento dos reajustes (que eram inevitáveis pela previsão de duração da obra).

No decorrer da execução do convênio, ao repassar os recursos, o estado foi ajustando os valores a serem pagos, para que fossem absorvidos os impactos dos respectivos reajustes. Todavia, na última

---

[482] Ibid., p. 714.
[483] MARTINS-COSTA, 2018, p. 715.
[484] MARTINS-COSTA, *loc. cit.*
[485] Ibid., p. 716.

parcela, surpreendendo a expectativa legítima do município de que o encargo dos reajustes não seria repassado para aquela municipalidade, o estado descontou todas as parcelas de reajuste já repassados.

Nessa hipótese, incidirá a figura da *suppressio* para determinar o pagamento da última parcela ao município, pela perda do direito de cobrar os reajustes por parte do estado federado, por ter gerado a legítima expectativa de que iria arcar com as respectivas parcelas.

7.3.4 Nemo auditur propriam turpitudinem allegans

Essa figura é também uma espécie de conduta deslealmente contraditória, contudo a ênfase passa a residir não necessariamente na confiança violada, mas no elemento malicioso do agente, o dolo. O *nemo auditur* reprime a torpeza, enquanto para o *venire*, a intenção subjetiva é indiferente, bastando a contradição subjetiva.

Para exemplificar, pode-se imaginar um convênio entre dois entes para a execução de obra pública, em que um ficaria responsável pelo financiamento e o ente mais descentralizado pela execução. O ente executor ficaria exclusivamente responsável por eventuais reajustes no contrato da obra, uma vez que a ele caberiam a gestão e fiscalização da obra. Contudo, após o início da execução da obra, o ente repassador, de última hora (mas já ciente, desde o começo, de que pretendia essa alteração), exigiu que fossem feitas alterações no projeto, o que implicou em atraso na execução da obra, gerando o dever (ou aumentando os valores previstos) de conceder reajuste à empreiteira contratada, não orçado no projeto inicial. A pretensão do ente federativo financiador de que caberia ao ente federativo local o reajuste viola a boa-fé, uma vez que foi ele quem deu causa direta ao reajuste.

O *nemo auditur propriam turpitudinem allegans* consiste na coibição à malícia do partícipe que adotou certa conduta, contribuindo para certo resultado e, depois, pretendeu escapar dos efeitos de seu comportamento malicioso, fundamentando-se na alegação da própria malícia para a qual contribuiu.

7.3.5 Tu quoque

A expressão *"tu quoque"* revela a disposição pela qual uma pessoa que viole uma norma jurídica não poderia, sem abuso, exercer a situação jurídica que essa mesma norma lhe tivesse atribuído.[486]

A distinção entre a supracitada figura e o *venire* é estreita, pois este tem por objetivo defender a confiança exposta pelo primeiro comportamento, enquanto o *tu quoque* envolve um certo grau de malícia.[487] Na máxima *"tu quoque"*, quem viola uma norma não poderá utilizar tal preceito violado em seu favor.[488] Essa expressão tem pouco desenvolvimento na doutrina e jurisprudência brasileira, provavelmente pelas demais possibilidades de impedimento ao comportamento contraditório.[489]

A exceção de contrato não cumprido e o *tu quoque* gravitam sobre a mesma ideia, a comutatividade. A primeira visa a preservar a bilateralidade que acarreta a efetivação das obrigações de forma simultânea, propiciando o equilíbrio das posições contratuais no decorrer da fase executiva do contrato. Permite-se a recusa da execução das obrigações contratuais por uma das partes, diante da não-execução (simultânea ou anterior) do que incumbia à contraparte.[490]

O *tu quoque* realiza-se como um limite ao exercício jurídico (art. 187, Código Civil), tendo em vista que há uma contraposição entre os direitos no sinalagma, que devem sempre manter-se em equilíbrio. Caso ocorra uma ofensa às prestações, resta dizer que há um dano ao próprio sinalagma, suporte primordial dos contratos bilaterais.[491] Caso o *tu quoque* não fosse amparado pelo ordenamento jurídico, o resultado seria a alteração da harmonia sinalagmática, alcançando assim, a outra prestação.[492]

---

[486] CORDEIRO, Menezes; ROCHA, António Manuel. *Da boa-fé no Direito Civil.* Vol. 1. Coimbra: Almedina, 2001, p. 837.
[487] CORDEIRO, Menezes, *op. cit.*, p. 843.
[488] MARTINS-COSTA, 2018, p. 704.
[489] Ibid., p. 705.
[490] Ibid., p. 706.
[491] Ibid., p. 707-708.
[492] MARTINS-COSTA, *loc. cit.*

CAPÍTULO 8

A FASE PRÉ-CONVENIAL

A relação convenial configura-se como um processo polarizado pela conclusão do objeto, que é o fim pretendido, constituindo uma totalidade de efeitos jurídicos (direitos, deveres, ônus).

Entendendo a relação negocial como um processo,[493] ela perpassa fases como a formação, o desenvolvimento e sua extinção. A fase de formação marca o início da relação obrigacional, podendo ainda ser antecedida de tratativas preliminares, que envolvem reuniões dos gestores e áreas técnicas envolvidas, com a possibilidade até mesmo de firmamento de um protocolo de intenções. A fase do desenvolvimento envolve a própria execução do objeto convenial, com a devida fiscalização e repasse de recursos, quando houver. Por fim, a extinção do convênio se dá com o fim do vínculo relacional entre os partícipes, pela conclusão do objeto (quando se referir a um negócio de escopo), pelo decurso do prazo, atingindo o termo final, ou até mesmo por denúncia ou rescisão do ajuste, que envolve peremptoriamente a necessidade de uma prestação de contas final.

Com o adimplemento ou termo final, portanto, encerra-se a relação jurídica do convênio, mas, sob a incidência do princípio da boa-fé, pode haver efeitos pré conveniais, ou posteriores ao fim do ajuste, com o objetivo de evitar danos injustos ou fundamentar eventual indenização.

É comum que antes do firmamento do vínculo, haja tratativas e discussão sobre o desenho convenial, bem como a distribuição de competências acerca de como se dará a soma de esforços pretendidos.

É verdade que o regime publicista está atrelado a formalidades. Há necessidade, por exemplo, da forma escrita, para a vinculação das partes, porque não é possível confundir os gestores com a entidade

---

[493] SILVA, Clóvis V. do Couto *et al. A obrigação como processo*. São Paulo: Editora FGV, 2015.

que representam, e, portanto, a necessidade de o ordenamento jurídico conceber a ritualística dessa manifestação de vontade. Nesse sentido, o parágrafo único do art. 60 da Lei nº 8.666/93 e o §2º do art. 95 da Lei nº 14.133/21 preveem, como regra, a vedação do contrato verbal com a Administração Pública.

Contudo, é certo que, mesmo levando em conta as limitações do regime publicista, das normas especiais de Direito Administrativo e seus princípios pertinentes, a fase formativa do convênio não é destituída de nenhuma relevância jurídica. Mesmo nessa fase que precede a assinatura do convênio, com a boa-fé objetiva em foco, há deveres de lealdade e informação impostos aos representantes e à equipe técnica das entidades envolvidas.

Quando a boa-fé incide na fase antecedente ao vínculo negocial, esta atuação verifica-se por via da função corretora de comportamentos no tráfico jurídico, sobretudo sob a figura do abuso de direito (art. 187, Código Civil). Não existindo um convênio vigente, não há que se falar em interesse na prestação, mas somente em responsabilidade extracontratual.[494]

Na fase que antecede o ajuste, nascem para os entes envolvidos deveres específicos, deveres à lealdade e à legítima expectativa ao dever de confiança, inconfundíveis com os deveres de prestação.[495] Trata-se de uma responsabilidade pré-negocial, configurada a relação mediata entre o dano jurídico ocasionado e o negócio jurídico que poderá ser firmado.[496]

Suponha-se, por exemplo, um convênio que envolva a delegação de um serviço público do estado para o município e que para a realização desse serviço seja necessária a implementação de obras de infraestrutura que ficarão a cargo do município, que as amortizará pelo preço público pago pelos usuários. Nesse caso, antes da assinatura do respectivo convênio e do gasto de recursos públicos municipais com a contratação de empresa que realizará as obras, é dever, oriundo do princípio da boa-fé, que o estado federado informe todos os dados de que disponha sobre as dificuldades técnicas e a grandeza financeira necessária para a execução do empreendimento, isso por meio de pareceres e documentos técnicos.

No exemplo traçado acima, não estaria o estado agindo conforme a boa-fé caso ocultasse informações (como por exemplo uma dificuldade

---

[494] MARTINS-COSTA, 2018, p. 420.
[495] MARTINS-COSTA, *loc. cit.*
[496] Ibid., p. 421.

técnica subterrânea) que já fossem do seu conhecimento e implicassem que os gastos com a infraestrutura seriam muito maiores do que o município estaria conjecturando, de forma que não se pudesse equacionar os valores gastos, com a cobrança de preço público razoável.

Tendo em mente a boa-fé objetiva, o eventual convênio poderia ser rescindido, ou mesmo se poderia imputar o dever de indenizar ao respectivo Estado.

A fase antecedente à assinatura do termo de ajuste não ocorre sem dificuldades para o operador do Direito, no que tange à aplicação do princípio da boa-fé. Nesse momento, há tutelas jurídicas em conflito: a autonomia federativa e a garantia de conservação da boa-fé e proteção da confiança em face das expectativas criadas de forma progressiva, no decorrer das fases de negociação.

Veja-se que, mesmo na área privatista, não é tarefa fácil delimitar até que ponto a mera troca de acordos parciais, de minutas prévias, é suficiente, ou não, para formar um vínculo jurídico-obrigacional entre os atores. Em qual momento do *iter contracts* os atos estão destituídos de qualquer eficácia obrigacional? Em que momento passa a existir alguma vinculação dos deveres de proteção extracontratual? É possível que em algum ponto antecedente à assinatura do negócio jurídico esses atos sejam dotados de eficácia negocial típica?[497]

A questão é ainda mais tormentosa quando se fala das relações inseridas no âmbito do direito público. Para que um convênio se torne um ato com relevância no mundo jurídico, é necessária a observação de inúmeras formalidades previstas na legislação especial, como por exemplo a necessidade de anterior análise jurídica pela assessoria jurídica, e, ainda, a imprescindibilidade da sua publicização nos meios oficiais.

É imperioso analisar até que ponto os atos anteriores ao convênio vinculam as entidades envolvidas, pelas informações e protocolos de intenções firmados pelos seus representantes.

Será analisada a fase pré-convenial em sua completude. Alerte-se que, inobstante a boa-fé objetiva seja o fio condutor deste trabalho, pode ter uma incidência mais intensa ou menos sobre alguns dos tópicos seguintes. A intenção do presente trabalho é reanalisar a teoria convenial, à luz da boa-fé objetiva, na sua completude. Caso fossem trazidos apenas os tópicos mais relevantes (em relação à boa-fé objetiva), a teoria convenial ficaria incompleta.

---

[497] MARTINS-COSTA, 2018, p. 423-424.

8.1 Tratativas e o protocolo de intenção

Antes de se assinar o termo convenial, é rotineiro que os representantes das entidades envolvidas se aproximem e negociem para avaliar se é conveniente ou não o negócio, de forma superficial, nos seus moldes. Essa primeira fase é caracterizada pela ausência de qualquer força de vinculação negocial.

As negociações preliminares podem ocorrer com idas e vindas, reuniões, e-mails, apresentações de minutas prévias. Em regra, esses atos constituem meras tratativas destituídas de eficácia de vinculação negocial, como fonte de obrigação de direitos e deveres de prestação, embora esses atos possam servir para balizar, no plano hermenêutico, para aclarar o que foi declarado na minuta de convênio definitiva.[498]

Muitas vezes, após essas primeiras tratativas, é possível que os representantes envolvidos, com intuito de sinalizar a pretensão de assinatura do ajuste, e também para ciência da população interessada, firmem um documento costumeiramente intitulado "protocolo de intenções".[499]

No âmbito das relações comerciais privadas, muitas vezes, sem a assinatura de um contrato formal, o início da execução por algum dos lados, e tendo em vista as práticas comuns do setor, indica que já há um contrato (contrato preliminar), pelo efetivo encontro entre a proposta e aceitação, já havendo a definição acerca dos elementos essenciais.

Porém, pela necessidade das formalidades exigidas por lei, para a validade e a vigência dos convênios, tendo em vista o regime jurídico público, não é possível aceitar a vinculação jurídica de um acordo verbal, ou mesmo do mencionado protocolo de intenções.

No mesmo sentido, o Parecer Referencial nº 1/2018/GAB/ PROC/PFUFPR/PGF/AGU da AGU:

> Com relação aos chamados "protocolos de intenções", assim devem ser considerados tão somente aqueles documentos que se limitam a afirmar o propósito das entidades de selar oportunamente a parceria visada, sem estabelecer direitos e obrigações aos interessados. (...) É comum

---

[498] MARTINS-COSTA, 2018, p. 426.
[499] O termo parece ter sido transportado das relações diplomáticas, no âmbito do direito público internacional, uma vez que o termo "protocolo de intenções" tem sido usado, no âmbito da diplomacia, para se firmar não necessariamente um acordo internacional, mas a sinalização de intenção de se firmar um compromisso internacional (MAZZUOLI, 2019, p. 265-266).

que também sejam denominados "memorando de entendimento". O memorando de entendimento, ou protocolo de intenções, revela-se como um instrumento mais político do que jurídico, no qual se estreitam relações entre instituições em prol de objetivos comuns. As regras e cláusulas específicas que irão regulamentar os direitos e obrigações a serem acordados entre as partes celebrantes deverão ser materializadas em instrumento futuro a ser firmado. (...) Prescindem tais documentos de forma rígida, até porque não geram efeitos jurídicos concretos. (...)[500]

Não se deve compreender um protocolo de intenções como um contrato preliminar, pois neste existe uma relação jurídica negocial entre as partes, o que não ocorre nos protocolos de intenções firmados anteriormente à formalização do convênio. No protocolo de intenções, indica-se a intenção de se firmar um ajuste, mas ainda não há vinculação jurídica. O inadimplemento do contrato preliminar resulta em responsabilidade contratual, diferente da vinculação jurídica pré-negocial aqui abordada.

Isso não implica, porém, que os atos praticados nas tratativas sejam totalmente desprovidos de qualquer pretensão de reparação, pois é possível que tenham gerado uma expectativa legítima na outra parte.

As negociações prévias, mesmo quando não conduzam à celebração do convênio, geram uma relação de confiança, análoga à relação convenial, constituindo uma obrigação de cuidado, ou seja, um dever não prestacional. O fato de entrar em tratativas gera um vínculo jurídico pré-negocial entre os participantes (decorrente da boa-fé objetiva), do qual derivam deveres, cuja violação culposa é fonte de responsabilidade.[501]

Esses deveres se referem, portanto, à legítima confiança investida nas negociações. São especificados pelo interesse de resguardo de informações sigilosas, que, por acaso venham a ter acesso durante as negociações, isto é, o dever de agir com transparência e de informar com correção todas as informações necessárias para entender os meandros do objeto negociado, sobretudo quando o partícipe não teria a possibilidade de ter acesso por modo diverso a esses dados. O interesse de vedação de ocultação de informações pertinentes e essenciais, bem como as proibições de emissão de declarações culposamente inverídicas com o

---

[500] BRASIL. Advocacia Geral da União. *Parecer Referencial n° 1/2018/GAB/PROC/PFUFPR/PGF/AGU*. Procurador: Tiago Alves da Mota. Curitiba, 19 fev. 2018a.
[501] MARTINS-COSTA, 2018, p. 451.

fim de efetuar uma distorção enganosa ou ainda, a vedação à contradição desleal, também são exemplos destes deveres.

As tratativas impõem deveres especiais (oriundos do princípio da boa-fé) aos que delas participam, mas que não se reportam aos deveres de prestação em sentido estrito, uma vez que o convênio ainda não está constituído. Os danos injustamente causados na fase anterior ao firmamento do convênio, gerados pela falta de lealdade entre os negociantes, podem dar ensejo ao dever de indenizar. O regime de responsabilidade aqui tratado é o da responsabilidade extracontratual, caracterizada pela quebra de deveres especiais de conduta, e não apenas pelo dever genérico de a ninguém lesar, imposto a todos que vivem em sociedade.[502]

Aquele que efetiva as negociações de um futuro convênio tem o dever de não fraudar as expectativas legitimamente criadas pelos seus atos nestas tratativas, com posterior rompimento injustificado. Na análise do caso concreto, é necessário verificar se essas expectativas são legítimas (veio a comprovar a existência de fundadas razões para que a parte frustrada acreditasse na seriedade da proposta e tivesse se comprometido em prol do futuro ajuste) ou não.[503]

Diante do princípio da liberdade negocial (da autonomia dos entes federados), não é qualquer rompimento que gera a violação da boa-fé objetiva. A reprovação do dever de confiança e lealdade não decorre do fato de o convênio não ter sido concretizado, mas do fato de algum dos representantes das entidades envolvidas ter causado algum dano ao outro ente, em função da circunstância de que gerou a expectativa legítima de que o ajuste seria efetuado. É vedada a ruptura injusta, principalmente nas hipóteses em que tenham sido gerados dispêndios de recursos financeiros pela outra parte.

A mera existência de tratativas, ou mesmo o avanço otimista nas negociações, não garante o dever de ressarcir por aquele que se arrepende e volta atrás, uma vez que se exige uma ruptura qualificada para a caracterização da violação boa-fé pré-negocial.

Conjecture, por exemplo, que após várias tratativas, os partícipes decidissem firmar o convênio, mas para assinatura do respectivo termo de ajuste fossem necessárias certas formalidades. Pode-se pensar na hipótese de que no ajuste estivesse prevista a doação de certo imóvel público a outro ente público, que ficaria responsável pelo aparelhamento,

---

[502] MARTINS-COSTA, 2018, p. 458-459.
[503] Ibid., p. 443.

manutenção e a prestação de determinado serviço no respectivo imóvel. A necessidade de autorização legislativa para a doação de imóvel público é exigência legal. Outra hipótese seria a necessidade de aprovação do conselho de um fundo patrocinador, por exemplo, que seja pessoa jurídica distinta daquela que firma o convênio em si.

Em ambos os casos, não importa a resposta proveniente do órgão legislativo ou do conselho administrativo do fundo. É legítima a decisão posterior pela não-concretização do ajuste. Trata-se da observância de formalidade autorizativa, mas que não obriga os órgãos gestores a firmar o convênio e a simples frustração das expectativas, nesse caso, não geraria o dever de indenizar, pois não assinala uma atitude desleal.

Nenhuma obrigação de reparação surge se um ente público, por iniciativa própria, tomar a liberdade de iniciar estudos, projetos, pareceres, contratar serviços de sondagem e do Projeto Básico, comprar equipamentos com a finalidade de demonstrar o avanço do empreendimento a fim de persuadir a outra parte a participar do convênio, e a outra se recusa, ainda que sem motivo, a entrar nas negociações.[504]

A existência de exigências formais para que se firme um convênio afasta a abrangência dos casos que se poderia considerar de legítima expectativa, não bastando que uma parte tenha acreditado que o convênio seria ajustado. É necessário, para configuração da violação da boa-fé pré-convenial, o rompimento abrupto e inesperado, especialmente com a existência da comprovação de dano material.

A *culpa in contrahendo* é toda infração do dever de atenção que se há de esperar de quem vai firmar o respectivo negócio jurídico. As tratativas negociais criam esse dever, que pode corresponder ao dever de dizer a verdade, a diligência com as informações dos elementos técnicos necessários para o suporte fático, a exatidão no modo de se comunicar com a outra parte.[505] A *culpa in contrahendo* funciona quando a violação dos deveres de proteção, informação e de lealdade conduzem à frustração da confiança, criada por conduta anterior do violador, retirando sentido relevante que as partes visavam atribuir ao negócio jurídico.[506]

Na *culpa in contrahendo*, os deveres que se violam não são aqueles principais, de prestação, mas deveres especiais, de agir com lealdade, questão abordada quando aplicada ao direito público por

---

[504] COSTA, Mário Almeida. *Responsabilidade civil pela ruptura das negociações preparatórias de um contrato*. Coimbra: [editor desconhecido], 1984, p. 62.
[505] MIRANDA, 1984, p. 320-321, 462.
[506] CORDEIRO, Menezes, 2001, p. 583-584.

Almiro do Couto e Silva, a respeito, especificamente das políticas de planejamento estatal. Nesse sentido, o jurista entende que conquanto possa o Estado alterar seus planos, há situações em que a modificação causa tal prejuízo aos particulares e contradiz expectativas criadas pelo próprio Poder Público, que deveria ser reconhecido o direito à indenização. Há situações em que o Estado incentiva os indivíduos a um determinado comportamento, mediante promessas concretas de vantagens e benefícios, cuja violação implica infringência ao princípio da boa-fé, cabendo ao Estado indenizar os danos decorrentes da confiança. O comportamento de uma das partes, portanto, na fase das tratativas, induzindo a confiança da outra de que tal procedimento seria adotado, e vindo a frustrar irresponsavelmente a expectativa e investimentos realizados nesse sentido, daria ensejo ao dever de indenizar.[507]

No que toca aos convênios, imagine a hipótese em que uma prefeitura solicite a um estado federado para que este o auxilie, por meio de um convênio administrativo, em uma obra de infraestrutura com a qual o município não tenha condição de arcar sozinho. Tendo em vista as orientações para que não sejam firmados convênios que envolvam obras sem o respectivo Projeto Básico completo, foi exigido pelo estado que o município fizesse os estudos prévios necessários, como a sondagem e o licenciamento ambiental, e, ainda, contratasse o Projeto Básico. Posteriormente, o estado frustra a expectativa e não firma o convênio, o que implica o desperdício de recursos públicos do município, que não tem condições financeiras para dar continuidade, sozinho, ao empreendimento.

Nessa hipótese, não há convênio vigente, mas foi criada a expectativa de que ele seria firmado, e, ainda, condicionado a gastos como condição para assinatura. Como veremos mais a frente, existem alternativas mais seguras, que não implicam gastos sem cobertura convenial, para a solução do problema proposto (a necessidade de Projeto Básico como condição da assinatura do convênio que envolve obras e serviços de engenharia), mas o exemplo é relevante, pois a prática descrita é usual nos acordos que envolvem obras com as municipalidades.

No caso traçado, haveria quebra da confiança, frustrando expectativa legítima, mesmo na fase das tratativas, fato que pode configurar o dever de ressarcimento.

---

[507] DO COUTO, Almiro *et al.* A responsabilidade do Estado no quadro dos problemas jurídicos resultantes do planejamento. Revista do Serviço Público, v. 39, nº 2, p. 3-10, 1982.

É necessário esclarecer que a responsabilidade pré-convenial não decorre do simples interrompimento das tratativas e não-assinatura do convênio, mas do fato de uma das partes ter gerado à outra expectativa legítima, e ainda da configuração de dano material.[508]

Desde a fase das tratativas, portanto, os partícipes devem se comportar segundo a boa-fé, mesmo que nela ainda não exista o vínculo convenial. Há liberdade de romper as tratativas, como regra, contudo, pelo contexto dessas negociações, pode existir uma relação obrigacional não relacionada aos deveres de prestação. Dessa relação decorrem deveres de proteção, cuja violação pode, inclusive, gerar o dever de indenizar sob o regime de responsabilidade extranegocial, quando o dano resultar de infrações da quebra da confiança, por exemplo.

Na fase pré-convenial, o princípio da boa-fé atua em relação a deveres de proteção e correção, pautando *standards* de conduta éticos a serem seguidos, mesmo que a relação convenial nunca tenha existido. Esses deveres que decorrem da boa-fé, tendo em vista as circunstâncias do caso concreto, têm o condão de criar uma vinculabilidade jurídica entre os partícipes, acerca dos deveres de proteção e confiança legitimamente depositada.

8.2 Planejamento prévio

A Administração Pública deve permanecer atenta e cuidadosa aos atos preparatórios para a celebração de um ajuste, incrementando as chances de alcançar os resultados aspirados pelo pacto cooperativo. Os estudos acerca das reais necessidades da Administração, bem como o planejamento correto, geram um gasto mais eficiente do dinheiro público.

Constata-se de que o mau uso do poder orçamentário governamental, muitas vezes, não consiste na execução equivocada do objeto, ocorrendo em suas fases antecedentes. A ausência de planejamento, e, consequentemente, a execução por via de um Plano de Trabalho defeituoso, aumentarão as chances de fracasso.[509]

---

[508] O STJ, no Recurso Especial 1051065/AM – Terceira Turma, chegou à mesma conclusão no caso das concessionárias BMW (Brasil, 2013c).

[509] SANTANA, Jair Eduardo; CAMARÃO, Tatiana; CHRISPIM, Anna Carla Duarte. *Termo de Referência*: o impacto da especificação do objeto e do termo de referência na eficácia das licitações e contratos. Belo Horizonte: Editora Fórum, 2013, p. 23.

Muitas vezes, a área técnica dos órgãos administrativos ignora a relevância das tarefas constantes da fase precedente à lavratura de convênios, contudo, o delineamento dos elementos que pressupõem o ajuste não constitui tarefa meramente formal. O conhecimento das reais demandas da administração e a capacidade de descrever de forma pormenorizada e assertiva o objeto pretenso são necessidades imprescindíveis para o sucesso do empreendimento, bem como para o consentimento informado dos partícipes, oriundo da irradiação da boa-fé pré-convenial.

A nova Lei de Licitações materializa o planejamento prévio no estudo técnico preliminar (ETP), que é o documento que explicita o interesse público envolvido e os melhores caminhos para a solução do problema posto, de forma a permitir a avaliação da viabilidade técnica e econômica do pretendido (art. 6º, XX, da Lei nº 14.133/21).

É possível a aplicação aos convênios,[510] especialmente nos casos em que o ajuste envolver compras, serviços ou obras, necessitando do termo de referência ou de um Projeto Básico, ou até mesmo de um anteprojeto de engenharia.

O estudo técnico preliminar consubstancia a fase de planejamento, para delimitar todos os possíveis percalços e deve atestar, ou não, a viabilidade do empreendimento sob os aspectos técnico, ambiental e econômico.

Ademais, o estudo técnico preliminar é etapa anterior que dá suporte à elaboração dos elementos técnicos instrutores mais minuciosos e precisos, como o Plano de Trabalho, o anteprojeto, o termo de referência ou o Projeto Básico a serem elaborados, caso se conclua pela viabilidade do ajuste (art. 6º, XX, da Lei nº 14.133/21).

Os elementos técnicos instrutores devem ser elaborados com base nas indicações dos estudos técnicos preliminares que assegurem a viabilidade técnica e o adequado tratamento do impacto ambiental, além de parametrizar os custos do empreendimento, a previsão do prazo de execução e a definição dos métodos executivos.

Ademais, é necessária a demonstração dos motivos que justificam o firmamento do convênio, o qual pode ser balizado pelos estudos preliminares.

A discricionariedade para a escolha dos programas realizados, bem como as métricas utilizadas para a escolha dos partícipes, são

---

[510] Os respectivos regulamentos em cada ente podem prever a forma como se dará o planejamento prévio nos convênios.

inerentes à autonomia dos entes federados. Por outro lado, em respeito à transparência e com o fim de possibilitar o controle social, cabe ao gestor público explicitar as razões de escolha da política pública, bem como dos signatários, e como, naquele caso, a conjugação de esforços é o meio mais eficiente para a concretização dos interesses constitucionais.

Decorre da boa-fé o dever de informar nas negociações acerca dos pormenores do pretendido, para que as entidades envolvidas tenham a oportunidade de um conhecimento esclarecido sobre o projeto ou programa de governo pretendido. A boa-fé, no entanto, não é o único *standard* definidor do comportamento ideal a ser esperado pelos partícipes. Percebe-se, por conseguinte, que a respectiva justificativa é exigência inerente ao Estado Democrático de Direito e Republicano, e pode ser depreendida do dever geral de motivações dos atos administrativos, a exemplo do que dispõe o art. 50 da Lei Federal nº 9.784/99.

Trata-se da concretização do princípio constitucional da motivação, que implica em um dever para que a Administração fundamente cada um dos seus atos. Somente a partir da elucidação das particularidades que motivam a pretensão do objeto convenial, possibilita-se ao poder financiador a definição das áreas e localidades que prioritariamente necessitam de aplicação dos recursos a título de transferências voluntárias. Ademais, somente com o conhecimento dessas informações, os partícipes terão condições de elencar as metas a serem atingidas e de elaborar, então, o Plano de Trabalho.[511]

O convênio deve ter o propósito de ser a execução de programa de governo, envolvendo a realização de projeto, atividade, serviço, aquisição de bens ou evento de interesse recíproco, em regime de mútua cooperação, direcionado à concretização dos objetivos constitucionais. Cabe aos partícipes, portanto, demonstrar de forma fundamentada a existência do interesse recíproco entre as partes, bem como aventar como o objeto pretendido ou o resultado almejado pode ser usufruído por ambas as partes.[512]

Só é considerada regular a celebração de convênios quando se verifique a ocorrência de interesse recíproco dos partícipes na consecução do respectivo objeto, o qual deve estar devidamente justificado no procedimento administrativo a que se refere a celebração do ajuste.

---

[511] MAGALHÃES, 2012, p. 287.
[512] Ressalva semelhante já fez o TCU nos Acórdãos 3.241/2013 – Plenário (Brasil, 2013k), Acórdão nº 7.256/2016 – Segunda Câmara (2016k), Acórdão nº 460/2003 – Segunda Câmara (Brasil, 2003e).

Um estudo de viabilidade adequado permite verificar se existem elementos necessários para a execução do pretendido de forma adequada e fornece parâmetros que auxiliam o gestor público na tomada das decisões em relação ao empreendimento.

8.3 Plano de trabalho

Na fase de formação do convênio, o bem jurídico preponderante consiste no consentimento informado e nasce o dever de proteção pré-convenial, decorrente da boa-fé objetiva. Esse dever de informar, nos convênios administrativos, é consubstanciado na apresentação de um Plano de Trabalho detalhado em que serão descritas minuciosamente todas as etapas necessárias para concretizar a política pública ou o projeto pretendido.

Ressalte-se que, uma vez que os interesses envolvidos nos convênios são os interesses fundamentais da coletividade, o acesso a essas pretensões não deve se dar apenas aos entes que pretendem firmar o respectivo ajuste, mas refere-se às coletividades envolvidas.

A assinatura de convênios com detalhamento insuficiente do Plano de Trabalho, assim como a análise pouco aprofundada dos seus elementos técnicos instrutores, violam os princípios da legalidade, da economicidade e da transparência, bem como o da boa-fé objetiva (em relação ao dever lateral de informação) que devem ser observados pela Administração Pública.[513] Sobretudo na condição de repassador de recursos, a entidade pública somente pode formalizar convênios quando dispuser de condições técnico-operacionais para avaliar os planos de trabalho, acompanhar a concretização dos objetivos previstos nas avenças e analisar as respectivas prestações de contas em prazo oportuno.[514]

É absolutamente necessário que a área técnica se municie de estudos, pareceres, levantamentos estatísticos e pesquisas com intuito de avaliar as demandas e identificar a melhor solução técnica para a referida pretensão. Portanto, a elaboração de um Plano de Trabalho

---

[513] Já dispôs de forma semelhante o TCU: Acórdão nº 775/2017 – Plenário (Brasil, 2017i), Acórdão nº 2.663/2007 – Plenário (Brasil, 2007j).

[514] Já dispôs de forma semelhante o TCU: Acórdão nº 4.378/2009 – Segunda Câmara (Brasil, 2009q), Acórdão nº 3.402/2013 – Plenário (Brasil, 2013l), Acórdão nº 6.111/2012 – Plenário (Brasil, 2012n), Acórdão nº 3.642/2012 – Segunda Câmara (Brasil, 2012k), Acórdão nº 1.687/2009 – Plenário (Brasil, 2009g), Acórdão nº 1.562/2009 – Plenário (Brasil, 2009e).

adequado é primordial para o atingimento das metas traçadas no ajuste convenial.

Ao analisar diversos convênios, o TCU deliberou que a aceitação de planos de trabalho mal elaborados, com descrição imprecisa de objeto, sem metas detalhadas quantitativas e qualitativas e sem conformidade com desembolsos constituem descumprimento do controle preventivo por parte do gestor do órgão repassador e ensejam sua responsabilização. Interessam as conclusões que aquela corte de contas chegou no Acórdão nº 1.933/2007 – Plenário sobre a quantidade de convênios que tiveram planos de trabalhos considerados inadequados:

> A insuficiência e até mesmo a falta das informações exigidas pela IN/STN nº 1/97, que rege a celebração de convênios no âmbito federal, é característica comum em grande parte dos planos de trabalho dos convênios analisados.
> Em parcela significativa dos casos analisados (63%) as metas são descritas com insuficiência de informações qualitativas e quantitativas, de forma genérica e de difícil entendimento. Não trazem informações que permitam avaliar os objetivos que se pretende atingir, como serão realizadas as ações e o que será obtido concretamente em termos de produtos ou serviços a serem prestados à comunidade.
> A falta de clareza nos desdobramentos das metas e das ações que deverão ser implementadas redundam em cronogramas de desembolso que não guardam correlação entre as etapas de execução física e os aportes requeridos. Não é feita a quantificação, de forma realista, ao longo do tempo, das parcelas de recursos necessárias, potencializando, assim, a liberação excessiva ou insuficiente de recursos em prejuízo da racionalidade administrativa e dos serviços que se pretende disponibilizar à população.
> As imprecisões não só dificultam a avaliação dos planos de trabalho como, se não corrigidas, também possibilitam o desvirtuamento do objeto e favorecem a ocorrência de inúmeras outras irregularidades na fase de execução, como corroboram os achados desta consolidação. Tais falhas deveriam, em tese, ser sanadas na fase de avaliação técnica das propostas ou ensejar a recusa do Plano de Trabalho, mas não é o que se constata ao se analisar a qualidade destas avaliações.

O planejamento adequado é imprescindível para uma boa gestão pública, voltado para os princípios da eficiência, da moralidade, e da boa-fé objetiva, bem como para o alcance dos resultados pretendidos.

Conforme a Lei nº 8.666/93 (art. 116, §1º),[515] a celebração de convênio, acordo ou ajuste pelo Poder Público depende de prévia aprovação do competente Plano de Trabalho pelos partícipes, o qual deverá conter, no mínimo, as seguintes informações: I – identificação do objeto a ser executado; II – metas a serem atingidas; III – etapas ou fases de execução; IV – plano de aplicação dos recursos financeiros; V – cronograma de desembolso; VI – previsão de início e fim da execução do objeto, bem assim da conclusão das etapas ou fases programadas; VII – se o ajuste compreender obra ou serviço de engenharia, comprovação de que os recursos próprios para complementar a execução do objeto estão devidamente assegurados, salvo se o custo total do empreendimento recair sobre a entidade ou órgão descentralizador.

O Plano de Trabalho tem como principal objetivo traçar as medidas necessárias para conquistar o objetivo ajustado e minimizar a possibilidade de insucesso. Pode-se afirmar que o Plano de Trabalho é a representação escrita, podendo conter elementos gráficos, de um projeto que será executado, descrevendo os objetivos e métodos que serão utilizados para a execução do empreendimento comum.[516]

Toda a descrição do que será implementado, e como será realizado, deve estar pormenorizada no Plano de Trabalho. Sendo assim, os planos de trabalho devem trazer a descrição das metas a serem atingidas, qualitativa e quantitativamente, e todas as informações suficientes para a identificação do projeto, atividade ou ação prevista e seus custos.[517]

O Plano de Trabalho centraliza todo o planejamento necessário para a execução do convênio, com intuito de traçar um projeto dos passos necessários para que se torne possível a conquista do objeto ajustado, reduzindo-se a possibilidade de seu insucesso. Dessa forma, é irregular a celebração de convênio cujo Plano de Trabalho contenha objeto com descrição imprecisa ou metas genéricas.[518]

Além disso, uma boa descrição do Plano de Trabalho facilita o controle social e pelos órgãos controle. A partir da descrição do objeto pelos interessados, é possível verificar o conteúdo da cooperação

---

[515] A Lei nº 14.133/21 foi menos detalhista do que o já tímido regramento da Lei nº 8.666/93. Desta forma, cabe aos regulamentos de cada entidade federado, detalhar o regramento dos convênios, em cada esfera federativa.
[516] DURÃO, 2018, p. 136.
[517] Já dispôs de forma semelhante o TCU: Acórdão nº 1.331/2007 – Primeira Câmara (Brasil, 2007e) e Acórdão nº 800/2008 – Segunda Câmara (Brasil, 2008j).
[518] MAGALHÃES, 2012, p. 288.

administrativa. Assim, a descrição assertiva do objeto viabiliza o controle da respectiva execução, coibindo o desvio de finalidade.[519]

Destaca-se que o art. 116, §1º, da Lei nº 8.666/93 exige, para que seja configurada a sua validade, a aprovação do respectivo Plano de Trabalho pela autoridade competente.

É evidente que quando o ordenamento ressalta que cabe à autoridade competente a aprovação do Plano de Trabalho, resta implícito que além do juízo volitivo, deve haver uma avaliação estratégica e, com isso, trata-se da análise de todos os documentos técnicos que tornam viável o fim visado pelos entes envolvidos. Essas informações garantem que o proponente demonstre que a celebração do convênio é a medida adequada para atingir o objetivo comum pretendido pelos signatários.

Todos os documentos apresentados para a formalização do convênio fazem parte integrante do Plano de Trabalho e, portanto, deverão ser previamente aprovados pela autoridade competente das entidades signatárias, a qual poderá se valer de seus setores técnicos para embasar sua decisão, entendendo como tecnicamente viável, ou não, a assinatura do pacto convenial.[520]

Uma descrição pormenorizada do planejado, bem como a completude dos elementos essenciais para a compreensão do pretendido, decorrem do dever de informação atrelado à boa-fé objetiva. Apenas com uma instrução adequada do Plano de Trabalho será possível que os representantes dos partícipes possam sopesar os recursos financeiros e a capacidade técnica necessários para a realização do respectivo ajuste, e, com isso, realizar um consentimento esclarecido acerca dos detalhes do negócio jurídico proposto.

8.3.1 Termo de Referência (identificação do objeto)

Dependendo do conteúdo necessário para a execução do convênio (envolver aquisições de bens e serviços), torna-se imprescindível

---

[519] MAGALHÃES, 2012, p. 289.
[520] Já dispôs o TCU, Acórdão nº 11.459/2019 – Primeira Câmara, que não é exigível do agente político que assina convênio a avaliação da capacidade técnica do convenente para execução do objeto, especialmente quando há pareceres técnicos e jurídicos subsidiando a celebração do ajuste (Brasil, 2019d). Por outro lado, também já dispôs, no Acórdão nº 11.069/2019 – Primeira Câmara, que a existência de pareceres técnico e jurídico não exime a responsabilidade de agente político que, ao assinar convênio, permite o repasse de verbas a objeto não elegível pela política pública sobre a qual tem a obrigação precípua de promover e zelar, pois caracteriza conduta com erro grosseiro (Brasil, 2019c).

a elaboração de Termo de Referência, que representa a orientação detalhada do bem ou serviço que será executado (e muitas vezes contratado) no âmbito do convênio.

Termo de Referência refere-se ao documento que representa a compilação de informações diversas levantadas em torno de um dado objeto que servirá de fonte para guiar a contratação.[521] É o documento apresentado quando o objeto do convênio se relacionar com aquisições de bens ou serviços, contendo elementos descritivos, os quais devem propiciar a aferição dos custos, a definição de métodos e o prazo de execução do objeto.[522]

A qualidade da descrição e definição do objeto pela Administração Pública refletirá diretamente na percepção do resultado do convênio. Um Termo de Referência bem elaborado leva a diminuição do desperdício, bem como a uma maior possibilidade de resultado compatível com os fins que almeja a Administração. Por outro lado, um objeto mal definido leva a desperdício e danos ao erário.

Os estudos acerca das reais necessidades da Administração, bem como o planejamento correto, geram um gasto mais eficiente do dinheiro público. O conhecimento das reais demandas da Administração, bem como a capacidade de descrever de forma pormenorizada e assertiva o objeto pretenso, são necessidades imprescindíveis para a execução adequada dos ajustes conveniais.

---

[521] SANTANA; CAMARÃO; CHRISPIM, 2013, p. 22.
[522] Nesse sentido, o Decreto nº 5.450, que regulamenta o pregão no âmbito federal, descreve o termo de referência como o documento que deverá conter: elementos capazes de propiciar avaliação do custo pela administração diante de orçamento detalhado, definição dos métodos, estratégia de suprimento, valor estimado em planilhas de acordo com o preço de mercado, cronograma físico-financeiro, se for o caso, critério de aceitação do objeto, deveres do contratado e do contratante, procedimentos de fiscalização e gerenciamento do contrato, prazo de execução e sanções, de forma clara, concisa e objetiva (Brasil, 2005a). Já a Lei nº 14.133/21 conceitua termo de referência, no seu art. 6º, inciso XXIII, da seguinte forma: documento necessário para a contratação de bens e serviços, que deve conter os seguintes parâmetros e elementos descritivos: a) definição do objeto, incluídos sua natureza, os quantitativos, o prazo do contrato e, se for o caso, a possibilidade de sua prorrogação; b) fundamentação da contratação, que consiste na referência aos estudos técnicos preliminares correspondentes ou, quando não for possível divulgar esses estudos, no extrato das partes que não contiverem informações sigilosas; c) descrição da solução como um todo, considerado todo o ciclo de vida do objeto; d) requisitos da contratação; e) modelo de execução do objeto, que consiste na definição de como o contrato deverá produzir os resultados pretendidos desde o seu início até o seu encerramento; f) modelo de gestão do contrato, que descreve como a execução do objeto será acompanhada e fiscalizada pelo órgão ou entidade; g) critérios de medição e de pagamento; h) forma e critérios de seleção do fornecedor; i) estimativas do valor da contratação, acompanhadas dos preços unitários referenciais, das memórias de cálculo e dos documentos que lhe dão suporte, com os parâmetros utilizados para a obtenção dos preços e para os respectivos cálculos, que devem constar de documento separado e classificado; j) adequação orçamentária (Brasil, 2005a).

8.3.2 Projeto básico (identificação do objeto)

Quando o conteúdo do convênio trata da execução de obras e serviços de engenharia, a identificação do objeto, bem como a possibilidade de se estabelecer um orçamento preciso, passam pela elaboração de um Projeto Básico. O art. 6º, inciso IX, da Lei nº 8.666/1993, define Projeto Básico como o conjunto de elementos necessários e suficientes, com nível de precisão adequado, para caracterizar a obra ou serviço, ou complexo de obras ou serviços.[523]

O intuito de se exigir o projeto completo para os convênios passa por dois objetivos: a) evitar complicações futuras por falta de planejamento adequado; e b) garantir que os custos dos empreendimentos sejam estimados de forma satisfatória. Isso passa tanto por um estudo técnico preliminar adequado, como por um Projeto Básico com nível de detalhe suficiente, para que se precisem o custo e as etapas necessárias para a execução do pretendido.

Todas as recomendações feitas a respeito da boa confecção do Plano de Trabalho em relação a obras e serviços de engenharia o interligam diretamente ao Projeto Básico, que é parte integrante daquele. O Plano de Trabalho possui o objetivo de descrever todas as ações do convênio, bem como a sistemática do plano de desembolso. Já o Projeto

---

[523] De forma mais detalhada, a Lei nº 14.133/21, no art. 6º, dispõe o projeto básico como conjunto de elementos necessários e suficientes, com nível de precisão adequado para definir e dimensionar a obra ou o serviço, ou o complexo de obras ou de serviços objeto da licitação, elaborado com base nas indicações dos estudos técnicos preliminares, que assegure a viabilidade técnica e o adequado tratamento do impacto ambiental do empreendimento e que possibilite a avaliação do custo da obra e a definição dos métodos e do prazo de execução, devendo conter os seguintes elementos: a) levantamentos topográficos e cadastrais, sondagens e ensaios geotécnicos, ensaios e análises laboratoriais, estudos socioambientais e demais dados e levantamentos necessários para execução da solução escolhida; b) soluções técnicas globais e localizadas, suficientemente detalhadas, de forma a evitar, por ocasião da elaboração do projeto executivo e da realização das obras e montagem, a necessidade de reformulações ou variantes quanto à qualidade, ao preço e ao prazo inicialmente definidos; c) identificação dos tipos de serviços a executar e dos materiais e equipamentos a incorporar à obra, bem como das suas especificações, de modo a assegurar os melhores resultados para o empreendimento e a segurança executiva na utilização do objeto, para os fins a que se destina, considerados os riscos e os perigos identificáveis, sem frustrar o caráter competitivo para a sua execução; d) informações que possibilitem o estudo e a definição de métodos construtivos, de instalações provisórias e de condições organizacionais para a obra, sem frustrar o caráter competitivo para a sua execução; e) subsídios para montagem do plano de licitação e gestão da obra, compreendidos a sua programação, a estratégia de suprimentos, as normas de fiscalização e outros dados necessários em cada caso; f) orçamento detalhado do custo global da obra, fundamentado em quantitativos de serviços e fornecimentos propriamente avaliados (...) (Brasil, 2021a).

Básico fornece todo o detalhamento da obra ou serviço de engenharia e arquitetura que será executado no âmbito do respectivo convênio.

O Projeto Básico deve conter todos os elementos necessários à caracterização do objeto a ser executado, para que os partícipes tenham o máximo de ferramentas para garantir o consentimento informado, conforme a boa-fé, bem como para o controle interno, externo e social. A exigência de um Projeto Básico completo é decorrência lógica do dever de planejamento e respeito às boas práticas de gestão e ao dever de informação.

É posicionamento pacífico do TCU a exigência de Projeto Básico completo, como parte integrante do plano de trabalho, para que se possa firmar convênio que tenha como alguma das metas a execução de obras ou serviços de engenharia.[524] O TCU considera irregular a celebração de convênios na ausência de elementos essenciais como a comprovação do exercício pleno de propriedade do imóvel; licenças ambientais; Anotação de Responsabilidade Técnica – ART referente aos projetos arquitetônicos e ao orçamento, e à precisa localização das obras.[525]

Um Projeto Básico inadequado aumenta os riscos de problemas na execução. Sendo assim, fica claro que a elaboração de um projeto detalhado e que atenda às reais necessidades da Administração Pública é etapa fundamental para o sucesso do empreendimento e aumenta as chances de um gasto eficiente dos recursos públicos.

---

[524] Nesse sentido, aquela corte de contas considerou como impropriedade a ausência, no plano de trabalho de convênio que envolva obra, de projeto básico que contenha os seguintes elementos técnicos instrutores: estudos de viabilidade, custos, prazos de execução, e a ausência de comprovação do exercício de plenos poderes em imóvel. TCU: Acórdão nº 1.410/2013 – Plenário (Brasil, 2013f), Acórdão nº 1.813/2008 – Plenário (Brasil, 2008h) e Acórdão nº 2.550/2013 – Plenário (Brasil, 2013h).
O TCU, no Acórdão nº 2.249/2011 – Plenário, também já posicionou no sentido de que o projeto básico ou o termo de referência podem ser ou não exigidos antes da celebração do convênio ou contrato de repasse, mas necessariamente obrigatória sua apresentação prévia antes da liberação dos recursos (Brasil, 2011f).

[525] TCU: Acórdão nº 3.090/2003 – Primeira Câmara (Brasil, 2003d), Acórdão nº 2.307/2011 – Plenário (Brasil, 2011g) e Acórdão nº 2.306/2009 – Primeira Câmara (Brasil, 2009j).
O TCU reiteradamente considera obrigatória a exigência da licença prévia e de sua outorga antes da celebração do convênio, e são requisitos indispensáveis para a aprovação do projeto básico. TCU: Acórdão nº 1.572/2003 – Plenário (Brasil, 2003c) e Acórdão nº 1.934/2009 – Plenário (Brasil, 2009h).
Ainda, o TCU recomenda que na minuta do convênio disponha a exigência de que o edital de licitação contenha, para a análise dos custos, as composições de custos unitários e o detalhamento de encargos sociais e do BDI que integram o orçamento do projeto básico da obra ou serviço de engenharia, além de cláusula exigindo a comprovação do registro da Anotação de Responsabilidade Técnica – ART junto ao respectivo Conselho Regional de Engenharia, Arquitetura e Agronomia. TCU: Acórdão nº 11.863/2011 – Segunda Câmara (Brasil, 2011c), Acórdão nº 585/2005 – Segunda Câmara (Brasil, 2005g).

Além do mais, um objeto mal definido exige correções no momento da execução da obra. Termos aditivos aos convênios devem ser elaborados de forma excepcional, relacionados ao fruto da imprevisibilidade superveniente dos fatos. Contudo, quando inexistentes tais fatos imprevisíveis e supervenientes, tais alterações geralmente se ligam intimamente à qualidade do Projeto Básico desenvolvido pela Administração Pública, ou contratado por terceiros.

No intuito de se evitar a celebração de convênios com projetos precários, nos empreendimentos que se refiram a repasse de recursos para realização de obras ou serviço de engenharia, o corpo técnico do órgão concedente deve aprovar o Projeto Básico ou executivo da obra, em cumprimento ao art. 7º, §2º, da Lei nº 8.666/1993, o que não afasta a responsabilidade técnica dos gestores das entidades envolvidas.[526]

É necessário que seja feito um apontamento importante, que relativiza a exigência do Projeto Básico, como peça insuperável para a formalização do convênio: entende o TCU que a elaboração do Projeto Básico anterior ao ajuste é condição imprescindível para a correção dos convênios que tratam de obras e serviços de engenharia. Contudo, é necessária a ciência de que o objetivo de um Projeto Básico adequado é caracterizar de forma satisfatória o objeto e aferir, com certa precisão, os custos necessários para a completude do empreendimento.

Com expressa permissão normativa, é possível que o Projeto Básico seja previsto como meta do ajuste convenial e não como requisito para sua assinatura, caso os partícipes sejam capazes de delinear o objeto de forma satisfatória a partir de anteprojeto de engenharia e consigam prever os custos.

Nessa hipótese, o Projeto Básico poderia ser dispensado caso a sua elaboração fosse uma etapa a ser atingida pelo ajuste convenial. A dispensa só seria viável se o setor técnico conseguisse estimar os custos com precisão, por meio da técnica do orçamento sintético ou de metodologias orçamentárias alternativas, tais quais as previstas na contratação integrada: a expedita, ou a paramétrica (art. 9º, §2º, II, da Lei nº 12.462/2011).[527]

---

[526] O TCU não admite a realização de licitação com base em projeto básico que não obteve a aprovação do órgão técnico competente na esfera federal, na hipótese de empreendimento que utilize recursos federais transferidos por meio de termo de compromisso ou contrato de repasse. TCU: Acórdão nº 2.099/2011 – Plenário (Brasil, 2011e), Acórdão nº 2.755/2015 – Plenário (Brasil, 2015e) e Acórdão nº 689/2013 – Plenário (Brasil, 2013m).

[527] ZYMLER, Benjamin; DIOS, Laureano Canabarro. *Regime Diferenciado de Contratação – RDC*. Belo Horizonte: Editora Fórum, 2014, p. 193.

Em sentido contrário, já entendeu o TCU que a previsão de recursos para a elaboração de Projeto Básico, elemento que já deve integrar o Plano de Trabalho que compõe o convênio, é irregular. Tratando-se de despesa a ser realizada antes da celebração do convênio, não seria lícita que ela fosse custeada com recursos do próprio convênio.[528]

Os elementos técnicos instrutores, que compõem o Projeto Básico, podem e devem variar de acordo com o porte e a complexidade do objeto a ser executado, pois se trata dos elementos necessários para a caracterização do pretendido que, devido às peculiaridades do objeto, são variáveis.

É possível, ainda, ter como balizamento do necessário para a confecção do Projeto Básico, a Orientação Técnica IBR nº 1/2006,[529] elaborada pelo Instituto Brasileiro de Auditoria de Obras Públicas (IBRAOP), a qual delimita o possível conteúdo de um Projeto Básico para objetos específicos. Em edificações, por exemplo, tal arcabouço compreende dezenas de documentos que vão desde o projeto arquitetônico em si, a projetos de terraplanagem, estrutura, instalações elétricas, prevenção de incêndio, paisagismo, levantamento topográfico, entre outros.

Ressalte-se a possibilidade, nos convênios, principalmente aqueles que envolvem obras de grande vulto ou quando existem vários partícipes, da utilização da matriz de riscos. A matriz de riscos é conceituada pelo inciso XXVII do art. 6º, da Lei nº 14.133/21[530] e

---

Conforme §5º do art. 23 da Lei nº 14.133/21, sempre que necessário, e o anteprojeto o permitir, a estimativa de preço será baseada em orçamento sintético balizado em sistema de custo definido no inciso I do §2º deste artigo, devendo a utilização de metodologia expedita ou paramétrica e de avaliação aproximada baseada em outras contratações similares ser reservada às frações do empreendimento não suficientemente detalhadas no anteprojeto. Essa solução foi adotada pelo Lei Geral de Licitações paranaense (15.608) no art. 136: *Os processos destinados à celebração de convênio deverão ser instruídos com os seguintes documentos: (...) X – orçamento fundamentado em quantitativos de obras, serviços e fornecimentos propriamente avaliados, calculado com base nos valores praticados pelo mercado, nos valores pagos pela administração pública em objetos similares ou na avaliação, no caso de obras e serviços de engenharia, aferida mediante orçamento sintético ou metodologia expedita ou paramétrica.* (Redação dada pela Lei nº 20.132 de 20/01/2020). E no regulamento paranaense, Decreto nº 10.086 acerca da Lei nº 14.133/21 (parágrafo único do art. 683): *Parágrafo único. A apresentação de projeto básico completo poderá ser dispensada quando uma das metas do ajuste envolver o desenvolvimento do próprio projeto básico, o que apenas será possível quando houver no plano de trabalho elementos suficientes que permitam estimar os custos do empreendimento, por meio das metodologias expedida, paramétrica ou da técnica do orçamento sintético.*

[528] TCU: Acórdão nº 1.232/2008 – Plenário (Brasil, 2008b).

[529] IBRAOP. Instituto Brasileiro de Auditoria de Obras Públicas. Orientação Técnica. Projeto Básico. OT – IBR 1/2006. Florianópolis: IBRAOP, 2006.

[530] Nas alíneas do inciso XXVII do art. 6º da Lei nº 14.133/21, foram definidas as informações mínimas que a matriz de riscos deverá conter (Brasil, 2021a).

se refere ao documento que delineia as responsabilidades entre as partes acerca dos riscos contratuais, em termos de ônus financeiro decorrente de eventos supervenientes que possam impactar o equilíbrio financeiro previamente estabelecido. Mediante a indicação dos riscos a serem assumidos por cada partícipe, ou, ainda, daqueles a serem compartilhados, fica pré-ajustada a divisão de responsabilidades.[531]

8.3.3 Comprovação de plenos poderes

Quando o convênio tiver por objeto a execução de obras ou outras benfeitorias a serem feitas no imóvel do convenente, é fundamental a comprovação do exercício pleno dos poderes inerentes à propriedade do imóvel, mediante certidão emitida pelo cartório de registro de imóveis competente. O convenente deve comprovar a propriedade do imóvel em que o objeto será executado, cabendo ao concedente[532] verificar o cumprimento dessa obrigação antes de assinar o convênio.[533]

Acautela-se sobre eventual perda dos recursos investidos caso o imóvel beneficiado não seja de domínio pacífico de algum dos partícipes do convênio. Deve-se limitar os riscos de os investimentos imobilizados ficarem de posse de terceiros não participantes do acordo cooperativo, e, consequentemente, o empreendimento não cumprir sua finalidade inicialmente traçada.

No caso dos convênios que envolverem transferência de recursos para execução de obra ou de benfeitorias, o órgão concedente dos recursos deve exigir do convenente, antes da celebração do ajuste, a comprovação da propriedade dos terrenos nos quais serão construídas as benfeitorias. O TCU já entendeu indevida a aprovação de projetos de trabalho em que constem declarações de que as obras serão executadas em propriedades particulares.[534]

---

[531] Ressalta-se que tal ferramenta já era prevista na Lei do RDC (art. 9º, §5º, Lei nº 12.462/11) e na Lei das Estatais (art. 42, X, Lei nº 13.303/16).

[532] Utiliza-se o vocábulo "concedente" em simetria ao utilizado pelo Decreto Federal nº 6.170, de 25 de julho de 2007, referindo-se ao partícipe responsável pela transferência dos recursos financeiros destinados à execução do objeto do convênio.

[533] De forma semelhante já dispôs o TCU: Acórdão nº 6.073/2010 – Segunda Câmara (Brasil, 2010e), Acórdão nº 8.793/2012 – Segunda Câmara (Brasil, 2012q), Acórdão nº 3.484/2012 – Segunda Câmara (Brasil, 2012j) e Acórdão nº 3.273/2012 – Plenário (Brasil, 2012i).

[534] BRASIL. Tribunal de Contas da União. *Acórdão nº 1.684/2009* – Plenário. Relator: Min. Marcos Bemquerer, Brasília/DF. 29 jul. 2009f.

8.3.4 Propriedade dos bens remanescentes

É plausível que, findando a parceria, restem bens remanescentes (que podem ser produtos, equipamentos, ou até imóveis). Nesses casos, é fundamental que seja previamente definido, nos termos do respectivo ajuste cooperativo, a quem cabe a propriedade do bem construído, adquirido, produzido ou transformado por meio do respectivo ajuste.

É importante estar expresso no ajuste qual dos partícipes ficará com a propriedade do bem que o respectivo pacto federativo envolve, para que não restem discussões posteriores sobre a sua dominialidade. Essa também é medida salutar para que, na análise inicial do ajuste, fique clara a intenção da destinação dos bens, com intuito de fornecer substrato para averiguar se o convênio é realmente o instrumento adequado, ou se seria o caso de se realizar um contrato de doação.

Guilherme Henrique de La Rocque Almeida prescreve, como hipótese de cláusula obrigatória nos termos dos convênios, o delineamento do direito de propriedade dos bens remanescentes que tenham sido adquiridos ou construídos no bojo do convênio.[535]

Evidente que na ausência de disposição expressa, na análise da dominiliadade do bem, deve-se analisar a boa-fé e os objetivos gerais do negócio pretendido.

Ademais, reputa-se temerária a escassez de mecanismos que garantam a vinculação do bem à atividade de interesse coletivo afetada, pelo menos até o tempo necessário para amortização do investimento feito, em relação ao benefício social alcançado. A ausência de disposição adequada pode acarretar o indesejoso desvio dos recursos arcados para finalidade pública específica, principalmente nas hipóteses em que a parceria for dissolvida após a transferência dos recursos.

É recomendável que os ajustes cooperativos disponham de cláusulas de reversão patrimonial com relação às acessões e benfeitorias não removíveis, sob domínio do convenente, adquiridas com recursos provenientes da celebração do convênio. Essas cláusulas devem ser válidas até a depreciação integral do bem ou a amortização do investimento, caso se verifique desvio de finalidade na aplicação dos recursos. E ainda, no caso de bens móveis ou bens removíveis,

---

[535] ALMEIDA, Guilherme Henrique de La Rocque. *Controle das transferências financeiras da União*. Belo Horizonte: Fórum, 2008, p. 166.

deverão ser gravados, além da cláusula reversibilidade, com cláusula de inalienabilidade.[536]

Mesmo não constando de forma expressa sob os auspícios da boa-fé (pela função integradora), essas cláusulas devem ser consideradas implícitas em todo ajuste cooperativo de que participe o Poder Público. Isso porque não se admite que sejam desviados do interesse coletivo, pretendido pela administração patrocinadora, os bens adquiridos com recursos públicos.

8.3.5 Metas e etapas de execução

Meta é a definição dos objetivos almejados. Os quais devem ser definidos de forma precisa e clara, no Plano de Trabalho. Além disso, para concretização do objeto é necessária a descrição detalhada das tarefas a que cada partícipe ficará incumbido. Devem ser elencados quais são os propósitos e as metas necessárias para atingimento dos fins pretendidos, bem como o delineamento transparente do que e quando, cada partícipe deve executar.

No caso de obras e serviços é recomendada a elaboração detalhada de um cronograma físico-financeiro para facilitar a compreensão didática das etapas a serem empreendidas para a execução perfeita do objeto.

O cronograma físico-financeiro deverá prever parcelas a cada período predeterminado, mantendo coerência com a execução dos serviços realizados em cada uma delas. Concerne-se a um planejamento correlacionando o fator tempo, dividindo-o em etapas, prevendo a quantidade e quais serviços serão executados em cada fase, e os recursos a serem utilizados para fazer frente a cada uma delas. Esse cronograma físico e financeiro comunica-se diretamente com o de desembolso, vez que este deve respeitar a repartição de fases daquele.[537]

---

[536] Conforme o art. 27 da Portaria Interministerial 424/16, inciso XIV, deve ser cláusula obrigatória nos convênios a indicação da obrigatoriedade de contabilização e guarda dos bens remanescentes pelo convenente e a manifestação de compromisso de utilização dos bens para assegurar a continuidade de programa governamental, devendo estar claras as regras e diretrizes de utilização (Brasil, 2016a).

[537] BONATTO, Hamilton. *Governança e gestão de obras públicas*. Belo Horizonte: Fórum, 2018, p. 331.

8.3.6 Plano de aplicação dos recursos

Trata-se do planejamento documentado da forma, momento e destinação da liberação das parcelas financeiras. Envolve, portanto, a definição da aplicação dos recursos financeiros relacionados ao bem específico (compras, serviços) necessário para atingimento das metas descritas no Plano de Trabalho.

No mesmo sentido, Pedro Durão definiu que o Plano de Aplicação de Recursos é um documento objetivo que designa aos entes participantes a forma de cooperação administrativa, registrando, ainda: seu objeto; metas a serem cumpridas; as fases de sua execução; especificações das despesas e correta aplicação dos recursos financeiros; cronograma de desembolso de valores; a previsão da vigência do ajuste; bem como o delineamento dos recursos que irão fazer frente a tais metas.[538]

8.3.7 Cronograma de desembolso

Trata-se da representação (que pode ser feita por meio de ilustração gráfica) que possibilita identificar quais etapas do Plano de Trabalho serão executadas em determinado período de tempo e a previsão dos recursos a serem repassados. Tal documento deve prever parcelas para cada período predeterminado, mantendo coerência com as metas e tarefas definidas no Plano de Trabalho.

Esse documento deve prever a transferência de recursos financeiros, em conformidade com a proposta de execução das metas do Plano de Trabalho, estando também de acordo com a disponibilidade financeira. Deve explicitar os valores específicos a serem repassados em cada etapa, indicando o programa, projeto, atividade, elemento de despesa do orçamento público de cada exercício financeiro.[539]

É entendimento reiterado dos Tribunais de Contas que a transferência de recursos de convênio seja compatível com as metas e fases ou etapas de execução do objeto pactuado.[540] O cronograma de desembolso não pode ser genérico. Quando o convênio estabelecer a liberação de

---

[538] DURÃO, 2018, p. 129.
[539] MAGALHÃES, 2012, 2012. p. 29
[540] Acórdão nº 2.651/2012 – Plenário (Brasil, 2012g), Acórdão nº 3.382/06 – Primeira Câmara (Brasil, 2006d), Acórdão 1.247/2009 – Plenário (Brasil, 2009c) e Acórdão nº 7.307/2013 – Primeira Câmara (Brasil, 2013n).

recursos em parcelas, deve-se estabelecer desembolso de recursos em parcelas compatíveis e proporcionais às ações a serem efetivadas, conforme o estabelecido no respectivo plano de trabalho.

8.4 Prazo de vigência

O prazo da vigência do ajuste é clausula obrigatória, conforme se depreende do art. 55, inciso IV, da Lei nº 8.666/93, e art. 92, inciso VI, da Lei nº 14.133/21, devendo ser estipulado em item específico da minuta do acordo cooperacional. Nesse termo de ajuste, devem estar claros os termos de início e fim da relação convenial.

É necessário esclarecer que existem vozes na doutrina que entendem pela possibilidade de firmamento de convênio sem prazo certo e definido.[541] Entretanto, do dispositivo do §3º do art. 57 da Lei nº 8.666/93,[542] é vedado o contrato com prazo de vigência indeterminado, o que é perfeitamente aplicável aos convênios por meio do *caput* do art. 116 da mesma lei, pois só não se aplicam aos convênios as normas incompatíveis com seu caráter não contraprestacional.

Gustavo Magalhães esclarece que a Lei determinou a instituição de um termo final nos convênios. O art. 116, §1º, estabelece a obrigatoriedade, nos convênios, de elaboração de plano de trabalho e cronograma de desembolso. Ademais, o inciso II do §1º determina ainda a previsão das "etapas ou fases de execução" dos convênios e o inciso VI trata da "previsão de início e fim da execução do objeto, bem assim da conclusão das etapas ou fases programadas". Ora, o plano de trabalho necessariamente é um projeto das ações contendo início e fim. O termo final dos convênios administrativos deve coincidir com a conclusão do plano de trabalho, vedada a celebração de negócios jurídicos por tempo indeterminado.[543]

É esse o entendimento também da Advocacia Geral da União (AGU), que já esclareceu que a cláusula de vigência é indispensável aos

---

[541] Diógenes Gasparini afirma que "o convênio é instituído sem duração, embora já tenha visto termos de convênio em que esse prazo foi estabelecido e, ainda, com sua prorrogação prevista" (GASPARINI, 2011, p. 306).

[542] A Lei nº 14.133/21 não veda a vigência de negócio jurídico com prazo indeterminado no art. 109 mas limita aos contratos em que a Administração seja usuária de serviço público oferecido em regime de monopólio. Desta forma, esse mesmo raciocínio é aplicável à nova Lei Geral de Licitações (Brasil, 2021a).

[543] MAGALHÃES, 2012, p. 314.

convênios. O prazo de vigência deve ser estipulado de acordo com a natureza e a complexidade do objeto, as metas estabelecidas e o prazo necessário para sua execução, previsto no plano de trabalho. Não se admite, portanto, a fixação de prazos desproporcionais ou irrazoáveis.[544]

Questão que merece destaque é acerca do prazo máximo de duração dos convênios e os limites legais impostos pela Lei nº 8.666/93 e pela Lei nº 14.133/21.

Ao se enfrentar o disposto na legislação pátria, no tocante aos prazos de vigência dos contratos administrativos, percebe-se que tanto a Lei nº 8.666/93, quanto a Lei nº 14.133/21, visam a compatibilidade entre a vigência das obrigações geradas por contratos administrativos, com o princípio da anualidade orçamentária, previsto na Constituição Federal, em seu art. 165, III, e na Lei nº 4.230/64, nos arts. 2º e 34.

Sob o regime da vigência contratual exposto na Lei nº 8.666/93, a alegação era de que em regra, a vigência dos contratos administrativos ficava vinculada à vigência dos créditos orçamentários, conforme se depreende do *caput* do art. 57[545] do ato normativo referenciado.[546]

Porém, a interpretação do aludido dispositivo deve ser feita de forma sistêmica, em conjunto com o inciso I do art. 57 da Lei nº 8.666/93, que prevê a possibilidade de contratação para além do exercício financeiro em relação a empreendimento previsto no plano plurianual, e levando em conta o que dispõe o §1º do artigo 167 da Constituição Federal, que determina que nenhum investimento cuja execução ultrapasse um exercício financeiro poderá ser iniciado sem prévia inclusão no plano plurianual.

Isso implica que os contratos administrativos não devem ter a vigência máxima atrelada ao exercício financeiro ou mesmo uma vigência máxima disposta de forma artificial pela Lei Geral de Licitações, mas apenas respeitem às normas financeiras de planejamento dos gastos públicos.[547]

Ora, seria leviano supor, por exemplo, que a Administração deixará de fazer uma ponte porque a duração de sua execução esteja

---

[544] AGU: Parecer nº 3/2013 da Câmara Permanente de Convênios (Brasil, 2013a).

[545] Art. 57 A duração dos contratos regidos por esta Lei ficará adstrita à vigência dos respectivos créditos orçamentários, exceto quanto aos relativos:

[546] Pode ser visto esse raciocínio em Pereira Júnior (2009, p. 649), Justen Filho (2012a, p. 948) e Di Pietro (2016, p. 310).

[547] BARBOSA, Evandro Maciel. *O crédito orçamentário como diretriz para a fixação da vigência dos contratos administrativos*: o paradoxo entre os restos a pagar e o endividamento público. *In*: CONTI, José Mauricio (org.). *Dívida Pública*. São Paulo: Blucher, 2019, p. 281-313.

estimada em 15 anos, ou pior, dispor no contrato prazo fictício para o fim do objeto.

Os ajustes (ao menos os de escopo),[548] mesmo sob a vigência da Lei nº 8.666/93, devem ter a duração de acordo com sua própria natureza, ou seja, o tempo tecnicamente mensurado para finalização do objeto pretendido. Os convênios, tendo em vista as suas características básicas (projetos e metas delineados) implicam, na maioria das vezes, em um negócio de escopo.[549]

A obrigação administrativa, portanto, distingue-se da financeira, de modo que a vigência dessas duas obrigações nem sempre coincidirá. A obrigação financeira necessariamente acompanha a vigência do crédito orçamentário anual, já a administrativa, por outro lado, pode englobar várias obrigações financeiras.

Relativamente às obrigações com vigência plurianual, o ordenamento jurídico prevê salvaguardas em respeito à gestão fiscal responsável,[550] como a necessidade de demonstração de disponibilidade orçamentária acerca da parcela a ser executada em cada exercício, a previsão no plano plurianual, a compatibilidade com a Lei de Diretrizes Orçamentárias e a estimativa do impacto orçamentário-financeiro no exercício em que deva entrar em vigor e nos dois subsequentes (art. 16 da Lei de Responsabilidade Fiscal; art. 57, inciso I, da Lei nº 8.666/93).

---

[548] Os contratos por escopo são aqueles cujo prazo de execução somente se extinguem quando o contratado entrega para o contratante o objeto contratado. O descumprimento do prazo não implica o encerramento instantâneo das obrigações do contratado, apenas caracterizam mora.

[549] A AGU (Brasil, 2013a) definiu bem a questão: "No que toca aos convênios, verifica-se que grande parte dos ajustes firmados pela Administração Pública Federal, para não falar na totalidade, não se reveste das características de um acordo de execução continuada. O que se pretende ao realizar um convênio é a obtenção de um determinado escopo: seja a construção de uma obra, a realização de um serviço ou a aquisição de um bem. Nessa ordem de ideias, o prazo de vigência deve ser pensado a partir dessa peculiaridade (...) A despeito da possibilidade da prorrogação do prazo de vigência, vale registrar novamente que a prorrogação excepcional do convênio, inclusive no caso de extrapolação do prazo de 5 anos, não desnatura a característica do convênio como um "ajuste por escopo", na medida em que o convênio não é instrumento idôneo para financiar serviços de caráter continuado, devendo o produto/objeto conveniado estar, de forma obrigatória, detalhadamente especificado no momento da celebração do acordo, de modo a evitar inclusão posterior de metas que não tenham relação com o objeto inicialmente conveniado. Em outras palavras, não existe convênio com prazo de vigência indeterminado".

[550] Art. 1º, §1º da Lei Complementar nº 101/00 – §1º A responsabilidade na gestão fiscal pressupõe a ação planejada e transparente, em que se previnem riscos e corrigem desvios capazes de afetar o equilíbrio das contas públicas, mediante o cumprimento de metas de resultados entre receitas e despesas e a obediência a limites e condições no que tange a renúncia de receita, geração de despesas com pessoal, da seguridade social e outras, dívidas consolidada e mobiliária, operações de crédito, inclusive por antecipação de receita, concessão de garantia e inscrição em Restos a Pagar (Brasil, 2000).

Por outro lado, existem serviços que, por sua natureza, não comportam a fixação do termo final, mas, diante da vedação do §3º do art. 57 da Lei nº 8.666/93, o qual veda firmar contrato com o prazo de vigência indeterminado, a Lei atribuiu de forma artificial os prazos máximos de duração de determinados contratos (art. 57, II, IV e V da Lei nº 8.666/93).[551]

Os contratos de escopo devem ter seus prazos de vigência diretamente parametrizados (por meio de estudos e pareceres apresentados no respectivo ETP) com o tempo necessário para a execução dos objetos propostos, o qual deve ser justificado tecnicamente.

A nova legislação (Lei nº 14.133/21), com relação aos prazos de duração dos contratos, deixa claro que estes não são vinculados à vigência dos créditos orçamentários. A interpretação a ser feita do art. 105 da nova Lei de Licitações é a de que, no referente aos contratos de escopo, sua duração deve ser aquela adequada e suficiente para a realização do objeto pretendido.[552]

No que se refere aos negócios de escopo, o que inclui os convênios, nos quais há um objeto certo e definido que ao ser realizado esgota a sua necessidade, a definição do prazo de vigência do ajuste relaciona-se diretamente ao tempo necessário para a execução integral do objetivo traçado no respectivo plano de trabalho.[553]

8.5 Dotação orçamentária

A assunção de obrigações por parte dos entes públicos, nos termos da Constituição Federal de 1988, depende de previsão orçamentária

---

[551] Art. 57. A duração dos contratos regidos por esta Lei ficará adstrita à vigência dos respectivos créditos orçamentários, exceto quanto aos relativos: (...)
II – à prestação de serviços a serem executados de forma contínua, que poderão ter a sua duração prorrogada por iguais e sucessivos períodos com vistas à obtenção de preços e condições mais vantajosas para a administração, limitada a sessenta meses;
IV – ao aluguel de equipamentos e à utilização de programas de informática, podendo a duração estender-se pelo prazo de até 48 (quarenta e oito) meses após o início da vigência do contrato.
V – às hipóteses previstas nos incisos IX, XIX, XXVIII e XXXI do art. 24, cujos contratos poderão ter vigência por até 120 (cento e vinte) meses, caso haja interesse da administração (BRASIL, 1993).

[552] SANTOS, José Anacleto Abduch. *Duração e prorrogação dos contratos administrativos*. In: VARESCHINI, Julieta Mendes Lopes (Coord.). Diálogos sobre a nova Lei de Licitações e Contratações. Lei 14.133/2021. Pinhais: Editora JM, 2021, p. 278.

[553] Idem, 2017, p. 78.

específica para a despesa a ser realizada. De acordo com a Constituição Federal brasileira, são vedados tanto o "início de programas ou projetos não incluídos na Lei Orçamentária Anual" (art. 167, I), quanto "a realização de despesas ou a assunção de obrigações diretas que excedam os créditos orçamentários ou adicionais" (art. 167, II). Ainda, o art. 16 da LRF exige como condicionante para aumento de despesa a estimativa do impacto orçamentário-financeiro no exercício em que deva entrar em vigor e nos dois subsequentes e a declaração do ordenador da despesa de que o aumento tem adequação orçamentária e financeira com a Lei Orçamentária Anual e compatibilidade com o plano plurianual e com a Lei de Diretrizes Orçamentárias.

É necessário relembrar que, além dos requisitos do art. 116 da Lei nº 8.666/93, caso o convênio se refira a repasse de recursos, devem ser observadas todas as considerações do art. 25 da Lei de Responsabilidade Fiscal, já analisada.

Todavia, caso o ajuste não envolva repasse de recursos, é possível que nem todos os requisitos previstos no art. 166 da Lei nº 8.666/93 sejam necessários, por incompatibilidade de aplicação, como por exemplo o plano de aplicação dos recursos financeiros e o cronograma de desembolso.

8.6 Minuta do convênio

O §1º do art. 116 da Lei nº 8.666/93 determina a previsão no termo de ajuste da identificação do objeto a ser executado; das metas a serem atingidas; das etapas ou fases de execução; da previsão de início e fim da execução do objeto, bem como da conclusão das etapas ou fases programadas.

Como já explicitado, a Lei nº 14.133/21 não dispôs normas sobre os convênios, além da disposição geral de que se aplicam os dispositivos da lei, no que couber. As cláusulas obrigatórias, nesse caso, podem ser explicitadas nos respectivos regulamentos.

8.7 Ato de constituição e representação dos partícipes

A representação da entidade partícipe, especialmente para fins de manifestação de vontade acerca do firmamento da relação convenial, deve ser feita por quem é competente, para que o respectivo negócio jurídico seja válido. A regra, portanto, é a manifestação por declaração exteriorizada, mediante assinatura do representante legal da respectiva entidade.[554]

No caso de entes públicos, deve ser provada sua representação, acostando a cópia de diplomação dos respectivos chefes do Executivo, ou seja, Presidente da República diante da União, governadores dos estados-membros e Distrito Federal e dos prefeitos dos municípios.[555]

Atentando para o princípio da boa-fé, só seria razoável o questionamento acerca da legitimidade para assinatura de determinado pacto convenial, quando em hipótese factual existisse dúvida de qual autoridade teria competência para a assinatura do ajuste. Outrossim, seria dotado de comportamento desleal e contraditório, aquele que, ciente da legitimidade de representante de determinada entidade partícipe, requisitasse a nulidade de convênio por ausência de documento que comprove a representação. Não se vislumbra a necessidade do rigor, quando é pública e notória, a autoridade que representa e autoriza o convênio.[556]

8.8 Apreciação da procuradoria jurídica e publicação

Como se depreende do parágrafo único do art. 38 da Lei nº 8.666/93 e do §4º, art. 53, da Lei nº 14.133/21, as minutas de convênios devem ser previamente examinadas e aprovadas por advogado público vinculado àquela entidade pública.

A atividade das procuradorias consultivas tem importância primordial no direcionamento jurídico dos órgãos públicos para a garantia da legalidade e, ainda, no auxílio da gestão.

---

[554] DURÃO, 2018, p. 129.

[555] É possível constatar no âmbito normativo dos entes federados a delegação a outros agentes como ministros de estado, ou secretários estaduais e municipais, a competência de se firmar ajustes. Sobre o tema, o TCU já dispôs que caso os atos de gestão do convênio tenham sido praticados por ministro/secretário, conforme competência prevista em lei municipal, afasta a responsabilidade do chefe do executivo pela utilização dos recursos transferidos, mesmo que, na condição de agente político, figure como signatário do ajuste, segundo o Acórdão nº 8.674/2021 – Segunda Câmara (Brasil, 2021p). Por outro lado, a delegação de competência a ministro/secretário realizada por decreto é insuficiente para afastar a responsabilidade do chefe do executivo pela utilização de recursos. Se não houver lei dispondo diferentemente, o ordenador de despesas é o chefe do executivo, conforme o Acórdão nº 10.397/2021, Segunda Câmara, do TCU (Brasil, 2021b).

[556] DURÃO, *loc. cit.*

A Advocacia Pública, como dispõe o texto constitucional, é função essencial à Justiça (arts. 131 e 132 da CF), responsável pelo controle interno e defesa da juridicidade dos atos estatais, garantindo aos administrados uma gestão pública dentro dos parâmetros fixados pelo ordenamento jurídico.

A alocação realizada pelo constituinte de 88, que segmentou as funções essenciais à Justiça em capítulo apartado dos demais Poderes, destacou funções imprescindíveis para a harmonia dos poderes estatais, e é sob esse aspecto que deve ser percebida a atuação da Advocacia Pública.[557]

É possível constatar a essencialidade da Advocacia Pública para a preservação do Estado Democrático de Direito, com enfoque na efetivação dos princípios da segurança jurídica, da isonomia e da eficiência.[558]

Para Rafael Oliveira, a qualidade da atuação do advogado público e a sua caracterização como advogado de Estado – e não de governo –, depende de uma série de fatores, mas, primordialmente, da autonomia técnica, administrativa e financeira do próprio órgão jurídico, características indispensáveis à defesa imparcial dos atos, sobretudo dos convênios estatais.[559]

A atuação da Administração Pública deve ser proba, isonômica e eficiente e tais balizamentos dependem, fundamentalmente, da atuação da Advocacia Pública que, por essa razão, deve ter assegurada a sua independência funcional. Apenas advogados públicos independentes são capazes de orientar os gestores públicos, com a emissão de opiniões técnicas e imparciais no auxílio ao apontamento dos riscos e das possíveis vias decisórias colocadas à disposição do gestor público.[560]

Exatamente em consequência da independência necessária que deve ser concedida ao Advogado Público, as atividades de consultoria e assessoramento jurídico do Poder Executivo são de competência exclusiva da Advocacia Pública, entre as quais se inclui a emissão do parecer prévio e obrigatório sobre a aprovação de minutas de convênios. Tais atribuições não podem ser substituídas pelas opiniões emitidas

---

[557] TORRES, Ronny Charles Lopes de. *A responsabilidade do advogado de estado em sua função consultiva.* In: GUEDES, Jefferson Carús; SOUZA, Luciane Moessa de. *Advocacia de estado: questões institucionais para a construção de um Estado de Justiça.* Belo Horizonte: Fórum, 2009. p. 139-144.
[558] OLIVEIRA, Rafael Carvalho Rezende. *O papel da Advocacia Pública no dever de coerência na administração pública.* Revista Estudos Institucionais, 5.2, p. 382-400, 2019.
[559] Ibid.
[560] Ibid.

por servidores, bacharéis em Direito, sendo-lhes facultado, no máximo, auxiliar os trabalhos jurídicos dos membros da Advocacia Pública vinculado ao respectivo ente federado.[561]

O gestor não pode utilizar a advocacia pública como uma ratificadora de atos já concluídos. A análise jurídica é prévia, devendo ser concedido tempo razoável para que seja realizada uma ponderação técnica jurídica de qualidade, e, com isso, a salvaguarda de que os ajustes firmados pelo Poder Público estejam alinhados aos princípios do Direito Administrativo.

No paradigma da Lei nº 8.666/93, seu artigo 38 visava a utilizar a Advocacia Pública para incrementar o controle interno das contratações públicas, uma vez que, em 1993, a atuação dos órgãos de controle tradicionais não se mostrava eficiente para combater desvios nas contratações públicas.[562, 563]

O controle interno da Administração não costuma ser um setor que tem a atenção dos gestores, muitas vezes tendo uma atuação puramente formal. Constata-se, entretanto, que o papel do controle interno, de um ponto de vista atual, aliado ao auxílio da gestão pública, evoluiu, transcendendo o âmbito contábil, com uma visão de passado, e assumindo uma tendência de mitigação de riscos. Controles internos efetivos possuem a capacidade de alertar quanto às imperfeições, e, ainda, propor inovações que auxiliem no alcance dos objetivos da entidade.[564]

A Lei nº 14.133/2021 trouxe impactantes mudanças em relação à atuação do órgão de assessoramento jurídico. A Lei nº 8.666/93 fazia referência apenas à aprovação jurídica das minutas, já o art. 53 da Lei nº 14.133/21 faz referência a um controle prévio de legalidade da licitação ou contratação de forma ampla. Nos termos do §4º do mesmo artigo 53, o órgão de assessoramento jurídico também realizará controle prévio de legalidade das contratações diretas, acordos, termos de cooperação, convênios, ajustes, adesões a atas de registro de preços, outros instrumentos congêneres, além de seus termos aditivos.

---

[561] No mesmo sentido já dispôs o TCU, no Acórdão nº 3.241/2013 – Plenário (Brasil, 2013k).

[562] TORRES, Ronny Charles Lopes de. *Leis de licitações públicas comentadas*. Salvador: Juspodivm, 2021, p. 282.

[563] Por conta das denúncias de irregularidades que afligiram o governo do Presidente Collor, culminando em seu *impeachment* no final de 1992, a Lei nº 8.666/93 disciplinou com vigor o controle das contratações.

[564] PAREDES, Lorena Pinho Morbach. *A evolução dos controles internos com uma ferramenta de gestão na Administração Pública*. In: BRAGA, Marcus Vinicius de Azevedo. *Controle interno: estudos e reflexões*. Belo Horizonte: Editora Fórum, 2013, p. 13-22.

Trata-se da Advocacia Pública voltada ao controle da atuação pública. Os advogados públicos, quando exercem a consultoria jurídica, para além da análise de conformidade do ato pretendido pelo gestor público com o ordenamento jurídico, devem enfrentar o dilema da realidade fática apresentada, avaliando os riscos e, quando for o caso, apresentando opções alternativas em prol do interesse fundamental perseguido.[565]

Ressalte-se que o cerne da atividade de consultoria jurídica envolve o exame de compatibilidade entre a opção adotada pelo gestor e a interpretação da norma jurídica vislumbrada pelo parecerista. Atua no campo da dogmática jurídica e da interpretação, consistindo em uma atividade não exata, que permite compreensões contraditórias sobre o mesmo fato jurídico ou sobre a compreensão mais adequada do sentido da norma correlata, sem que a aceitação de uma das compreensões resulte na invalidade das demais.[566]

Já manifestou o TCU que é imperativo o encaminhamento de todas as minutas de convênio e instrumentos congêneres à Procuradoria Jurídica para exame e aprovação, uma vez que a oitiva do órgão jurídico não está na seara da discricionariedade do gestor público.[567]

Ademais, de acordo com o parágrafo único do art. 61 da Lei nº 8.666/93, a publicação do instrumento negocial ou de seus aditamentos na imprensa oficial é aplicável aos convênios, sendo condição indispensável para sua eficácia, havendo que ser providenciada pela Administração até o quinto dia útil do mês seguinte ao de sua assinatura.

A Lei nº 14.133/21 não traz como obrigatória a publicação na imprensa oficial (art. 91), mas apenas a necessidade de divulgação e manutenção à disposição do público em sítio eletrônico oficial. Por outro lado, também para controle da publicação dos contratos, essa mesma lei cria o Portal Nacional de Contratações Públicas (art. 94), em que a divulgação das minutas contratuais é condição indispensável para a eficácia do contrato e de seus aditamentos. Cabe aos respectivos regulamentos dos entes estabelecer a forma de rigidez e controle acerca da publicação das minutas conveniais.

---

[565] TORRES, 2021, p. 293.
[566] Ibid., p. 301-302.
[567] TCU: Acórdão nº 1.236/2007 – Segunda Câmara (Brasil, 2007d) e Acórdão nº 2.708/2009 – Plenário (Brasil, 2009m).

8.9 Inexigência de autorização legislativa para celebração de convênio

O §2º, do art. 116, da Lei Geral de Licitações estabelece que, assinado o convênio, cabe ao órgão repassador dar ciência ao Poder Legislativo do respectivo ente federado. Houve posicionamentos da doutrina no sentido de que o dispositivo exigia a aquiescência do Poder Legislativo para que fosse válida a celebração dos convênios.[568] Todavia, a interpretação do STF é que a regra que subordina a celebração de convênios firmados por órgãos do Poder Executivo à autorização prévia ou ratificação do Poder Legislativo fere o princípio da independência e harmonia dos poderes (art. 2º, da CF).[569]

O TCU também se manifestou pelo respeito à preservação dos poderes, no sentido de que não cabe aos Tribunais de Contas julgar ou aprovar previamente convênios, acordos ou ajustes celebrados pela Administração Pública. Sem embargo, no exercício da auditoria financeira e orçamentária e com vistas ao julgamento das contas de responsáveis ou entidades sob a sua jurisdição, o Tribunal pode tomar conhecimento dos respectivos termos para verificar ilegalidade ou irregularidade, adotar providências no sentido de saná-la ou evitar a sua reincidência.[570]

A interpretação mais acertada do dispositivo é que ele não exige a autorização do Poder Legislativo para a celebração de convênio administrativo, mas tão somente que se dê ciência à casa legislativa competente para realizar o controle dos convênios e contratos, nos termos do art. 71, §1º, da Constituição de 1988. Consideram-se inconstitucionais as disposições infraconstitucionais que exigem autorização por parte

---

[568] Posicionamento de Hely Lopes: A organização dos convênios não tem forma própria, mas sempre se fez com autorização legislativa e recursos financeiros para atendimento dos encargos assumidos no termo de cooperação. (...) o convênio e o consórcio são sempre atos gravosos que extravasam dos poderes normais do administrador público e, por isso, dependem da aquiescência do Legislativo (MEIRELLES, 1966, p. 344).

[569] BRASIL. Supremo Tribunal Federal. *Ação Direta de Inconstitucionalidade*. ADI nº 1.857/SC. Relator: Min. Moreira Alves, 5 fev. 2003. Diário de Justiça, Brasília/DF, 7 mar. 2003a.
BRASIL. Supremo Tribunal Federal. *Ação Direta de Inconstitucionalidade*. ADI nº 1.865/SC. Relator: Min. Carlos Velloso, 4 fev. 1999. Diário de Justiça, Brasília/DF, 12 mar. 1999b.
BRASIL. Supremo Tribunal Federal. *Ação Direta de Inconstitucionalidade*. ADI nº 342/PR. Relator: Min. Sydney Sanches, 6 fev. 2003. Diário de Justiça, Brasília/DF, 11 abr. 2003b.
BRASIL. Supremo Tribunal Federal. *Ação Direta de Inconstitucionalidade*. ADI nº 676-2/RJ. DJ 29 nov. 1996. Relator: Min. Carlos Velloso, 1 jul. 1996. Diário de Justiça, Brasília/DF, 29 nov. 1996.

[570] TCU: Súmula 78 (BRASIL, 1976b).

do Poder Legislativo, bem como qualquer necessidade de aprovação prévia por parte dos Tribunais de Contas.[571]

8.10 A obrigatoriedade de utilização de procedimentos impostos pelo concedente para recebimento de repasse de recursos

No âmbito da União, em substituição ao Decreto nº 5.450/05[572] (que foi revogado), foi publicado o Decreto nº 10.024/19, que regulamenta a licitação, na modalidade pregão, na forma eletrônica, para a aquisição de bens e a contratação de serviços comuns, no âmbito da administração pública federal.

O novo decreto excluiu qualquer dúvida sobre a obrigatoriedade da utilização da modalidade (eletrônica) do pregão para a aquisição de bens e serviços comuns (incluídos os serviços de engenharia comuns).[573]

A utilização da modalidade de pregão, na forma eletrônica, pela Administração Pública Federal é obrigatória, para a aquisição de bens e serviços comuns. Porém, será admitida, excepcionalmente, mediante prévia justificativa da autoridade competente, a utilização da forma de pregão presencial nas licitações ou a não-adoção do sistema de dispensa eletrônica, desde que fique comprovada a inviabilidade técnica ou a desvantagem para a Administração na realização da forma eletrônica.[574]

A adoção do pregão eletrônico também se tornou obrigatória aos estados e municípios, quando da utilização de verbas federais por meio de transferências voluntárias (convênios e contratos de repasse).[575]

A princípio, a exigência não parece ferir a autonomia dos entes federados. As transferências voluntárias são discricionárias, e, portanto, é possível que o ente financiador estabeleça requisitos objetivos para que

---

[571] MAGALHÃES, 2012, p. 297.
[572] BRASIL, 2005a.
[573] Art. 1º, §1º A utilização da modalidade de pregão, na forma eletrônica, pelos órgãos da administração pública federal direta, pelas autarquias, pelas fundações e pelos fundos especiais é obrigatória.
[574] Art. 1º, §4º do Decreto nº 10.024/19 (Brasil, 2019a).
[575] §3º *Para a aquisição de bens e a contratação de serviços comuns pelos entes federativos, com a utilização de recursos da União decorrentes de transferências voluntárias, tais como convênios e contratos de repasse, a utilização da modalidade de pregão, na forma eletrônica, ou da dispensa eletrônica será obrigatória*, exceto nos casos em que a lei ou a regulamentação específica que dispuser sobre a modalidade de transferência discipline de forma diversa as contratações com os recursos do repasse (grifo nosso). Decreto nº 10.024/19 (Brasil, 2019a).

seja efetuado o repasse de recursos, sobretudo com vistas ao incremento de controle da correta utilização dos recursos.

O pregão eletrônico é notoriamente a modalidade mais segura (que o presencial), que inibe a formação de cartéis e de conluio entre os participantes. Por outro lado, a modalidade é prevista na Lei nº 10.520/12, e vinculativa, a qual não pode ser disposta de forma contrário pelos estados e municípios.

Ainda assim, o próprio Decreto nº 10.024/19 prevê a possibilidade de ser dispensada a forma eletrônica, desde que fique comprovada a inviabilidade técnica ou a desvantagem para a Administração na realização da forma eletrônica.

Para instrumentalizar a aplicação do referido Decreto, o Ministério da Economia publicou a Instrução Normativa nº 206, de 18 de outubro de 2019, que estabelece os prazos e outras regras procedimentais para que órgãos e entidades da administração pública estadual, distrital ou municipal, direta ou indireta, utilizem obrigatoriamente a modalidade de pregão, na forma eletrônica, ou a dispensa eletrônica, quando executarem recursos da União decorrentes de transferências voluntárias, tais como convênios e contratos de repasse, para a aquisição de bens e a contratação de serviços comuns.

É necessário ter cautela sobre quais os limites das exigências ministeriais feitas como condição de se efetuar o repasse para entes federados, de acordo com a referida Instrução Normativa. Não parece problemática a exigência do uso do pregão eletrônico, modalidade licitatória obrigatória para todos os entes federados, conforme determina a Lei nº 10.520/12. Entretanto, a Instrução Normativa mencionada parece invadir a área procedimental, ferindo a autonomia dos entes federados.

Entendem-se temerosas as exigências previstas na Instrução Normativa nº 206/19, do Ministério da Economia, acerca da utilização do sistema de compras do governo federal, principalmente o disposto no art. 5º desse regulamento.[576] Depreende-se do dispositivo que todos os procedimentos (que a princípio seriam cogentes exclusivamente no âmbito federal) adotados pelo Decreto nº 10.024/19 deveriam ser seguidos à risca pelos entes federativos para o recebimento de recursos federais, a despeito de seu regramento próprio.

---

[576] Art. 5º. O instrumento de transferência voluntária deverá prever expressamente a obrigação do uso do pregão, na forma eletrônica, ou da dispensa eletrônica, com aplicação das regras previstas no Decreto nº 10.024, de 2019, consoante disposto nesta Instrução Normativa (Brasil, 2019a).

Por meio de uma norma infraconstitucional, a União não poderia compelir estados e municípios a seguirem procedimentos de um decreto federal. Além disso, o próprio Decreto nº 10.024/19 não dispôs no sentido de impor aos outros entes federativos o procedimento disposto naquele diploma normativo federal. Esse regulamento previu que se deve utilizar o pregão eletrônico em relação às contratações feitas com recursos federais, e não estritamente seguir todos os pormenores procedimentais do regulamento em análise.

A Instrução Normativa em análise, no art. 2º, II,[577] também faz crer que o uso de sistema próprio só é possível se adaptado aos procedimentos do Decreto nº 10.024/19. A prioridade é a interligação dos sistemas próprios com a Plataforma Siconv (que monitora os convênios federais).

Isto posto, reputa-se adequada a condição da utilização da modalidade de pregão eletrônico prevista em lei nacional para que se permita a realização de transferências voluntárias. Por outro lado, é temerária a interferência nos procedimentos internos das entidades por atos infralegais federais.

Muitos desses procedimentos estão engessados em leis ordinárias dos respectivos entes, sendo que a alteração nem sempre pode ser feita em tempo hábil. Resta ao ente subnacional descumprir norma expressa em lei estadual ou municipal, ou recusar o recebimento de recursos federais.

Deve-se ter em vista que a Constituição adotou uma disciplina peculiar relativamente às normas gerais sobre licitação e contratos administrativos. O art. 24, §1º, da Constituição Federal estabeleceu que, havendo competência comum concorrente, incumbe à União editar normas gerais, cabendo aos estados e ao Distrito Federal produzir as normas especiais. Estabeleceu-se, ainda, que, na omissão do exercício pela União de sua competência para editar normas gerais, os estados e o Distrito Federal exercitarão competência plena.[578]

---

[577] Art. 2º Os órgãos e entidades da administração pública estadual, distrital ou municipal, direta ou indireta, quando da realização da modalidade de pregão, na forma eletrônica, ou da dispensa eletrônica, poderão utilizar: (...) II – sistemas próprios ou outros sistemas disponíveis no mercado, desde que estejam de acordo com as regras dispostas no Decreto nº 10.024, de 20 de setembro de 2019, e integrados à Plataforma +Brasil, nos termos do Decreto nº 10.035, de 1º de outubro de 2019 (BRASIL, 2019a).

[578] O §1º, do art. 24, da Constituição federal, delimita a competência da União acerca das normas gerais, que não são exaustivas. Trata-se de diretrizes amplas que traçam um plano sem descer aos pormenores. Já os estados federativos e o Distrito Federal podem exercer, com relação, às normas gerais, competência suplementar (art. 24, §2º), o que significa suprir lacunas. Na falta de norma geral, os estados e o Distrito Federal podem legislar

Ocorre que o art. 22, inc. XXVII, da CF/88 previu especificamente que a União é titular de competência legislativa privativa para editar normas gerais sobre contratações administrativas e licitações. Como decorrência, poderia entender-se que as normas gerais seriam necessária e obrigatoriamente veiculadas mediante lei federal.[579]

Entretanto, essa interpretação não se afigura como correta. A eventual omissão da União em editar normas gerais não pode ser um obstáculo ao exercício pelos demais entes federativos de suas competências.[580] Trata-se de um notório equívoco de sistematização cometido pelo constituinte, uma vez que todas as hipóteses de atribuição de competência à União para legislar a respeito de normas gerais deveriam ser tratadas no art. 24 da Constituição Federal, que corresponde à competência concorrente.[581]

Tarefa árdua é definir o que é norma geral ou não. O vocábulo "norma geral" é um conceito jurídico indeterminado que envolve, pela sua própria natureza, uma zona cinzenta de indeterminação.[582] [583] Inobstante, as normas gerais produzidas pela União devem peremptoriamente dar espaços a outras normas, que não sejam gerais. As normas gerais não podem exaurir a matéria de que tratam, sempre permitindo que os entes federativos as compatibilizem com as suas particularidades.[584]

A regra do art. 22, XXVII, deve ser interpretada em função da lógica federativa. Uma unidade federativa não pode, portanto, valer-se de sua competência legislativa para frustrar a eficácia do princípio federativo. As competências locais e regionais derivadas da organização federal não podem ser limitadas mediante norma da União, destinada

---

amplamente, suprindo a omissão de norma nacional. Se a União vier a editar a norma geral faltante, fica suspensa a eficácia da lei estadual, no que contrariar a superveniente norma federal (MENDES; BRANCO, 2011. p. 853).

[579] JUSTEN FILHO, 2012a. p. 17.
[580] Ibid. p. 15.
[581] LOPES FILHO, Juraci M. *Competências federativas na Constituição e nos precedentes do STF*. Salvador: JusPodivm, 2012, p. 61.
[582] Observa-se uma impossibilidade de definição apriorística de todas as hipóteses que seriam norma geral ou específica. Esse estado de incerteza é provavelmente intencional. O constituinte não quis apontar com clareza e exaustão a zona de fronteira da atuação de cada ente na competência concorrente (LOPES FILHO, 2012. p. 236).
[583] O núcleo de certeza e determinação do conceito de "normas gerais" compreende, por exemplo, as regras destinadas a assegurar um regime uniforme para as licitações e as contratações administrativas em todas as esferas federativas. Contudo, a União não pode extrapolar o conceito de norma geral, de modo a tornar inexistente o campo reservado às normas específicas (JUSTEN FILHO, 2012a. p. 15-16).
[584] LOPES FILHO, *op. cit.*, p. 61.

a veicular normas gerais. Norma geral não é instrumento de restrição da autonomia federativa (p. 434).⁵⁸⁵

A própria Lei do Pregão (Lei nº 10.520/02), no §2º, art. 2º, refere-se aos *regulamentos próprios* (art. 2º, §2º, da citada lei) da União, estados, Distrito Federal e municípios, consagrando a autonomia federativa e inibindo qualquer interpretação segundo a qual seria idônea a expedição de regulamento federal vinculante a outros entes.⁵⁸⁶

Todas as regras acerca de organização, funcionamento e competência das entidades federativas e assuntos de peculiar interesse regional ou local não se incluem no âmbito de normas gerais.

No caso em tela, ao arrepio da lógica federativa, a frustração da autonomia dos entes é ainda maior, uma vez que não foi uma lei ordinária sob o pretexto de regular norma geral acerca de licitações que invadiu indevidamente o espaço de normatização de estados e municípios, mas uma instrução normativa que visa a orientar a execução de um decreto federal, decreto este que só pode vincular a União.

Instruções normativas pressupõem sempre a existência de lei ou outro ato legislativo a que estejam subordinadas. Têm função meramente orientativa de setores subordinados ao órgão ou entidade que a emitiu, não podendo, por óbvio, transpor ou inovar em relação à norma que complementa.⁵⁸⁷

A instrução normativa é restrita à estrutura administrativa do respectivo órgão ou pessoa jurídica de que a emitiu.

A pretexto de realizar controle de recursos repassados a título de transferência voluntária, não é admissível o estabelecimento, por órgão federal, de regras que afetem a autoadministração dos entes federativos beneficiados pelos recursos. Ademais, extrapola os limites de competência de Decreto ou Instrução Normativa impor procedimentos administrativos a serem observados por entes federativos autônomos.⁵⁸⁸

Veja que o Tribunal de Contas da União, em recente e infeliz decisão, vilipendiou de forma mais intensa a autonomia dos estados e municípios, ao dispor que nas licitações realizadas por qualquer ente, em que haja participação de recursos da União, é irregular a inclusão de

---

⁵⁸⁵ JUSTEN FILHO, 2012, p. 433-434.
⁵⁸⁶ BONATTO, Hamilton; BIAZON, Everson. *O Decreto nº 10.024/2019 e as transferências voluntárias*: dinheiro da União, regras na Constituição. O licitante. 2020. Disponível em: www.olicitante.com.br/decreto-10024-transferencias-voluntarias-dinheiro-uniao. Acesso em 16 mai. 2022.
⁵⁸⁷ CARVALHO FILHO, José dos Santos. *Manual de Direito Administrativo*. 23. ed., Rio de Janeiro: Lumen Juris, 2010.
⁵⁸⁸ BONATTO; BIAZON, 2020.

regras no edital que, embora baseadas na legislação estadual, contrariem a Lei Federal nº 8.666/93, a exemplo de critério de julgamento por maior desconto e de inversão das fases de habilitação e julgamento de propostas.[589]

Veja parte do teor do acórdão do TCU:

> 73. Os respondentes esclarecem (peça 138, p. 22-23) que, a inversão de fases entre habilitação e apresentação de propostas, bem como uso de critério de julgamento pelo maior desconto, não previstos na Lei 8.666/1993 à qual a licitação estava vinculada, seria baseada na Lei Estadual 13.121/2008, visando maior eficiência e celeridade nas contratações.
> 74. Todavia, a Lei 8.666/1993, em seu art. 118, exige a adaptação das normas licitatórias dos estados, do Distrito Federal, e dos municípios, em obediência ao *caput* e parágrafo único do art. 1º da mesma Lei. Adotar outro procedimento seria também uma afronta à legalidade prevista no *caput* do art. 3º dessa Lei.

A decisão foi dada em 2022, quando a Lei nº 14.133/21 já se encontrava vigente e consagrou no seu texto tanto a licitude do julgamento por maior desconto como a inversão de fases (que passou a ser a regra geral!). Esse acórdão ainda comete uma incongruência, pois cita súmula do TCU que dispõe que somente as disposições que são normas gerais devem ser acatadas pelos administradores dos Poderes da União, dos estados, do Distrito Federal e dos municípios.[590]

É evidente a licitude de exigências, por parte do repassador de recursos, de condicionantes que venham a trazer maior controle e fiscalização do uso das verbas públicas descentralizadas. Contudo, viola a boa-fé o uso abusivo do poder de barganha (sobretudo quando se remete a entidades descentralizadas com condições orçamentárias mais limitadas, dependentes dos recursos a serem repassados) para interferir em regras procedimentais e na esfera normativa dos entes subnacionais, sob ameaça de não se repassar os recursos públicos.

Os convênios nem sempre estão em um contexto de uma igualdade material. Isto porque quando as transferências voluntárias são envolvidas, transparece o maior poder de persuasão do ente financiador

---

[589] Acórdão nº 1.246/2022 – Plenário. Relator: Aroldo Cedraz.
[590] "Súmula TCU 222: As decisões do Tribunal de Contas da União, relativas à aplicação de normas gerais de licitação, sobre as quais cabe privativamente à União legislar, devem ser acatadas pelos administradores dos Poderes da União, dos Estados, do Distrito Federal e dos Municípios (Decisão 759/1994 – Plenário. Relator Min. Iran Saraiva).

do projeto, implicando-se na capacidade de impor as cláusulas ao seu arbítrio.

O princípio da boa-fé é importante para reequilibrar eventuais abusos entre os partícipes. É indevida e fere a boa-fé objetiva a utilização de veículo infraconstitucional para forçar a alteração normativa dos entes com menos disponibilidade orçamentária, sob a ameaça de não se efetivar repasses de transferências voluntárias.

CAPÍTULO 9

A FASE DE EXECUÇÃO CONVENIAL

A fase de execução envolve o conjunto de ações a serem realizadas pelos partícipes direcionadas à concretização do planejamento explicitado no respectivo termo convenial e nas suas partes integrantes, como o plano de trabalho. Essas atividades, previstas para serem concretizadas na fase de execução, devem seguir o modelo de ação previsto no respectivo plano de trabalho, todavia, devem ser balizadas, também, pela interpretação das diretrizes expostas no ajuste, nas normas jurídicas de direito público e pelo princípio da boa-fé.

Nesta fase, o programa/projeto de governo abstratamente previsto no termo do convênio e no respectivo plano de trabalho passa a ser realidade no âmbito social, e, nessa passagem do abstrato para o concreto, a boa-fé objetiva desempenha as funções integrativa, interpretativa e controladora.[591]

Não é demais reprisar que inobstante a boa-fé objetiva seja o fio condutor deste trabalho, pode ter uma incidência mais intensa ou menos, em alguns dos tópicos. Serão analisados todos os passos previstos na legislação e na doutrina, no que se refere à fase de execução do convênio. A intenção do presente trabalho é reanalisar a teoria convenial, à luz da boa-fé objetiva, na sua completude. Caso fossem trazidos apenas os tópicos mais relevantes (em relação a boa-fé objetiva), a teoria convenial ficaria incompleta.

---

[591] MARTINS-COSTA, 2018, p. 472.

9.1 Execução/fiscalização do convênio

Cabe aos partícipes acompanhar a correta execução do Plano de Trabalho traçado no ajuste convenial. É necessário que seja designado um fiscal do convênio, ao qual caberá acompanhar a correta execução das metas e atribuições traçadas no ajuste pelos partícipes, bem como zelar para que as transferências respeitem o cronograma de desembolso, e impedir novas transferências, caso haja desvio da finalidade dos recursos.

O art. 67 da Lei nº 8.666/93, e o art. 117, da Lei nº 14.133/21, aplicáveis aos convênios, preceituam que deverá ser designado agente administrativo para o acompanhamento da execução do objeto convenial.

A fiscalização dos convênios constitui o dever de acompanhamento da execução do objeto pactuado, assim, a aplicação dos dispositivos supracitados, por força do art. 116 da Lei nº 8.666/93 e do art. 184 da Lei nº 14.133/21, aos convênios administrativos, é inquestionável.[592]

O TCU já firmou o entendimento de que a entidade concedente somente deve firmar convênios ou instrumentos congêneres se dispuser de condições técnicas, financeiras e operacionais de analisar as respectivas prestações de contas e de efetivamente fiscalizar a execução física dos ajustes.[593]

A fiscalização dos convênios deve ser realizada tanto nos convênios financeiros quanto naqueles em que não há repasse de recursos. Nos convênios financeiros, a fiscalização visa à comprovação da correta aplicação dos recursos repassados, analisando-se o cumprimento das metas assumidas pelos partícipes. É necessário verificar se todo o recurso repassado foi aplicado no objeto do convênio, de modo que sejam devolvidos ao ente repassador os eventuais valores remanescentes. Mesmo quando não há transferência de recursos, a fiscalização se justifica em virtude da necessidade de verificação do cumprimento dos cronogramas e compromissos assumidos pelos partícipes e se foi atingido o benefício almejado pelo convênio.[594]

Não se deve confundir a função de fiscal do convênio e a de fiscal do contrato eventualmente firmado pelos partícipes com o fim de concretizar o objeto convenial. Ao fiscal do convênio, cabe garantir que o objeto pactuado esteja sendo executado conforme o plano de

---

[592] MAGALHÃES, 2012, p. 221
[593] Acórdão nº 3.643/2011 – Segunda Câmara (Brasil, 2011j), Acórdão nº 9.690/2011 – Segunda Câmara (Brasil, 2011t) e Acórdão nº 721/2019 – Plenário (Brasil, 2019m).
[594] MAGALHÃES, op. cit., p. 221-222

trabalho e o respectivo plano de aplicação. Por outro lado, não cabe a este servidor ou empregado público o acompanhamento de todos os pormenores relativos a eventual contrato firmado pelo partícipe, mesmo que o objeto do contrato vise à concretização do convênio.

A fiscalização e a gestão do ajuste cooperativo não se confundem com a atividade de fiscalização e gestão do contrato firmado pelo partícipe para execução do objeto do convênio. A responsabilidade quanto ao acompanhamento da boa prestação contratual é da entidade que licitou a aquisição ou serviço. O agente incumbido de acompanhar a execução convenial não possui a atribuição de administrar o contrato firmado entre as conveniadas e suas contratadas, responsabilidade esta que é das próprias conveniadas, uma vez que são elas que licitam o objeto pretendido pelo convênio.[595]

Essa constatação não permite ao fiscal se omitir quando tiver ciência de eventual desvio de finalidade na aplicação dos recursos; atrasos não justificados no cumprimento das etapas ou fases programadas; práticas atentatórias aos princípios fundamentais da Administração Pública nas contratações e demais atos praticados na execução do convênio ou instrumento congênere; ou o inadimplemento do executor com relação a outras cláusulas conveniais básicas. Quando identificadas supostas irregularidades na execução convenial, cabe à Administração concedente suspender os repasses de recursos e apurar os fatos suspeitos.

A entidade concedente,[596] portanto, deve fazer o adequado acompanhamento e a supervisão à fiel execução dos convênios. O fiscal do convênio será o responsável pelo exame *in loco* do objeto, se foi realmente executado, da veracidade das medições e demais detalhes técnicos do acompanhamento da execução do objeto do convênio, no

---

[595] BONATTO, 2018, p. 444-445.
[Em] sentido semelhante, dispôs o TCU que em caso de inexecução do objeto do convênio, a responsabilidade deve ser dirigida aos gestores responsáveis, a quem compete demonstrar a boa e regular aplicação dos recursos, e não ao particular contratado. A obrigação do contratado de comprovar a prestação dos serviços como condição para receber o pagamento devido decorre do contrato firmado e responde apenas à administração contratante. A empresa contratada pelo convenente não está juridicamente vinculada aos termos do convênio, e sim ao contrato administrativo firmado para prestação dos serviços ou execução do empreendimento. Ela não tem a obrigação de assegurar o cumprimento dos objetivos do convênio, mas de realizar e entregar o objeto acordado no contrato, podendo ser responsabilizada somente se for comprovado que deixou de executar serviços em face de valores recebidos para tanto. TCU: Acórdão nº 6.186/2020 – Segunda Câmara (Brasil, 2020m), Acórdão nº 8.057/2021 – Segunda Câmara (2021k), Acórdão nº 1.5251/2021 – Segunda Câmara (2021d) e Acórdão nº 5.305/2019 – Segunda Câmara (2019l).
[596] Utiliza-se aqui o vocábulo "concedente" em simetria ao conceito disposto no Decreto nº 6.170, de 25 de julho de 2007, referente ao partícipe incumbido de financiar o empreendimento convenial.

sentido, inclusive, de fornecer elementos para a possível liberação de parcelas de recursos financeiros ao beneficiário dos recursos transferidos.

9.1.1 Vínculo entre o fiscal do convênio e a Administração Pública

Conforme visto em tópico pretérito, o convênio deverá ser acompanhado e fiscalizado por representante da Administração, especialmente designado, permitida a contratação de terceiros para assisti-lo e subsidiá-lo de informações pertinentes a essa atribuição.[597]

É possível que surgissem dúvidas acerca da extensão do vocábulo "representante da administração", uma vez que o legislador não foi peremptório em exigir a presença de um funcionário público, quando se poderia entender que esta expressão significa a possibilidade de contratação de terceiros privados para exercer a atividade de acompanhamento dos convênios? A resposta é pacífica, e é não.

O termo utilizado pelo legislador já se encontra limitado pelo próprio *caput*: enquanto a lei exige que o fiscal seja um representante da Administração, também permite a "contratação de terceiros" para subsidiar ou auxiliar a fiscalização. Sendo assim, por uma leitura contextual do artigo, somente a atividade de auxílio à fiscalização pode ser terceirizada.

Nesse mesmo sentido, entende o TCU que a atividade de fiscalização dos convênios é finalística da Administração e, portanto, não passível de terceirização:

> As atribuições inerentes ao acompanhamento e à análise técnica e financeira das prestações de contas apresentadas em virtude de convênios, ajustes ou instrumentos congêneres, que tenham por fim a transferência voluntária de recursos da União para a execução de políticas públicas, constituem atividade precípua e finalística da Administração e, em consequência, não podem ser objeto de terceirização (art. 1º, §2º, do Decreto 2.271/1997 e art. 9º, incisos I, II e III, da Instrução Normativa SLTI/MP 2/2008). Já as atividades de apoio ao acompanhamento e à análise das referidas prestações de contas podem ser objeto de terceirização quando forem, nitidamente, acessórias ou instrumentais

---

[597] Lei nº 8.666/93: Art. 67. A execução do contrato deverá ser acompanhada e fiscalizada por um representante da Administração especialmente designado, permitida a contratação de terceiros para assisti-lo e subsidiá-lo de informações pertinentes a essa atribuição.

e não requererem qualquer juízo de valor acerca das contas, além de não estarem abrangidas pelo plano de cargos do *órgão* ou entidade, salvo expressa disposição legal em contrário ou quando se tratarem de atribuições de cargo extinto, total ou parcialmente (art. 1º, *caput* e §2º, do Decreto 2.271/1997 e dos arts. 6º, 7º, §2º, 8º e 9º da Instrução Normativa SLTI/MP 2/2008). Acórdão nº 1.069/2011 – Plenário.

A questão que se impõe, a qual foi discutida no artigo "A competência para o exercício da fiscalização dos contratos administrativos",[598] realizado em coautoria com a Procuradora do Estado Lara Giovannetti, é acerca da natureza do vínculo entre o agente fiscalizador e a Administração Pública, isto é, se seria necessário que o fiscal fosse servidor público ou empregado público, por exemplo.

Portanto, é prudente alertar o leitor que as posições acerca do vínculo necessário entre fiscal do convênio e a Administração são dissonantes.

Por exemplo, de acordo com André Luiz Vieira, o fiscal poderia ser servidor público em sentido amplo, admitindo a possibilidade de cargos comissionados:

> Não foi isso o que previu o legislador ao estabelecer que a atividade de fiscalização seja realizada por determinado servidor, figurando como representante da Administração. A designação, portanto, deve recair sobre um profissional que tenha vínculo com o Estado, seja este servidor estável ou comissionado, ou empregado público, desde que não se nomeie servidores comissionados para atestar notas fiscais como mecanismo de pressão em contrapartida à manutenção de seu vínculo com a Administração.[599]

Por outro lado, existe o posicionamento de que o cargo em comissão não se coaduna com o exercício da fiscalização convenial, na medida em que tal cargo se presta somente ao exercício de função de chefia, direção e assessoramento. A atividade de fiscalização de convênios não se compatibiliza com as mencionadas funções exercidas por comissionados, uma vez que se trata de atividade técnica e de natureza finalística da Administração Pública.

---

[598] GIOVANETTI, Lara Ferreira; SANTOS, Rafael Costa. *A competência para o exercício da fiscalização dos contratos administrativos*. Direito Público: Revista Jurídica da Advocacia-Geral do Estado de Minas Gerais, Belo Horizonte, v. 16, nº 1, p. 145-159, 2019.

[599] VIEIRA, André Luís. *Fiscalização de contratos administrativos*: síntese e contexto. Direito do Estado, v. 320, 2017.

Além disso, é evidente a necessidade de independência técnica para exercer a atividade fiscalizatória, em razão de possíveis pressões de toda monta a que podem estar submetidos os fiscais do convênio. A independência e a impessoalidade podem ser encontradas em servidores públicos e empregados públicos, na medida em que seu ingresso na Administração Pública se dá por meio de concurso público, além do que possuem, em diferentes graus, certa estabilidade no cargo ocupado.

Posição semelhante foi a deste autor e da Dra. Lara Giovannetti no estudo retromencionado:

> Não se pode, contudo, concordar com o posicionamento apresentado por essa parcela doutrinária acerca da possibilidade de que a atividade de fiscalização dos contratos administrativos seja exercida por servidores ocupantes de cargo em comissão. Do mesmo modo, entende-se ser absolutamente necessária a distinção dos servidores públicos que podem, ou não, ser fiscais de contratos de obras e serviços de engenharia e/ou arquitetura. Isso porque, além dos já mencionados argumentos acerca da imprescindível estabilidade, autonomia e impessoalidade para que o servidor incumbido da fiscalização possa se manifestar – o que lhe é proporcionado mediante o acesso ao cargo por meio concurso público, bem como pela estabilidade constitucionalmente assegurada ou pela necessidade de motivação de sua demissão, no caso dos empregados públicos – há outras razões legais e constitucionais para tanto. Os cargos em comissão são aqueles sujeitos ao regime de livre nomeação e exoneração, nos termos do art. 37, inc. II, da Constituição Federal. O mesmo artigo, em seu inciso V, informa que esses cargos são destinados "apenas às atribuições de direção, chefia e assessoramento", de modo que a doutrina entende ser "inconstitucional criar cargos em comissão para outro tipo de competência que não essas acima referidas".[600]

Com a superveniência da Lei nº 14.133/21, a questão da necessidade de se garantir um vínculo perene ao agente responsável pela fiscalização toma força, uma vez que o inciso I, do art. 7º, do diploma em análise, dispõe que ao se designar agentes públicos para o desempenho das funções consideradas essenciais, estes devem ser, preferencialmente, servidores efetivos ou empregados públicos dos quadros permanentes da Administração Pública.

---

[600] GIOVANETTI, Lara Ferreira; SANTOS, Rafael Costa. *A competência para o exercício da fiscalização dos contratos administrativos*. Direito Público: Revista Jurídica da Advocacia-Geral do Estado de Minas Gerais, Belo Horizonte, v. 16.

9.2 Liberação dos recursos

Os recursos repassados pelo poder concedente, bem como os referentes à contrapartida, devem ser alocados em conta específica, com a finalidade de facilitar a fiscalização quando da utilização dos referidos montantes no objeto do ajuste, e em respeito ao Plano de Aplicação.

Os montantes transferidos não perdem a natureza de dinheiro público, mesmo se transferidos a uma entidade privada, ficando a sua utilização vinculada aos termos previstos no ajuste e devendo a entidade beneficiada, obrigatoriamente, prestar contas à concedente.[601]

O TCU tem se manifestado reiteradamente a respeito da necessidade do zelo em demonstrar que os gastos feitos para a concretização do objeto relacionam-se necessariamente com os recursos depositados na conta específica. É fundamental que seja providenciada pelo convenente a documentação do direcionamento dos recursos para a finalidade do convênio, tendo em vista a necessidade de prestação de contas.[602]

Em reforço à ideia de que os recursos depositados na conta específica do convênio só podem ser utilizados para a realização do proposto, o STF já decidiu que o Judiciário não pode determinar o saque desses valores com o fim de sanar dívida trabalhista da entidade convenente. Ressalte-se que os recursos não pertencem à entidade convenente, pois foram transferidos pela concedente e estão vinculados a finalidade específica.

Nesses termos, a ADPF 114/2019 – STF:

> Os recursos públicos vinculados a convênios não podem ser bloqueados ou penhorados por decisão judicial para pagamento de débitos trabalhistas de sociedade de economia mista, ainda que as verbas tenham sido repassadas à estatal, em virtude do disposto no art. 167, VI e X, da CF/1988 e do princípio da separação de poderes (art. 2º da CF/1988).[603]

---

[601] MEIRELLES, 2007, p. 520.
MARQUES NETO, Floriano de Azevedo. *Bens públicos*. Função social e exploração econômica: o regime jurídico das utilidades públicas. Belo Horizonte: Fórum, 2009, p. 194, 198.

[602] Nesse mesmo sentido, os seguintes acórdãos do TCU: Acórdão nº 6.098/2017 – Primeira Câmara (Brasil, 2017h), Acórdão nº 7.200/2018 – Segunda Câmara (Brasil, 2018i) Acórdão nº 2.234/2018 – Primeira Câmara (Brasil, 2018d), Acórdão nº 9.544/2017 – Segunda Câmara (Brasil, 2017l), Acórdão nº 997/2015 – Plenário (Brasil, 2015i) Acórdão nº 6.968/2014 – Primeira Câmara (Brasil, 2014k), Acórdão nº 3.545/2006 – Primeira Câmara (Brasil, 2006e), Acórdão nº 3.223/2017 – Segunda Câmara (Brasil, 2017f). Acórdão nº 8.955/2017 – Primeira Câmara (Brasil, 2017j), Acórdão nº 2.823/2016 – Primeira Câmara (Brasil, 2016g).

[603] Sentido semelhante tem a Súmula 286 do TCU: O bloqueio judicial de recursos de convênio para pagamento de dívidas trabalhistas de entidade privada convenente configura

Para a liberação das parcelas, é necessário o respeito ao cronograma de desembolso, bem como a observação se os recursos estão sendo aplicados de forma satisfatória, de acordo com o Plano de Trabalho. Nesse sentido, o §3º do art. 116 da Lei nº 8.666/93 prevê que as parcelas do convênio sejam liberadas em estrita conformidade com o plano de aplicação aprovado.[604] O mesmo §3º é expresso nas hipóteses em que deve ser interrompido o repasse de recursos.[605]

No caso de o Cronograma de Desembolso possuir mais de uma etapa, somente devem ser repassados os recursos previstos quando demonstrado que os valores descentralizados para execução da etapa anterior tiveram boa e regular aplicação.[606]

O saldo das aplicações será computado como crédito do convênio e poderá ser utilizado no objeto do ajuste, com a devida autorização do poder concedente, por meio de termo aditivo.

Esses valores, enquanto não utilizados, serão obrigatoriamente aplicados em cadernetas de poupança de instituição financeira oficial, se a previsão de seu uso for igual ou superior a um mês, ou em fundo de aplicação financeira de curto prazo ou operação de mercado aberto, lastreada em títulos da dívida pública, quando a utilização dos mesmos se verificar em prazos menores que um mês (§4º do art. 116 da Lei nº 8.666/93).[607]

A autorização para a liberação de novas parcelas de convênio deve levar em conta tanto a execução física do objeto quanto a verificação

---

débito decorrente de desvio de finalidade e, portanto, implica a responsabilidade de o ente beneficiário, solidariamente com seus administradores, restituir os respectivos valores aos cofres do concedente. E o Acórdão nº 1.669/2021 – Segunda Câmara.

[604] A Lei nº 14.133/21 não detalhou as condições para liberação de recursos no âmbito dos convênios, devendo ser disposto em regulamento (Brasil, 2021a).

[605] §3º da Lei nº 8.666/93: I – quando não tiver havido comprovação da boa e regular aplicação da parcela anteriormente recebida, na forma da legislação aplicável, inclusive mediante procedimentos de fiscalização local, realizados periodicamente pela entidade ou órgão descentralizador dos recursos ou pelo órgão competente do sistema de controle interno da Administração Pública;
II – quando verificado desvio de finalidade na aplicação dos recursos, atrasos não justificados no cumprimento das etapas ou fases programadas, práticas atentatórias aos princípios fundamentais de Administração Pública nas contratações e demais atos praticados na execução do convênio, ou o inadimplemento do executor com relação a outras cláusulas conveniais básicas;
III – quando o executor deixar de adotar as medidas saneadoras apontadas pelo partícipe repassador dos recursos ou por integrantes do respectivo sistema de controle interno (Brasil, 1993).

[606] Nesse sentido, dispõe o TCU no Acórdão nº 1.224/2008 – Plenário (Brasil, 2008a).

[607] A Lei nº 14.133/21 não previu a forma de atualização no que tange ao saldo dos convênios, devendo ser disposto em regulamento (Brasil, 2021a).

da conformidade contábil e financeira da documentação de despesa, apresentada pelo convenente em relação às parcelas anteriormente transferidas.

9.2.1 Necessidade de observância dos requisitos do art. 25 da Lei de Responsabilidade Fiscal no momento da transferência de recurso financeiro

O art. 25 da Lei de Responsabilidade Fiscal não trata da formalização de convênios, mas sim dos requisitos necessários para se efetuar transferências voluntárias entre os entes. Os requisitos previstos no art. 25 da Lei de Responsabilidade Fiscal se referem apenas às hipóteses em que há transferência de recursos financeiros, sendo ou não, transferências instrumentalizadas por negócio jurídico cooperacional. Assim, parece clara a desnecessidade de cumprimento dos requisitos previstos no referido dispositivo quando firmados acordos cooperativos em que não há repasse de recursos financeiros.

É evidente que a *mens legis* do art. 25 da Lei de Responsabilidade Fiscal foi evitar o repasse de recursos financeiros a entes que não estejam em condição regular. Disso, é possível concluir que os atos que levam a efetiva transferência de recursos, como a pactuação de repasse (no momento da lavratura do convênio), ou o aumento do objeto do repasse (em momento de aditivo de acréscimo), não são permitidos quando não atendidos os requisitos do referido dispositivo.

Por outro ângulo, é possível considerar permitidas ações que levem à diminuição dos valores da transferência voluntária (como a supressão de meta), ou que não interfiram no repasse de recursos financeiros (como a alteração do prazo de vigência), sem que o ente beneficiário esteja em condição regular.

É imperioso que não se confunda o negócio jurídico convenial com a transferência voluntária.

A norma em análise (art. 25 da Lei de Responsabilidade Fiscal) visa a proibição de repasse de recursos, ou de ato que leve a uma futura transferência para entes que estejam em irregularidade fiscal. O que o dispositivo vedou foi *a transferência de recursos* em si, de forma que não há proibição genérica para que se firme convênio (sem repasse de recursos), ou que se mantenha convênio (sem novos repasses de recursos), nem de atos que venham a reduzir a abrangência convenial (diminuição dos valores conveniais, sem autorização para novos repasses de recursos).

Deduz-se que é lícita a realização de convênios sem repasse de recursos financeiros, aditivos de prorrogação de prazo, ou de supressão da meta, sem que o convenente esteja regular com os requisitos dispostos no art. 25 da Lei de Responsabilidade Fiscal, tendo em vista as peculiaridades do caso concreto e o princípio da proporcionalidade.

Percebe-se, ainda, que o aditivo de acréscimo de quantidade equivale a um novo convênio, e, por isso, imperiosa a presença das certidões e condições exigidas no momento do ajuste original. Todavia, um aditivo de supressão equivaleria a uma denúncia de parte do ajuste, pelo que a desnecessidade de averiguação da regularidade do ente beneficiado é perfunctória lógica.

Tal conclusão também se depreende do Acórdão nº 6.113/15, do Tribunal de Contas do Estado do Paraná,[608] em que se concluiu que é possível a flexibilização na apresentação de certidões de regularidade fiscal quando houver a formalização de convênios entre entidades públicas em que não haja a transferência de recursos públicos.

Mais tormentosa é a discussão sobre a exigência dos requisitos do art. 25 da LRF serem analisados a cada parcela do recurso repassado, de acordo com a previsão do cronograma de desembolso. Isto porque o §1º do art. 25 da LRF dispõe que as exigências ali previstas são condição para a transferência em si e não para o firmamento da obrigação (o convênio no caso).

Uma interpretação possível a respeito do dispositivo em análise é no sentido de que haja a proibição *das transferências*, caso as condições da Lei de Responsabilidade Fiscal sejam descumpridas ao longo do ajuste. A transferência voluntária apenas se concretiza quando ocorre a efetiva entrega dos recursos ao outro ente público, ou seja, quando o dinheiro é de fato transferido para o partícipe beneficiado.

É defensável o raciocínio de que cabe aos partícipes manter, durante toda a execução do ajuste, todas as condições exigidas quando lavrado o respectivo acordo de cooperação, implicando na manutenção da sua regularidade fiscal. Com isso, mesmo que o termo do convênio seja lavrado em um momento de regularidade fiscal do ente beneficiado, se no transcurso do tempo, o convenente não continuar satisfazendo os requisitos da Lei de Responsabilidade Fiscal, não é lícito o repasse de

---

[608] PARANÁ. Tribunal de Contas do Estado. *Processo 89.199/15*, Acórdão nº 6.113/15, Plenário. Relator: Conselheiro Artagão de Mattos Leão, 10 dez. 2015.

recursos discriminados nas parcelas vincendas do respectivo cronograma de desembolso.

Todavia, não é possível ignorar os impactos originários dessa interpretação sob o ângulo da concretização dos interesses fundamentais previstos na Constituição Federal.

Existem situações em que o administrador público irá deparar com verdadeiros dilemas. Por exemplo, no decorrer da execução de uma obra se o ente repassador for surpreendido com a irregularidade fiscal do ente convenente, seria prudente a esse administrador público conveniado suspender o repasse de recursos e abandonar obra inacabada?

Suponha-se um convênio para execução emergencial de uma nova ponte, após incidente que havia deteriorado a ponte antiga, evitando a passagem de veículos e deixando uma municipalidade sem acesso a abastecimento de insumos necessários. Mas, o ente convenente, no decorrer da execução, perdeu as condições de regularidade fiscal. Obstar o prosseguimento da obra poderia trazer graves prejuízos às coletividades interessadas.

É certo que nesses contextos não há resposta unívoca e o gestor público deverá, por meio de uma análise principiológica, sopesar os valores em jogo. Exatamente ao enfrentar contextos como esse que o §1º do art. 22 da Lei de Introdução ao Direito Brasileiro, alinhado ao princípio da boa-fé objetiva, pretende amoldar os juízos de validades aos problemas concretos enfrentados na Administração Pública.[609]

Não é por outro motivo que a Portaria Interministerial[610] nº 424, de 30 de dezembro de 2016, que concede maior detalhamento ao estabelecido no Decreto nº 6.170/07, dispõe que a verificação dos requisitos para o recebimento das transferências voluntárias deverá ser feita no momento da assinatura do respectivo instrumento, bem como na assinatura dos correspondentes aditamentos de valor, não sendo necessária nas liberações financeiras de recurso.

A solução regulamentar é de constitucionalidade duvidosa, uma vez que compete à União estabelecer as normas gerais de direito

---

[609] Lei de Introdução ao Direito Brasileiro: art. 22. Na interpretação de normas sobre gestão pública, serão considerados os obstáculos e as dificuldades reais do gestor e as exigências das políticas públicas a seu cargo, sem prejuízo dos direitos dos administrados. (Regulamento)
§1º Em decisão sobre regularidade de conduta ou validade de ato, contrato, ajuste, processo ou norma administrativa, serão consideradas as circunstâncias práticas que houverem imposto, limitado ou condicionado a ação do agente (Brasil, 1942).

[610] Dos ministérios federais do Estado do Planejamento, Desenvolvimento e Gestão; da Fazenda; e da Transparência, Fiscalização e Controladoria-Geral da União.

financeiro, conforme artigo 24, inciso I e §1º, da Constituição Federal de 1988. Tal competência é exercida na elaboração da Lei Complementar nº 101/2000, que prevê as normas gerais de finanças públicas voltadas para a responsabilidade na gestão fiscal. Não pode a legislação estadual ou municipal ou, ainda, ato regulamentar exclusivamente federal, querer criar efeitos jurídicos, a partir do momento fictício da transferência voluntária.

A transferência voluntária apenas se concretiza quando ocorre a efetiva entrega dos recursos ao outro ente público, ou seja, no momento em que o dinheiro é de fato transferido para o partícipe beneficiado. Sendo assim, poder-se-ia indagar se cabe ao intérprete ou legislador estadual, municipal, ou exclusivamente federal (por ato regulamentar ou lei ordinária) definir ou atribuir interpretação sobre as transferências voluntárias, que contrarie o disposto no artigo 25 da Lei Complementar nº 101/2000, sob pena de incorrer em vício de inconstitucionalidade.

A regra é que, caso seja supervenientemente descumprida a Lei de Responsabilidade Fiscal, o ente repassador não deve efetuar novas transferências ao ente concedente, mesmo que o convênio esteja vigente e tenha sido lavrado quando o ente beneficiário estava regular. Todavia, considerados os valores em choque no caso concreto, e sobretudo tendo em vista o princípio da boa-fé objetiva e da continuidade do serviço público, seria razoável que novos repasses de recursos fossem efetuados para a redução de danos à coletividade ou ao erário público.

9.2.2 Aplicação do art. 25 da Lei de Responsabilidade Fiscal nas hipóteses de repasse de recursos não financeiros

Como se depreende do explicitado até agora, as exigências para a configuração de um acordo cooperativo em que não há transferências de recursos são distintas daquele em que há repasse. Para se firmar um ajuste cooperativo sem o envolvimento de recursos, deve-se observar as normas aplicáveis da Lei Geral de Licitações. Em contrapartida, para a formatação de um convênio financeiro, deve-se observar o disposto na Lei Geral Licitações, acrescido das exigências do art. 25 da Lei de Responsabilidade Fiscal, resultando na obrigação de demonstrar a regularidade fiscal do ente beneficiado.

É rotineiro que no âmbito destes atos consensuais, para a concretização do bem comum, a entidade repassadora opte por não transferir recursos necessariamente financeiros, mas prefira transmitir bens móveis, imóveis, e até mesmo a prestação de serviços. Por isso, caso se entenda que as exigências do art. 25 da Lei de Responsabilidade Fiscal aplicam-se apenas às transferências de recursos financeiros, não seria necessário observar os requisitos previstos no supracitado artigo de lei. Entretanto, tal raciocínio não merece guarida.

A lei prevê que a transferência de recursos financeiros entre os entes deve obedecer ao disposto no art. 25 da Lei de Responsabilidade Fiscal, já analisado. Nesse contexto, aceitar que o ente público possa utilizar esses montantes pecuniários para adquirir bens e serviços e, posteriormente, repassar produtos adquiridos de antemão, sem a necessidade de atender os requisitos previstos na Lei de Responsabilidade Fiscal, resultaria em conivência desmedida com a possibilidade de burla a lei imperativa.

Não há nenhum problema em considerar a maior capacidade operacional (ou outro critério ligado à gestão das entidades públicas) e no referido termo convenial convencionar que caberá ao poder concedente efetuar o dispêndio de recursos com ulterior transmissão dos bens *in natura* (ou bens imóveis e até mesmo serviços), para que o convenente realize a prestação do serviço à comunidade.

Todavia, a função corretiva da boa-fé tem o condão de impedir o exercício abusivo de direitos nas relações negociais, por meio da boa-fé objetiva. No direito posto, o art. 187 do Código Civil obsta o exercício abusivo de direitos ao considerar ilícitos os atos exercidos ultrapassando os limites impostos pelo seu fim econômico ou social, pela boa-fé ou pelos bons costumes. Refere-se, portanto, a uma atuação efetuada estritamente conforme as normas imediatamente impostas pelo ordenamento jurídico, mas, contudo, apresenta ilícito por contrariedade ao sistema na sua globalidade.

Na hipótese aventada, a contratação e ulterior transmissão dos bens e serviços pelo poder concedente poderia ser executada com único intuito de fraudar o disposto na referida Lei Complementar. Por isso, mesmo que o repasse não seja necessariamente de recursos financeiros, mas de serviços ou produtos contratados exclusivamente para o repasse aos beneficiários, devem ser cumpridos com rigor, os dispositivos pertinentes.

Deve-se obedecer ao prescrito no art. 25 da Lei de Responsabilidade Fiscal, sob o risco de se implementar negócio jurídico nulo, que tinha como intuito fraudar a lei imperativa. O artigo 185, combinado com o art. 166, ambos do Código Civil, disciplinam que o ato jurídico é nulo, dentre outras hipóteses, quando o seu objeto for ilícito por tencionar a burla aos dispositivos legais. Essa leitura é a mais acertada sob o prisma da boa-fé.

Não existe nenhum vício no negócio jurídico que, considerando as capacidades técnicas das entidades envolvidas, estabeleça para o próprio poder concedente[611] a competência para a efetuação das despesas, com remessa do produto ao convenente. Contudo, sob o risco de se permitir negócio jurídico simulado para fraudar a lei imperativa, o que violaria a boa-fé, é necessário que, mesmo nesses casos, seja observada a Lei de Responsabilidade Fiscal.

9.2.3 Princípio da intranscendência subjetiva das sanções

A ausência de pendência em relação às obrigações com o ente concedente é condição para a possibilidade de se efetuar as transferências voluntárias. Há julgado do STF, a respeito da Teoria da Intranscendência das Sanções, que relativiza tal premissa.

Esse princípio impede que as faltas cometidas estritamente ligadas a um determinado governo imprudente façam com que o ente federativo (e a população envolvida) sofra com as punições. As transferências voluntárias seriam viáveis, caso ficasse demonstrado que o antigo gestor foi exclusivamente o responsável pelas irregularidades em que se encontra o ente beneficiado.[612]

Também há manifestação do TCU no sentido de que na hipótese de o ente devedor estar sendo administrado por outro gestor, que não o faltoso, e comprovada a adoção das medidas pertinentes com vistas à apuração dos fatos, a inadimplência do ente federativo poderá ser suspensa pelo repassador, a fim de que possa receber novas transferências voluntárias.[613]

---

[611] Utiliza-se aqui o vocábulo "concedente" em simetria ao conceito disposto no Decreto nº 6.170, de 25 de julho de 2007, referente ao partícipe incumbido de financiar o empreendimento convenial.

[612] Nessa via, a Súmula 615 do STJ: Não pode ocorrer ou permanecer a inscrição do município em cadastros restritivos fundada em irregularidades na gestão anterior quando, na gestão sucessora, são tomadas as providências cabíveis à reparação dos danos eventualmente cometidos (Brasil, 2018c).

[613] Acórdão nº 3.034/2009 – Plenário (Brasil, 2009p).

A tese aqui explicitada também já foi empregada para evitar a implementação de restrições legais nas hipóteses em que as irregularidades foram cometidas por poderes distintos,[614] ou pela administração indireta.[615]

Para que se aceite a aplicação dessa teoria, não basta que se alegue que foi outro mandatário que se portou de forma irregular, mas deve ficar cabalmente demonstrado que os novos gestores estão tomando todas as providências necessárias para sanar as irregularidades.

O princípio da intranscendência subjetiva das sanções, que está concatenado com o princípio da boa-fé objetiva, impede que as restrições superem a dimensão subjetiva do infrator e atinjam entidades públicas que não tenham sido as causadoras do ato ilícito, o que seria um castigo que atingiria a coletividade e não o agente descumpridor das regras. Assim, o princípio em análise veda a aplicação de restrições às administrações atuais por atos de gestão praticados por administrações anteriores, bem como punições que ultrapassem as esferas das entidades descentralizadas, ou de poderes distintos.

9.3 Alteração do convênio

As alterações conveniais, em respeito ao art. 65 da Lei nº 8.666/93 e ao art. 124 e seguintes da Lei nº 14.133/21, devem ser formalizadas por meio de termo aditivo e precedidas de motivação e análise pela Procuradoria Jurídica (art. 38 da Lei nº 8.666/93 e §4º, art. 54 da Lei nº 14.133/21).

Carecem ser observados, no aditamento, os mesmos procedimentos exigidos para se firmar o convênio: deverão ser demonstradas as justificativas técnicas suficientes que fundamentam a alteração pretendida, o processo administrativo pretendendo a alteração deve ser remetido à área jurídica juntamente da manifestação técnica pertinente,

---

[614] BRASIL. Supremo Tribunal Federal. *ACO 1431 MC-REF*. Referendo em medida cautelar Ação Cível Originária. Relator: Min. Celso de Mello, 16 set. 2009. Diário de Justiça, Brasília/DF, 22 out. 2009a.
BRASIL. Supremo Tribunal Federal. *AC 2659 MC-REF/MS*. Relator: Min. Celso de Mello, 12 ago. 2010. Diário de Justiça, Brasília/DF, 23 set. 2010a.

[615] BRASIL. Supremo Tribunal Federal. *ACO 1848 AGR*. Relator: Min. Celso de Mello, 6 nov. 2014. Diário de Justiça, Brasília/DF, 6 fev. 2015b.

acompanhada das informações financeiras pertinentes e de minuta de termo aditivo.[616]

A respeito da motivação, é necessário fazer uma distinção entre a justificativa exigida pelo ordenamento jurídico, no contrato administrativo e no convênio.

Todo ato administrativo deve ser justificado, uma vez que se trata de princípio retirado do caráter republicano da Constituição Federal (princípio da motivação dos atos administrativos), e, por isso, impera o dever geral de motivação dos atos administrativos.

No que tange à disciplina dos contratos administrativos, o estabelecimento de termos aditivos deve ser excepcional e justificado com base em um fato superveniente de situação desconhecida no momento da abertura da licitação.[617] Qualquer adequação técnica do objeto licitado supõe a descoberta de circunstâncias desconhecidas que implicam na conclusão de que a solução técnica anteriormente adotada não era a mais adequada.[618]

Esse rigor não deve ser aplicado aos convênios, pois nos contratos, a necessidade de comprovação peremptória de demonstração de um fato superveniente e desconhecido está relacionada com a preservação da isonomia, pertinente ao procedimento licitatório.

No que diz respeito aos contratos administrativos, se fosse permitido alterar livremente a demanda da Administração após a seleção do contratante, isso poderia implicar em burla ao certame licitatório. Ora, se o objeto tivesse sido delineado de forma exata desde a fase interna da licitação, é possível que outros participantes tivessem sido atraídos para a disputa.

Por isso, só é possível a alteração contratual se demonstrado que o conhecimento da necessidade de alteração é superveniente ao próprio certame licitatório, consubstanciado na Teoria da Imprevisão.

Em síntese, a regra nos contratos administrativos é a não-permissão de aditivos contratuais, vez que devem suportar circunstâncias excepcionais e imprevisíveis para vigorar. Esse rigor existe para evitar a violação do princípio da isonomia e para garantir o respeito ao próprio procedimento licitatório onde o objeto pretendido foi definido e publicizado.

---

[616] BRASIL. Advocacia Geral da União. Parecer 13/2013 CâmaraPermanenteConvênios/DEPCONSU/PGF/AGU. Procurador: Raphael Peixoto de Paula Marques. Brasília/DF: 27 dez. 2013b.
[617] SANTOS, 2017, p. 131.
[618] JUSTEN FILHO, 2012a.

Porém, no que se refere aos convênios, a regra é que, pelo menos naqueles firmados entre entes públicos, o chamamento público seja inexigível, de modo que com a alteração do pacto convenial, não haveria quebra da lógica licitatória.

Inobstante, todo ato administrativo deve ser justificado. O posicionamento aqui esposado não isenta os agentes públicos de justificarem a razão das alterações do Plano de Trabalho, contudo é desnecessária a demonstração de circunstâncias singulares (teoria da imprevisão) para justificar a pretendida alteração.

A alteração do pacto, nesses casos, decorre da liberdade de negociação, da autonomia federativa desses entes. Em comum acordo, podem fazer alterações qualitativas e quantitativas no convênio firmado.

Ressalte-se que tanto os regulamentos conveniais como o TCU dispõem que a alteração convenial não deve desvirtuar o objeto conveniado.[619] Em outras palavras, a alteração do Plano de Trabalho não pode atingir a funcionalidade básica do convênio. O acréscimo a ser feito no pacto convenial deve ter como propósito adaptar o objeto do ajuste às novas circunstâncias, corrigir falhas eventualmente existentes no planejamento inicial, ou até mesmo ampliar o alcance do pretendido, contudo, não pode transmutá-lo em objeto distinto (o que implicaria, de fato, um novo ajuste convenial).

Outro ponto importante a ser analisado é a respeito do art. 65 da Lei nº 8.666/93 e do art. 124 da Lei nº 14.133/21, que estabelecem tanto a possibilidade de alterações consensuais como unilaterais das relações contratuais firmadas entre o Poder Público e particulares. Todavia, atenção deve ser dada às previsões acerca da possibilidade de modificação unilateral do contrato administrativo oriundas de uma hierarquização dos interesses da Administração sobre os dos particulares: a Administração tutela os interesses da coletividade, enquanto o particular visa a remuneração pelo serviço prestado ou bem adquirido.

Essa relação verticalizada relaciona-se com a supremacia do interesse público e é concretizada nas cláusulas exorbitantes. As alterações unilaterais são realizadas pela Administração Pública sem

---

[619] Nesse sentido o inciso IX, do §1º, do art. 1º do Decreto nº 6.170/07. No mesmo sentido, o TCU entende que é possível realizar alterações nas condições originalmente previstas em instrumentos de convênios, desde que não acarretem prejuízo ao alcance dos objetivos pactuados e sejam submetidos e aprovados pelo concedente em tempo hábil. Acórdão nº 299/2018 – Plenário (Brasil, 2018e) e Acórdão nº 1.339/2009 – Plenário (Brasil, 2009d).

o consentimento do particular contratado. Trata-se da manifestação mais notória da desigualdade jurídica entre as partes.[620]

Entretanto, nos convênios administrativos, os partícipes visam à concretização conjunta dos mesmos direitos fundamentais que motivaram a realização do objeto comum e por isso não cabe falar em uma relação desigual entre os entes envolvidos. Prevalece a igualdade entre os partícipes, pelo menos no que se refere aos convênios entre entes públicos.

As regras de alteração contratual previstas nas Leis Gerais de Licitações devem ser aplicadas aos convênios atendo-se à sua natureza cooperativa e não sinalagmática. O regime a ser aplicado às alterações dos convênios (especialmente nos ajustes entre entes públicos) é da consensualidade, por acordo das partes, uma vez que na relação convenial, as partes se encontram em pé de igualdade (em patamares não verticalizados).

As alterações que se fizerem necessárias nos Planos de Trabalho de convênios devem ser submetidas previamente à autorização dos poderes envolvidos, especialmente nos casos em que houver repasse de recursos, que apontam para a necessária autorização do poder concedente para a respectiva alteração.[621]

Também é necessário considerar que o aditivo ao convênio é similar à assinatura de um novo ajuste. Por isso, todas as condições necessárias para a assinatura do convênio devem ser observadas para que seja lavrado o termo aditivo. No caso dos convênios em que há repasse de recursos, devem ser observados todos os requisitos a que se refere o art. 25 da Lei de Responsabilidade Fiscal, além dos estabelecidos na Lei Geral de Licitações.

Sendo realizadas de forma consensual, todos os partícipes envolvidos têm dever de observar a assertividade e correção técnica e financeira das mutações pretendidas no convênio. Todos os documentos técnicos apresentados para a formalização do referido termo aditivo fazem parte integrante do Plano de Trabalho e, portanto, deverão ser previamente aprovados pela autoridade competente dos signatários do ajuste, os quais poderão se valer de seus setores técnicos para embasar

---

[620] SANTOS, 2017, p. 137.
[621] Foi esse o posicionamento do TCU nos seguintes acórdãos: Acórdão nº 3.749/2011 – Primeira Câmara (Brasil, 2011k), Acórdão nº 1.631/2012 – Primeira Câmara (Brasil, 2012d), Acórdão nº 1.070/2012 – Primeira Câmara (Brasil, 2012c).

sua decisão entendendo como tecnicamente viável ou não a alteração sugerida.[622]

9.3.1 Inaplicabilidade dos limites percentuais para aditivos das Leis Gerais de Licitações aos convênios administrativos

O art. 65 da Lei nº 8.666/93 e o art. 125 da Lei nº 14.133/21 cuidam das limitações quantitativas referentes à alteração do conteúdo dos contratos administrativos. Conforme esses dispositivos, nenhum acréscimo nas obras, serviços ou compras poderá exceder os limites de até 25% (vinte e cinco por cento) do valor inicial atualizado do contrato, e, no caso particular de reforma de edifício ou de equipamento, até o limite de 50% (cinquenta por cento) do mesmo valor.

Indaga-se, aqui, se os limites mencionados atingem as alterações conveniais.

É preciso ter como premissa que o dispositivo em exame visa impedir o completo desvirtuamento do objeto definido no certame licitatório. A permissão de alteração drástica no conteúdo dos contratos administrativos poder-se-ia configurar burla à regra da licitação e violação ao princípio da isonomia. É possível que outros participantes tivessem se interessado pelo objeto se soubessem o que realmente seria executado.

Assim, na medida em que a regra contida nas Leis Gerais de Licitações se relaciona à preservação da isonomia que rege os procedimentos licitatórios, não parece ser aplicável aos convênios, pelo menos aqueles entre entes públicos, pois nesses ajustes cooperativos presume-se a inviabilidade de competição.

Sintetizando essa ideia, o convênio, diferentemente do contrato administrativo, independe de procedimento licitatório, e, portanto, lhe é inaplicável o dispositivo referente à limitação de quantidade nas alterações dos contratos administrativos.[623]

---

[622] Trata-se, também, da inteligência de posicionamento do TCU, que explicitou: "excepcionalmente, admitir-se-á ao órgão propor a reformulação do Plano de Trabalho, que será previamente apreciada pelo setor técnico e submetida à aprovação da autoridade competente". TCU: Acórdão nº 47/1998 – Plenário (Brasil, 1998d).
[623] Esse também foi o entendimento exarado no Parecer nº 13/2013 da Câmara Permanente de Convênios, lavrado pela AGU.

Relembra-se que somente se aplicam aos convênios as normas das Leis Gerais de Licitações compatíveis com as suas peculiaridades (art. 116 da Lei nº 8.666/93, art. 184 da Lei nº 14.133/21).

Nesse ponto, é imprescindível salientar que a análise do convênio é totalmente independente de eventual contrato de aquisição de bens ou de empreitada firmado pelos partícipes, mesmo que para realizar meta convenial. É evidente que no âmbito contratual é imperioso respeitar os limites constantes do art. 65, §1º, da Lei nº 8.666/93 e do art. 125 da Lei nº 14.133/21.

A mesma conclusão é apresentada pelo TCU:

> 38. Outra falha identificada pela unidade técnica refere-se à celebração do segundo termo aditivo ao Convênio 40/2003, que resultou em um acréscimo ao valor do convênio original de 540%.
> **39. Entendo que tal fato, por si só, não caracteriza a existência de qualquer irregularidade, pois aos Convênios celebrados com vistas a fomentar interesses comuns entre o concedente e o convenente, não se aplicam as restrições relativas ao reajustamento contidas no Estatuto das Licitações. Até porque poderia ser celebrado outro convênio, com o mesmo convenente, sem restrições.**
> 40. Contudo, o problema identificado pela unidade técnica reside no fato de que o convenente, que deveria observar as normas contidas no Estatuto das Licitações, também aditivou o contrato celebrado com a Evidência Comunicação e Publicidade / Display, em 540%, sem observar, portanto, os limites previstos no art. 65, §2º da Lei 8.666/1993 (grifos nossos).[624]

Os limites previstos para aditivos previstos na Lei nº 8.666/93 e na Lei nº 14.133/21 não se aplicam às alterações relacionadas aos convênios entre entes federados, porque o chamamento público nessa hipótese é inexigível. Ora, a exegese do dispositivo em tela é evitar alterações profundas no objeto contratado, o que seria burla às regras definidas no edital de licitação. Entretanto, os limites devem ser respeitados no âmbito dos contratos firmados com o propósito de atingir as metas conveniais.

---

[624] Acórdão nº 1.934/2009 – Plenário (Brasil, 2009h).

9.3.2 Aditamento do prazo de vigência

O atraso no cronograma de execução do objeto conveniado pode ensejar a necessidade de prorrogação da vigência da relação convenial. A vigência dos convênios deve ser estipulada no competente instrumento, devendo relacionar-se com a estimativa da execução do objeto, prevista no Plano de Trabalho.

O posicionamento tradicional, no que tange à solicitação de ampliação de prazo de vigência, é que essa deve ser efetivada dentro do respectivo período e previamente autorizada pelos partícipes signatários de forma consensual, por termo aditivo prévio. Então, não deveriam ser prorrogados convênios após o encerramento de sua vigência. Uma vez expirada a vigência do convênio, não há mais como aditá-lo, pois a relação já está findada.

Em caso de se ter esgotado a vigência do respectivo ajuste, resta à Administração Pública verificar a possibilidade, com base nos critérios de conveniência e oportunidade, de realizar a assinatura de um novo convênio para a finalização do objeto avençado.

Nesse sentido, o TCU já considerou irregular a celebração de termo aditivo de prorrogação de prazo com a vigência do convênio já expirada.[625]

Porém, em relação aos convênios que envolvem obrigação de escopo, e sob os auspícios da boa-fé objetiva, seria pertinente a implementação de mecanismos que impedissem o desligamento imediato por simples descumprimento do prazo. Porém, apenas com a nova Lei de Licitações foi permitido expressamente que os contratos administrativos, quando se tratar de obrigações de escopo, possam ser prorrogados automaticamente, quando da expiração do prazo ajustado inicialmente (art. 111). Nada impede, por conseguinte, que a mesma lógica possa ser aplicada aos convênios. Dependerá, todavia, da previsão feita em regulamento, tendo em vista a delegação do art. 184 da Lei nº 14.133/21.

---

[625] TCU: Acórdão nº 1.936/2014 – Plenário: 3. Consta dos autos que a responsável assinou termos aditivos depois de expirada a vigência do convênio e que deixou de comunicar a Câmara Legislativa do DF da assinatura do Convênio, ferindo norma legal (...) Acolho a proposta apresentada e tomo as conclusões da unidade técnica como razões para decidir. De fato, há evidências de que a responsável teve ciência de que a vigência do convênio já se esgotara, além de não ser adequado entender a assinatura do mencionado ajuste como um mero ato formal (Brasil, 2014f).

9.3.3 Alterações contratuais não impactam automaticamente nos convênios

É importante distinguir que as relações negociais entre os partícipes (convênio) são distintas daquelas entre os partícipes e fornecedores, empreiteiras e demais prestadoras de serviço (contratos), mesmo que o objeto contratual seja algo diretamente ligado ao ajuste convenial.

Essa concepção é extremamente relevante, uma vez que é rotineiro, nos convênios que abarcam o repasse de recursos financeiros, o sentimento dos partícipes de que qualquer impacto nos valores do empreendimento deve ser absorvido pelo partícipe financiador, mesmo que não haja cláusula convenial prevendo a respectiva compensação financeira.

Se não trata de alteração do Plano de Trabalho compactuado entre os partícipes, os fatos meramente contratuais não repercutem automaticamente no ajuste convenial.

Não obstante, o respectivo termo de convênio, de forma expressa, pode prever como os impactos financeiros que porventura venham a ocorrer serão suportados pelos partícipes para atingir a meta convenial. Tendo em vista a liberdade negocial, os conveniados possuem autonomia para dispor como serão atribuídos esses dispêndios de recursos entre os signatários do respectivo ajuste cooperativo.

Esses impactos contratuais geram a falsa impressão de que repercutiria invariavelmente no âmbito dos convênios e, geralmente, relacionam-se com as hipóteses de reequilíbrio econômico-financeiro.

Parte-se da premissa de que em contrato administrativo, após firmados os seus parâmetros no momento inicial, devem ser mantidas as condições iniciais em todo seu desenvolvimento, não se permitindo que a equação contraprestacional incline para um lado ou outro, ao longo do tempo na relação contratual, como garantia de equilíbrio econômico-financeiro do contrato, prevista na Constituição Federal, art. 37, inciso XXI) e na legislação infraconstitucional (Lei nº 8.666/93, art. 58, §1º e Lei nº 14.133/21, art. 104, §2º).

Para a doutrina, há três figuras jurídicas que possibilitam o reestabelecimento do equilíbrio econômico-financeiro: o reajuste, a revisão contratual e a correção monetária.[626]

O reajuste de preços, disciplinado no artigo 40, inciso XI, da Lei nº 8.666/1993, bem como no inciso LVIII do art. 6º da Lei nº 14.133/21,

---

[626] NIEBUHR, 2015, p. 1.021.

é a forma de manutenção do valor real do contrato consistente na aplicação do índice de correção monetária previsto contratualmente, que deve retratar a variação efetiva do custo de produção, admitida a adoção de índices específicos ou setoriais. A Lei nº 8.666/93[627] e a Lei nº 14.133/21[628] preveem a obrigatoriedade de uma cláusula de reajuste nos contratos, bem como exigem cláusulas que estabeleçam os critérios e a periodicidade do reajustamento.

A revisão contratual se fundamenta na teoria da imprevisão aplicada ao direito público: a superveniência de fatos imprevisíveis ou previsíveis, mas de consequências incalculáveis, alheios à vontade das partes e que modifiquem de maneira considerável o equilíbrio econômico-financeiro, implicam alteração contratual para se mantenha a equação inicialmente estabelecida.[629]

Da Lei nº 8.666/93, infere-se que na ocorrência desses fatores imprevisíveis que modificam o equilíbrio contratual, a Administração, na maioria das vezes, deve arcar com os eventuais encargos sobrevindos deles.[630] No entanto, com o advento da Lei nº 14.133/21, foi prevista a inclusão da matriz de riscos,[631] na qual a divisão de responsabilidade acerca dos eventos que podem impactar o equilíbrio contratual é realizada diante das particularidades das obrigações assumidas pelos contratantes em cada caso.

Por fim, a última figura jurídica que possibilita o reequilíbrio contratual é a correção monetária, cabível em virtude da inflação, quando a Administração atrasar os pagamentos devidos à contratada. As Leis de Licitações indicam que o contrato deve conter cláusula que estabeleça os critérios de atualização monetária entre a data do adimplemento das obrigações e a do efetivo pagamento.[632]

Tendo em vista que as hipóteses de reequilíbrio econômico-financeiro se relacionam exclusivamente com as partes signatárias do ajuste contratual, essas não podem atingir, de *per si*, o convênio firmado por um dos contratantes. A relação do convênio ajusta-se ao expressamente acordado no Plano de Trabalho inicialmente pactuado. Contudo, é

---

[627] Artigo 40, inciso XI (Brasil, 1993).
[628] Art. 25, §7º e art. 91, *caput* e §3º (Brasil, 2021a).
[629] NIEBUHR, *op. cit.*, p. 1.034 e 1.036.
[630] JUSTEN FILHO, 2012a. p. 889.
[631] A matriz de riscos era prevista no art. 9º, §5º da Lei nº 12.462/11 (Regime Diferenciado de Contratações) e no art. 42, inciso X da Lei nº 13.303/16, Lei das Estatais, mas não tinha previsão de aplicação na principal Lei de Licitações, a Lei nº 8.666/93.
[632] Art. 92, V, da Lei nº 14.133/21 (Brasil, 2021a) e artigo 40, inciso XIV, *c*), da Lei nº 8.666/1993 (Brasil, 1993).

possível, desde que de forma expressa no termo do convênio, que esse ônus seja livremente distribuído entre os partícipes do respectivo ajuste cooperativo.

No mesmo sentido, é o entendimento da Advocacia Geral da União, manifestado por meio do Parecer FMRD/PFE/DNIT nº 722/2010:

> 6. Essas atividades podem ser executadas diretamente pelo Exército Brasileiro ou contratadas com terceiros, segundo o disposto na Lei nº 8.666/93. De qualquer modo, os vínculos contratuais para a execução dos serviços ou obras se dão exclusivamente entre o Exército Brasileiro e seus contratados, inclusive fornecedores dos materiais necessários aos serviços ou obras objeto do Termo de Cooperação, não assumindo o DNIT qualquer responsabilidade perante os mesmos.
> 7. Evidentemente que, em virtude dessas contratações, poderão ocorrer situações em que a Lei nº 8.666/93 e legislação correlata autorizem tanto o reequilíbrio econômico e financeiro dos contratos mantidos pelo Exército Brasileiro, como também a possibilidade de reajustamento do valor contratual.
> 8. *Essas situações, entretanto, por pertencerem* à álea *econômica e financeira dos contratos mantidos pelo Exército Brasileiro, não autorizam o reequilíbrio ou o reajustamento do valor do Termo de Cooperação ou do Plano de Trabalho, até porque o crédito que foi transferido e extraído do orçamento do DNIT não está sujeito a essas circunstâncias.*
> 9. O que deve, então, ser feito é um aumento de valor do Termo de Cooperação para fazer face a um reequilíbrio ou reajustamento contratual que o Exército Brasileiro irá conceder aos seus contratados, mediante termo aditivo ao Termo de Cooperação, instruído pelo correspondente Plano de Trabalho, contendo, discriminadamente, as parcelas que sofreram o aumento de valor.
> 10. Consequentemente, se o reequilíbrio ou reajustamento contratual são fatos jurídicos decorrentes da relação mantida exclusivamente entre o Exército Brasileiro e os seus contratados, resta evidente que cabe ao próprio Exército Brasileiro discipliná-los, segundo metodologia de cálculo das parcelas contratuais que deverão ser reequilibradas ou reajustadas.

Todavia, dependendo do contexto e do caso concreto, sob os auspícios da boa-fé objetiva, nos casos de omissão no termo convenial, ou mesmo se considerada abusiva a previsão expressa no respectivo instrumento, é possível que se impute ao ente financiador o dever de arcar com gastos contratuais não previstos incialmente. Isso, caso fique demonstrado que foi gerada ao conveniado a expectativa legítima de que o concedente iria arcar com eles.

A hipótese aventada materializa-se na figura da *suppressio*, quando o partícipe financiador não exige que o outro partícipe arque com os reajustes de contrato firmado com o fim de concretização do objetivo da parceria. O pagamento do reajuste pelo poder concedente pode gerar na contraparte a confiança na estabilidade de situação. O exercício posterior do direito altera a situação que estava estabilizada pelo tempo, ocasionando uma surpresa que afeta a confiança gerada.

Contudo, trata-se de exceção à regra. Pelo esposado, denota-se que as hipóteses de reequilíbrio financeiro afetam apenas a relação contratual. O fato de o produto de uma relação contratual se identificar com o objetivo delineado em um convênio não faz com que os partícipes, alheios ao contrato, tenham que arcar com qualquer implicação oriunda do ajuste contratual com terceiros. Entretanto, nada impede que esses impactos financeiros contratuais possam ser repartidos entre os partícipes, de forma consensual, se previsto de forma expressa e por escrito no âmbito do ajuste cooperativo.

A contratação feita pelos partícipes com intuito de concretizar a meta convenial é uma relação independente e autônoma, de modo que o reequilíbrio contratual não gera implicação automática aos convênios firmados por alguma das partes do respectivo pacto contratual. Caso não esteja expressamente determinado no Termo de Convênio ou no Plano de Trabalho, não há que se falar em responsabilidade automática do poder concedente quanto ao reequilíbrio financeiro de contrato do qual não faz parte.

Excepcionalmente, dependendo do caso concreto, é possível que, sob a incidência da boa-fé objetiva, caso se evidencie ter sido gerada a expectativa de que esses custos seriam arcados pelo ente não contratante, é possível considerar o dever de suportar as despesas contratuais extraordinárias ao ente financiador.

9.4 Prestação de contas

A apresentação da prestação de contas do convenente ao poder concedente permite à Administração constatar se as metas e tarefas estão sendo executadas de forma satisfatória e de acordo com o avençado e aferir se os recursos estão sendo aplicados de forma adequada pelos parceiros (no caso de convênios que envolvem transferência de valores) e, com isso, conseguir atestar o efetivo cumprimento do convênio.

A prestação de contas é poder-dever inquestionável a ser exigida pela administração repassadora de recursos públicos. Nesse sentido, o parágrafo único do art. 70 da Constituição Federal determina que todo aquele que utilize, arrecade, guarde, gerencie ou administre dinheiros, bens e valores públicos, tem o dever de prestar de contas.

O acompanhamento e a supervisão da boa aplicação dos recursos transferidos devem ser constantes. A qualquer momento, se constatadas evidências de má utilização dos recursos repassados para a realização das metas conveniais, a transferência de mais valores deve ser interrompida imediatamente, até que a suposta irregularidade seja apurada e sanada.[633]

Destaca-se que estar em dia com a prestação de contas é condição essencial para que seja lícito o recebimento de transferências voluntárias, conforme se depreende do art. 25 da Lei de Responsabilidade Fiscal.

Caso a prestação de contas não logre saldo positivo, o administrador deve, imediatamente, abrir processo administrativo para averiguação da aplicação adequada dos recursos repassados, o que pode resultar em Tomada de Contas Especial. O TCU tem afirmado que a primeira apuração de irregularidades na gestão dos recursos transferidos mediante convênio é incumbência do órgão repassador e a instauração de Tomada de Contas Especial no âmbito dos tribunais de contas, uma medida de exceção que ocorre quando não se obtiver sucesso na prestação de contas feita pelo próprio ente repassador dos recursos, ou quando o órgão de controle solicitar a conversão do procedimento em Tomadas de Contas Especial, diante de fatos graves levados ao seu conhecimento.[634]

Além disso, os gestores públicos devem prestar contas, independentemente se os ajustes foram, ou não, firmados ao longo do respectivo mandato letivo.[635] Com o propósito de vincular o gestor aos convênios firmados em mandato prévio, foi editada a Súmula 230 do Tribunal de Contas da União, segundo a qual compete ao chefe do Executivo sucessor apresentar as contas referentes aos recursos recebidos por

---

[633] Nesse sentido, o TCU já determinou que a Administração Pública se abstenha de aprovar prestações de contas de convênios com irregularidades na liquidação e pagamento das despesas. TCU: Acórdão nº 1.197/2005 – 2ª Câmara (Brasil, 2005b).

[634] Nesse sentido os acórdãos: Acórdão nº 675/2018 – Plenário (Brasil, 2018h), Acórdão nº 1.842/2017 – Primeira Câmara (Brasil, 2017c), Acórdão nº 10.576/2017 – Primeira Câmara (Brasil, 2017a), Acórdão nº 1.301/2016 – Primeira Câmara (Brasil, 2016c) e Acórdão nº 730/2019 – Plenário (Brasil, 2019n).
Ressalte-se, ainda, que o TCU coíbe a celebração de novos convênios, caso o partícipe esteja em mora no dever de prestar contas de ajustes anteriores (Acórdão nº 10.77/2012 – Plenário).

[635] DALLAVERDE, 2012, p. 208.

seu antecessor, quando este não o tiver feito ou, na impossibilidade de fazê-lo, adotar as medidas legais visando ao resguardo do patrimônio público, com a instauração da competente Tomada de Contas Especial, sob pena de corresponsabilidade.[636]

É posição recorrente do TCU[637] que a prestação de contas deve demonstrar não só a execução do objeto pactuado no convênio, mas também o nexo de causalidade, por meio do vínculo estrito entre os recursos repassados e as despesas incorridas para a consecução do objeto conveniado, sem o que não há comprovação da boa e regular aplicação dos recursos públicos.

Há, portanto, necessidade de que o gestor demonstre, de forma inequívoca, que os valores alegadamente gastos no objeto da avença tenham como origem os recursos do convênio. A simples execução física do objeto, isoladamente considerada, não demonstra que os recursos foram geridos corretamente, devendo-se comprovar que os valores especificamente transferidos foram inteiramente aplicados no objeto pretendido.[638]

O TCU emitiu juízo pela irregularidade de contas em que não foi possível estabelecer o nexo de casualidade entre os recursos atrelados ao convênio e o objeto executado, nos casos:

---

[636] Também já dispôs o TCU acerca da responsabilidade do chefe do executivo sucessor pelo dever de prestar contas a respeito de convênio pretérito Acórdão nº 7.264/2021 – Primeira Câmara / Acórdão nº 12.436/2021 –Segunda Câmara.

[637] Nesse sentido, os acórdãos: Acórdão nº 6.794/2011 – Segunda Câmara (Brasil, 2011o), Acórdão nº 771/2010 – Plenário (Brasil, 2010f), Acórdão nº 126/2008 – Segunda Câmara (Brasil, 2008c), Acórdão nº 1.748/2016 – Plenário (Brasil, 2016d), Acórdão nº 2.464/2013 – Plenário (Brasil, 2013g), Acórdão nº 3.223/2017 – Segunda Câmara (Brasil, 2017f), Acórdão nº 344/2015 – Plenário (Brasil, 2015f), Acórdão nº 1.0581/2017 – Primeira Câmara (Brasil, 2017b), Acórdão nº 3.948/2014 – Primeira Câmara (Brasil, 2014i), Acórdão nº 7.940/2018 – Segunda Câmara (Brasil, 2018j), Acórdão nº 5.609/2012 – Primeira Câmara (Brasil, 2012m), Acórdão nº 8.955/2017 – Segunda Câmara (Brasil, 2017j), Acórdão nº 574/2009 – Primeira Câmara (Brasil, 2009t), Acórdão nº 1.065/2009 – Segunda Câmara (Brasil, 2009b), Acórdão nº 2.665/2009 – Plenário (Brasil, 2009k) e Acórdão nº 7.139/2020 – Segunda Câmara (Brasil, 2020q).

[638] O TCU considera imprescindível que seja demonstrado que o objeto do convênio foi efetivamente executado com os valores recebidos. Deve-se demonstrar a inequívoca comprovação da existência de nexo de causalidade entre a fonte de receita e os gastos para consecução do objeto do ajuste. Os documentos devem demonstrar que os recursos repassados foram efetivamente utilizados no objeto pactuado. Nesse sentido, os acórdãos: Acórdão nº 6.098/2017 – Primeira Câmara (Brasil, 2017h), Acórdão nº 7.200/2018 – Segunda Câmara (Brasil, 2018i), Acórdão nº 2.234/2018 – Primeira Câmara (Brasil, 2018d), Acórdão nº 9.544/2017 – Segunda Câmara (Brasil, 2017l), Acórdão nº 997/2015 – Plenário (Brasil, 2015i), Acórdão nº 6.968/2014 – Primeira Câmara (Brasil, 2014k), Acórdão nº 3.545/2006 – Primeira Câmara (Brasil, 2006e), Acórdão nº 8.955/2017 (Brasil, 2017j), Acórdão nº 2.823/2016 – Primeira Câmara (Brasil, 2016g), Acórdão nº 3.223/2017 – Segunda Câmara (Brasil, 2017f), Acórdão nº 8.448/2021 – Segunda Câmara (Brasil, 2021o).

a) em que o saque dos recursos diretamente no caixa, em tempo insuficiente para a conclusão do convênio, impossibilita constatar a relação entre os débitos efetuados na conta bancária específica com as despesas relativas ao objeto do ajuste.[639]
b) de falta de identificação do convênio nas notas fiscais, porquanto tal prática permite a utilização do mesmo documento fiscal para justificar a realização da despesa perante variados convênios.[640]
c) em que os cheques são emitidos em favor do próprio convenente e endossados e sacados nos caixas da instituição bancária, com as notas fiscais sem nenhuma referência ao convênio.[641]
d) de ausência do extrato da conta bancária específica do convênio.[642]

Todavia, aquela corte de contas se manifestou pela possibilidade de comprovar o estabelecimento do nexo de causalidade entre os recursos e o executado por meios que permitam, ainda que indiretamente, asseverar que o destino dos recursos foi realmente o previsto no ajuste firmado, mesmo nas hipóteses listadas acima.[643]

Já entendeu o TCU que a ocorrência de dano ao erário por inadimplemento de subconvenente conduz à responsabilização solidária deste e do convenente, pois a celebração de subconvênio não afasta a responsabilidade do convenente pela execução do objeto pactuado e pela prestação de contas dos recursos transferidos.[644]

---

[639] TCU: Acórdão nº 3.455/2007 – Primeira Câmara (Brasil, 2007l), Acórdão nº 3.005/2016 – Plenário (Brasil, 2016h), Acórdão nº 6.886/2020 – Segunda Câmara (Brasil, 2020p).
[640] TCU: Acórdão nº 2.430/2017 – Primeira Câmara (Brasil, 2017d).
[641] TCU: Acórdão nº 1.385/2008 – Plenário (Brasil, 2008f) e Acórdão nº 2.823/2016 – Primeira Câmara (Brasil, 2016g).
[642] TCU: Acórdão nº 774/2012 – Primeira Câmara (Brasil, 2012o).
[643] Nesse sentido: Acórdão nº 9.056/2017 – Primeira Câmara (Brasil, 2017k), Acórdão nº 5.423/2017 – Segunda Câmara (Brasil, 2017g), Acórdão nº 3.917/2016 – Primeira Câmara (Brasil, 2016i), Acórdão nº 3.875/2018 – Primeira Câmara (Brasil, 2018f), Acórdão nº 12.342/2021 – Segunda Câmara (Brasil, 2021c), Acórdão nº 8.810/2021 – Primeira Câmara (Brasil, 2021q), Acórdão nº 7.634/2021 – Primeira Câmara (Brasil, 2021j), Acórdão nº 12.251/2020 – Segunda Câmara (Brasil, 2020e), Acórdão nº 6.473/2020 – Primeira Câmara (Brasil, 2020n), Acórdão nº 4.434/2020 – Segunda Câmara (Brasil, 2020i) Acórdão nº 454/2020 – Segunda Câmara (Brasil, 2020k), Acórdão nº 3.327/2019 – Primeira Câmara (Brasil, 2019i).
[644] Acórdão nº 2.951/2021 – Plenário (Brasil, 2021h), Acórdão nº 11.302/2020 – Primeira Câmara (Brasil, 2020d) e Acórdão nº 3.018/2019 – Primeira Câmara (Brasil, 2019g).

Ademais, o exame da prestação de contas de um convênio abrange, além da verificação da correta utilização dos valores repassados, a avaliação da aplicação da contrapartida pactuada. Não havendo a comprovação desta, a devolução dos recursos ao poder concedente que indevidamente substituiu a contrapartida não aplicada passa a ser exigível.[645]

A Administração Pública deve, desta maneira, assegurar que os recursos estejam sendo aplicados conforme o Plano de Trabalho durante toda a execução do convênio. Ainda, no momento da extinção da avença, é necessário verificar se todos os recursos foram aplicados de forma adequada, se tiveram efeito positivo na concretização da política pública implementada, e, ainda, garantir que o todos os valores remanescentes retornem ao poder de origem.

A relação da boa-fé com a aplicação adequada dos recursos será analisada no item seguinte.

9.5 Desvios de objeto e de finalidade

As alterações conveniais devem ser formalizadas por meio de termo aditivo, ou seja, por anuência das partes, e desde que não desvirtuem o objeto definido no início da avença. Não é possível, portanto, a alteração do Plano de Trabalho sem a anuência do poder concedente.

O TCU costuma fazer uma diferenciação de abordagem quanto ao uso dos recursos do convênio em objeto distinto do pactuado, sem autorização do ente concedente: tratam-se dos desvios de objeto e de finalidade.

O desvio de objeto se configura quando o partícipe executa serviços distintos do planejamento prévio, sem o respectivo termo aditivo, visando, de todo modo, ao fim social a que se destinam os recursos. Isto é, o desvio de objeto se configura quando o convenente, sem autorização prévia da concedente, executa ações não previstas no Plano de Trabalho da avença, mas preserva os fins destinados aos recursos, em alguma medida. Já o desvio de finalidade ocorre quando os recursos são aplicados em finalidade ou área setorial sem nenhuma conexão com o avençado.

---

[645] O TCU já entendeu nesse sentido no Acórdão nº 1.156/2013 – Plenário (Brasil, 2013e).

Para graduar os ilícitos supracitados, o desvio de finalidade vem sendo repudiado de forma mais intensa pelos órgãos de controle. No âmbito da União, reiteradamente, o TCU tem afirmado que constitui desvio de objeto, e não de finalidade, a aplicação de recursos de convênio em finalidade condizente com a meta principal do instrumento pactuado, e, portanto, que as alterações no Plano de Trabalho do convênio que não caracterizem desvio de finalidade não constituem irregularidade passível de imputação de débito ao responsável.[646]

A corte de contas entende que a simples constatação da irregularidade (o desrespeito ao Plano de Trabalho) não implica a penalização automática do gestor público. Avalia-se as condições concretas que circundavam a realidade vivenciada pelo agente, com intuito de constatar se seria razoável esperar um comportamento distinto do administrador, diante dos dilemas apresentados no caso concreto.

A despeito do entendimento do TCU, é evidente que os pactos entre os entes federados devem ser fruto de políticas públicas planejadas mutuamente pelos entes envolvidos, e a alteração da destinação dos valores sem o consentimento do ente repassador deve ser repudiada pelo ordenamento jurídico.

Como esclarecido anteriormente, para a alteração desses pactos, exige-se a anuência dos partícipes, precedida de termo aditivo, devidamente analisadas as alterações do Plano de Trabalho. Logo, qualquer alteração do objeto pactuado sem a anuência do poder repassador não é permitida.

O posicionamento do TCU não pode ser interpretado como a automatização de tornar lícito o desvirtuamento do objeto por parte do partícipe. Tais pactos importam cooperação para atingir um interesse comum. Não é razoável que um partícipe efetue esforços, por meio de recursos e serviços, para concretizar um objetivo, e seu parceiro os utilize para a realização de outro, mesmo que ligado aos interesses fundamentais da população, ou à mesma política setorial, uma vez que se trataria de quebra deliberada e direta da confiança depositada.

---

[646] Nesse sentido os acórdãos: Acórdão nº 4.425/2009 – Primeira Câmara (Brasil, 2009r), Acórdão nº 495/2011 – Primeira Câmara (Brasil, 2011l), Acórdão nº 2.258/2009 – Segunda Câmara (Brasil, 2009i), Acórdão nº 9.249/2012 – Segunda Câmara (Brasil, 2012r), Acórdão nº 1.532/2010 – Plenário (Brasil, 2010b), Acórdão nº 5.514/2011 – Primeira Câmara (Brasil, 2011n) Acórdão nº 193/2008 – Segunda Câmara (Brasil, 2008i), Acórdão nº 4.682/2012 – Primeira Câmara (Brasil, 2012l), Acórdão nº 2.713/2009 – Plenário (Brasil, 2009n), Acórdão nº 1.798/2016 – Primeira Câmara (Brasil, 2016e), Acórdão nº 349/1999 – Primeira Câmara (BRASIL, 1999c) Acórdão nº 4.437/2020 – Segunda Câmara (Brasil, 2020j), Acórdão nº 4.066/2020 – Segunda Câmara (Brasil, 2020g).

Os recursos transferidos não pertencem à entidade beneficiária, por isso, possuem aplicação vinculada aos fins delineados no respectivo Plano de Trabalho.

É evidente que se o intuito do TCU fosse graduar alterações unilaterais de pactos entre entes públicos não permitidas pelo ordenamento jurídico, a utilização de recursos para área diversa, que nenhuma relação tem com os fins da transferência, é muito mais condenável, que a simples alteração do objeto pactuado, mas respeitando a área para a qual os recursos se destinavam.

A despeito de haver uma graduação de punições, o desvio de utilização dos recursos, de qualquer forma, também fere o que foi pactuado. Foi esse o entendimento do TCU no seguinte acórdão:

> [...] a União, ao firmar um convênio, não apenas transfere recursos para um município. Mais que isso, busca realizar um objetivo específico de seu interesse, cumprindo um dos princípios fundamentais estatuídos no Decreto-Lei nº 200/67: o da descentralização. Os recursos do convênio vinculam-se a dotação orçamentária própria, aprovada pelo Congresso Nacional, atrelada ao objeto específico acordado e que só pode ser modificada por meio de prévia autorização legislativa (art. 167, inciso VI, da Constituição Federal). Daí decorre o legítimo e direto interesse na efetiva consecução do convênio. O convenente obrigou-se ao cumprimento das cláusulas estabelecidas de comum acordo, entre as quais a de aplicar os recursos de conformidade com o plano de trabalho, sob pena de sua devolução, nos termos do art. 7º, inciso XI, alínea *c*, da Instrução Normativa nº 2/93 – STN.[647]

Todavia, diante das peculiaridades de um caso concreto, a partir de uma leitura sob o prisma da boa-fé objetiva, poder-se-ia chegar à conclusão de que não restava outra alternativa ao administrador, naquela situação. E a simples quebra do disposto no Plano de Trabalho não pode ser entendida de forma isolada dos objetivos totais do convênio.[648]

Não se descarta, portanto, que exista hipótese factual que, diante das circunstâncias supervenientes peculiares e extraordinárias (teoria da imprevisão), o gestor não tenha opção que não a de utilizar os recursos em descompasso com o Plano de Trabalho.

---

[647] TCU: Acórdão nº 200/2005 – Primeira Câmara (Brasil, 2005c).
[648] Nesse sentido, já dispôs o TCU que a execução do objeto em desconformidade com o plano de trabalho aprovado não conduz, por si só, à necessidade de devolução dos recursos transferidos, desde que se possa comprovar o cumprimento do propósito do convênio, sem prejuízo de aplicação de multa aos responsáveis que promoveram a alteração do plano de trabalho sem a anuência do concedente. TCU: Acórdão nº 6.486/2020 (Brasil, 2020o).

Tome-se como exemplo um convênio que envolva uma construção de um edifício. Durante a execução do empreendimento, ocorre um desastre natural que obrigue, de forma emergencial, o convenente a contratar empresa para fazer uma intervenção e salvar a obra, mas que diante da falta de recursos próprios, utilizou-se dos recursos conveniais. No caso aventado, os recursos seriam exatamente para concretização do empreendimento, contudo foi contratado serviço de engenharia não previsto no plano inicial.

Conjecture, ainda, um convênio para a execução de um viaduto. A execução da obra gerou avarias em outras estruturas que não faziam parte do convênio, como ruas e casas de particulares. O sinistro ocorreu por simples fato da obra, sem que se pudesse imputar erro na execução. Suponha-se, ainda, que se não for feita a imediata reparação dos danos, a estrutura desses bens corre risco de desabar e causar mais prejuízos. Caso a entidade federada em questão não tenha outros recursos em caixa, a não ser aqueles repassados para executar a rodovia, seria irregular a utilização dos recursos conveniais, a despeito de termo aditivo autorizando? Apesar dos recursos não terem sido utilizados no objeto pretendido, foram empregados para remediar danos causados pelo fato da obra convenial, e na urgência da situação não haveria tempo hábil para firmar um termo aditivo com todas as exigências legais.

Diante dessas hipóteses, seria razoável a não aplicação de punição do gestor do ente convenente, inclusive, deveria ser cogitada a possibilidade de o ente financiador arcar com os custos, mesmo que sem prévia cobertura convenial.

Na interpretação dos negócios jurídicos os objetivos pretendidos devem ser sempre uma baliza hermenêutica. A interpretação deve englobar o negócio jurídico como um todo, não buscando o sentido de uma cláusula (ou disposição contida no plano de trabalho) de forma isolada. Logo, não é razoável entender que fere o pactuado, a ação de gestor que utiliza recursos conveniais em arrepio ao estritamente previsto no plano de trabalho, mas direcionado a evitar dano maior ao próprio objeto convenial, ou aos cidadãos a qual a política pública que visa o convênio estava direcionada.

Diante do paradigma da boa-fé, afasta-se uma compreensão literal de termos isolados em prol de uma interpretação sistemática do negócio jurídico, levando em conta a conduta das partes, a área econômica pertinente e as competências previstas no ordenamento para as entidades envolvidas, e, ainda, nas regras e princípios publicistas.

Esta compreensão está alinhada à Lei de Introdução às Normas do Direito Brasileiro (Lei nº 13.655/18)[649] que, no §1º do art. 22, estabelece que em decisão sobre regularidade de ajuste serão consideradas as circunstâncias práticas que houverem imposto, limitado ou condicionado a ação do agente público.

Encontra-se, nessa orientação, posicionamento do TCU que ressalva as contas de gestores públicos caso fique demonstrado que diante do caso concreto eles agiram da melhor forma para zelar dos interesses da coletividade:

> 2. Impende julgar regulares com ressalvas as contas de responsável que comprove a aplicação de recursos pactuados em convênio que, embora parcialmente com desvio do local de realização da obra, se deu na mesma natureza daquela inicialmente acertada, com benefícios à comunidade.
> 10. A par destas informações, relembro que esta Corte, em diversas oportunidades, tem se manifestado no sentido de aceitar a documentação apresentada, quando resta demonstrado que os recursos repassados, muito embora não aplicados diretamente no local programado, o foram na mesma localidade, com benefícios à comunidade. A doutrina vem corroborando tal entendimento. Para Benjamim Zymler, ao ponderar o elemento subjetivo da conduta dos responsáveis, *o TCU 'avalia, também, as condições concretas que circundavam a realidade vivenciada pelo agente que tem suas contas examinadas e indaga se teria ele atuado de forma satisfatória ou se seria razoável exigir-lhe que houvesse adotado providências distintas das que adotou', podendo-se dizer 'que já se encontra sedimentada, no âmbito do Tribunal, a percepção de que a mera identificação de irregularidade não é requisito suficiente para a apenação do responsável'* (Direito Administrativo e Controle, Belo Horizonte: Fórum, 2005, p. 338-339) .
> 11. No caso ora em exame, o que se pode observar *é a existência de situação fática que não se enquadra nos procedimentos rotineiros, mas que se caracteriza por especificidades que conduzem, muitas vezes, a situações legais* sui generis, *o que não significa, de forma alguma, omissão, desatenção e muito menos cometimento de irregularidades na condução da administração* (grifos nossos).[650]

---

[649] BRASIL. *Lei nº 13.655, de 25 de abril de 2018*. Inclui no Decreto-Lei nº 4.657, de 4 de setembro de 1942 (Lei de Introdução às Normas do Direito Brasileiro), disposições sobre segurança jurídica e eficiência na criação e na aplicação do direito público. Brasília/DF: Presidência da República, 2018b.

[650] TCU: Acórdão nº 2.700/2009 – Primeira Câmara (Brasil, 2009l).
Em sentido semelhante, o TCU dispôs que não cabe imputação de débito a convenente em razão de despesas bancárias decorrentes da simples utilização de serviços necessários e inevitáveis para a manutenção da conta corrente específica e para a execução do objeto do convênio, que não sejam consequência de comportamento inadequado do titular da conta corrente. TCU: Acórdão nº 8.176/2021 – Primeira Câmara (Brasil, 2021m).

Conclui-se que para qualquer alteração do Plano de Trabalho é necessária a anuência das partes. A alteração unilateral por parte do concedente é quebra do avençado e violação da boa-fé objetiva aplicável a qualquer negócio jurídico consensual. Entretanto, o TCU, ao analisar e julgar as contas dos gestores, tem considerado a realidade fática que acarretou a alteração do Plano de Trabalho em arrepio do avençado pelos signatários. Nesse exame das particularidades do caso concreto, é possível que o órgão fiscalizatório constate que não havia outra conduta razoável a ser tomada pelo administrador público, e por isso, passível de dispensa de responsabilização pela sua conduta.

CAPÍTULO 10

A EXTINÇÃO E A FASE PÓS-CONVENIAL

Muitas são as formas de extinção da relação jurídica obrigacional decorrente de um convênio: por decurso do prazo estipulado; finaliza-se, também, o ajuste quando concretizado o seu objetivo, nas prestações de escopo; por descumprimento de cláusulas conveniais (a rescisão); e quando as partes voluntariamente decidirem desfazer o ajuste (a denúncia). Todas essas possibilidades estão previstas do §6º do art. 116 da Lei nº 8.666/1993.[651]

Não obstante, do princípio da boa-fé também se depreendem as hipóteses do inadimplemento antecipado e do adimplemento substancial, que serão analisadas neste capítulo. A boa-fé tem uma incidência intensa nos temas que se referem ao término dos convênios, com o intuito tanto de evitar dano ao erário público, bem como às coletividades envolvidas.

10.1 Extinção do convênio por decurso do prazo ou adimplemento nos casos de prestação de escopo

Em determinados ajustes, o cumprimento do prazo compreende aspecto relevante da obrigação principal, e no caso desta não vir a ser cumprida no prazo estipulado, a inadimplência definitiva será ocasionada diretamente, visto que o credor não mais se interessaria na prestação. No entanto, em outros negócios, de forma contrária, pode

---

[651] A Lei nº 14.133/21 não fez o respectivo detalhamento, delegando-o para o regulamento (Brasil, 2021a).

ocorrer de ser estabelecido um prazo ou dia para seu cumprimento, mas, mesmo que não cumprido, o interesse no adimplemento não desaparecerá.

Contrato por prazo certo é aquele em que a obrigação principal do contratado é extinta em razão de termo preestabelecido, independentemente do que fora ou não realizado pelo contratado. Já os contratos por escopo são aqueles cujo prazo de execução somente se extingue quando o contratado entrega para o contratante o objeto contratado. O descumprimento do prazo não implica o encerramento instantâneo das obrigações do contratado, apenas caracteriza mora.

No que tange a uma relação exclusivamente privada, sempre que perdurar o interesse na prestação, em virtude da característica e da finalidade do contrato, verifica-se a restrição para que imediatamente seja apontado o fim da relação jurídica. Assim, a boa-fé objetiva atua como diretriz de consideração e lealdade e age na estipulação de um prazo prudencial visando a efetivação ou, contrariamente, proporcionando a resolução (se o inadimplemento for grave).[652]

A celeuma a ser discutida aqui é se nas obrigações sob a incidência do regime jurídico público, é possível entender a postergação do fim de uma relação jurídica, a despeito da ausência de termo de aditivo de prorrogação, por se tratar de uma obrigação de escopo, com a permanência do interesse na prestação pelos partícipes.

A doutrina pátria não abordou o tema da prestação de escopo com foco nos convênios administrativos. Vencido qualquer obstáculo de aplicação da teoria no âmbito público, essa aplica-se, por conseguinte, aos convênios administrativos, uma vez que possuem natureza contratual, e a peculiaridade dos ajustes conveniais serem contratos cooperativos não afasta, mas reforça a aplicação da tese no âmbito convenial.

Joel Niebuhr considera o contrato por escopo aquele cujo prazo de execução somente se extingue quando o contratado entrega para a Administração o objeto contratado. O tempo, portanto, não importa para o encerramento das obrigações do contratado, pois apenas caracteriza ou não a mora do contratado.[653]

Em contrapartida, parte da autorizada doutrina, sob o paradigma da Lei nº 8.666/93 entendia que o vencimento do prazo fixado no contrato

---

[652] MARTINS-COSTA, 2018, p. 751-752.
[653] NIEBUHR, 2015, p. 853.
Também foi o posicionamento do TCU no Acórdão nº 127/2016 – Plenário (Brasil, 2016b) e Acórdão nº 592/2016 – Plenário (Brasil, 2016j).

implicaria extinção da avença, sob pena de, em entendimento diferente, admitir-se a possibilidade de contratos com prazo indeterminado.[654]

Sob os auspícios da boa-fé objetiva, em relação aos convênios que envolvem obrigação de escopo, seria pertinente a implementação de mecanismos que não impedissem a rescisão imediata por simples descumprimento do prazo. A rescisão, nesses casos, só é devida, por meio de procedimento administrativo, com a presença dos partícipes, que demonstre que o objeto não será executado, ou não será executado em tempo razoável.

Porém, apenas a nova Lei de Licitações permitiu expressamente que os contratos administrativos possam ser prorrogados automaticamente, quando se tratar de obrigações de escopo (art. 111). Nada impede, por conseguinte, que a mesma lógica possa ser aplicada aos convênios. Contudo, dependerá da previsão feita em regulamento, tendo em vista a delegação do art. 184 da Lei nº 14.133/21.

10.2 Rescisão por inadimplemento

O inadimplemento consiste no não-cumprimento de dever resultante do vínculo convenial, podendo ser: a) inadimplemento relativo, que se refere ao não-cumprimento da forma, lugar ou tempo como prometidos no termo convenial, entretanto, ainda existe utilidade da entrega do objeto principal; b) o inadimplemento absoluto, quando a obrigação não foi cumprida tal qual estabelecida, e nem poderá mais sê-lo com utilidade para o outro partícipe; e, ainda, c) a violação positiva do convênio, que refere-se a descumprimento de interesses de proteção (laterais) e não aos interesses de proteção.[655]

A gravidade que leva à rescisão não é qualquer incumprimento, mas aquele que atinge irremediavelmente a utilidade do objeto para o outro partícipe, dentro de um juízo de razoabilidade. O inadimplemento definitivo, portanto, significa que não foi prestada como devida a obrigação e que não poderá mais sê-lo. A prestação, nessas condições, não pode mais ser efetuada, ou por impossibilidade, ou quando deixa de satisfazer o interesse legítimo do outro partícipe (perde a utilidade para ele).

---

[654] Nesse sentido Santos (2015, p. 80).
[655] MARTINS-COSTA, 2018, p. 745.

Esse juízo de razoabilidade depende da natureza da obrigação, da gravidade da falta e dos prejuízos a serem suportados pelos partícipes.

Conjecture um convênio entre o estado e o município para que juntos construam um hospital. Na hipótese aqui traçada, já foram repassados 73% dos recursos financeiros. Não obstante, o município, por atraso não justificado, prejudicou o cronograma financeiro, mas o curso da obra foi retomado e será entregue com um atraso de algumas semanas. Diante dessa hipótese, não seria razoável o interrompimento convenial, ainda mais em se tratando de obrigação de escopo.[656] A interrupção significaria desperdício de recursos públicos, com o abandono de edifício inacabado e sem utilidade para a população.

Agora, a mesma situação, só que toda a infraestrutura e equipamentos a serem disponibilizados nesse hospital eram voltados para uma pandemia que tivesse atingido a cidade. Supondo-se que o atraso foi tão grande que já não teriam mais nenhuma utilidade o referido hospital e os equipamentos.

Nesse caso, pode haver a rescisão e se não ficar demonstrado que ao município não se pode imputar a responsabilidade pelo referido atraso, deve-se devolver os recursos aos partícipes, retornando ao *status quo ante*.

Se a obrigação for contínua, por exemplo, devolvem-se apenas os recursos referentes às partes que não foram executadas. O problema fica mais complexo se o investimento foi feito para um longo período, pois a reparação passa a ser multifacetada. Se o ente patrocinador visava o serviço por vasto período de tempo, não pode ser penalizado a ficar com o prejuízo de todo o investimento, sendo que apenas parte da obrigação foi prestada.

Também é complexa a situação em que se trata de uma prestação de escopo, mas o objeto parcial não tem nenhuma utilidade para a coletividade que deveria ser beneficiada. O TCU entende que a completa frustração dos objetivos do convênio importa a condenação do responsável à devolução integral dos recursos transferidos, ainda que parte ou a totalidade dos que foram repassados tenha sido aplicada no objeto do convênio.[657]

---

[656] Em alusão aos contratos de escopo, em que o tempo para a execução do combinado consiste em uma obrigação acessória, uma vez que o descumprimento do prazo, quando não tornar inútil o cumprimento da obrigação principal, não leva ao distrato.

[657] No mesmo sentido os acórdãos: Acórdão nº 1.927/2007 – Plenário (Brasil, 2007h), Acórdão nº 4.587/2009 – Segunda Câmara (Brasil, 2009s), Acórdão nº 1.577/2014 – Segunda Câmara (Brasil, 2014e), Acórdão nº 903/2008 – Segunda Câmara (Brasil, 2008k), Acórdão nº 8.660/2011 – Segunda Câmara (Brasil, 2011q), Acórdão nº 2.793/2016 – Plenário (Brasil,

A execução parcial do objeto do convênio, quando ineficaz para a obtenção do resultado previsto no ajuste, carece de ressarcimento, que deve ser feito tendo em vista a totalidade dos recursos repassados. Sob outro ângulo, já entendeu o TCU que se a parcela executada de convênio está disponível e tem utilidade, mesmo que precária, para as comunidades beneficiadas, somente os valores correspondentes a itens não executados constituem débito.[658] Ademais, diante da não-conclusão do objeto por culpa exclusiva do órgão concedente, não cabe a este questionar o destino dado ao bem parcialmente executado pela entidade convenente nem exigir a devolução dos recursos corretamente aplicados durante a vigência da avença.[659]

Ainda se deve destacar que, sob a ótica da boa-fé, o adimplemento do convênio não se refere apenas ao objeto descrito no termo de convênio, pois o sucesso deste, muitas vezes, relaciona-se com uma boa e eficaz prestação de serviço público à população, a despeito do termo convenial estampar como objeto a execução de obra ou a compra de equipamentos.

A simples comprovação de aquisição de bens ou execução de serviços não configura razão suficiente para que seja atestada a boa e regular aplicação dos recursos, fazendo-se necessário demonstrar a correta e efetiva utilização dos bens adquiridos ou a execução dos serviços para as finalidades estabelecidas no convênio, com a verificação do benefício visado à coletividade. O atingimento da finalidade do convênio não se confunde com a mera conclusão da obra ou entrega do bem, sendo necessário que as coletividades envolvidas usufruam do investimento público realizado.[660]

10.3 O adimplemento substancial

O adimplemento substancial compreende a não-resolução de obrigação, não obstante a falta de cumprimento no prazo, modo e forma necessários, uma vez que ocorreu o cumprimento parcial próximo

---

2016f), Acórdão nº 1.441/2007 – Plenário (Brasil, 2007f), Acórdão nº 8.169/2021 – Primeira Câmara (Brasil, 2021l), Acórdão nº 11.284/2020 – Primeira Câmara (Brasil, 2020c), Acórdão nº 12.170/2019 – Primeira Câmara (Brasil, 2019e).

[658] Trata-se do Acórdão nº 4.855/2010 – Primeira Câmara (Brasil, 2010d) e Acórdão nº 3.459/2019 – Segunda Câmara (Brasil, 2019j).

[659] Acórdão nº 5.241/2020 – Primeira Câmara (Brasil, 2020l).

[660] Nesse mesmo sentido, dispuseram o Acórdão nº 8.793/2012 – Segunda Câmara (Brasil, 2012q) e o Acórdão nº 549/2018 – Primeira Câmara (Brasil, 2018g).

ao esperado do contrato, com o resultado devido. O motivo de ser desta forma é que entre anular o negócio jurídico e o conservar, a sua preservação é fundamentada por motivos de utilidade. Por meio do adimplemento substancial, consequentemente, limita-se o direito à resolução, ainda que garanta ao credor a reivindicação do cumprimento ou o ressarcimento pela mora.[661]

Ainda que a figura do adimplemento substancial não tenha sido prevista de forma expressa no Código Civil, seu fundamento está na união entre o princípio da boa-fé e da utilidade contratual.[662]

No adimplemento substancial, há o desenvolvimento de forma progressiva do que se entende pelo cumprimento da obrigação, para a averiguação correta da importância de eventual descumprimento do negócio jurídico. Há de se verificar, portanto, dois parâmetros que fundamentam o amparo do adimplemento substancial: a importância dos resultados que efetivamente derivaram do descumprimento e a relevância que as partes parecerem dar à cláusula aparentemente desrespeitada.[663]

Ao se trazer a experiência da incidência da boa-fé objetiva e a figura do adimplemento substancial da obrigação para os convênios administrativos, inclusive considerando as peculiaridades do regime publicista, não se encontra óbice para a aplicação desta figura às parcerias feitas entre entes públicos.

Tome a hipótese de um convênio entre a União, ou um estado federal, e um pequeno município, para a execução de infraestrutura que permitirá a prestação de um serviço público de interesse comum das entidades envolvidas. Em medições parciais, o fiscal atestou que a evolução do objeto era satisfatória e de acordo com o cronograma constante no plano de trabalho, com a aplicação regular dos recursos públicos. Todavia, verificou-se que estava ocorrendo o descumprimento de obrigações conveniais, como o atraso em entregar relatórios, quando exigidos, por exemplo. Seria hipótese de rescisão do convênio, com abandono de obra inacabada e prejuízo para as coletividades envolvidas?

Outra situação de um convênio em que se verifica que a obra pretendida não ficará pronto no prazo estabelecido, que haverá atraso ao cronograma. Pelo andamento da execução, ela será entregue poucos meses depois do inicialmente previsto. Tratando-se de obra que trará

---

[661] MARTINS-COSTA, 2018, p. 758.
[662] Ibid., p. 759.
[663] Mesmo raciocínio na decisão do Recurso Especial 1.215.289/SP (Brasil, 2013d).

um benefício perene e não temporário, justificaria o rompimento do acordo, pelo simples atraso?

Somente de forma excepcional, é possível relativizar o que foi estritamente avençado. O princípio da exatidão, coerente ao adimplemento satisfatório, será capaz de ser relativizado apenas para o fim de retirar o exercício do direito de resolução.

Os requisitos, de acordo com Judith Martins-Costa, são: i) existir prestações diferidas e parceladas no tempo; ii) a execução aproximada do negócio jurídico, de maneira que o resultado planejado esteja quase atingido; iii) a pequena gravidade dessa efetivação incompleta devido a utilidade que o ajuste pretendia; e iv) a ausência de proibição legal ao cumprimento parcial.[664]

O amálgama entre a boa-fé objetiva, como baliza para análise da racionalidade do direito de resolução de um convênio, e o princípio da utilidade obrigacional, deve ser bem assimilado na apreciação dos casos concretos em que é suscitada a figura do adimplemento substancial. Se não tomadas essas precauções, é possível que seja identificada aplicação abusiva da figura em análise, uma vez que excepciona o dever do adimplemento exatamente conforme o avençado. Precisam, deste modo, ser consideradas essas condições para a sua observância.[665]

10.4 O inadimplemento antecipado

A figura do inadimplemento antecipado não se refere a uma terceira categoria, mas a uma subespécie do inadimplemento definitivo, submetendo-se, dessa maneira, aos mesmos requisitos deste.

No Brasil, o inadimplemento antecipado teve aceitação na doutrina nos anos 90, quando exploradas as capacidades do princípio da boa-fé como fundamento de deveres anexos e laterais. A doutrina aventou a possibilidade de admitir o inadimplemento prematuro, caso o devedor efetuasse ações claramente divergentes do cumprimento ou exarasse discursos no mesmo sentido, de modo que se pudesse inferir que não seria cumprido o avençado. Somente caso constatada tal situação, é que poderia o autor propor ação de resolução.[666]

---

[664] MARTINS-COSTA, 2018, p. 761.
[665] MARTINS-COSTA, loc. cit.
[666] Ibid., p. 768.

Mediante uma interpretação finalista e funcional, admite-se uma aproximação principiológica do referido instituto da boa-fé objetiva, visto que não seria correto permitir que o credor ficasse sem ação diante do descumprimento certo. Existe, ainda, um efeito liberatório, que possibilita ao credor enganado a oportunidade de averiguar junto a possíveis outros contratantes as pretensões idealizadas naquele vínculo malogrado.[667]

Poder-se-ia cogitar que a figura em análise seria inútil em âmbito convenial, uma vez que existe ensinamento clássico segundo o qual por meio da denúncia qualquer dos partícipes de determinado ajuste poderia retirar sua cooperação quando o desejasse, ficando responsável pelas obrigações e auferindo as vantagens do tempo em que participou voluntariamente do acordo.[668] Todavia, como será analisado no tópico seguinte, esse raciocínio encontra-se obsoleto, não condiz com a natureza contratual dos convênios e não se concatena com a boa-fé objetiva, do direito de denúncia irrestrito, sem reparação pela quebra da confiança legítima.

O inadimplemento antecipado do convênio é cabível quando um dos partícipes evidencia que o outro não cumprirá o avençado. A figura em análise não é aplicável na hipótese em que um dos partícipes, por uma questão de discricionariedade e análise das prioridades da sua pretensão, entende não querer mais o objeto do ajuste convenial.

Detectada a inevitabilidade do descumprimento pelo outro partícipe, admite-se o rompimento extemporâneo, bem como se cogita a indenização em favor daquele que alegou o inadimplemento antecipado, caso sejam constatados danos do não-cumprimento da contraparte.

As condições ou formalidades – cumulativas e indispensáveis – derivam da consideração de ser a utilização de tal instituto uma exceção, vez que permite a rescisão extemporânea. É necessário que: i) aconteça um inadimplemento imputável definido como uma grave desobediência do avençado, permitindo uma justa causa; ii) tenha total certeza de que não ocorrerá o cumprimento da obrigação até seu vencimento; iii) se perceba uma conduta culposa por parte do partícipe em falta, pela declaração expressa de que não irá cumprir com a obrigação, ou porque sua conduta não aponte ao sentido da execução.[669]

Evidencie-se que a simples dificuldade na execução futura não provoca o inadimplemento antecipado, há que existir a certeza de que

---

[667] Ibid., p. 769.
[668] MEIRELLES, 1966. p. 350.
[669] MARTINS-COSTA, 2018, p. 769-770.

na atual situação, não haverá o cumprimento da obrigação pelo outro partícipe.

10.5 A denúncia: repensando a precariedade nos convênios administrativos

A denúncia, direito formativo extintivo, tem o poder de finalizar a relação jurídica de maneira a não produzir mais efeitos, independente do inadimplemento. No âmbito convenial, costumeiramente, a denúncia, diferente da rescisão, não consiste na ruptura pelo descumprimento do ajuste ou das normas de direito público por um dos participantes, mas na decisão discricionária de que o objeto pretendido não é mais almejado por um dos partícipes.

Esclarece-se que nos contratos privados, o que impera é a autonomia da vontade, que tem seu alicerce amparado na ampla liberdade contratual,[670] em que as partes podem determinar, tendo em vista as balizas legais, os efeitos dos seus negócios jurídicos. Nesse contexto, é possível concluir que as partes possuem ampla autonomia tanto para contratar como para se desvencilhar do contrato.

Todavia, é plausível que ao fazer o distrato, uma das partes se veja no dever de compensar a outra pelos gastos já assumidos, com intuito de concretizar a finalidade da relação negocial, por expressa previsão no termo firmado, ou por um dever anexo decorrente da irradiação do princípio da boa-fé objetiva.

Já nos contratos administrativos, levando em conta a previsão expressa de cláusulas exorbitantes, apenas a Administração pode rescindir o contrato unilateralmente. Quanto ao particular, caso queira se desvencilhar do contrato, resta recorrer ao Poder Judiciário, mas somente nas hipóteses em que o Poder Público esteja em falta, ou seja, o particular não tem liberdade para distratar por sua simples vontade, sem incorrer nas penalidades legais.

Mesmo para a Administração, que tem a prerrogativa de rescindir unilateralmente o contrato, surge o dever de indenizar a contratada pelos prejuízos financeiros que já tenha assumido para executar o bem pretendido na contratação. Expressa é a previsão do §2º do art. 79 da Lei nº 8.666/93 e do §2º do art. 138, da Lei nº 14.133/21, que estabelecem

---

[670] GONÇALVES, 2017, p. 92.

a possibilidade de ressarcimento de eventuais prejuízos comprovados, nos casos de rescisão unilateral por razões de interesse público.

Tanto para os contratos privados como para os administrativos, não é legítimo frustrar injustamente a contraparte, distratando o acordado, sem a obrigação de indenizar o prejudicado pelo que já tinha executado.

Nos convênios firmados entre entes públicos, prepondera a igualdade de posição jurídica entre os partícipes. Assim, os entes públicos envolvidos em uma relação convenial visam concretizar o mesmo direito fundamental constitucional, portanto, não é possível a hierarquização dos interesses em jogo. Exatamente por isso, no que se refere aos ajustes cooperativos entre entes públicos, percebe-se a igualdade das partes na relação jurídica, por meio da qual se afasta a presença das cláusulas exorbitantes. A qualquer momento, portanto, pode haver o distrato do pactuado, preponderando a autonomia e a liberdade negocial. Os entes estão livres para participar ou se retirar da relação convenial como bem entenderem, pelo instituto da denúncia.

Curiosamente, dessa igualdade entre os partícipes nos ajustes conveniais, boa parte da doutrina retira a premissa da precariedade,[671] em que qualquer partícipe possui liberdade para denunciar o respectivo convênio e retirar sua cooperação quando desejar, ficando responsável pelas obrigações e auferindo as vantagens do tempo em que participou voluntariamente do acordo.[672]

Da relação de igualdade, não é possível depreender a precariedade dos convênios, em que as partes possam sair do pactuado, em qualquer caso, e a qualquer momento, sem maiores consequências. É evidente que a precariedade ou não do convênio vai depender intimamente do conteúdo avençado.

Sobre o tema, Domingos Roberto Todero alerta que as teorias que defendem a precariedade dos convênios administrativos, com a limitação ou ausência de responsabilidade pelo acordado, remetem a concepções arcaicas de irresponsabilidade do Estado.[673]

A característica da igualdade dos partícipes não possui o condão de precarizar a figura convenial. O atributo da igualdade dos partícipes

---

[671] Refere-se à precariedade como a possibilidade de uma das partes rescindir o vínculo unilateralmente a qualquer tempo, sem que a ruptura acarrete para a outra parte direito à indenização.
[672] MEIRELLES, 1966, p. 350.
DI PIETRO, Maria Sylvia Zanella. *Parcerias na administração pública*: concessão, permissão, franquia, terceirização e outras formas. Rio de Janeiro: Forense, 1997, p. 231.
[673] TODERO, 2006, p. 543.

retirou da relação convenial, exatamente, a prerrogativa de rescisão *unilateral* do ajuste de uma parte sobre a outra, nos termos do inciso II, do art. 58 da Lei nº 8.666/93, e do inciso II, do art. 104 da Lei nº 14.133/21.

Como já afirmado, o convênio possui a estipulação de obrigações recíprocas e possui natureza jurídica contratual. Como contrato (negócio jurídico bilateral) que é, suas cláusulas vinculam os acordantes e, por consequência, o descumprimento das obrigações estipuladas pode gerar sanções para a parte inadimplente.

O fato de haver sanção não implica que os partícipes não tenham a liberdade e autonomia para denunciar a avença a qualquer tempo, podendo, nesse caso, haver ressarcimento por eventual prejuízo ocasionado de uma parte perante a outra. Isso significa que, sobretudo sob os auspícios do princípio da boa-fé, os partícipes não podem agir com irresponsabilidade, abandonando projetos inacabados, sem ônus, em qualquer ocasião.

Conjecture que dois entes federados celebram um convênio para a construção de uma ponte, que interligaria os dois territórios geográficos. Suponha-se, ainda, que os entes federados não têm recursos para executarem, isoladamente, o objeto pretendido. Se o ente A gastar dispêndios para realizar a sua parte no ajuste, em respeito ao plano de trabalho, seria lícito que o ente B simplesmente desistisse do ajuste, sem maiores implicações, e o bem comum ficasse inacabado, sem conectar as coletividades dos dois territórios, e ainda com dispêndio de recursos pelo ente frustrado?

Observe-se que na hipótese descrita acima, o dispêndio de recursos públicos só ocorreu pelo pacto assumido entre as entidades. Não seria razoável admitir a liberdade plena de se desistir do acordo sem maiores consequências.

Sob o véu do princípio da boa-fé, a utilização do direito à denúncia, apesar de *a priori* ser legal, em certas circunstâncias pode trazer desequilíbrios aos propósitos pretendidos ou às expectativas legitimamente depositadas, passando, portanto, a ser abusiva e passível de ressarcimento.[674]

Logo, o princípio da boa-fé assume a função de limitador da realização da denúncia, com vias a ressarcir o ente que investiu valores para que fosse possível cumprir com a execução convenial e, ao final, deparou-se com uma relação extinta, sem que lhe fosse possível obter o retorno ao interesse coletivo esperado.

---

[674] MARTINS-COSTA, 2018, p. 731.

A denúncia é uma exceção ao princípio da força obrigatória dos negócios jurídicos. Ao se configurar a hipótese negocial ou legal que permite a denúncia, a outra parte da relação jurídica não tem como impedir o efeito extintivo, pois está fatalmente submetido à resolução convenial e aos efeitos dela decorrentes. Por essa razão, no desempenho do direito de findar a relação, as condutas arbitrárias são contidas.[675]

Ademais, os convênios muitas vezes visam a assegurar a prestação de serviços públicos e, por isso, fica coibida a descontinuidade abrupta e injustificada dessas prestações. Sob a irradiação dos princípios da boa-fé e da continuidade do serviço público, os gestores devem buscar as melhores alternativas para garantir a não-interrupção do serviço público em caso de denúncia ou rescisão de um convênio que garanta recursos para determinado serviço público.[676]

Não obstante a liberdade negocial e de denúncia, deve-se privilegiar a solução que não cause a interrupção de serviço público que impactará em direitos fundamentais das coletividades envolvidas.

Para os convênios, portanto, diferentemente dos contratos administrativos, pelo menos no que se refere àqueles entre entes públicos, encontram-se afastadas as hipóteses de rescisão unilateral.

Em relação à denúncia, o que prevalece é a liberdade negocial, em que os partícipes têm autonomia tanto no momento de decidir participar, bem como quando decidem se retirar do ajuste cooperativo.

Isso de forma alguma significa a precariedade dos convênios. Tendo em vista o conteúdo do ajuste, é possível cláusula que preveja a composição financeira por uma das partes caso frustre o sucesso do empreendimento por arrependimento posterior, sob pena de o partícipe diligente ser penalizado por simplesmente cumprir sua parte no acordo. Além disso, mesmo quando não previstas na avença, todas as questões relativas à boa-fé objetiva aplicam-se aos convênios, o que acarreta o cumprimento dos deveres anexos, como a proibição de atitudes desleais ou contraditórias.

Caso algum dos partícipes tenha se comprometido financeiramente com sua meta convenial, eventual rompimento injustificado que

---

[675] MARTINS-COSTA, 2018, p. 735.
[676] Em sentido semelhante, já dispôs o TCU que a omissão do chefe do executivo sucessor em concluir obra paralisada em gestão anterior, havendo recursos financeiros do convênio disponíveis para tal finalidade, ou em adotar as medidas pertinentes para resguardar o erário enseja sua responsabilização solidária por eventual débito decorrente da não-conclusão do objeto conveniado: Acórdão nº 5.867/2021 – Segunda Câmara (Brasil, 2021i), Acórdão nº 9.423/2021 – Primeira Câmara (Brasil, 2021r), Acórdão nº 4.382/2020 – Segunda Câmara (Brasil, 2020h), Acórdão nº 3.067/2019 – Segunda Câmara (Brasil, 2019h).

prejudique a funcionalidade do objeto pretendido implica a compensação de prejuízos entre os partícipes.

10.6 A fase pós-convenial

Findo o convênio, as partes ainda possuem a responsabilidade de não o tornar inviável, considerando os propósitos pretendidos pelo negócio. Fundamentadas na boa-fé, permanecem obrigações jurídicas de proteção, ainda que findas as prestacionais. Caso estas fossem culposamente descumpridas, e existindo dano, seria possível surgir o dever de indenizar, chamado de responsabilidade civil por culpa *post pactum finitum*.[677]

Não se encontra nenhuma peculiaridade do ajuste convenial que afaste os deveres de proteção pós-negocial, sobretudo porque as populações envolvidas podem ser as mais prejudicadas pela não-satisfação eficaz do objeto convenial.

A hipótese de responsabilidade pós-convenial é fácil de se imaginar nos casos de sucessão eleitoral, em que, findadas a execução e a vigência de um convênio entre dois entes federados, o gestor, para evitar os ganhos eleitorais do antecessor com o empreendimento, toma medidas que mitiguem a eficiência do produto do convênio.

---

[677] MARTINS-COSTA, 2018, p. 473.

CAPÍTULO 11

CONSIDERAÇÕES FINAIS

O objetivo deste trabalho foi buscar a sistematização da teoria administrativa voltada às relações conveniais sob o auspício da boa-fé objetiva. Partiu-se da hipótese de que uma teorização dos convênios reanalisada a partir da boa-fé objetiva, teria a propriedade de descrever com maior precisão os desafios acerca dos ajustes que envolvem a Administração Pública. Nessa linha, também se intentou estabelecer maior suporte teórico para a solução de problemas complexos que envolvem o tema, do que o elaborado pela doutrina jurídica tradicional.

Em um primeiro momento, estruturou-se delinear a imprescindibilidade da aplicação da boa-fé em ambiente publicista.

Constatou-se que o Direito Civil, pela sua precedência histórica na construção jurídica do mundo ocidental, acabou traçando várias das premissas e regras básicas do Direito como um todo, não se limitando à aplicação ao direito privado. Por isso, o fato de a boa-fé objetiva ser desenvolvida originalmente pelo direito privado não a torna incompatível com o Direito Administrativo. Ao contrário. Apresenta ampla aplicabilidade no aperfeiçoamento das atividades e decisões administrativas.

A teoria administrativista vem enfraquecendo a relevância do princípio da legalidade estrita. A lei em sentido estrito deixa de ser a única forma de identificação dos direitos fundamentais a serem zelados pelo Poder Público, atando-se ao princípio da juridicidade. Alinha-se a esta ideia a visão de que, no atual desenvolvimento do Direito Administrativo, o conceito de interesse público não possui um significado unívoco e metafísico.

A bússola da persecução do interesse público aponta para a concepção de procedimento democrático na análise dos diversos direitos fundamentais que devem ser ponderados pela ação administrativa.

A ausência de um interesse normativamente determinado implica que esse interesse seja definido a nível administrativo com a intervenção dos destinatários da função pública.

No contexto de uma ampla processualização da atividade administrativa, a boa-fé objetiva passa ser fator determinante de avaliação da legitimidade da ação administrativa. A boa-fé não é só compatível, mas necessária à realização da atividade administrativa.

Identificou-se uma controvérsia na doutrina relativa a qual princípio norteia as relações jurídico-administrativas com o objetivo de salvaguardar a confiança dos indivíduos em relação às expectativas geradas pela Administração. Apontam-se as duas principais correntes: a que argumenta pela utilização da boa-fé objetiva, e a que conclui que o mais adequado seria o princípio da proteção da segurança jurídica.

O conteúdo dos princípios da segurança jurídica e da boa-fé objetiva tem variado no contexto de cada ordenamento jurídico. Esses preceitos relacionam-se às peculiaridades do desenvolvimento legislativo e jurídico específico de cada sociedade em que se encontram. A investigação acerca de qual princípio deve balizar a não-surpresa nas relações administrativistas passa, necessariamente, por argumentos utilitaristas, no sentido da suficiência ou não dos preceitos utilizados em cada sociedade para abarcar um maior número de situações possíveis.

Apesar de haver interseção entre esses dois princípios em tela, demonstram-se zonas de distinção que fazem com que ambos sejam necessários para garantir a não-surpresa em ambiente público.

O princípio da segurança jurídica é aplicável somente em benefício dos administrados, inviável a sua utilização em prol da Administração Pública. Neste caso, a boa-fé possui o condão de coibir, em uma relação de mão dupla, o comportamento contraditório, devendo tanto a Administração, quanto os particulares, agir com lealdade reciprocamente. Em contrapartida, há situações nas quais, na seara da administração pública, a aplicação da boa-fé seria incongruente, como os casos de estabilidade de atos gerais e abstratos, de regras de transição legislativa ou, ainda, nas hipóteses de não-anulação de ato ilícito, uma vez que nesses casos não ocorreria quebra da confiança legítima.

A boa-fé objetiva é um princípio que compreende regras de comportamento, caracterizado por uma atuação de acordo com determinados padrões sociais de lisura, de modo a não frustrar a legítima confiança da outra parte. A teoria privatística da boa-fé possui construção doutrinária e jurisprudencial consolidada de aplicação desse padrão ético.

Não é benéfico, em vista disso, ignorar o maduro avanço doutrinário e jurisprudencial casuístico das normas de conduta que podem ser tiradas da boa-fé. O maior aporte de contribuições que a teoria privatística da boa-fé objetiva pode oferecer ao ambiente publicista refere-se exatamente aos empréstimos desse rol ferramental dos quais se retiram preceitos que visam coibir o comportamento contraditório.

Esse desenvolvimento casuístico da boa-fé negocial possui um repertório imprescindível aos negócios jurídicos públicos, que não pode ser oferecido pelo princípio da segurança jurídica. A aplicação da boa-fé objetiva ao Direito Administrativo permite a concretização de normas de conduta (já amadurecidas e testadas no desenvolvimento do Direito civil) relacionadas ao dever de lealdade e confiança, que muitas vezes foram ignoradas pelo legislador, pela doutrina e pela jurisprudência ao cunhar ou interpretar os mandamentos publicistas.

É certo que boa-fé como um princípio geral do Direito interfere na interpretação de toda relação jurídica. Não importa a natureza das pessoas envolvidas. Os signatários dos convênios estão objetivamente conectados a um dever de lealdade que pode implicar no comprometimento em questões pré ou pós-conveniais, independentemente de cobertura formal ou previsão expressa no termo do respectivo negócio jurídico.

Não se ignora que ao se aproveitar da experiência da boa-fé objetiva originária do direito privado pelo direito público, deve-se levar em consideração a existência de diferenças substanciais entre as áreas administrativa e civil. A aplicação da boa-fé objetiva no Direito Administrativo carece, portanto, de adaptação de modo que os efeitos causados não necessariamente sejam iguais daqueles obtidos no Direito Civil.

A aplicação da boa-fé em relação aos convênios administrativos deve ser realizada considerando-se as peculiaridades do regime jurídico administrativo e também as situações fáticas e jurídicas concretas que envolvem os ajustes e convênios administrativos firmados pelo Poder Público.

A análise de casos reais e hipotéticos que envolvem as relações conveniais, a partir do arcabouço de experiência da boa-fé civilista, constituíram parcela fundamental para ilustrar os desafios sobre o tema e para deduzir soluções para problemas eventualmente enfrentados. Identificou-se que a boa-fé é crucial para explicar juridicamente situações fáticas não abordadas pela tradicional teoria administrativa convenial.

Do estudo e reflexões pode-se destacar alguns aspectos nevrálgicos sobre o tema, a saber:

a) O estabelecimento de critérios para interpretar o termo convenial. A interpretação de dispositivos negociais deve levar em conta o negócio jurídico como um todo, em vez da análise isolada de cláusula convenial, bem como é preciso se atentar não apenas ao sentido literal da linguagem, mas, principalmente, a real intenção dos partícipes ao firmar o respectivo negócio jurídico. Ademais, deve-se considerar a hipótese que algum dos partícipes tenha maior disponibilidade orçamentária, favorecendo a imposição de cláusulas ao seu arbítrio. Em situações assim, em caso de eventual obscuridade do texto expresso, a celeuma não deve, em regra, ser solvida em favor daquele que redigiu de forma unilateral o convênio.

b) A possibilidade de integração de cláusulas conveniais não expressas no respectivo termo convenial que garantam a eficácia de uma pretensão administrativa, quando, apesar de o ajuste ser direcionado à concretização de uma determinada política pública, ele prever unicamente obrigações-meio, que isoladamente não garantam a prestação da atividade administrativa ou do serviço público visado. Ou, ainda, a hipótese de reversibilidade de bens adquiridos com recursos públicos no âmbito dos convênios, independentemente da sua previsão no termo do convênio ou em lei específica.

c) A incidência da função corretora da boa-fé nos convênios a fim de corrigir situações abusivas ou desleais nas relações conveniais, especialmente quando se trata de ajustes onde se constata uma desigualdade fática entre os partícipes. Incorre na proibição do comportamento contraditório (*venire contra factum proprium*) o partícipe que se nega a efetuar suas obrigações, sob alegação de ausência das formalidades legais, que havia ignorado anteriormente, quando o outro partícipe já executara as suas obrigações conveniais.

d) O reconhecimento de responsabilidade pré-negocial nos convênios administrativos e da sua compatibilidade com as exigências formais (como a necessidade de ajuste escrito) inerentes ao regime publicista, como na hipótese em que agentes de um determinado ente federado omitam, nas tratativas preliminares, dados relevantes que poderiam levar a outra parte a não firmar o ajuste.

d.1) Sobre a responsabilidade pré-negocial, ainda, constatou-se que, em regra, não se reconhece a vinculação jurídica do costumeiramente denominado protocolo de intenções. Isto não implica, porém, que os atos praticados nas tratativas sejam totalmente desprovidos de qualquer pretensão de reparação, pois é possível que tenham gerado uma expectativa legítima na outra parte. Viola a boa-fé objetiva a ruptura injusta, principalmente nas hipóteses em que tenha sido requerido e realizado, previamente à assinatura do convênio, o dispêndio de recursos financeiros pela outra parte.

d.2) Ademais, sobre a responsabilidade pré-negocial, digna de nota é a discussão sobre a legitimidade da Instrução Normativa nº 206 do Ministério da Economia, de 18 de outubro de 2019, acerca da utilização do sistema de compras do governo federal, principalmente quanto à disposição de que todos os procedimentos (que a princípio seriam cogentes exclusivamente no âmbito federal) adotados pelo Decreto nº 10.024/19 deveriam ser seguidos à risca pelos entes federativos para o recebimento de recursos federais, a despeito do regramento próprio em cada uma das esferas. Há evidências de que viola a boa-fé o uso abusivo do poder de barganha (sobretudo quando se remete a entidades descentralizadas em piores condições financeiras, dependentes dos recursos a serem repassados) para interferir em regras procedimentais e na esfera normativa dos entes subnacionais, sob ameaça de não serem repassados os recursos públicos.

e) Balizar os impactos do desvio de objeto[678] quando o convenente, sem autorização prévia da concedente, executa ações não previstas no Plano de Trabalho da avença, mas preserva os fins destinados aos recursos, em alguma medida. Tendo em vista o dever de respeitar o acordo, os recursos transferidos são vinculados aos fins delineados no respectivo Plano de Trabalho. Os pactos entre os entes federados devem ser fruto de políticas públicas planejadas mutuamente pelos entes envolvidos. A alteração da destinação dos valores sem o consentimento do ente repassador deve ser repudiada pelo ordenamento jurídico. O simples desvio de utilização dos recursos pode ser considerado uma violação ao ajustado. Porém, não se descarta que surjam situações nas quais, diante das circunstâncias supervenientes peculiares e extraordinárias (teoria da imprevisão), o gestor não tenha opção que não a de utilizar os recursos em descompasso com o Plano de Trabalho. A simples quebra do disposto no Plano de Trabalho não pode ser entendida de forma isolada dos objetivos totais do convênio, sob uma perspectiva da boa-fé objetiva. Mesmo raciocínio se depreende do §1º do art. 22 da Lei de Introdução às Normas do Direito Brasileiro (Lei nº 13.655/18), segundo o qual decisão sobre regularidade de ajuste deverá levar em consideração as circunstâncias práticas que tiverem imposto, limitado ou condicionado a ação do agente público.

---

[678] Já o desvio de finalidade ocorre quando os recursos são aplicados em finalidade ou área setorial sem nenhuma conexão com o avençado.

f) A reorientação do entendimento jurídico de que, nos convênios, as partes teriam plena liberdade para se desvencilhar do ajuste (por meio do instituto da denúncia), sem que isso gerasse consequência alguma. Diante do paradigma da boa-fé objetiva, os partícipes não podem abandonar projetos, injustificadamente, sem ônus, em qualquer ocasião. Inobstante o reconhecimento do direito à denúncia, a sua utilização, em certos casos, pode trazer desequilíbrio aos propósitos do pretendido, ou às expectativas legitimamente depositadas, passando a ser abusivo e passível de ressarcimento. Quando convênios visam assegurar a prestação de serviços públicos, fica coibida a descontinuidade abrupta e injustificada dessas prestações. Sempre deve ser aventada e privilegiada a hipótese que não cause a interrupção de serviço público que impactará em direitos fundamentais das coletividades envolvidas. Quando acionado o direito de denúncia, a outra parte da relação jurídica não tem como impedir o efeito extintivo, pois está fatalmente submetido à resolução convenial e aos efeitos dela decorrentes. Por essa razão, no desempenho do direito de findar a relação, as condutas arbitrárias são contidas e os efeitos da interrupção, caso injusta e injustificável, decorrem do princípio da boa-fé. Caso algum dos partícipes tenha se comprometido financeiramente com sua meta convenial, eventual rompimento injustificado que prejudique a funcionalidade do objeto pretendido implica a compensação de prejuízos entre os partícipes.

g) O reconhecimento de deveres após o fim da vigência convenial. Findo o convênio, as partes ainda são responsáveis por eventuais inviabilidades que impediram o atingimento das finalidades previstas no convênio, permanecendo as obrigações jurídicas de proteção, ainda que findas as de prestação.

Não se visou neste trabalho o esgotamento das hipóteses de incidência da boa-fé no âmbito dos convênios administrativos. Somente com o amadurecimento da utilização da boa-fé no âmbito público e diante das hipóteses casuísticas (que parecem infindáveis) poder-se-á reconhecer outros desdobramentos da boa-fé objetiva no âmbito dos ajustes entre entes públicos.

REFERÊNCIAS

ABRUCIO, Fernando Luiz; FRANZESE, Cibele; SANO, Hironobu. *Trajetória recente da cooperação e coordenação no federalismo brasileiro*: avanços e desafios. In: CARDOSO JÚNIOR, José Celso; BERGOVICI, Gilberto (Orgs.). República, democracia e desenvolvimento: contribuições ao Estado brasileiro contemporâneo. V. 10. Brasília/DF: Instituto de Pesquisa Econômica Aplicada, 2013.

ABRUCIO, Fernando Luiz; SOARES, Márcia Miranda. *Redes federativas no Brasil: cooperação intermunicipal no Grande ABC*. Série Pesquisas nº 24. São Paulo: CEDEC, 2001

ALEXY, Robert. *Teoria dos direitos fundamentais*. São Paulo: Malheiros, 2008

ALMEIDA, Guilherme Henrique de La Rocque. *Controle das transferências financeiras da união*. Belo Horizonte: Fórum, 2008

AMARAL, Francisco. *A boa-fé no processo romano*. Revista de Direito Civil, v. 78, 1996.

AMARAL, Francisco. *Direito Civil*: Introdução. Rio de Janeiro: Editora Renovar, 2003.

ARAGÃO, Alexandre Santos de. *A "supremacia do interesse público" no advento do Estado de Direito e na hermenêutica do direito público contemporâneo*. In: Daniel Sarmento (Org.). Interesses públicos versus interesses privados: desconstruindo o princípio de supremacia do interesse público. 3. tir. Rio de Janeiro: Lumen Juris, 2010.

ARAGÃO, Alexandre Santos de. *Curso de Direito Administrativo*. São Paulo: Grupo Gen-Editora Forense, 2012.

ARAUJO, Edmir Netto de. *Do negócio jurídico administrativo*. São Paulo: Revista dos Tribunais, 1992.

ARAÚJO, Valter Shuenquener de. *O princípio da proteção da confiança*: uma nova forma de tutela do cidadão diante do Estado. 2. ed. Rio de Janeiro: Impetus, 2016.

ARENHART, Sergio. Artigo *Decisões estruturais no direito processual civil brasileiro*.

ARRETCHE, Marta. *Democracia, federalismo e centralização no Brasil*. Rio de Janeiro: Editora Fiocruz, 2012.

ARRETCHE, Marta. *Federalismo e igualdade territorial*: uma contradição em termos? Revista Dados, v. 53, p. 587-620, 2010.

ÁVILA, Humberto. *Segurança jurídica*: entre a permanência, mudança e a realização no Direito Tributário. São Paulo: Malheiros, 2011.

ÁVILA, Humberto. *Teoria da segurança jurídica*. 3. ed. São Paulo: Malheiros Editores, 2014.

ÁVILA, Humberto. *Teoria dos princípios*: da definição à aplicação dos princípios jurídicos. 18. ed. revisada e atual. São Paulo: Malheiros, 2018.

AZEVEDO, Antônio Junqueira de. *Negócio jurídico: existência, validade e eficácia*. São Paulo: Editora Saraiva, 2002.

BACELLAR FILHO, Romeu Felipe. *Direito Administrativo e o novo Código Civil*. Belo Horizonte: Editora Fórum, 2007.

BARBOSA, Evandro Maciel. *O crédito orçamentário como diretriz para a fixação da vigência dos contratos administrativos*: o paradoxo entre os restos a pagar e o endividamento público. In: CONTI, José Mauricio (org.). Dívida Pública. São Paulo: Blucher, 2019.

BARROSO, Luís Roberto. *A constitucionalização do Direito e suas repercussões no* âmbito *administrativo*. In: ARAGÃO, Alexandre Santos de; MARQUES NETO, Floriano de Azevedo (Coord.). Direito Administrativo e seus novos paradigmas. Belo Horizonte: Fórum, 2012.

BARROSO, Luís Roberto. *Fundamentos teóricos e filosóficos do novo direito constitucional brasileño*. Anuario Iberoamericano de Justicia Constitucional, n. 5, p. 9-44, 2001.

BARROSO, Luís Roberto. *Neoconstitucionalismo e constitucionalização do Direito*: o triunfo tardio do direito constitucional no Brasil. Bol. Fac. Direito U. Coimbra, v. 81, 2005.

BARROSO, Luís Roberto. Prefácio: *O Estado contemporâneo, os direitos fundamentais e a redefinição da supremacia do interesse público*. In: Daniel Sarmento (Org.). *Interesses públicos versus interesses privados*: desconstruindo o princípio de supremacia do interesse público. 3. tir. Rio de Janeiro: Lumen Juris, 2010.

BEVILAQUA, Clóvis. *Teoria geral do Direito Civil*. Rio de Janeiro: Editora Francisco Alves, 1976.

BINENBOJM, Gustavo. *A constitucionalização do direito administrativo no Brasil: um inventário de avanços e retrocessos*. Revista Eletrônica sobre a Reforma do Estado (RERE), Salvador, Instituto Brasileiro de Direito Público, nº 13, 2008a.

BINENBOJM, Gustavo. *Da supremacia do interesse público ao dever de proporcionalidade: um novo paradigma para o Direito Administrativo*. In: Daniel Sarmento (Org.). Interesses públicos versus interesses privados: desconstruindo o princípio de supremacia do interesse público. 3. tir. Rio de Janeiro: Lumen Juris, 2010.

BINENBOJM, Gustavo. *Poder de polícia, ordenação, regulação: transformações político-jurídicas, econômicas e institucionais do direito administrativo ordenador*. Belo Horizonte: Editora Fórum, 2016.

BINENBOJM, Gustavo. *Uma teoria do Direito Administrativo*: direitos fundamentais, democracia e constitucionalização. Rio de Janeiro: Renovar, 2008b.

BITTENCOURT, Sidney. *Convênios administrativos e outros instrumentos de transferências de recursos*. São Paulo: Letras Jurídicas, 2019.

BITTENCOURT, Sidney. *Manual de convênios administrativos*. Rio de Janeiro: Temas & Ideias, 2005.

BONATTO, Hamilton. BIAZON, Everson. *O Decreto nº 10.024/2019 e as transferências voluntárias*: dinheiro da União, regras na Constituição. O Licitante. 2020. Disponível em: www.olicitante.com.br/decreto-10024-transferencias-voluntarias-dinheiro-uniao. Acesso em 16 mai. 2022.

BONATTO, Hamilton. *Governança e gestão de obras públicas*. Belo Horizonte: Fórum, 2018.

BORGES, Alice Maria Gonzalez. *O princípio da boa-fé nas contratações administrativas*. In:

BORGES, A., *Temas do Direito Administrativo atual*: estudos e pareceres. Belo Horizonte. Fórum, 2004.

BRANCO, Gerson Luiz Carlos. *A proteção das expectativas legítimas derivadas das situações de confiança*: elementos formadores do princípio da confiança e seus efeitos. Revista de Direito Privado, v. 12. p. 169-225, out./dez. 2002, DRT/2002/459.

BUCCI, Maria Paula Dallari. *O conceito de política pública em Direito*. Políticas Públicas: reflexões sobre o conceito jurídico. Saraiva, p. 1-49, 2006.

CARVALHO FILHO, José dos Santos. *Consórcios públicos*: Lei nº 11.107, de 06.04.2005, e Decreto nº 6.017, de 17.01.2007. 2. ed. São Paulo: Atlas, 2013.

CARVALHO FILHO, José dos Santos. *Manual de Direito Administrativo*. 23. ed., Rio de Janeiro: Lumen Juris, 2010.

CASTRO, Luciano de Araújo de. *A boa-fé objetiva nos contratos administrativos brasileiros*. Rio de Janeiro: Lumen Juris, 2018.

CHEVALLIER, Jacques. *O Estado pós-moderno*. Coleção Fórum Brasil-França de Direito Público – Vol. 1. Belo Horizonte: Fórum, 2009.

COSTA, Mário Almeida. *Responsabilidade civil pela ruptura das negociações preparatórias de um contrato*. Coimbra: [editor desconhecido], 1984.

COSTA, Pietro. *Teoria e crítica do Estado de Direito*. COSTA, Pietro; ZOLO, Danilo (Orgs.). O Estado de Direito. História, teoria, crítica. Tradução de Carlo Alberto Dastoli. São Paulo: Martins Fontes, 2006.

COSTALDELLO, A. C. *A gestão pública e a complexidade da ação administrativa estatal*: o desafio da contemporaneidade. *In*: COSTALDELLO, A. C.; KÄSSMAYER, K.; ISAGUIRRE-TORRES, K.; GORSDORF, L. F.; HOSHINO, T. (Orgs.). Direito Administrativo, Urbanístico e Ambiental: fronteiras e interfaces contemporâneas. Curitiba: CRV, 2017. p. 47-63.

COSTALDELLO, Ângela Cassia. *A invalidade dos atos administrativos e uma construção teórica frente ao princípio da estrita legalidade e da boa-fé*. 1998. Tese (Doutorado em Direito) – Universidade Federal do Paraná, Curitiba, 1998.

COUTO E SILVA, Almiro do. *O princípio da segurança jurídica no direito público brasileiro e o direito da administração pública de anular os seus próprios atos administrativos*: o prazo decadencial do art. 54 da lei do processo administrativo da União (Lei nº 9.784/99). *In*: COUTO E SILVA, Almiro do. Conceitos fundamentais do direito no estado constitucional. São Paulo: Malheiros, 2015a.

COUTO E SILVA, Almiro do. *Responsabilidade pré-negocial e culpa* in contrahendo *no Direito Administrativo brasileiro*. *In*: COUTO E SILVA, Almiro do. Conceitos fundamentais do Direito no estado constitucional. São Paulo: Malheiros, 2015b.

CUNHA, Rosani Evangelista da. *Federalismo e relações intergovernamentais*: os consórcios públicos como instrumento de cooperação federativa. Revista do Serviço Público, 55(3), p.5-36, 2004.

DALLAVERDE, Alexsandra Katia. *As transferências voluntárias no modelo constitucional brasileiro*. São Paulo: Editora Blucher, 2012

DANTAS JÚNIOR, Aldemiro Rezende. *Teoria dos atos próprios no princípio da boa-fé*. Curitiba: Juruá, 2007.

DE ALMEIDA, Fernando Dias Menezes. *Formação da teoria do Direito Administrativo no Brasil*. São Paulo: Editora Quartier Latin, 2015.

DE ENTERRÍA, García. *Revolución Francesa y administración contemporánea*. [S.l.]: Ed. Civitas, [1954] 2005.

DE PAULA, Lucimar. *O princípio da boa-fé objetiva como paradigma dos contratos privados e sua aplicação nos contratos administrativos*. 2005. Dissertação (Mestrado em Direito) – Pontifícia Universidade Católica do Paraná, Curitiba, 2005.

DI PIETRO, Maria Sylvia Zanella. *Direito Administrativo*. 29. ed. Rio de Janeiro: Editora Forense, 2016.

DI PIETRO, Maria Sylvia Zanella. *Parcerias na administração pública*: concessão, permissão, franquia, terceirização e outras formas. Rio de Janeiro: Forense, 1997.

DO COUTO, Almiro et al. *A Responsabilidade do Estado no quadro dos problemas jurídicos resultantes do planejamento*. Revista do Serviço Público, v. 39, n. 2, p. 03-10, 1982.

DURÃO, Pedro. *Convênios e consórcios administrativos*: gestão, teoria e prática. Curitiba: Juruá, 2018.

ESPANHA. *Ley 4/1999, de 13 de enero. Modificación de la ley 30/1992, de 26 de noviembre, de Régimen Jurídico de las Administraciones Públicas y del Procedimiento Administrativo Común*. Madrid: Gobierno de España, [2021]. Disponível em: https://www.boe.es/eli/es/l/1999/01/13/4. Acesso em: 11 out. 2021

FACHIN, Edson Luiz. *Novo conceito de ato e negócio jurídico*: consequências práticas. Curitiba: Editora Scientia Et Labor, Educa, 1988.

FARIAS, Cristiano Chaves de; ROSENVALD, Nelson. *Contratos*: teoria geral e contratos em espécie. Salvador: Juspodivm, 2017.

FERREIRA, Ivan Fecury S; BUGARIN, Mauricio S. *Transferências voluntárias e ciclo político-orçamentário no federalismo fiscal brasileiro*. Revista Brasileira de Economia, v. 61, p. 271-300, 2007.

FINGER, Ana Cláudia. *O princípio da boa-fé no Direito Administrativo*. 2005. Dissertação (Mestrado em Direito) – Universidade Federal do Paraná, Curitiba, 2005.

FREITAS, Juarez. *O controle dos atos administrativos e os princípios fundamentais*. 5. ed. São Paulo: Malheiros, 2013.

FURTADO, José de Ribamar Caldas. *Direito Financeiro*. Belo Horizonte: Fórum, 2012.

FURTADO, Lucas Rocha. *Curso de Direito Administrativo*. Belo Horizonte: Fórum, 2007.

FURTADO, Lucas Rocha. *Princípios gerais de Direito Administrativo*. Belo Horizonte: Fórum, 2016.

GABARDO, Emerson. *O princípio da supremacia do interesse público sobre o privado. In*:

GABARDO, Emerson. *Interesse público e subsidiariedade*: o Estado e a sociedade civil para além do bem e do mal. Belo Horizonte: Fórum, 2009.

GARCÍA LUENGO, Javier. *El principio de protección de la confianza en el derecho administrativo*. Madrid: Civitas, 2002.

GARCIA, Flavio Amaral. *Licitações e contratos administrativos*: casos e polêmicas. São Paulo: Malheiros, 2016.

GASPARINI, Diógenes. *Direito Administrativo*. São Paulo: Editora Saraiva, 2011

GIACOMUZZI, José Guilherme. *A moralidade administrativa e a boa-fé da Administração Pública*: o conteúdo dogmático da moralidade administrativa. São Paulo: Malheiros Editores, 2002.

GOMES, Orlando. *Contratos*. Rio de Janeiro: Forense, 2009.

GONÇALVES, Carlos Roberto. *Direito Civil Brasileiro 3*. Contratos e Atos Unilaterais. São Paulo: Editora Saraiva, 2017.

GONZÁLEZ, Jesús Pérez. *El principio general de la buena fe en el derecho administrativo*. Monografías de Civitas. Madrid: Editorial Civitas SA, 1983.

GORDILLO, Augustín. *Tratado de derecho administrativo y obras selectas*. Tomo 1. Parte general. 1. ed. Buenos Aires: Fundación de Derecho Administrativo, 2017.

GRATON, Luis Henrique Teixeira; BONACIM, Carlos Alberto Grespan; SAKURAI, Sérgio Naruhiko. *Práticas de barganha política por meio da execução orçamentária federal*. Revista de Administração Pública, v. 54, p. 1361-1381, 2020.

GUERRA, Sérgio. *Discricionariedade e reflexividade*: uma nova teoria sobre as escolhas administrativas. Fórum, 2008.

IBRAOP. Instituto Brasileiro de Auditoria de Obras Públicas. *Orientação Técnica*. Projeto Básico. OT – IBR 001/2006. Florianópolis: IBRAOP, 2006. Disponível em: http://www.ibraop.org.br/wp-content/uploads/2013/06/orientacao_tecnica.pdf. Acesso em: 16 mar. 2022.

JACOBY, Jorge Ulisses Fernandes. *Sistema de registro de preços e pregão presencial e eletrônico*. Belo Horizonte: Fórum, 2013,

JUSTEN FILHO, Marçal. *Comentários à lei de licitações e contratos administrativos*. São Paulo: Dialética, 2012a.

JUSTEN FILHO, Marçal. *Conceito de interesse público e a "personalização" do Direito Administrativo*. Revista Trimestral de Direito Público, São Paulo: Malheiros, nº 26, p. 115-136, 1999.

JUSTEN FILHO, Marçal. *Curso de Direito Administrativo*. 8. ed. ver. ampl. e atual. Belo Horizonte: Fórum, 2012b.

LARENZ, Karl. *Metodologia da Ciência do Direito*. 3. ed. Lisboa: Fundação Calouste Gulbenkian, 1997.

LEITE, Harrison Ferreira. *Manual de Direito Financeiro*. Salvador: Editora Juspodivm, 2014.

LOBO, Fabíola Albuquerque; EHRHARDT JÚNIOR, Marcos; PAMPLONA FILHO, Rodolfo (Coord.). *Boa-fé e sua aplicação no Direito brasileiro*. 2. ed. rev. e atual. Belo Horizonte: Fórum, 2019.

LÔBO, Paulo Luiz Netto. *Constitucionalização do Direito Civil*. Revista de informação legislativa, v. 141, p. 99-109, 1999.

LÔBO, Paulo. *Boa-fé no Direito Civil*: do princípio jurídico ao dever geral de conduta. *In*: LÔBO, Paulo (Coord.). Boa-fé e sua aplicação no Direito brasileiro. Belo Horizonte: Fórum, 2019.

LOPES FILHO, Juraci M. *Competências federativas na Constituição e nos precedentes do STF*. Salvador: *Jus*Podivm, 2012

MAFFINI, Rafael de Cás. *Princípio da proteção substancial da confiança no direito administrativo brasileiro*. 2005. Tese (Doutorado em Direito) – Universidade Federal do Rio Grande do Sul, Porto Alegre, 2005.

MAGALHÃES, Gustavo Alexandre. *Convênios administrativos*: aspectos polêmicos e análise crítica de seu regime jurídico. São Paulo: Editora Atlas, 2012.

MAGALHÃES, Gustavo Alexandre. *Convênios administrativos:* uma proposta de releitura do seu regime jurídico à luz de sua natureza contratual. 2011. Tese (Doutorado em Direito) – Universidade Federal de Minas Gerais, Belo Horizonte, 2011.

MANGANARO, Francesco. *Il Principio di buona fede nell'attività dele amministrazioni pubbliche.* [S.l.]: Edizioni scientifiche italiane, 1995.

Mânica, Fernando Borges. *Objeto e natureza das parcerias sociais*; limites para a execução privada de tarefas estatais e o novo direito do terceiro setor. In: MOTTA, Fabrício; MÂNICA, Fernando Borges; OLIVEIRA, Rafael Arruda (Coords.) Parcerias com o terceiro setor: as inovações da Lei 13.019/14. Belo Horizonte: Fórum, 2017. p. 109-133.

MÂNICA, Fernando Borges. *Revendo os convênios com o terceiro setor*: o que mudou a partir da Lei n.º 13.019/14. Revista Jurídica da Escola Superior de Advocacia da OAB/PR, nº 2, 2017.

MARQUES NETO, Floriano de Azevedo. *A cessão de contrato administrativo entre estado e município como alternativa para evitar a interrupção de obras públicas.* Revista de Direito Administrativo e Constitucional, n. 4, p. 141-162, 2000.

MARQUES NETO, Floriano de Azevedo. *Bens públicos.* Função social e exploração econômica: o regime jurídico das utilidades públicas. Belo Horizonte: Fórum, 2009.

MARQUES NETO, Floriano Peixoto de Azevedo. *Regulação estatal e interesses públicos.* São Paulo: Malheiros, 2002.

MARRARA, Thiago. *A boa-fé do administrado e do administrador como fator limitativo a discricionariedade administrativa.* Revista de Direito Administrativo (RDA), Rio de Janeiro. v. 259. p.107-247, jan./abr. 2012. Disponível em: http://bibliotecadigital.fgv.br/ojs/index.php/rda/article/view/8648/7380. Acesso em: 11 out. 2021.

MARRARA, Thiago. *Identificação de convênios administrativos no Direito brasileiro.* Revista da Faculdade de Direito, Universidade de São Paulo, 100, p. 551-571, 2005.

MARRARA, Thiago; FERRAZ, Luciano. *Tratado de Direito Administrativo*: direito administrativo dos bens e restrições estatais à propriedade. São Paulo: Revista dos Tribunais, 2019.

MARTELLI, Ana Laura Teixeira. *A boa-fé objetiva e os limites da rescisão unilateral dos contratos administrativos por razões de interesse público.* Intertem@s, ISSN 1677-1281, v. 20, nº 20, p. 66-81, 2010.

MARTINS-COSTA, Judith. *A boa-fé no direito privado.* 2. ed. São Paulo: Saraiva Educação, 2018.

MARTINS-COSTA, Judith; Couto e Silva, Almiro. *A ressignificação do princípio da segurança jurídica na relação entre o estado e os cidadãos.* In: ÁVILA, Humberto. (Org.). Fundamentos do Estado de Direito: estudos em homenagem ao Professor Almiro do Couto e Silva. São Paulo: Malheiros, 2005.

MAURER, Hartmut. *Derecho administrativo alemán.* México, D.F.: Universidad Nacional Autónoma de México; Instituto de Investigaciones Jurídicas, 2012.

MAURER, Hartmut. *Elementos de direito administrativo alemão.* Porto Alegre: Sergio Antonio Fabris Editor, 2001.

MAYER, Otto. *Derecho administrativo alemán.* Tomo I. Buenos Aires: De Palma, 1954.

MAZZUOLI, Valério de Oliveira. *Curso de direito internacional público.* Rio de Janeiro: Editora Forense 2019.

MEDAUAR, Odete. *Convênios e consórcios administrativos*. Revista Jurídica da Procuradoria Geral do Município de São Paulo, 2, p. 69-89, 1996.

MEEKISON, J. Peter. *Introdução*. In: MEEKISON, J. Peter. Relações intergovernamentais em países federais: uma série de ensaios sobre a prática de governança federal. Ottawa: Fórum das Federações, 2003.

MEIRELLES, Hely Lopes et al. *Direito Administrativo brasileiro*. Vol. 3. São Paulo: Revista dos Tribunais, 1966.

MEIRELLES, Hely Lopes. *Direito Administrativo Brasileiro*. 25. ed. São Paulo: Malheiros, 2000.

MEIRELLES, Hely Lopes. *Direito Administrativo brasileiro*. 33. ed. São Paulo: Malheiros Editores, 2007.

MELLO, Celso Antônio Bandeira de. *Apontamentos sobre a teoria dos órgãos públicos*. Revista de Direito Público, São Paulo, ano IV, v. 16, p. 30-37, 1971.

MELLO, Celso Antônio Bandeira de. *Curso de Direito Administrativo*. 26. ed. São Paulo: Malheiros, 2009.

MELLO, Celso Antônio Bandeira de. *Curso de Direito Administrativo*. São Paulo: Malheiros. 2010.

MELLO, Celso Antônio Bandeira de. *O conteúdo do regime jurídico-administrativo e seu valor metodológico*. Revista de Direito Público, São Paulo: RT, nº 2, p. 44-61, out./dez.. 1967.

MELLO, Oswaldo Aranha Bandeira de. *Princípios gerais de Direito Administrativo*: introdução. I. Rio de Janeiro: Forense, 1969.

MENDES, Gilmar F.; BRANCO, Paulo G. G. *Curso de Direito Constitucional*. 6. ed. São Paulo: Editora Saraiva, 2011.

MENEZES CORDEIRO, António Manuel da Rocha e. *Da boa-fé no Direito Civil*. Coimbra: Almedina, 2001.

MERKL, Adolf. *Teoría general del derecho administrativo*. Tradução: José Luis Monereo Pérez. Granada: España Editorial Comares, 2004.

MIRAGEM, Bruno. *A nova Administração Pública e o Direito Administrativo*. 2. ed. São Paulo: Revista dos Tribunais, 2010.

MIRANDA, Pontes de. *Tratado de direito privado*. Parte Especial. Tomo XXXVIII. São Paulo, Revista dos tribunais. 1984.

MOREIRA NETO, Diogo de Figueiredo. *A administração pública e a revisão constitucional*. Revista de Direito Administrativo, v. 187, p. 48-81, 1992.

MOREIRA NETO, Diogo de Figueiredo. *Coordenação gerencial na administração pública*. Revista de Direito Administrativo, v. 214, p. 35-53, 1998.

MOREIRA NETO, Diogo de Figueiredo. *Novas mutações juspolíticas*: em memória de Eduardo García de Enterría, jurista de dois mundos. Fórum, 2016.

MORENO, Fernando Sainz. *La buena fe en las relaciones de la administración con los administrados*. Revista de Administración Pública, n. 89, p. 293-314, 1979.

NERY JUNIOR, Nelson. *Contratos no Código Civil*: apontamentos gerais. In: NETTO, Domingos Franciulli; MENDES, Gilmar Ferreira; MARTINS FILHO, Ives Gandra da Silva (Orgs.). O Novo Código Civil – Estudos em homenagem ao Prof. Miguel Reale. 1. ed. São Paulo: Editora LTr, 2003.

NETO, Eurico B. *Concertação administrativa interorgânica*: Direito Administrativo e organização no Século XXI. São Paulo: Almedina, 2017.

NIEBUHR, Joel de Menezes. *Licitação pública e contrato administrativo*. 4. ed. rev. e ampl. Belo Horizonte: Fórum, 2015.

NOBRE JÚNIOR, Edilson Pereira Nobre. *O princípio da boa-fé e sua aplicação no Direito Administrativo brasileiro*. Porto Alegre: Sergio Antonio Fabris Editor, 2002.

NOGUEIRA, Erico Ferrari. *Convênio administrativo*: espécie de contrato? Revista de Direito Administrativo, 258, p. 81-113, 2011.

OLIVEIRA, Gustavo Justino de. *Contrato de gestão*. São Paulo: Revista dos Tribunais, 2008.

OLIVEIRA, Rafael Carvalho Rezende. *Curso de Direito Administrativo*. Versão digital. São Paulo: Grupo Gen-Editora Método Ltda., 2018.

OLIVEIRA, Rafael Carvalho Rezende. *O papel da Advocacia Pública no dever de coerência na administração pública*. Revista Estudos Institucionais, 5.2, p. 382-400, 2019.

OLIVEIRA, Ricardo Victalino de. *Federalismo assimétrico brasileiro*. Belo Horizonte: Arraes, 2012.

PAREDES, Lorena Pinho Morbach. *A evolução dos controles internos com uma ferramenta de gestão na Administração pública*. In: BRAGA, Marcus Vinicius de Azevedo. Controle interno: estudos e reflexões. Belo Horizonte: Editora Fórum, 2013.

PAREJO ALFONSO, Luciano José. *El Estado social administrativo*: algunas reflexiones sobre la" crisis" de las prestaciones y los servicios públicos, Revista de Administración Pública, nº 153, p. 217-250, 2000.

PEDRA, Anderson. *In* Cristiana Fortini, Rafael Sérgio Lima de Oliveira, Tatiana Camarão (coords.) *Comentários à lei de licitações e contratos administrativos:* Lei nº 14.133, de 1º de abril de 2021 – vol. I, p. 110 e 111, Editora Fórum.

PEREIRA JUNIOR, Jessé Torres. *Comentários à lei das licitações e contratações da administração pública*. 8. ed. Rio de Janeiro: Renovar, 2009.

PEREIRA JÚNIOR, Jessé Torres; DOTTI Marinês Restelatto. *Convênios e outros instrumentos de administração consensual na gestão pública do século XXI*: restrições em ano eleitoral. Belo Horizonte: Editora Fórum, 2010.

PIETRO, Maria Sylvia Zanella di. *Direito Administrativo*. 27. ed. São Paulo: Atlas, 2014.

QUEIRÓ, Afonso Rodrigues. *A teoria do" desvio de poder" em Direito Administrativo*. Revista de direito administrativo, v. 7, p. 52-80, 1947. p. 51.

REALE, Miguel. *Lições preliminares de Direito*. São Paulo: Editora Saraiva, 2012.

RIGOLIN, Ivan Barbosa. *Desmitificando os convênios*. Fórum de Contratação e Gestão Pública, Belo Horizonte, ano 5, nº 55, jul., 2006.

ROCHA, Cármem Lúcia Antunes. *Princípios constitucionais da Administração Pública*. Belo Horizonte: Del Rey, 1994.

ROCHA, Sílvio Luís Ferreira da. *Terceiro setor*. São Paulo: Malheiros, 2003.

ROSENVALD, Nelson; FARIAS, Cristiano Chaves de. *Direito Civil*: teoria geral. Rio de Janeiro: Editora Lúmen Júris, 2011.

RUBINSTEIN, Flávio. *A bona fides como origem da boa-fé objetiva do Direito brasileiro*. Revista da Faculdade de Direito da Universidade de São Paulo, [S. l.], v. 99, p. 573-658, 2004. Disponível em: https://www.revistas.usp.br/rfdusp/article/view/67639. Acesso em: 16 ago. 2021.

RUBINSTEIN, Flávio. *Boa-fé objetiva no Direito Financeiro e Tributário*. São Paulo: Quartier Latin, 2010.

SAMPAIO JR., Tercio. *Introdução ao estudo do Direito*: técnica, decisão e dominação. 3. ed. São Paulo: Atlas, 2001.

SÁNCHEZ MORÓN, Miguel. *Discrecionalidad administrativa y control judicial*. Madrid: Tecnos, 1994.

SANTANA, Jair Eduardo; CAMARÃO, Tatiana; CHRISPIM, Anna Carla Duarte. *Termo de referência*: o impacto da especificação do objeto e do termo de referência na eficácia das licitações e contratos. Belo Horizonte: Editora Fórum, 2013.

SANTOS, José Anacleto Abduch. *Contratos administrativos*. Formação e Controle Interno da Execução. Belo Horizonte: Fórum, 2017.

SANTOS, José Anacleto Abduch. *Duração e prorrogação dos contratos administrativos*. In: VARESCHINI, Julieta Mendes Lopes (Coord.). *Diálogos sobre a nova Lei de Licitações e Contratações*. Lei 14.133/2021. Pinhais: Editora JM, 2021.

SARMENTO, Daniel. *Interesses públicos vs. interesses privados na perspectiva da teoria e da filosofia constitucional*. In: Daniel Sarmento (Org.). Interesses públicos *versus* interesses privados: desconstruindo o princípio de supremacia do interesse público. 3. tir. Rio de Janeiro: Lumen Juris, 2010.

SARMENTO, Daniel. *O neoconstitucionalismo no Brasil*: riscos e possibilidades. Filosofia e teoria constitucional contemporânea. Rio de Janeiro: Lumen Juris, 2009.

SCHREIBER, Anderson. *A proibição do comportamento contraditório*: tutela da confiança e comportamento contraditório. Rio de Janeiro: Renovar, 2012.

SILVA, Clóvis V. do Couto et al. *A obrigação como processo*. São Paulo: Editora FGV, 2015.

SODRÉ, Antônio Carlos de Azevedo; ALVES, Maria Fernanda Colaço. *Relação entre emendas parlamentares e corrupção municipal no Brasil*: estudo dos relatórios do programa de fiscalização da Controladoria-Geral da União. Revista de Administração Contemporânea, 14, 3, p. 414-433, 2010.

SUBIRATS, Joan. *Notas acerca del Estado, la administración y las políticas públicas*. Revista de Estudios Políticos, nº 59, p. 173-198, 1988.

SUNFELD, Carlos Ari. *Fundamentos de Direito Público*. São Paulo: Malheiros, 2009.

TEPEDINO, Gustavo. Introdução: *Crise de fontes normativas e técnicas legislativas na parte geral do Código Civil de 2002*. In: TEPEDINO, Gustavo (Coord.) A parte geral do novo Código Civil: estudos na perspectiva civil constitucional. 2. ed. rev. Rio de Janeiro: Renovar, 2003.

TEPEDINO, Gustavo. *Esboço de uma classificação funcional dos atos jurídicos*. Revista Brasileira de Direito Civil, v. 1, nº 1, 2014.

TEPEDINO, Gustavo. *Premissas metodológicas para a constitucionalização do Direito Civil*. Temas de Direito Civil, v. 3, p. 1-22, 1999.

TEPEDINO, Maria Celina BM. *A caminho de um Direito Civil Constitucional*. Revista de Direito Civil, v. 65, p. 21-32, 1993.

TODERO, Domingos Roberto. *Dos convênios da administração pública*. 2006. Dissertação (Mestrado em Direito) – Pontifícia Universidade Católica do Rio Grande do Sul, Porto Alegre.

TORRES, Michell Laureano. *Convênios administrativos*: contrapartida e incidência da regra de proporcionalidade. Conteúdo Jurídico, Brasília/DF: 28 dez. 2012. Disponível em: http://www.conteudojuridico.com.br/?artigos&ver=2.41459&seo=1. Acesso em: 2 out. 2018.

TORRES, Ronny Charles Lopes de. *A responsabilidade do advogado de estado em sua função consultiva*. In: GUEDES, Jefferson Carús; SOUZA, Luciane Moessa de. Advocacia de estado: questões institucionais para a construção de um Estado de justiça. Belo Horizonte: Fórum, 2009.

TORRES, Ronny Charles Lopes de. *Leis de licitações públicas comentadas*. Salvador: Juspodivm, 2021.

ZKLAROWSKY, Leon Fredja. *Convênios, consórcios administrativos, ajustes e outros instrumentos congêneres*. Âmbito Jurídico (Internet). [S.l.]: Âmbito Jurídico, 1998.

ZYMLER, Benjamin; DIOS, Laureano Canabarro. *Regime Diferenciado de Contratação – RDC*. Belo Horizonte: Editora Fórum, 2014.

APÊNDICE

REGRAMENTO ESPECÍFICO DOS CONVÊNIOS FINANCEIROS FEDERAIS

1.1 Regulação

Nos ajustes cooperativos com repasse de recursos financeiros no âmbito da União Federal, além do disposto na Lei Geral de Licitações, deve-se observar o Decreto nº 6.170/07, que dispõe sobre as normas relativas às transferências de recursos da União mediante convênios e contrato de repasses, e a Portaria Interministerial nº 424, de 30 de dezembro de 2016, que concede maior detalhamento ao estabelecido neste Decreto.

1.2 Não-Aplicação da Portaria 424/16

Conforme o art. 2º da Portaria Interministerial 424/16, não se aplicam as exigências do referido regramento aos instrumentos:

a) celebrados anteriormente à data da sua publicação, devendo ser observadas, neste caso, as prescrições normativas vigentes à época da sua celebração, podendo, todavia, se lhes aplicar o disposto nesta Portaria naquilo que beneficiar a consecução do objeto do instrumento e análise de prestação de contas;
b) que tenham por objeto a delegação de competência ou a autorização a órgãos ou entidades de outras esferas de governo para a execução de

atribuições determinadas em lei, regulamento ou regimento interno, com geração de receita compartilhada; e
c) homologados pelo Congresso Nacional ou autorizados pelo Senado Federal naquilo em que as disposições dos tratados, acordos e convenções internacionais, específicas, conflitarem com esta Portaria, quando os recursos envolvidos forem integralmente oriundos de fonte externa de financiamento;

Por disposição expressa da portaria supramencionada, não se aplica o regulamento em análise a outros casos em que lei específica discipline de forma diversa a transferência de recursos para execução de programas em parceria do Governo Federal; às transferências obrigatórias para execução de ações no âmbito do Programa de Aceleração do Crescimento – PAC, regulamentadas pela Lei nº 11.578/07; e aos termos de execução descentralizada.

1.3 Tipos de ajuste

Conforme discorrido, é possível que em âmbito regulamentar as unidades federadas singularizem espécies de ajustes e concedam requisitos distintos para essas subespécies. Dessa forma, o Decreto nº 6.170/07 especifica três tipos de ajustes:

a) convênio – acordo, ajuste ou qualquer outro instrumento que discipline a transferência de recursos financeiros de dotações consignadas nos orçamentos fiscal e da Seguridade Social da União e tenha como partícipes, de um lado, órgão ou entidade da administração pública federal, direta ou indireta, e, de outro, órgão ou entidade da administração pública estadual, distrital ou municipal, direta ou indireta, ou ainda, entidades privadas sem fins lucrativos. Estes visam a execução de programa de governo, envolvendo a realização de projeto, atividade, serviço, aquisição de bens ou evento de interesse recíproco, em regime de mútua cooperação;
b) contrato de repasse – instrumento administrativo, de interesse recíproco, por meio do qual a transferência dos recursos financeiros se processa por intermédio de instituição ou agente financeiro público federal, que atue atua como mandatário da União.
c) termo de execução descentralizada – instrumento por meio do qual é ajustada a descentralização de crédito entre órgãos e/ou entidades integrantes dos orçamentos fiscal e da Seguridade Social da União, para execução de ações de interesse da unidade orçamentária descentralizadora

e consecução do objeto previsto no Programa de Trabalho, respeitada fielmente a classificação funcional programática.

No âmbito da União, o convênio é o principal instrumento para se efetuar transferências voluntárias para entidades da administração estadual, municipal, bem como entidades sem fins lucrativos, visando a execução de programa de governo, envolvendo a realização de projeto, atividade, serviço, aquisição de bens ou evento de interesse recíproco, em regime de mútua cooperação. Já o contrato de repasse assemelha-se aos convênios, tendo em vista os seus fins, mas se distingue pela presença de uma instituição ou agente financeiro público federal, que representa a União, para intermediar a relação entre os entes envolvidos.

O art. 9º da Portaria nº 424/16 prevê 3 hipóteses que excepcionam a exclusividade de contratos de repasse para obras e serviços de engenharia, que são:

a) instrumentos celebrados por órgãos da administração indireta que possuam estrutura descentralizada nas unidades da federação para acompanhamento da execução das obras e serviços de engenharia;
b) instrumentos cujo objeto seja vinculado à função orçamentária defesa nacional;
c) instrumentos celebrados por órgãos e entidades da administração pública federal, que tenham por finalidade legal o desenvolvimento regional nos termos do art. 43 da Constituição Federal.

Ressalte-se que em todas as hipóteses previstas no art. 9º retromencionado, deve-se observar o disposto no art. 8º do Decreto nº 6.170/07 a respeito da necessidade de observar se o concedente possui estrutura para acompanhar a execução do ajuste, sem a presença da instituição mandatária.

O termo de execução descentralizada, por sua vez, refere-se à descentralização de crédito dentro da própria administração federal.

1.4 Regras gerais

A descentralização da execução por meio dos instrumentos retromencionados somente poderá ser efetivada para entidades públicas ou privadas sem fins lucrativos para a execução de objetos relacionados com suas atividades e que disponham de condições técnicas e operacionais para executá-los.[1]

Os critérios para avaliação das condições técnicas e operacionais para execução dos ajustes que envolvem repasses de recursos financeiros serão objeto de regulamentação por meio de Instrução Normativa do Ministério do Planejamento, Desenvolvimento e Gestão.[2]

Caso a instituição financeira oficial federal (que celebra e operacionaliza, em nome da União, os ajustes financeiros) não detenha capacidade técnica necessária ao regular acompanhamento da aplicação dos recursos transferidos, no contrato de repasse, outra instituição pública ou privada figurará na qualidade de interveniente, à qual caberá o mencionado acompanhamento.[3]

Os órgãos ou entidades da Administração Pública de qualquer esfera de governo que recebam as transferências mencionadas no *caput* do art. 1º da Portaria Interministerial nº 424/2016 deverão incluí-las em seus orçamentos.[4]

Os ajustes cooperativos referentes a projetos financiados com recursos de origem externa deverão contemplar, no que couber, além do disposto na Portaria Interministerial nº 424/2016, os direitos e obrigações constantes dos respectivos acordos de empréstimos ou contribuições financeiras não reembolsáveis celebrados pela República Federativa do Brasil com organismos internacionais, agências governamentais estrangeiras, organizações multilaterais de crédito ou organizações supranacionais.

O art. 1º, §8º, da Portaria nº 424/2016 diz que na hipótese de o instrumento vir a ser firmado por entidade ou órgão de estado, do Distrito Federal ou de município, o ente federado ao qual esteja vinculado ou subordinado deverá participar como interveniente no instrumento a ser celebrado, salvo se o representante legal da entidade ou do órgão tiver competência, conforme as normas locais, para assinar o instrumento.

Percebe-se que tanto o Decreto nº 6.170/07 como a portaria que estabelece normas para a execução deste regulamento fogem à melhor rigidez jurídica ao possibilitarem que os órgãos firmem negócios jurídicos com pessoas jurídicas de esferas distintas.

---

[1] §2º, do art. 1º da Portaria Interministerial nº 424/2016.
[2] §3º, do art. 1º da Portaria Interministerial nº 424/2016.
[3] §4º, do art. 1º da Portaria Interministerial nº 424/2016.
[4] §6º, do art. 1º da Portaria Interministerial nº 424/2016.

De toda forma, para o Decreto Federal, interveniente seria o órgão da administração pública direta e indireta de qualquer esfera de governo, ou entidade privada que participa do convênio para manifestar consentimento ou assumir obrigações em nome próprio.

1.5 Níveis para celebração dos ajustes

Conforme o art. 3º da Portaria nº 424/2016, foram estabelecidos níveis para fins de celebração, acompanhamento da execução e prestação de contas:

I – Nível I, para execução de obras e serviços de engenharia com valores de repasse iguais ou superiores a R$ 250.000,00 (duzentos e cinquenta mil reais) e inferiores a R$ 750.000,00 (setecentos e cinquenta mil reais);
I-A – Nível I-A, para execução de obras e serviços de engenharia com valores de repasse iguais ou superiores a R$ 750.000,00 (setecentos e cinquenta mil reais) e inferiores a R$ 1.500.000,00 (um milhão e quinhentos mil reais); (Incluído pela Portaria Interministerial nº 558, de 10 de outubro de 2019)
II – Nível II, para execução de obras e serviços de engenharia com valores de repasse iguais ou superiores a R$ 1.500.000,00 (um milhão e quinhentos mil reais) e inferiores a R$ 5.000.000,00 (cinco milhões de reais); (Alterado pela Portaria Interministerial nº 558, de 10 de outubro de 2019)
III – Nível III, para execução de obras e serviços de engenharia com valores de repasse iguais ou superiores a R$ 5.000.000,00 (cinco milhões de reais);
IV - Nível IV, para execução de custeio ou aquisição de equipamentos com valores de repasse iguais ou superiores a R$ 100.000,00 (cem mil reais) e inferiores a R$ 1.000.000,00 (um milhão de reais); e (Alterado pela Portaria Interministerial nº 558, de 10 de outubro de 2019)
V – Nível V, para execução de custeio ou aquisição de equipamentos com valores de repasse iguais ou superiores a R$ 1.000.000,00 (um milhão de reais). (Alterado pela Portaria Interministerial nº 558, de 10 de outubro de 2019)
§1º Para os fins de contratação e execução dos serviços relacionados ao CPS, referentes à operacionalização dos contratos de repasse, o nível III de que trata o caput terá a seguinte divisão:
I – Nível III-A: para execução de obras e serviços de engenharia com valores de repasse iguais ou superiores R$ 5.000.000,00 (cinco milhões de reais) e inferiores a R$ 20.000.000,00 (vinte milhões de reais);

II – Nível III-B: para execução de obras e serviços de engenharia com valores de repasse iguais ou superiores R$ 20.000.000,00 (vinte milhões de reais) e inferiores a R$ 80.000.000,00 (oitenta milhões de reais); e
III – Nível III-C: para execução de obras e serviços de engenharia com valores de repasse iguais ou superiores a R$ 80.000.000,00 (oitenta milhões de reais).

Como se detalhará mais adiante, os níveis retromencionados fixam regras distintas para fiscalização (por exemplo, no caso de obras, quanto maior o porte, maior o número de visitas locais a serem feitas), bem como para liberação dos recursos (dependendo da natureza e do porte do objeto varia o número de parcelas dos repasses).

A Portaria Interministerial nº 424/2016 dispõe que caberá ao Ministério do Planejamento, Desenvolvimento e Gestão – MP, por meio da Comissão Gestora do SICONV, reavaliar quadrienalmente os valores dos níveis definidos e, se entender necessário, propor alterações dos limites estabelecidos.[5]

1.6 SICONV

Criado em 2008, o SICONV é um sistema de informática para administrar as transferências voluntárias dos recursos da União nos convênios firmados com estados, municípios, Distrito Federal e também com as entidades privadas sem fins lucrativos.

Conforme o Ministério do Planejamento, Desenvolvimento e Gestão, entre as vantagens desta ferramenta está a agilidade na efetivação dos contratos, a transparência do repasse do dinheiro público e a qualificação da gestão financeira. A utilização do sistema contribui para a desburocratização da máquina pública e viabiliza investimentos para a educação, saúde, infraestrutura, emprego e outros setores que atendem diretamente a população.[6]

Para a celebração dos instrumentos de parceria, acompanhamento e prestação de contas, os órgãos e entidades devem estar cadastrados

---

[5] Art. 3º, §2º, da Portaria Interministerial nº 424/2016.
[6] Obtido em: http://www.planejamento.gov.br/servicos/servicos-do-mp/siconv-sistema-de-convenios – acessado em 08/02/2020.

no SICONV. Em outras palavras, o uso do sistema federal de convênios é obrigatório.[7]

Nesse sentido, o art. 4º da Portaria Interministerial nº 424/2016 dispõe que os atos e os procedimentos relativos à formalização, execução, acompanhamento, prestação de contas e informações acerca de Tomada de Contas Especial dos instrumentos e termos de parceria devem ser realizados no SICONV. Prevê, ainda, que esses atos devem permanecer disponíveis à consulta pública, por meio do Portal dos Convênios. De toda forma, os atos que, por sua natureza, não possam ser realizados no SICONV, serão nele registrados.[8]

Ainda, esta portaria interministerial dispõe que os documentos relacionados à parceria deverão ser mantidos, pelo prazo de 10 (dez) anos, contados da data em que foi apresentada a prestação de contas ou do decurso do prazo para a apresentação da prestação de contas.[9] A movimentação financeira na conta corrente específica do instrumento deverá ocorrer por meio da funcionalidade do SICONV denominada Ordem Bancária de Transferências Voluntárias – OBTV.[10]

Com o sistema, a União visa garantir o controle de suas transferências voluntárias, imprimindo eficiência, agilidade e transparência no processo de repasse de recursos aos estados e municípios.[11]

1.7 Chamamento público

Não obstante a maior parte da doutrina entenda pela desnecessidade de licitação para escolha dos parceiros privados no âmbito dos acordos cooperativos com o Poder Público, a escolha dos projetos, bem como das entidades que possam tornar mais eficaz a execução de programa governamental específico deve se realizar por meio de chamamento público.[12]

---

[7] Art. 4º, §2º da Portaria Interministerial nº 424/2016.
[8] Art. 4º, §1º da Portaria Interministerial nº 424/2016.
[9] Art. 4º, §3º da Portaria Interministerial nº 424/2016.
[10] Art. 4º, §4º da Portaria Interministerial nº 424/2016.
[11] BITTENCOURT, Sidney. *Convênios administrativos e outros instrumentos de transferências de recursos*. Letras Jurídicas, 2019. p. 92.
[12] PEREIRA JUNIOR, Jessé Torres; DOTTI, Marinês Restelatto. *Convênios e outros instrumentos de administração consensual na gestão pública do século XXI*: restrições em ano eleitoral. Belo Horizonte: Editora Fórum, 2010 p. 62.

O intuito desse instrumento é o empenho para se encontrar as melhores parcerias (em relação à capacidade técnica) para apoiar os programas de governo. Semelhante a uma licitação, envolve procedimento seletivo para a escolha das entidades sem fins lucrativos em melhores condições de atingir os propósitos constitucionais.[13]

Nas palavras de Pedro Durão:

> Em verdade, trata-se de um meio de seleção de projetos com regras objetivas para recebimento de repasses públicos que se tornou obrigatório por força do Decreto 7.568/11, alterando preceitos do Decreto 6.170/07. Essa modificação permitiu que o chamamento público deixasse de ser facultativo ou preferencial, passando a ser imperativo aos convênios com entidades privadas sem fins lucrativos.
> A expressão "chamar" advém do latim "clamare" por via pública que indica o sentido de fazer vir, invocar, convocar, convidar alguém a participar de um procedimento coletivo. Nessa razão, o "chamamento se mostra a ordem ou a imposição, desde que decorra de um dever a cumprir por aquele que é chamado ou convocado".
> Isso significa dizer que o convocado (candidato a convenente) se obriga a executar o projeto, atividade ou serviço, de acordo com os critérios instituídos pelo convocador (concedente). A utilização desse meio obriga a observância de requisitos e exigências, como a sua ampla publicidade, inclusive a divulgação do seu resultado na primeira página da Internet do órgão concedente, e no Portal dos Convênios (SICONV), com ensejo de correção de imperfeições.[14]

1.7.1 Obrigatoriedade

Conforme o art. 4º do Decreto nº 6.170/07, a celebração de convênio ou contrato de repasse com entidades privadas sem fins lucrativos será precedida de chamamento público a ser realizado pelo órgão ou entidade concedente, visando à seleção de projetos ou entidades que tornem mais eficaz o objeto do ajuste. Portanto, é obrigatória a realização prévia de chamamento público para a celebração de convênio ou contrato de repasse com entidades privadas sem fins lucrativos, salvo

---

[13] BITTENCOURT, Sidney. *Convênios administrativos e outros instrumentos de transferências de recursos*. Letras Jurídicas, 2019. p. 102.

[14] DURÃO, Pedro. *Convênios e contratos de repasse*: imposição do chamamento público. Disponível em http://pedrodurao.com.br/wp-content/uploads/2019/02/Conv%C3%AAnios-e-contratos-de-repasse.pdf. Acessado em 31/01/2020.

para transferências do Ministério da Saúde destinadas a serviços de saúde integrantes do Sistema Único de Saúde – SUS).[15]

1.7.2 Critérios objetivos

Os critérios de elegibilidade e de prioridade deverão ser estabelecidos de forma objetiva, com base nas diretrizes e objetivos dos respectivos programas, visando atingir melhores resultados na execução do objeto, considerando, entre outros aspectos, a aferição da qualificação técnica e da capacidade operacional do convenente. Sendo assim, o concedente deverá adotar procedimentos claros, objetivos, simplificados e padronizados que orientem os interessados, de modo a facilitar o seu acesso direto aos órgãos da Administração Pública Federal. A disponibilização dos programas para celebração de instrumentos ou termos de parceria ocorrerá de acordo com a oportunidade e conveniência do órgão concedente.[16]

Desta forma, o chamamento público deverá estabelecer critérios objetivos visando à aferição da qualificação técnica e capacidade operacional do convenente para a gestão do convênio.[17]

Nesse sentido, os órgãos e entidades da Administração Pública Federal que pretenderem executar programas, projetos e atividades que envolvam transferências de recursos financeiros oriundos do Orçamento Fiscal e da Seguridade Social da União deverão cadastrar anualmente no SICONV os programas a serem executados de forma descentralizada e, quando couber, critérios para a seleção do convenente.[18]

Os referidos programas deverão ser divulgados em até 60 (sessenta) dias após a sanção da Lei Orçamentária Anual e deverão conter a descrição, as exigências, os padrões, procedimentos, critérios de elegibilidade e de prioridade, estatísticas e outros elementos que possam auxiliar a avaliação das necessidades locais.[19]

---

[15] Art. 8º, da Portaria Interministerial nº 424/2016.
[16] §2º, §3º, e §4º do art. 5º da Portaria Interministerial nº 424/2016.
[17] Art. 5º do Decreto nº 6.170/07.
[18] Art.5 da Portaria Interministerial nº 424/2016
[19] Art. 5º da Portaria Interministerial nº 424/2016.

1.7.3 Dispensa e inexigibilidade

O Ministro de Estado ou o dirigente máximo da entidade da Administração Pública Federal poderá, mediante decisão fundamentada, excepcionar a exigência do chamamento público nas seguintes situações:

> I – nos casos de emergência ou calamidade pública, quando caracterizada situação que demande a realização ou manutenção de convênio ou contrato de repasse pelo prazo máximo de cento e oitenta dias consecutivos e ininterruptos, contados da ocorrência da emergência ou calamidade, vedada a prorrogação da vigência do instrumento
> II – para a realização de programas de proteção a pessoas ameaçadas ou em situação que possa comprometer sua segurança;
> III – nos casos em que o projeto, atividade ou serviço objeto do convênio ou contrato de repasse já seja realizado adequadamente mediante parceria com a mesma entidade há pelo menos cinco anos e cujas respectivas prestações de contas tenham sido devidamente aprovadas.[20]

1.7.4 Publicidade

Ao chamamento deverá ser dada publicidade, inclusive ao seu resultado, especialmente por intermédio da divulgação na primeira página do sítio oficial do órgão ou entidade concedente, bem como no Portal dos Convênios.[21] Nesse sentido, disciplina a Portaria nº 424/2016 (§1º do art. 8º):

> Deverá ser dada publicidade ao chamamento público, pelo prazo mínimo de 15 (quinze) dias, especialmente por intermédio da divulgação na primeira página do sítio oficial do órgão ou entidade concedente, bem como no Portal dos Convênios.

---

[20] §2º do art. 4º, do Decreto nº 6.170/2007.
[21] §1º do art. 4º, do Decreto nº 6.170/2007.

1.8 Vedações à celebração de instrumentos cooperacionais com repasses de recursos

É vedada a celebração de qualquer instrumento que vise o repasse de recursos financeiros (art. 2º do Decreto nº 6.170/2007):

> a) com órgãos e entidades da administração pública direta e indireta dos Estados, do Distrito Federal e dos municípios cujos valores sejam inferiores aos definidos no ato conjunto dos Ministros de Estado da Fazenda, do Planejamento, Desenvolvimento e Gestão e da Transparência e Controladoria-Geral da União.
>
> b) para fins de alcance dos limites estabelecidos, é permitido o consorciamento entre os órgãos e entidades da administração pública direta e indireta dos estados, Distrito Federal e municípios. Nesta linha, também é possível e a celebração de convênios ou contratos de repasse com objeto de alcançar vários programas e ações federais a serem executados de forma descentralizada, devendo o objeto conter a descrição pormenorizada e objetiva de todas as atividades a serem realizadas com os recursos federais.[22]

A Portaria Interministerial nº 424/16 veda a celebração de instrumentos de cooperação para a execução de obras e serviços de engenharia com valor de repasse inferior a R$ 250.000,00 (duzentos e cinquenta mil reais), e de ajustes para a execução de despesas de custeio ou para aquisição de equipamentos com valor de repasse inferior a R$ 100.000,00 (cem mil reais).[23] A Orientação Normativa AGU nº 41, de 2014, dispõe que:

> a) a celebração de quaisquer convênios entre a União e os demais entes federativos não deve ser inferior a R$ 100.000,00 (cem mil reais), sendo que para obras e serviços de engenharia, exceto elaboração de projetos, deve ser igual ou superior a R$ 250.000,00 (duzentos e cinquenta mil reais). A vedação alcança todas as dotações orçamentárias, inclusive as decorrentes de emendas parlamentares. Para o alcance dos respectivos valores, admitem-se, exclusivamente, as hipóteses previstas no parágrafo único do art. 2º do Decreto nº 6.170, de 2007.
>
> b) com entidades privadas sem fins lucrativos que tenham como dirigente agente político de Poder ou do Ministério Público, dirigente de órgão ou entidade da administração pública de qualquer esfera governamental,

---

[22] Art. 2º, parágrafo único, do Decreto nº 6.170/2007.
[23] Art. 9º, IV, V, da Portaria Interministerial nº 424/2016.

ou respectivo cônjuge ou companheiro, bem como parente em linha reta, colateral ou por afinidade, até o segundo grau;
c) entre órgãos e entidades da administração pública federal, caso em que deverá ser observado o termo de execução descentralizada;
d) com entidades privadas sem fins lucrativos que não comprovem ter desenvolvido, durante os últimos três anos, atividades referentes à matéria objeto do convênio ou contrato de repasse;
e) com entidades privadas sem fins lucrativos que tenham, em suas relações anteriores com a União, incorrido em pelo menos uma das seguintes condutas: a) omissão no dever de prestar contas; b) descumprimento injustificado do objeto dos termos de parceria (ou outro instrumento); f) desvio de finalidade na aplicação dos recursos transferidos; d) ocorrência de danos ao erário; e) prática de outros atos ilícitos na execução dos termos de parceria (ou outro instrumento).
f) cuja vigência se encerre no último ou no primeiro trimestre de mandato dos chefes do Poder Executivo dos entes federativos.

Prevê, ainda, a Portaria Interministerial nº 424/2016, que é vedada a celebração de convênios para a execução de atividades cujo objeto esteja relacionado ao pagamento de custeio continuado do proponente. Dessa forma, os convênios vigentes com tal objeto deverão ser encerrados em até 24 (vinte e quatro) meses pelos órgãos e entidades da Administração Pública Federal que os mantinham.[24]

Veda também a realização de instrumentos de cooperação com repasse de recursos para entidades privadas, excetuadas as entidades filantrópicas e sem fins lucrativos nos termos do §1º do art. 199 da Constituição Federal, e com os serviços sociais autônomos.[25]

Além disso, a Portaria em análise veda a celebração de qualquer instrumento:

> a) com órgão ou entidade, de direito público ou privado, que esteja inadimplente nas suas obrigações em outros instrumentos celebrados com órgãos ou entidades da Administração Pública Federal, exceto aos instrumentos decorrentes de emendas parlamentares individuais nos termos do §13 do art. 166 da Constituição Federal, ou irregular em qualquer das exigências da portaria em análise.[26]

---

[24] Inciso II e §7º do art. 9º da Portaria da Portaria Interministerial nº 424/2016.
[25] Art. 9º, III da Portaria Interministerial nº 424/2016.
[26] Constituição Federal: art. 166, §13. As programações orçamentárias previstas nos §§11 e 12 deste artigo não serão de execução obrigatória nos casos dos impedimentos de ordem técnica (Redação dada pela Emenda Constitucional nº 100, de 2019).

b) com pessoas físicas ou pessoas jurídicas de direito privado com fins lucrativos, ainda que sejam estas últimas integrantes da administração indireta, no caso das entidades que exploram atividade econômica; Compreende-se como entidades que desenvolvem atividade econômica em sentido estrito aquelas que executam atividades em regime de concorrência ou que tenham como objetivo distribuir lucros aos seus acionistas.[27]

c) visando à realização de serviços ou execução de obras a serem custeadas, ainda que apenas parcialmente, com recursos externos sem a prévia contratação da operação de crédito externo;

d) com entidades públicas ou privadas sem fins lucrativos, cujo objeto social não se relacione às características do programa ou que não disponham de condições técnicas para executar o objeto proposto; e

e) com entidades privadas sem fins lucrativos, cujo corpo de dirigentes contenha pessoas que tiveram, nos últimos cinco anos, atos julgados irregulares por decisão definitiva do Tribunal de Contas da União, em decorrência das situações previstas no art. 16, inciso III, da Lei nº 8.443, de 16 de julho de 1992;[28]

f) com órgãos e entidades da Administração Pública direta e indireta dos estados, do Distrito Federal e dos municípios cadastrados como filial no CNPJ;

g) com entes da federação ou com entidades da Administração Pública indireta de qualquer esfera federativa, em que estes, por qualquer de seus órgãos, tenham atribuído nome de pessoa viva ou que tenham se notabilizado pela defesa ou exploração de mão de obra escrava, em qualquer modalidade, a bem público, de qualquer natureza, bem como que tenham inscrição de nomes de autoridades ou administradores em placas indicadoras de obras ou em veículo de propriedade ou a serviço da Administração Pública respectiva, em atenção ao disposto na Lei nº 6.454, de 24 de outubro de 1977.

---

[27] §5º do art. 9º da Portaria Interministerial nº 424/2016.
[28] Art. 16. As contas serão julgadas: (...) III – irregulares, quando comprovada qualquer das seguintes ocorrências: a) omissão no dever de prestar contas; b) prática de ato de gestão ilegal, ilegítimo, antieconômico, ou infração à norma legal ou regulamentar de natureza contábil, financeira, orçamentária, operacional ou patrimonial; c) dano ao Erário decorrente de ato de gestão ilegítimo ao antieconômico; d) desfalque ou desvio de dinheiros, bens ou valores públicos. §1º O Tribunal poderá julgar irregulares as contas no caso de reincidência no descumprimento de determinação de que o responsável tenha tido ciência, feita em processo de tomada ou prestação de contas.

1.9 Cadin

Os órgãos e entidades concedentes devem proceder, segundo normas próprias e sob sua exclusiva responsabilidade, às inclusões no Cadastro Informativo de Créditos não Quitados do Setor Público Federal – Cadin de pessoas físicas ou jurídicas que se enquadrem na hipótese de inadimplência nas obrigações em outros instrumentos celebrados com órgãos ou entidades da Administração Pública Federal. Para tanto, devem observar as normas vigentes a respeito desse cadastro, em especial na Lei do Cadin (Cadastro informático dos créditos não quitados de órgãos e entidades federais, Lei nº 10.522, de 19 de julho de 2002).[29]

1.10 Plurianualidade

Nos instrumentos cuja duração ultrapasse um exercício financeiro, deve-se indicar o crédito e o respectivo empenho para atender à despesa no exercício em curso, bem como apontar cada parcela da despesa relativa à parte a ser executada em exercício futuro, mediante apostilamento. A previsão de execução de créditos orçamentários em exercícios futuros acarretará a responsabilidade do concedente de incluir a dotação necessária à execução do instrumento em suas propostas orçamentárias para os exercícios seguintes.[30]

1.11 Formalização dos instrumentos de cooperação financeiros

1.11.1 Cadastramento (art. 14, Portaria nº 424/16)

Os órgãos ou entidades públicas ou privadas sem fins lucrativos que pretendam celebrar os instrumentos de cooperação (previstos na Portaria nº 424/16) com a Administração Pública Federal deverão realizar cadastramento prévio no SICONV.

---

[29] Portaria Interministerial nº 424/2016, §2º do art. 9º.
[30] Portaria Interministerial nº 424/2016, art. 10.

O cadastramento conterá, no mínimo, as seguintes informações:

I – razão social, número de inscrição no Cadastro Nacional de Pessoas Jurídicas – CNPJ, endereço, telefone e endereço eletrônico; e
II – relação nominal dos dirigentes, com endereço, telefone, endereço eletrônico, número e órgão expedidor da carteira de identidade e Cadastro de Pessoas Físicas – CPF.

Os órgãos ou entidades públicas ou privadas sem fins lucrativos são responsáveis pelas informações inseridas no cadastramento e deverão atualizá-las sempre que houver modificação ou solicitação do próprio sistema. Ainda conforme a Portaria nº 424/16, se tais sujeitos não atualizarem ou confirmarem suas informações no cadastro no SICONV, terão *status* de "situação pendente", o que lhes impossibilitará a celebração de novos instrumentos até a regularização do cadastro.

1.11.2 Proposta de Trabalho (Portaria nº 424/16, arts. 15 – 17)

Conforme o art. 16 da Portaria nº 424/16, o proponente manifestará seu interesse em celebrar os instrumentos de cooperação com as entidades da Administração Federal mediante apresentação de proposta de trabalho. Ressalte-se que para tanto, o interessado deverá estar cadastrado no SICONV.

Proposta de Trabalho é um documento que o poder concedente exige antes do envio do Plano de Trabalho, para que seja feita uma análise preliminar. Se aprovada a proposta, será feita a análise do Plano de Trabalho completo. Trata-se de um esboço desse instrumento, um plano de trabalho de forma simplificada, no qual a entidade deve demonstrar as diretrizes básicas da sua pretensão, com o fim de iniciar a análise da eventual parceria.

Nesse sentido, Sidney Bittencourt:

> A proposta de trabalho é documento exigível antes do envio do plano de trabalho, que permite a feitura de análise preliminar por parte do concedente. Se aprovada a proposta, o órgão ou a entidade solicita, em um segundo momento, o envio do plano completo, a ser submetido à análise final. Nesses moldes, o Plano de trabalho configura documento

que deverá ser enviado por um órgão ou uma entidade como requisito prévio para receber transferências voluntárias.[31]

De acordo com a Portaria nº 424/16, a proposta de trabalho conterá, no mínimo:

I – descrição do objeto a ser executado;
II – justificativa contendo a caracterização dos interesses recíprocos, a relação entre a proposta apresentada e os objetivos e diretrizes do programa federal, e a indicação do público alvo, do problema a ser resolvido e dos resultados esperados;
III – estimativa dos recursos financeiros, discriminando o repasse a ser realizado pelo concedente ou mandatária e a contrapartida prevista para o proponente, especificando o valor de cada parcela e do montante de todos os recursos, na forma estabelecida em lei;
IV – previsão de prazo para a execução; e
V – informações relativas à capacidade técnica e gerencial do proponente para execução do objeto.

Conforme o art. 17 da referida Portaria, o concedente analisará a proposta de trabalho e:

I – no caso da aceitação:
a) realizará o pré-empenho, que será vinculado à proposta e só poderá ser alterado por intermédio do SICONV; e
b) solicitará ao proponente a inclusão do plano de trabalho no SICONV.
II – no caso de recusa:
a) registrará o indeferimento no SICONV; e
b) comunicará ao proponente o indeferimento da proposta.

1.11.3 Contrapartida (Portaria nº 424/16, art. 18)

A contrapartida é a contribuição que será feita pelo convenente para a concretização do objeto pretendido. O convênio serve para instrumentalizar a cooperação entre os entes, e, portanto, trata-se de silogismo a soma de esforços (a contribuição de todas as entidades) para que o objetivo comum seja concretizado.

---

[31] BITTENCOURT, Sidney. *Convênios administrativos e outros instrumentos de transferências de recursos*. Letras Jurídicas, 2019. p. 117.

Da leitura do art. 7º do Decreto nº 6.170/07 e do art. 79 da Lei nº 13.408/16 (Lei de Diretrizes Orçamentárias – LDO), é possível compreender que é imprescindível a contrapartida para a realização de transferências voluntárias, no âmbito federal:

> Decreto 6.170/07: Art. 7º A contrapartida será calculada sobre o valor total do objeto e poderá ser atendida da seguinte forma: I – por meio de recursos financeiros, pelos órgãos ou entidades públicas, observados os limites e percentuais estabelecidos pela Lei de Diretrizes Orçamentárias vigente; e II – por meio de recursos financeiros e de bens ou serviços, se economicamente mensuráveis, pelas entidades privadas sem fins lucrativos.
> Art. 79. A realização de transferências voluntárias, conforme definidas no *caput* do art. 25 da Lei de Responsabilidade Fiscal, dependerá da comprovação, por parte do convenente, de que existe previsão de contrapartida na lei orçamentária do estado, Distrito Federal ou município.

A contrapartida será calculada sobre o valor total do objeto e, se financeira, deverá:

> I – ser depositada na conta bancária específica do convênio em conformidade com os prazos estabelecidos no cronograma de desembolso, podendo haver antecipação de parcelas, inteiras ou parte, a critério do convenente; ou
> II – ser depositada na conta bancária específica do contrato de repasse após o desbloqueio dos recursos pela mandatária e previamente ao pagamento dos fornecedores ou prestadores de serviços.[32]

A contrapartida, a ser aportada pelo convenente, será calculada observando-se os percentuais e as condições estabelecidas na Lei Federal Anual de Diretrizes Orçamentárias vigente à época do instrumento. A comprovação pelo proponente de que este retorno está devidamente assegurado deverá ocorrer previamente à celebração do instrumento.

A previsão de contrapartida a ser aportada pelos órgãos públicos, exclusivamente financeira, deverá ser comprovada por meio de previsão orçamentária.

---

[32] Art. 18 da Portaria Interministerial nº 424/2016.

1.11.4 Plano de Trabalho (Portaria nº 424/16, arts. 19 e 20)

Conforme a Lei Geral de Licitações (no art. 116, §1º), a celebração de convênio, acordo ou ajuste pelo Poder Público depende de prévia aprovação do competente plano de trabalho pelos partícipes.

O Plano de Trabalho tem como principal objetivo traçar as medidas necessárias para conquistar o objetivo ajustado e minimizar a possibilidade de insucesso. Sendo assim, o Plano de Trabalho deve abarcar toda a descrição do que será implementado, e como será realizado de forma pormenorizada. Esses instrumentos, portanto, devem trazer a descrição das metas a serem atingidas, qualitativa e quantitativamente, e todas as informações suficientes para a identificação do projeto, atividade ou ação prevista e seus custos.[33]

Dessa forma, a Portaria em comento prevê que o Plano de Trabalho, que será avaliado pelo concedente, conterá, no mínimo:

I – justificativa para a celebração do instrumento;
II – descrição completa do objeto a ser executado;
III – descrição das metas a serem atingidas;
IV – definição das etapas ou fases da execução;
V – compatibilidade de custos com o objeto a ser executado;
VI – cronograma de execução do objeto e cronograma de desembolso; e
VII – plano de aplicação dos recursos a serem desembolsados pelo concedente e da contrapartida financeira do proponente, se for o caso.[34]

O Plano de Trabalho deve ser analisado quanto à sua viabilidade e adequação aos objetivos do programa e, no caso das entidades privadas sem fins lucrativos, deve-se verificar sua qualificação técnica e capacidade operacional para a gestão do instrumento, de acordo com critérios estabelecidos pelo órgão ou entidade repassadora de recursos.

No art. 20, §1º, da Portaria nº 424/16, é prevista a hipótese de adequação do Plano de Trabalho pelo pleiteante, caso haja uma irregularidade sanável, contudo a ausência da manifestação do proponente implicará a desistência no prosseguimento do processo.

Os ajustes realizados durante a execução do objeto integrarão o Plano de Trabalho, desde que submetidos à autoridade competente e por ela aprovados previamente.

---

[33] TCU: Acórdão nº 1.331/2007 – Primeira Câmara; Acórdão nº 800/2008 – Segunda Câmara.
[34] Art. 19 da Portaria Interministerial nº 424/2016.

1.11.5 Projeto Básico e do Termo de Referência (art. 21 da Portaria nº 424/16)

Quando o conteúdo do convênio se tratar da execução de obras e serviços de engenharia, a identificação do objeto e a possibilidade de se estabelecer um orçamento preciso passam pela elaboração de um Projeto Básico. Conforme o art. 6º, inciso IX, da Lei nº 8.666/1993, projeto básico é o conjunto de elementos necessários e suficientes, com nível de precisão adequado, para caracterizar a obra ou serviço, ou complexo de obras ou serviços.

Todas as recomendações feitas a respeito da boa confecção do Plano de Trabalho interligam diretamente o Projeto Básico ou Termo de Referência, pois são partes integrantes daquele. O Plano de Trabalho possui o objetivo de descrever todas as ações do convênio, bem como a sistemática do Plano de Desembolso. Por outro lado, o Projeto Básico e o Termo de Referência fornecem todos os detalhamentos da obra, serviço de engenharia e arquitetura, ou aquisições que serão realizados no âmbito do respectivo convênio. O Projeto Básico ou Termo de Referência devem conter todos os elementos necessários à caracterização do objeto a ser executado.

Nos instrumentos de cooperação firmados pela Administração Federal, o Projeto Básico acompanhado de Anotação de Responsabilidade Técnica – ART ou do Termo de Referência deverão ser apresentados antes da celebração do ajuste, sendo facultado ao concedente exigi-los depois, desde que antes da liberação da primeira parcela dos recursos. Contudo, o §1º do art. 21 da Portaria em comento prevê que o Projeto Básico ou o Termo de Referência poderão ser dispensados no caso de padronização do objeto, a critério da autoridade competente do concedente, em despacho fundamentado.

Destaque-se que, a Portaria nº 424/16 prevê que as despesas referentes ao custo para elaboração do Projeto Básico ou Termo de Referência, além das despesas necessárias ao licenciamento ambiental, poderão ser custeadas com recursos oriundos do instrumento pactuado, desde que o desembolso do concedente, voltado a essas despesas, não seja superior a 5% (cinco por cento) do valor total do instrumento.[35]

Além disso, o Ministério do Planejamento, Desenvolvimento e Gestão deverá, por meio de instrução normativa, estabelecer regras e

---

[35] Art. 21, §8º da Portaria Interministerial nº 424/2016.

diretrizes de acessibilidade a serem observadas nas obras e serviços de engenharia custeados com recursos federais.

1.11.6 Condições para celebração de instrumento (arts. 22 a 25, Portaria nº 424/16)

Tendo em vista as exigências previstas na Lei Complementar nº 101/00 e na Lei de Diretrizes Orçamentárias, a Portaria em comento prevê condições para a celebração de acordo cooperativo, com repasse de recursos, com a União:

1) regularidade quanto a tributos federais, contribuições previdenciárias federais e dívida ativa da União, nos termos do art. 195, §3º, da Constituição, do art. 25, §1º, inciso IV, alínea "a", da Lei Complementar nº 101, de 4 de maio de 2000, e dos arts. 27, inciso IV; 29 e 116 da Lei nº 8.666, de 1993, comprovada pela Certidão Negativa de Débitos relativos a Créditos Tributários Federais e à Dívida Ativa da União, com validade conforme a certidão;

2) regularidade no pagamento de precatórios judiciais, nos termos do art. 97 do Ato das Disposições Constitucionais Transitórias, comprovada por certidão emitida pelos Tribunal de Justiça, Tribunal Regional do Trabalho e Tribunal Regional Federal, ou por declaração do chefe do Poder Executivo ou do secretário de finanças, juntamente com a remessa da declaração para os citados tribunais, válida no mês da assinatura, e mediante consulta à Plataforma +Brasil, válida na data da consulta;

3) regularidade no pagamento de contribuições para o Fundo de Garantia do Tempo de Serviço (FGTS), nos termos dos arts. 29, inciso IV, e 116 da Lei nº 8.666, de 1993, e do art. 25, §1º, inciso IV, alínea "a", da Lei Complementar nº 101, de 2000, comprovada pelo Certificado de Regularidade do FGTS, com validade conforme o certificado;

4) adimplência financeira em empréstimos e financiamentos concedidos pela União, nos termos do art. 25, §1º, inciso IV, alínea "a", da Lei Complementar nº 101, de 2000, comprovada mediante consulta ao Sistema de Acompanhamento de Haveres Financeiros junto a Estados e Municípios (Sahem), válida na data da consulta;

5) regularidade perante o poder público federal, nos termos do art. 6º da Lei nº 10.522, de 2002, comprovada mediante consulta ao Cadastro Informativo dos Créditos não Quitados do Setor Público Federal (Cadin), válida na data da consulta;
6) regularidade na prestação de contas de recursos federais, nos termos do art. 25, §1º, inciso IV, alínea "a", da Lei Complementar nº 101, de 2000, comprovada mediante consulta ao subsistema Transferências do Siafi e à Plataforma +Brasil, válida na data da consulta;
7) existência de área gestora dos recursos recebidos por transferência voluntária da União, com atribuições definidas para gestão, celebração, execução e prestação de contas, com lotação de, no mínimo, um servidor ou empregado público efetivo, em cumprimento ao Acórdão nº 1.905, de 2017, do Plenário do Tribunal de Contas da União, comprovada mediante declaração do chefe do Poder Executivo ou do secretário de finanças;
8) publicação em meios oficiais dos Relatórios de Gestão Fiscal do exercício financeiro vigente e do anterior, pelos poderes e órgãos listados no art. 20 da Lei Complementar nº 101, de 2000, inclusive as Defensorias Públicas, nos termos dos arts. 54, 55 e 63, inciso II, alínea "b", da Lei Complementar nº 101, de 2000, comprovada mediante homologação do atestado de publicação no Sistema de Informações Contábeis e Fiscais do Setor Público Brasileiro (Siconfi), com validade até a data limite de publicação do relatório subsequente, ou apresentação dos relatórios publicados em meio oficial ao gestor de órgão ou entidade concedente;
9) encaminhamento dos Relatórios de Gestão Fiscal do exercício financeiro vigente e do anterior pelos poderes e órgãos listados no art. 20 da Lei Complementar nº 101, de 2000, inclusive as defensorias públicas, nos termos dos arts. 48, §2º, 54, 55 e 63, inciso II, alínea "b", da Lei Complementar nº 101, de 2000, comprovados mediante consulta ao Siconfi, com validade até a data limite de publicação do relatório subsequente;
10) publicação em meios oficiais dos Relatórios Resumidos da Execução Orçamentária do exercício financeiro vigente e do anterior, nos termos dos arts. 52 e 53 da Lei Complementar nº 101, de 2000, comprovada mediante homologação do atestado de publicação no Siconfi, com validade até a data limite de publicação do relatório subsequente, ou apresentação dos

relatórios publicados em meio oficial ao gestor de órgão ou entidade concedente;

11) encaminhamento dos Relatórios Resumidos da Execução Orçamentária do exercício financeiro vigente e do anterior, nos termos dos arts. 48, §2º, 52 e 53 da Lei Complementar nº 101, de 2000, comprovado mediante consulta ao Siconfi, ao Sistema de Informações sobre Orçamentos Públicos em Educação (Siope) e ao Sistema de Informações sobre Orçamentos Públicos em Saúde (Siops), com validade até a data limite de publicação do relatório subsequente;

12) encaminhamento das Declarações das Contas Anuais relativas aos cinco últimos exercícios financeiros, nos termos dos arts. 48, §2º, e 51 da Lei Complementar nº 101, de 2000, comprovado mediante consulta ao Siconfi, com validade até a data limite de encaminhamento das contas do exercício subsequente;

13) encaminhamento da Matriz de Saldos Contábeis do exercício financeiro vigente e dos quatro anteriores, nos termos do art. 48, §2º, da Lei Complementar nº 101, de 2000, comprovado mediante consulta ao Siconfi, com validade até a data limite de encaminhamento da matriz subsequente;

14) encaminhamento de informações para o Cadastro da Dívida Pública, nos termos do art. 32, §4º da Lei Complementar nº 101, de 2000, comprovado mediante consulta ao Cadastro da Dívida Pública no Sistema de Análise da Dívida Pública, Operações de Crédito e Garantias da União, Estados e Municípios (Sadipem), válida na data da consulta;

15) divulgação da execução orçamentária e financeira em meio eletrônico, nos termos do art. 48, inciso II, da Lei Complementar nº 101, de 2000, comprovada por declaração de cumprimento, com validade no mês da assinatura, juntamente com a remessa da declaração para o respectivo Tribunal de Contas, e mediante consulta à Plataforma +Brasil, válida na data da consulta;

16) exercício da plena competência tributária, nos termos do art. 11, parágrafo único, da Lei Complementar nº 101, de 2000, comprovado mediante inserção do atestado no Siconfi, com validade até a data limite para envio do atestado do exercício subsequente;

17) regularidade previdenciária, nos termos do art. 7º da Lei nº 9.717, de 27 de novembro de 1998, e do Decreto nº 3.788, de 11 de abril de 2001, comprovada pelo Certificado de

Regularidade Previdenciária, com validade conforme o certificado;
18) regularidade na concessão de incentivos fiscais, nos termos da Lei Complementar nº 24, de 7 de janeiro de 1975, comprovada por certidão ou documento similar fornecido pelo Conselho Nacional de Política Fazendária do Ministério da Economia;
19) regularidade no fornecimento da relação das empresas públicas e das sociedades de economia mista ao Registro Público de Empresas Mercantis e Atividades Afins, nos termos do art. 92 da Lei nº 13.303, de 2016, comprovado por declaração do chefe do Poder Executivo ou do secretário de finanças, juntamente com o comprovante de remessa da declaração para o respectivo Tribunal de Contas, com validade no mês da assinatura;
20) regularidade na aplicação mínima de recursos em educação, nos termos do art. 212 da Constituição, observado o art. 110, inciso II, do Ato das Disposições Constitucionais Transitórias, e do art. 25, §1º, inciso IV, alínea "b", da Lei Complementar nº 101, de 2000, comprovada mediante consulta ao Siope, com validade até 30 de janeiro do exercício subsequente, ou apresentação de certidão emitida pelo Tribunal de Contas competente dentro do seu período de validade;
21) regularidade na aplicação mínima de recursos em saúde, nos termos do art. 198, §2º, da Constituição, observado o art. 110, inciso II, do Ato das Disposições Constitucionais Transitórias, e do art. 25, §1º, inciso IV, alínea "b" da Lei Complementar nº 101, de 2000, comprovada mediante consulta ao Siops, válida na data da consulta, ou apresentação de certidão emitida pelo Tribunal de Contas competente dentro do seu período de validade;
22) regularidade no cumprimento do limite das despesas com parcerias público-privadas, nos termos do art. 28 da Lei nº 11.079, de 30 de dezembro de 2004, comprovada mediante consulta ao Siconfi, ou por declaração do chefe do Poder Executivo ou do secretário de finanças, juntamente com o comprovante de remessa da declaração para o respectivo Tribunal de Contas, com validade até a data limite de publicação do relatório subsequente;
23) regularidade no cumprimento do limite de operações de crédito, inclusive por antecipação de receita orçamentária, nos termos do art. 25, §1º, inciso IV, alínea "c", da Lei

Complementar nº 101, de 2000, comprovada mediante consulta ao Siconfi, ou por declaração do chefe do Poder Executivo ou do secretário de finanças, juntamente com o comprovante de remessa da declaração para o respectivo Tribunal de Contas, com validade até a data limite de publicação do relatório subsequente;
24) regularidade no cumprimento do limite das dívidas consolidada e mobiliária, nos termos do art. 25, §1º, inciso IV, alínea "c", da Lei Complementar nº 101, de 2000, comprovada mediante declaração do chefe do Poder Executivo ou do secretário de finanças, juntamente com o comprovante de remessa da declaração para o respectivo Tribunal de Contas, com validade até a data limite de publicação do relatório subsequente;
25) regularidade no cumprimento do limite de inscrição em restos a pagar, nos termos do art. 25, §1º, inciso IV, alínea "c", da Lei Complementar nº 101, de 2000, comprovada mediante declaração do chefe do Poder Executivo ou do secretário de finanças, juntamente com o comprovante de remessa da declaração para o respectivo Tribunal de Contas, com validade até a data limite de publicação do relatório subsequente;
26) regularidade no cumprimento do limite de despesa total com pessoal de todos os Poderes e órgãos listados no art. 20 da Lei Complementar nº 101, de 2000, inclusive as Defensorias Públicas, nos termos do art. 25, §1º, inciso IV, alínea "c", da Lei Complementar nº 101, de 2000, comprovada mediante declaração do chefe do Poder Executivo ou do secretário de finanças, juntamente com o comprovante de remessa da declaração para o respectivo Tribunal de Contas, com validade até a data limite de publicação do relatório subsequente;
27) regularidade na contratação de operação de crédito com instituição financeira, nos termos do art. 33 da Lei Complementar nº 101, de 2000, comprovada mediante declaração do chefe do Poder Executivo ou do secretário de finanças, juntamente com o comprovante de remessa da declaração para o respectivo Tribunal de Contas, com validade até a data limite de publicação do relatório subsequente;
28) regularidade na denominação de bens públicos de qualquer natureza, nos termos da Lei nº 6.454, de 24 de outubro de 1977, comprovada mediante declaração do chefe do Poder Executivo, com validade no mês da assinatura;

É ainda condição para a celebração de instrumento de cooperação com a União a existência de dotação orçamentária específica no orçamento do concedente, a qual deverá ser evidenciada no instrumento, indicando-se a respectiva nota de empenho.[36]

O art. 22 do §5º da portaria em análise dispensa os requisitos incompatíveis desse rol quando se trata de instrumentos celebrados com a administração pública indireta e com entidades privadas sem fins lucrativos.[37][38]

A Portaria nº 424/16 dispõe que a verificação dos requisitos para o recebimento das transferências voluntárias deverá ser feita no momento da assinatura do respectivo instrumento, bem como na assinatura dos correspondentes aditamentos de valor, não sendo necessária nas liberações financeiras de recurso, que devem obedecer ao cronograma de desembolso previsto no instrumento.[39]

A verificação do atendimento das exigências deve ser feita por consulta:

a) do número de inscrição no CNPJ do proponente, para instrumentos em que o beneficiário da transferência voluntária seja ente da Federação ou entidade da administração indireta;
b) dos números de inscrição no CNPJ do proponente e do ente da Federação, para instrumentos em que o beneficiário da transferência voluntária seja órgão da administração direta; e
c) do número de inscrição no CNPJ do proponente, registrado como matriz ou filial, para instrumentos em que o beneficiário do instrumento seja entidade privada de que trata o inciso II do art. 9º.[40]

Poderá ser utilizado, para demonstração de atendimento dos requisitos, extrato emitido pelo Serviço Auxiliar de Informações para

---

[36] Art. 6º, §10, da Portaria Interministerial nº 424/16.
[37] Adicionalmente aos requisitos constantes no inciso II do §4º, observado o disposto no inciso III do art. 9º, Portaria Interministerial nº 424/16, o art. 22, §7º, da mesma portaria, dispõe que a entidade privada sem fins lucrativos deverá apresentar: I – declaração do representante legal de que não possui impedimento no Cadastro de Entidades Privadas Sem Fins Lucrativos Impedidas (Cepim), na Plataforma +Brasil, no Siafi, e no Cadin; e II – certidão negativa referente ao Cadastro Nacional de Condenações Civis por Ato de Improbidade Administrativa e Inelegibilidade, supervisionado pelo Conselho Nacional de Justiça.
[38] Art. 22, §5º: Aos instrumentos celebrados: I – com a administração pública indireta, aplicam-se somente os requisitos de que tratam os incisos I, II, III, IV, V, VI e XXVIII do *caput*; e II – com entidades privadas sem fins lucrativos, aplicam-se somente os requisitos de que tratam os incisos I, III, V e VI do *caput*.
[39] Art. 22, §1º da Portaria Interministerial nº 424/16.
[40] Art. 22, §4º, da Portaria Interministerial nº 424/16.

Transferências Voluntárias – CAUC, disponibilizado pela Secretaria do Tesouro Nacional, ou sistema que venha a substituí-lo.[41]

Todas as exigências delimitadas relativas ao proponente aplicam-se à unidade executora, quando esta for órgão ou entidade da Administração Pública.

Tendo em vista o §10 da Portaria nº 424/16, a demonstração de cumprimento das obrigações descritas nos incisos I, VIII, IX, X, XII, XIII e XIV do art. 24 (do mesmo ato regulatório), ainda que praticadas fora do prazo estipulado em lei para seu exercício, não impedirá a celebração de instrumento para transferência voluntária ou de aditamento de valor de suas parcelas de recursos, a partir da data em que se der a referida comprovação.

Ainda prevê o art. 24, §11, que, aos instrumentos celebrados:

> I – com a Administração indireta, aplicam-se somente as exigências previstas nos incisos III, IV, V, VI e VII do *caput*; e
> II – com entidades privadas sem fins lucrativos, aplicam-se somente as exigências previstas nos incisos III, IV, V e VI do *caput*.

Sem prejuízo do disposto no art. 22, a portaria interministerial ainda prevê, no art. 23, que são condições para a celebração de instrumento de cooperação com a Administração Federal:

> I – cadastro do convenente atualizado no SICONV no momento da celebração, nos termos do art. 14 desta Portaria;
> II – Plano de Trabalho aprovado;
> III – licença ambiental prévia, quando o instrumento envolver obras, instalações ou serviços que exijam estudos ambientais, na forma disciplinada pelo Conselho Nacional do Meio Ambiente – Conama; e
> IV – comprovação do exercício pleno dos poderes inerentes à propriedade do imóvel, mediante certidão emitida pelo cartório de registro de imóveis competente, quando o instrumento tiver por objeto a execução de obras ou benfeitorias no imóvel.

---

[41] Art. 22, §12º, da Portaria Interministerial nº 424/16.

1.11.7 Celebração de instrumentos com pendências (art. 24, Portaria nº 424/16)

A Portaria em comento prevê a possibilidade de celebração de instrumentos com previsão de condição a ser cumprida pelo convenente, que não pode ser uma daquelas de implicação obrigatória dispostas no art. 22, já analisado. Desta forma, enquanto a condição imposta não se verificar cumprida, a celebração pactuada não terá efeito.

O prazo final para o cumprimento das condições suspensivas deverá ser fixado no instrumento e não poderá exceder ao dia 30 de novembro do exercício seguinte ao da assinatura do instrumento. Para aqueles celebrados pelo Ministério da Saúde, o prazo previsto no §1º poderá ser de até vinte e quatro meses, contados da data da assinatura do instrumento, e será extinto quando não ocorrer a implementação da condição suspensiva pelo convenente, no prazo estabelecido.

A critério do concedente, licença ambiental prévia e comprovação do exercício pleno dos poderes inerentes à propriedade do imóvel poderão ser encaminhadas juntamente com o projeto básico, após a celebração do ajuste, observando-se as regras das condições suspensivas.[42]

1.11.8 Cláusulas obrigatórias para formalização do instrumento (arts. 26 – 27, Portaria nº 424/16)

O preâmbulo do instrumento conterá a numeração sequencial no SICONV, a qualificação completa dos partícipes e a finalidade do ajuste. Constará, também, nessa introdução, a qualificação completa do interveniente e da mandatária, quando houver.

Conforme o art. 27 da Portaria em análise, são cláusulas necessárias nos instrumentos cooperativos que envolvem a Administração federal, com repasse de recursos públicos:

> I – o objeto e seus elementos característicos, em consonância com o plano de trabalho, que integrará o termo celebrado independentemente de transcrição;
> II – as obrigações de cada um dos partícipes;

---

[42] Art. 23, §6º, da Portaria Interministerial nº 424/16.

III – a contrapartida, observados os ditames previstos no art. 18, desta Portaria;
IV – as obrigações do interveniente, quando houver, sendo vedada a execução de atividades previstas no plano de trabalho;
V – a vigência, fixada de acordo com o prazo previsto para a consecução do objeto e em função das metas estabelecidas, limitada a:
a) trinta e seis meses para os instrumentos dos Níveis I, I-A, IV e V;
b) quarenta e oito meses para os instrumentos do Nível II; e
c) sessenta meses para os instrumentos do Nível III;
VI – a obrigação do concedente ou mandatária prorrogar "de ofício" a vigência do instrumento antes do seu término, nos casos previstos no §3º;
VII – a prerrogativa do órgão ou entidade transferidor dos recursos financeiros assumir ou transferir a responsabilidade pela execução do objeto, no caso de paralisação ou da ocorrência de fato relevante, de modo a evitar sua descontinuidade;
VIII – a classificação orçamentária da despesa, mencionando-se o número e data da nota de empenho e declaração de que, em termos aditivos ou apostilas, indicar-se-ão os créditos e empenhos para sua cobertura, de cada parcela da despesa a ser transferida em exercício futuro;
IX – o cronograma de desembolso conforme o plano de trabalho, incluindo os recursos da contrapartida pactuada, quando houver;
X – a obrigatoriedade de o convenente incluir regularmente no SICONV as informações e os documentos exigidos por esta Portaria, mantendo-o atualizado;
XI – a obrigatoriedade de restituição de recursos, nos casos previstos nesta Portaria;
XII – no caso de órgão ou entidade pública, a informação deque os recursos para atender às despesas em exercícios futuros, no caso de investimento, estão consignados no plano plurianual ou em prévia lei que os autorize;
XIII – a obrigação do convenente de manter e movimentar os recursos na conta bancária específica do instrumento em instituição financeira oficial, federal ou estadual, e, no caso de contratos de repasse, exclusivamente em instituição financeira federal;
XIV – a indicação da obrigatoriedade de contabilização e guarda dos bens remanescentes pelo convenente e a manifestação de compromisso de utilização dos bens para assegurar a continuidade de programa governamental, devendo estar claras as regras e diretrizes de utilização;
XV – a forma pela qual a execução física do objeto será acompanhada pelo concedente ou mandatária, inclusive com a indicação dos recursos humanos e tecnológicos que serão empregados na atividade ou, se for o caso, a indicação da participação de órgãos ou entidades previstos no §3º do art. 55 desta Portaria, devendo ser suficiente para garantir o pleno acompanhamento e a verificação da execução física do objeto pactuado;

XVI – o livre acesso dos servidores do órgão ou entidade pública concedente, da mandatária e os do controle interno do Poder Executivo Federal, bem como do Tribunal de Contas da União aos processos, documentos, informações referentes aos instrumentos de transferências regulamentados por esta Portaria, bem como aos locais de execução do objeto, inclusive, nos casos em que a instituição financeira oficial não controlada pela União faça a gestão da conta bancária específica do termo;
XVII – a faculdade dos partícipes rescindirem o instrumento, a qualquer tempo;
XVIII – a previsão de extinção obrigatória do instrumento em caso de o projeto básico ou termo de referência não terem sido aprovados ou apresentados no prazo estabelecido, quando for o caso;
XIX – a indicação do foro para dirimir as dúvidas decorrentes da execução dos instrumentos;
XX – a obrigação de o convenente inserir cláusula nos contratos celebrados para execução do instrumento que permita o livre acesso dos servidores do órgão ou entidade pública concedente, bem como dos órgãos de controle, aos documentos e registros contábeis das empresas contratadas, na forma dos arts. 45 e 49 a 51 desta Portaria;
XXI – a sujeição do instrumento e sua execução às normas do Decreto nº 6.170, de 25 de julho de 2007, bem como do Decreto nº 93.872, de 23 de dezembro de 1986, e a esta Portaria;
XXII – a previsão de, na ocorrência de cancelamento de restos a pagar, que o quantitativo possa ser reduzido até a etapa que não prejudique a funcionalidade do objeto pactuado;
XXIII – a forma de liberação dos recursos ou desbloqueio, quando se tratar de contrato de repasse;
XXIV – a obrigação de prestar contas dos recursos recebidos no SICONV;
XXV – o bloqueio de recursos na conta corrente vinculada, quando se tratar de contrato de repasse;
XXVI – a responsabilidade solidária dos entes consorciados, nos instrumentos que envolvam consórcio público;
XXVII – o prazo para devolução dos saldos remanescentes e a apresentação da prestação de contas;
XXVIII – as obrigações da unidade executora, quando houver;
XXIX – a autorização do convenente para que o concedente ou mandatária solicitem junto à instituição financeira albergante da conta corrente específica, a transferência dos recursos financeiros por ele repassados, bem como os seus rendimentos, para a conta única da União, caso os recursos não sejam utilizados no objeto da transferência pelo prazo de 180 (cento e oitenta) dias;
XXX – a forma e a metodologia de comprovação do cumprimento do objeto;

XXXI – a obrigação do concedente de dispor de condições e de estrutura para o acompanhamento e verificação da execução do objeto e o cumprimento dos prazos relativos à prestação de contas;
XXXII – vedação ao estabelecimento, por parte do convenente, de instrumentos com entidades impedidas de receber recursos federais;
XXXIII – a autorização do convenente para que o concedente solicite, à instituição financeira albergante da conta corrente bancária da transferência, o resgate dos saldos remanescentes, nos casos em que não houver a devolução dos recursos no prazo previsto no art. 60 desta Portaria;
XXXIV – a obrigatoriedade do concedente e do convenente de divulgar em sítio eletrônico institucional as informações referentes a valores devolvidos, bem como a causa da devolução, nos casos de não execução total do objeto pactuado, extinção ou rescisão do instrumento;
XXXV – a obrigação do concedente em notificar o convenente previamente a inscrição como inadimplente no SICONV, quando detectadas impropriedades ou irregularidades no acompanhamento da execução do objeto do instrumento, devendo ser incluída no aviso a respectiva Secretaria da Fazenda ou secretaria similar, e o Poder Legislativo do órgão responsável pelo instrumento.
XXXVI – a ciência sobre a não sujeição ao sigilo bancário, quanto a União e respectivos órgãos de controle, por se tratar de recurso público; e
XXXVII – descrição dos parâmetros objetivos que servirão de referência para a avaliação do cumprimento do objeto.

Ressalte-se que dispõe o art. 25 da Portaria Interministerial que a titularidade dos bens remanescentes é do convenente, salvo expressa disposição em contrário no instrumento celebrado.

1.11.9 Aprovação da minuta (art. 30, Portaria nº 424/16)

A celebração do instrumento será precedida de análise e manifestação conclusiva pelos setores técnico e jurídico do órgão ou da entidade concedente, segundo suas respectivas competências, quanto ao atendimento das exigências formais, legais e regulamentares.

Dispõe o parágrafo único do art. 30 que as análises dos setores técnico e jurídico ficarão restritas aos aspectos técnicos e legais necessários à celebração do instrumento e aos critérios objetivos definidos nos instrumentos. Não cabe responsabilização dos técnicos pela incidência de impropriedades, inconformidades e ilegalidades praticadas pelos convenentes durante a execução do objeto do instrumento.

1.11.10 Competência (art. 31, da Portaria nº 424 /16)

Devem assinar o instrumento de cooperação os partícipes e o interveniente, se houver. Os instrumentos com entidades privadas sem fins lucrativos deverão ser assinados pelo Ministro de Estado ou pelo dirigente máximo da entidade da Administração Pública Federal concedente. Tais autoridades não poderão delegar a competência para celebração das parcerias.

Essas autoridades são responsáveis por decidir sobre a aprovação da prestação de contas e autorizar a suspensão ou cancelamento dos registros de inadimplência nos sistemas da Administração Pública Federal. Entretanto, essas decisões, ao contrário da celebração do convênio, poderão ser delegadas às autoridades diretamente subordinadas da autoridade originalmente competente.

1.11.11 Publicidade (arts. 32 – 35, da Portaria nº 424 /16)

A eficácia dos instrumentos de cooperação está condicionada à publicação do respectivo extrato no Diário Oficial da União, que deve ser providenciada pelo concedente, no prazo de até 20 (vinte) dias a contar de sua assinatura.

Aos atos de celebração, alteração, liberação de recursos, acompanhamento e fiscalização da execução e a prestação de contas dos instrumentos será dada publicidade em sítio eletrônico específico denominado Portal dos Convênios.

O concedente deve notificar, facultada a comunicação por meio eletrônico, no prazo de até 10 (dez) dias, a celebração do instrumento à Assembleia Legislativa ou à Câmara Legislativa ou à Câmara Municipal do convenente, conforme o caso. No caso de liberação de recursos, o prazo para notificação será de 2 (dois) dias úteis.

Os convenentes deverão dar ciência da celebração do instrumento ao conselho local ou instância de controle social da área vinculada ao programa de governo que originou a transferência, quando houver.

As entidades privadas sem fins lucrativos deverão notificar, se houver, o conselho municipal, distrital, estadual ou federal responsável pela respectiva política pública onde será executada a ação.

O art. 40 da Portaria em comento prevê que os convenentes deverão disponibilizar, em seu sítio oficial na Internet ou, na sua falta, em sua sede, em local de fácil visibilidade, consulta ao extrato do instrumento ou de outro utilizado, contendo, pelo menos, o objeto, a finalidade, os valores e datas de liberação e o detalhamento da aplicação dos recursos, bem como as contratações realizadas para a execução do objeto pactuado. A disponibilização do extrato na Internet poderá ser suprida com a inserção de *link* na página oficial do órgão ou entidade convenente que possibilite acesso direto ao Portal de Convênios.

1.11.12 Alterações (arts. 36 – 37, Portaria nº 424/16)

O instrumento de cooperação poderá ser alterado mediante proposta, devidamente formalizada e justificada, a ser apresentada em no mínimo sessenta dias antes do término de sua vigência ou no prazo neste estipulado, vedada a alteração do objeto aprovado.

A análise da solicitação de alteração deverá ser realizada pelo concedente ou pela mandatária, observados os regramentos legais e a tempestividade, de forma que não haja prejuízo à execução do objeto pactuado. Quando a solicitação de alteração do contrato de repasse resultar em acréscimo do valor de repasse da União, a aprovação dependerá, também, da anuência do órgão responsável pela concepção da política pública em execução.

1.11.13 Execução (art. 38 – 39, Portaria nº 424/16)

Os acordos cooperativos devem ser executados cumprindo-se estritamente o avençado no respectivo Plano de Trabalho. Conforme o art. 38 dessa Portaria, é vedado no âmbito do ajuste:

I – realizar despesas a título de taxa de administração, de gerência ou similar;
II – pagar, a qualquer título, servidor ou empregado público, integrante de quadro de pessoal do órgão ou entidade pública da Administração direta ou indireta, salvo nas hipóteses previstas em leis federais específicas e na Lei de Diretrizes Orçamentárias;
III – utilizar, ainda que em caráter emergencial, os recursos para finalidade diversa da estabelecida no instrumento;
IV – realizar despesa em data anterior à vigência do instrumento;

V – efetuar pagamento em data posterior à vigência do instrumento, salvo se o fato gerador da despesa tenha ocorrido durante a vigência do instrumento pactuado;

VI – realizar despesas com taxas bancárias, multas, juros ou correção monetária, inclusive referentes a pagamentos ou recolhimentos fora dos prazos, exceto, no que se refere às multas e aos juros, se decorrentes de atraso na transferência de recursos pelo concedente ou mandatária, e desde que os prazos para pagamento e os percentuais sejam os mesmos aplicados no mercado;

VII – transferir recursos para clubes, associações de servidores ou quaisquer entidades congêneres, exceto para creches e escolas para o atendimento pré-escolar;

VIII – realizar despesas com publicidade, salvo a de caráter educativo, informativo ou de orientação social, da qual não constem nomes, símbolos ou imagens que caracterizem promoção pessoal e desde que previstas no plano de trabalho;

IX – pagamento, a qualquer título, a empresas privadas que tenham em seu quadro societário servidor público da ativa, ou empregado de empresa pública, ou de sociedade de economia mista, do órgão celebrante, por serviços prestados, inclusive consultoria, assistência técnica ou assemelhados; e

X – utilização, por entidade privada ou pública, dos recursos do instrumento para aquisição ou construção de bem que desobedeça a Lei nº 6.454, de 1977. (Incluído pela Portaria Interministerial nº 558, de 10 de outubro de 2019).

No âmbito de instrumentos firmados com entidades privadas sem fins lucrativos, poderão ser realizadas despesas administrativas, com recursos transferidos pela União, até o limite fixado pelo ente público, desde que:

I – estejam previstas no plano de trabalho;
II – não ultrapassem 15% (quinze) por cento do valor do objeto; e
III – sejam necessárias e proporcionais ao cumprimento do objeto do instrumento.[43]

Consideram-se despesas administrativas aquelas com Internet, transporte, aluguel, telefone, luz, água e outras similares. Nas despesas administrativas relacionadas a transporte, não poderá haver previsão de pagamento de diárias e passagens a agente público da ativa por

---

[43] Art. 38, §1º da Portaria Interministerial nº 424/16.

intermédio de convênios ou instrumentos e congêneres firmados com entidades de direito privado ou com órgãos ou entidades de direito público.

Destarte, conforme o art. 39 da Portaria analisada, nos instrumentos firmados com entidades privadas sem fins lucrativos, é permitida a remuneração da equipe dimensionada no Plano de Trabalho, inclusive de pessoal próprio da entidade, podendo contemplar despesas com pagamentos de tributos, FGTS, férias e décimo terceiro salário proporcionais, verbas rescisórias e demais encargos sociais, desde que tais valores:

> a) correspondam às atividades previstas e aprovadas no Plano de Trabalho;
> b) correspondam à qualificação técnica para a execução da função a ser desempenhada;
> c) sejam compatíveis com o valor de mercado da região onde atua a entidade privada sem fins lucrativos;
> d) observem, em seu valor bruto e individual, 70% (setenta) por cento do limite estabelecido para a remuneração de servidores do poder executivo federal; e
> e) sejam proporcionais ao tempo de trabalho efetivamente dedicado para a consecução do objeto pactuado.

A seleção e contratação, pela entidade privada sem fins lucrativos, de equipe envolvida na execução do instrumento de cooperação, deverá observar a realização de processo seletivo prévio, observados os princípios da publicidade e impessoalidade. A despesa com essa equipe deverá observar os limites percentuais máximos a serem estabelecidos no edital de chamamento público.

A entidade privada sem fins lucrativos deverá dar ampla transparência aos valores pagos a título de remuneração de sua equipe de trabalho, de maneira individualizada, vinculada à execução do objeto avençado.

Não poderão ser contratadas com recursos do instrumento as pessoas naturais que tenham sido condenadas por crime: I – contra a Administração Pública ou o patrimônio público; II – eleitorais, para os quais a lei comine pena privativa de liberdade; ou III – de lavagem ou ocultação de bens, direitos e valores.

1.11.14 Acompanhamento (arts. 53 – 58, Portaria nº 424/16)

A execução do objeto do ajuste deve ser acompanhada e fiscalizada pelo concedente de forma a garantir a regularidade dos atos praticados e a plena execução do objeto. Portanto, esse trabalho deverá ser assistido por um representante do concedente ou mandatária, registrado no SICONV, que anotará todas as ocorrências relacionadas à consecução do objeto em registro próprio, adotando as medidas necessárias à regularização das falhas observadas.

Dessa forma, o concedente deve prover as condições necessárias à realização das atividades de acompanhamento do objeto pactuado, conforme o Plano de Trabalho e a metodologia estabelecida no instrumento cooperacional, programando visitas ao local da execução, quando couber.

O art. 54 prevê critérios relacionados com os patamares financeiros da referida transferência voluntária, com intuito de parametrizar a realização da fiscalização com o impacto financeiro do empreendimento aos cofres federais:

> I – na execução de obras e serviços de engenharia, o acompanhamento e a conformidade financeira serão realizados pelo concedente ou mandatária, por meio da verificação dos documentos inseridos no SICONV, das informações disponíveis nos aplicativos, bem como:
> a) nos instrumentos do Nível I – execução de obras e serviços de engenharia com valores de repasse iguais ou superiores a R$ 250.000,00 (duzentos e cinquenta mil reais) e inferiores a R$ 750.000,00 (setecentos e cinquenta mil reais), pela vistoria final *in loco*, podendo ocorrer outras vistorias quando identificada a necessidade pelo órgão concedente ou pela mandatária;
> b) nos instrumentos do Nível I-A – execução de obras e serviços de engenharia com valores de repasse iguais ou superiores a R$ 750.000,00 (setecentos e cinquenta mil reais) e inferiores a R$ 1.500.000,00 (um milhão e quinhentos mil reais), pelas vistorias *in loco* realizadas considerando os marcos de execução de 50% (cinquenta por cento) e 100% (cem por cento) do cronograma físico, podendo ocorrer outras vistorias quando identificada a necessidade pelo órgão concedente ou pela mandatária;
> c) nos instrumentos do Nível II – execução de obras e serviços de engenharia com valores de repasse iguais ou superiores a R$ 1.500.000,00 (um milhão e quinhentos mil reais) e inferiores a R$ 5.000.000,00 (cinco milhões de reais), pelas vistorias *in loco* realizadas considerando os marcos de execução de 30% (trinta por cento), 60% (sessenta por cento)

e 100% (cem por cento) do cronograma físico, podendo ocorrer outras vistorias quando identificada a necessidade pelo órgão concedente ou pela mandatária;

d) nos convênios do Nível III – execução de obras e serviços de engenharia com valores de repasse iguais ou superiores a R$ 5.000.000,00 (cinco milhões de reais), por no mínimo cinco vistorias *in loco*, podendo ocorrer outras vistorias considerando a especificidade e o andamento da execução do objeto pactuado;

e) nos contratos de repasse do Nível III-A – execução de obras e serviços de engenharia com valores de repasse iguais ou superiores R$ 5.000.000,00 (cinco milhões de reais) e inferiores a R$ 20.000.000,00 (vinte milhões de reais), por no mínimo cinco vistorias *in loco*, podendo ocorrer outras vistorias considerando a especificidade e o andamento da execução do objeto pactuado;

f) nos contratos de repasse do Nível III-B – execução de obras e serviços de engenharia com valores de repasse iguais ou superiores R$ 20.000.000,00 (vinte milhões de reais) e inferiores a R$ 80.000.000,00 (oitenta milhões de reais), por no mínimo oito vistorias *in loco*, podendo ocorrer outras vistorias considerando a especificidade e o andamento da execução do objeto pactuado;

g) nos contratos de repasse do Nível III-C – execução de obras e serviços de engenharia com valores de repasse iguais ou superiores a R$ 80.000.000,00 (oitenta milhões de reais), por no mínimo doze vistorias *in loco*, podendo ocorrer outras vistorias considerando a especificidade e o andamento da execução do objeto pactuado;

II – na execução de custeio e aquisição de equipamentos dos instrumentos dos Níveis IV e V, o acompanhamento e a conformidade financeira serão realizados pelo concedente, por meio da verificação dos documentos inseridos no SICONV, bem como das informações disponíveis nos aplicativos, podendo haver visitas ao local quando identificada a necessidade.

Deste modo, a conformidade financeira deverá ser aferida durante toda a execução do objeto, complementada pelo acompanhamento e avaliação da execução física do cumprimento do objeto, quando da análise da prestação de contas final.

1.11.15 Liberação de recursos (art. 41, Portaria nº 424/16)

A liberação de recursos deverá obedecer ao cronograma de desembolso previsto no instrumento de cooperação. O Plano de Trabalho deverá estar em consonância com as metas e fases ou etapas de execução do objeto do instrumento. Contudo, a portaria em comento sugere a liberação de recursos para os instrumentos enquadrados nos:

a) Níveis I, I-A, IV e V, seja preferencialmente em parcela única; e
b) Níveis II e III, seja em no mínimo três parcelas, sendo que a primeira não poderá exceder a 20% (vinte por cento) do valor global do instrumento.
c) Ainda, conforme o art. 54, §3º, da Portaria nº 424/16, nos convênios cujo objeto seja voltado exclusivamente para a aquisição de equipamentos, a liberação dos recursos deverá ocorrer, preferencialmente, em parcela única.

De todo modo, a liberação da primeira parcela ou parcela única ficará condicionada à conclusão da análise técnica e ao aceite do processo licitatório pelo concedente ou mandatária. Entretanto, a liberação das demais parcelas está vinculada à execução de no mínimo 70% (setenta por cento) das parcelas liberadas anteriormente.

Na transferência à conta única da União, deve-se observar o montante efetivamente transferido por ela e não utilizado na execução do objeto, acrescido dos rendimentos de sua aplicação financeira. Desta forma, quando da conclusão, denúncia, rescisão ou extinção do instrumento, os rendimentos das aplicações financeiras deverão ser devolvidos ao concedente, observada a proporcionalidade. Portanto, é vedado o aproveitamento de rendimentos para ampliação ou acréscimo de metas ao plano de trabalho pactuado.

Dispõe, também, a portaria em análise, que as receitas oriundas dos rendimentos de aplicação no mercado financeiro não poderão ser computadas como contrapartida devida pelo convenente.[44]

---

[44] Art. 41, §13º, da Portaria Interministerial nº 424/16.

1.11.16 Contratação de terceiros (arts. 43 – 44, Portaria nº 424/16)

De acordo com a Portaria nº 424/16, é vedada, na hipótese de aplicação de recursos federais a serem repassados, a participação em licitação ou a contratação de empresas que constem:

>a) no cadastro de empresas inidôneas do Tribunal de Contas da União, do Ministério da Transparência, Fiscalização e Controladoria-Geral da União;
>b) no Sistema de Cadastramento Unificado de Fornecedores – SICAF como impedidas ou suspensas;
>c) ou no Cadastro Nacional de Condenações Civis por Ato de Improbidade Administrativa e Inelegibilidade, supervisionado pelo Conselho Nacional de Justiça.[45]

O convenente deve consultar a situação do fornecedor selecionado no Cadastro Nacional de Empresas Inidôneas e Suspensas – Ceis, por meio de acesso ao Portal da Transparência na Internet, antes de solicitar a prestação do serviço ou a entrega do bem.

a) Contratação realizada por entidade sem fins lucrativos (arts. 45 – 48, Portaria nº 424/16)

A entidade privada sem fins lucrativos beneficiária de recursos públicos federais deverá executar diretamente a integralidade do objeto, permitindo-se a contratação de serviços de terceiros quando houver previsão no plano ou programa de trabalho ou em razão de fato superveniente e imprevisível, devidamente justificado, aprovado pelo órgão ou entidade concedente.

No caso dos partícipes que sejam entes privados, não é exigível que estes façam licitações para contratações de bens e serviços de terceiros, uma vez que os regramentos da Lei Geral de Licitações só se aplicam à Administração Pública. Contudo, uma vez que os recursos são públicos, é necessário que se respeite os princípios da Administração Pública, e desta forma o TCU exige que a contratação pelos parceiros privados

---

[45] Art. 44 da Portaria Interministerial nº 424/16.

seja antecedida de procedimento simplificado para a escolha objetiva dos contratados. Portanto, a aplicação de recursos públicos geridos por particular em decorrência de convênio, acordo, ajuste ou outros instrumentos congêneres, deve atender, no que couber, às disposições da Lei de Licitações.[46]

Sendo assim, a aplicação integral da Lei nº 8.666/1993 não é exigência para convênios firmados com particulares, porém não desobriga esses convenentes da observância dos princípios constitucionais da legalidade, impessoalidade, moralidade, publicidade e eficiência na gestão dos recursos públicos. É necessária a utilização de procedimento análogo à licitação ou a realização de pesquisa de preços de mercado para justificar as aquisições efetuadas.[47]

Desta forma, prevê o art. 45 da Portaria nº 424/16 que, com o fim de realizar a aquisição de bens e contratação de serviços, as entidades privadas sem fins lucrativos deverão realizar, no mínimo, cotação prévia de preços no mercado, observados os princípios da impessoalidade, moralidade e economicidade. A cotação prévia de preços no Siconv será desnecessária quando, em razão da natureza do objeto, não houver pluralidade de opções, devendo comprovar apenas os preços que aquele próprio fornecedor já praticou com outros demandantes, com a devida justificativa registrada no Siconv.

Cada processo de compras e contratações de bens, obras e serviços das entidades sem fins lucrativos deverá ser realizado ou registrado no Siconv. Prevê ainda a portaria em análise que o registro, no Siconv, dos contratos celebrados pelo beneficiário na execução do objeto é condição indispensável para sua eficácia e para a liberação das parcelas subsequentes do instrumento.[48]

Dispõe, ainda, a Portaria nº 424/16, que nas contratações de bens, obras e serviços, as entidades privadas sem fins lucrativos poderão utilizar-se do Sistema de Registro de Preços dos entes federados.[49]

---

[46] TCU: Acórdão nº 979/2009 – Plenário.
[47] Acórdão nº 5.460/2011 – Segunda Câmara; Acórdão nº 1.907/2012 – Plenário; Acórdão nº 2.922/2013 – Plenário.
[48] Art. 45, §2º da Portaria interministerial nº 424/16.
[49] Art. 48 da Portaria interministerial nº 424/2016.

b) Contratação realizada por órgãos e entidades da administração pública (art. 49 da Portaria nº 424/16)

Os órgãos e entidades públicas que receberem recursos da União estão obrigados a observar as disposições contidas na Lei nº 8.666/93, na Lei nº 10.520/02 e demais normas federais, estaduais e municipais pertinentes ao assunto, quando da contratação de terceiros. Nos casos em que empresa pública, sociedade de economia mista ou suas subsidiárias figurem como convenente ou unidade executora, deverão ser observadas as disposições da Lei nº 13.303/16.

Para a aquisição de bens e serviços comuns, será obrigatório o uso da modalidade pregão. A inviabilidade da utilização do pregão na forma eletrônica deverá ser devidamente justificada pela autoridade competente do convenente.

Em substituição ao Decreto nº 5.450/05, foi publicado o Decreto nº 10.024/19, que regulamenta a licitação, na modalidade pregão, na forma eletrônica, para a aquisição de bens e a contratação de serviços comuns, no âmbito da administração pública federal.

O novo decreto excluiu qualquer dúvida sobre a obrigatoriedade da utilização da modalidade (eletrônica) do pregão para a aquisição de bens e serviços comuns (incluídos os serviços de engenharia comuns).[50]

Portanto, a utilização da modalidade de pregão, na forma eletrônica, pela Administração Pública Federal, é obrigatória quando se destinar à aquisição de bens e serviços comuns. Contudo, será admitida, excepcionalmente, mediante prévia justificativa da autoridade competente, a utilização da forma de pregão presencial nas licitações ou a não-adoção do sistema de dispensa eletrônica, desde que fique comprovada a inviabilidade técnica ou a desvantagem para a Administração na realização da forma eletrônica.[51]

A adoção do pregão eletrônico também se tornou obrigatória aos estados e municípios quando da utilização de verbas federais por meio de transferências voluntárias (convênios e contratos de repasse):

> §3º Para a aquisição de bens e a contratação de serviços comuns pelos entes federativos, com a utilização de recursos da União decorrentes de transferências voluntárias, tais como convênios e contratos de

---

[50] Art. 1º, §1º A utilização da modalidade de pregão, na forma eletrônica, pelos órgãos da administração pública federal direta, pelas autarquias, pelas fundações e pelos fundos especiais é obrigatória.

[51] Art. 1º, §4º do Decreto nº 10.024/19.

repasse, a utilização da modalidade de pregão, na forma eletrônica, ou da dispensa eletrônica será obrigatória, exceto nos casos em que a lei ou a regulamentação específica que dispuser sobre a modalidade de transferência discipline de forma diversa as contratações com os recursos do repasse.

Ressalte-se, que conforme dispõe o art. 50 da Portaria nº 424/16, a regra é que os editais de licitação para consecução do objeto conveniado sejam publicados após a assinatura do respectivo instrumento de cooperação. Contudo, o art. 50-A prevê hipóteses em poderá ser aceita:

> a) A licitação realizada antes da assinatura do instrumento, desde que: (...);
> b) a adesão à ata de registro de preços, mesmo que o registro tenha sido homologado em data anterior ao início da vigência do instrumento cooperacional;
> c) ou o contrato celebrado em data anterior ao início da vigência do instrumento.

1.11.17 Denúncia (arts. 68 – 69, Portaria nº 424/16)

Dispõe a Portaria estudada que o instrumento poderá ser denunciado a qualquer tempo, ficando os partícipes responsáveis somente pelas obrigações e auferindo as vantagens do tempo em que participaram voluntariamente da avença, não sendo admissível cláusula obrigatória de permanência ou sancionadora dos denunciantes.[52]

Quando da conclusão, denúncia, rescisão ou extinção do instrumento, os saldos financeiros remanescentes, inclusive os provenientes das receitas obtidas das aplicações financeiras realizadas, serão devolvidos à conta única do Tesouro, no prazo improrrogável de trinta dias do evento, sob pena da imediata instauração de Tomada de Contas Especial do responsável, providenciada pela autoridade competente do órgão ou entidade titular dos recursos.

Nesses mesmos casos de extinção do instrumento, o concedente ou mandatária deverá, no prazo máximo de sessenta dias contados da data do evento, providenciar o cancelamento dos saldos de empenho.

Prevê, ainda, o art. 69 da referida portaria que constituem motivos para rescisão do instrumento:

---

[52] Art. 68 da Portaria interministerial nº 424/16.

I – o inadimplemento de qualquer das cláusulas pactuadas;
II – a constatação, a qualquer tempo, de falsidade ou incorreção de informação em qualquer documento apresentado;
III – a verificação de qualquer circunstância que enseje a instauração de tomada de contas especial; e
IV – a ocorrência da inexecução financeira mencionada no §8º do art. 41 e comprovada segundo instruído no §9º desse mesmo artigo.

A rescisão do instrumento de cooperação enseja a instauração de tomada de contas especial quando resulte dano ao erário. Contudo, essa tomada de contas se reputa desnecessária se efetuada a devolução dos recursos corrigidos, o que não impede outras medidas administrativas ou criminais quando houver indícios de irregularidades.

1.11.18 Prestação de contas (arts. 59 – 63, Portaria nº 424/16)

A prestação de contas final tem por objetivo a demonstração e a verificação de resultados e deve conter elementos que permitam avaliar a execução do objeto e o alcance das metas previstas. Conforme o art. 62 da Portaria em análise, a prestação de contas será composta, além dos documentos e informações registradas pelo convenente no Siconv, pelo seguinte:

I – Relatório de Cumprimento do Objeto;
II – declaração de realização dos objetivos a que se propunha o instrumento;
III – comprovante de recolhimento do saldo de recursos, quando houver; e
IV – termo de compromisso por meio do qual o convenente será obrigado a manter os documentos relacionados ao instrumento, nos termos do §3º do art. 4º desta Portaria.

O art. 10 do Decreto nº 6.170/07 dispõe que a prestação de contas se inicia concomitantemente com a liberação da primeira parcela dos recursos financeiros, que deverá ser registrada pelo concedente no Siconv.

A análise da prestação de contas pelo concedente poderá resultar em: aprovação; aprovação com ressalvas, quando evidenciada impropriedade ou outra falta de natureza formal de que não resulte dano ao erário ou rejeição com a determinação da imediata instauração de tomada de contas especial (art. 10, §10 do Decreto nº 6.170/07).

O prazo para análise da prestação de contas e a manifestação conclusiva pelo concedente será de um ano, prorrogável no máximo por igual período, desde que devidamente justificado. Constatada irregularidade ou inadimplência na apresentação da prestação de contas e na comprovação de resultados, a administração pública federal poderá, a seu critério, conceder prazo de até quarenta e cinco dias para o convenente sanar a irregularidade ou cumprir a obrigação.

1.11.19 Tomada de contas (arts. 71 – 72, Portaria nº 424/16)

A Tomada de Contas Especial é o processo que objetiva apurar os fatos, identificar os responsáveis e quantificar o dano causado ao erário, visando ao seu imediato ressarcimento. Somente deverá ser instaurada depois de esgotadas as providências administrativas a cargo do concedente, pela ocorrência de algum dos seguintes fatos:

> a prestação de contas do instrumento não for apresentada no prazo fixado no inciso III do art. 59, observado o §1º do referido artigo desta Portaria; e II – a prestação de contas do instrumento não for aprovada em decorrência de: a) inexecução total ou parcial do objeto pactuado; b) desvio de finalidade na aplicação dos recursos transferidos; c) impugnação de despesas, se realizadas em desacordo com as disposições do termo celebrado ou desta Portaria; d) não utilização, total ou parcial, da contrapartida pactuada, na hipótese de não haver sido recolhida na forma prevista no §1º do art. 60 desta Portaria; e) inobservância do prescrito no §4º do art. 41 desta Portaria; f) não devolução de eventual saldo de recursos federais, apurado na execução do objeto, nos termos do art. 60 desta Portaria; e g) ausência de documentos exigidos na prestação de contas que comprometa o julgamento do cumprimento do objeto pactuado e da boa e regular aplicação dos recursos.

A Tomada de Contas Especial será instaurada, ainda, por determinação dos órgãos de controle interno ou do Tribunal de Contas da União, no caso de omissão da autoridade competente em adotar essa medida. A instauração de Tomada de Contas Especial ensejará a inscrição de inadimplência do respectivo instrumento no SICONV, o que será fator restritivo a novas transferências de recursos financeiros oriundos do Orçamento Fiscal e da Seguridade Social da União.

Esta obra foi composta em fonte Palatino Linotype, corpo 10
e impressa em papel Offset 70g (miolo) e Supremo 250g
(capa) pela Gráfica Star7.